线性代数
（第三版）

主　编　江志超

副主编　岳雅播　何精华　张跃忠

中国水利水电出版社
www.waterpub.com.cn

·北京·

内 容 提 要

本书根据教育发布的《工科类本科数学基础课程教学基本要求》，借鉴近年来线性代数课程教学与教材建设的实践经验及研究成果进行了修订。全书共分 8 章：行列式、矩阵、向量组的线性相关性、线性方程组、相似矩阵、二次型、线性空间与线性变换、MATLAB 软件应用。每章配有一定数量的习题及同步测试题，书末附有习题、同步测试题的提示及参考答案。

本书参考学时为 58 学时，前 6 章（研究生考试的主要内容）约用 50 学时，前 5 章参考学时为 40 学时。

本书可作为高等院校理工科各专业本科生教材，也可作为考研参考书。

本书提供电子课件，读者可以从中国水利水电出版社网站（www.waterpub.com.cn）或万水书苑网站（www.wsbookshow.com）免费下载。

图书在版编目（CIP）数据

线性代数 / 江志超主编. -- 3 版. -- 北京 : 中国水利水电出版社, 2025. 9. -- ISBN 978-7-5226-3433-3

Ⅰ. O151.2

中国国家版本馆 CIP 数据核字第 2025A38L83 号

策划编辑：石永峰　　责任编辑：鞠向超　　封面设计：苏敏

书　名	线性代数（第三版） XIANXING DAISHU
作　者	主　编　江志超 副主编　岳雅璠　何精华　张跃忠
出版发行	中国水利水电出版社 （北京市海淀区玉渊潭南路 1 号 D 座　100038） 网址：www.waterpub.com.cn E-mail：mchannel@263.net（答疑） sales@mwr.gov.cn 电话：（010）68545888（营销中心）、82562819（组稿）
经　售	北京科水图书销售有限公司 电话：（010）68545874、63202643 全国各地新华书店和相关出版物销售网点
排　版	北京万水电子信息有限公司
印　刷	三河市德贤弘印务有限公司
规　格	170mm×227mm　16 开本　17 印张　333 千字
版　次	2005 年 10 月第 1 版　2005 年 10 月第 1 次印刷 2025 年 9 月第 3 版　2025 年 9 月第 1 次印刷
印　数	0001—3000 册
定　价	39.90 元

第三版前言

本书在第二版基础上，根据多年的教学改革实践和广大读者提出的一些建议进行修订，修订工作主要包括以下三个方面：

（1）仔细校对并订正了第二版教材中的印刷错误，统一了各类符号的使用。

（2）对第二版教材部分内容进行了调整、增加和删除。

（3）对第二版教材部分例题及习题进行了适当调整，使之难易程度适中。

本书由江志超任主编，岳雅璠、何精华、张跃忠任副主编，具体编写分工如下：第 1 章、第 2 章由岳雅璠编写，第 3 章、第 6 章由何精华编写，第 4 章、第 5 章、附录由江志超编写，第 7 章、第 8 章由张跃忠编写。参与本书部分编写工作的还有何春江、张文治、陈博海、邓凤茹、毕晓华等。

在修订过程中，我们认真考虑了同行及部分读者的意见和建议，在此我们对关心本教材修订工作的专家、同行及热心读者表示衷心的感谢。

欢迎各位专家、同行及广大读者继续对新版中存在的不足给予批评指正。

编　者

2025 年 3 月

第二版前言

本书自2005年10月出版以来，广大同行和读者对教材结构严谨、逻辑清晰、通俗易懂、便于自学的优点给予了充分肯定，同时也提出了不少宝贵意见和建议。通过几年的教学实践，我们注意吸取其他优秀教材之所长，不断完善知识体系，使本教材能更适合当前教学的需要。为此，我们对本教材进行了局部修订，修订工作主要包括以下三个方面：

（1）仔细校对并订正了原书中的印刷错误。

（2）对原教材中的某些疏漏予以补充和完善。

（3）对原教材中的部分例题及习题进行了适当调整，使之难易程度适中。

本书由牛莉任主编，具体编写分工如下：第1～4章、第8章由牛莉编写，第5～7章由张翠莲编写。参与本书部分编写工作的还有何春江、张文治、翟秀娜、毕亚军、曾大友、张钦礼、邓凤茹、赵艳、张京轩、毕晓华、王晓威等。

在修订过程中，我们认真考虑了同行及部分读者的意见和建议，在此我们对关心本教材修订工作的专家、同行及热心读者表示衷心的感谢。

欢迎专家、同行及广大读者继续对新版中存在的不足给予批评指正。

编　者

2009年6月

第一版前言

“线性代数”是高等院校理工科各专业学生必修的一门数学基础课，是学习现代科学技术的重要理论基础，有益于培养当代大学生的计算和抽象思维能力。本书适用于大学理工科非数学类专业学生，它不仅是学习计算数学、微分方程、离散数学等后续课程的必备基础，也是在自然科学和工程技术各领域应用广泛的数学工具。随着计算机的日益普及，线性代数在理论和应用上的重要性愈显突出，高等院校的计算机、信息工程、自动控制、管理等各专业对线性代数的教学内容在深度和广度上的要求都越来越高，线性代数教材也应“与时俱进”，以适应当今的各类教学需求，这也就使得本书能应运而生。

本书是根据教育部颁布的《高等学校工科基础课程教学基本要求》，结合多年的教学实践和体会，广泛摄取各版本教材改革之所长，同时兼顾本科报考研究生入学考试对线性代数的要求而编写的。我们在内容、结构方面做了必要的调整，这不仅使内容更具紧凑性，系统性更强，也更适应目前大多数院校面临的教学内容多、学时少、教学要求不断提高的需求；在基本保持传统体系和内容的同时，力求将线性代数的抽象理论形象化、具体化；本书以循序渐进、“以例服理”贯穿于始末；语言简练、通俗易懂，便于教师教学和学生学习。

本书引入数学软件，增加了用数学软件做数学的基本方法，使学生能对现有大型数学软件之一——Mathematica 软件有一个初步了解，并掌握一些常用的基本操作方法（此部分内容可在选修课中讲授，若条件允许可随教材同步讲授）。

本书参考学时为 58 学时，50 学时可选学前 6 章内容，40 学时可选学前 5 章内容，其中带“*”标识的部分内容可根据专业的不同需求酌情选讲。本书每章都有学习目标、小结，对所学知识进行简单归纳和整理，便于学生复习与提高；每章都配有适量习题，均以同济大学第三版中的习题为主；每章还配有同步测试题，便于学生复习巩固，提高学习质量，题型与考研题型相吻合，并伴有部分考研复习题；书末附有习题和同步测试题的提示及答案。

本书由牛莉任主编，第 1～4 章、第 8 章由牛莉编写，第 5～7 章由张翠莲编写。参与本书部分编写工作的还有何春江、毕亚军、翟秀娜、曾大有、张京轩、邓凤茹、王明妍、赵艳、王晓威、张钦礼、张文治等。

本书的出版得到了系领导及同行们的热情关心和大力支持，编写过程中编者参阅了大量书籍，引用了一些典型例子，恕不一一指明出处及相关作者，在此一并向他们表示衷心的感谢。

由于编者水平有限，书中疏漏与不当之处在所难免，恳切希望同行及读者给予批评指正。

编　者

2005 年 5 月

目　　录

第1章 行 列 式

本章学习目标

行列式是由解线性方程组的需要而产生的，它是一个很重要的数学工具，在科学技术的各个领域均有着广泛的应用．本章首先介绍二、三阶行列式，并将其推广到n阶行列式，然后介绍行列式的性质和计算方法，最后介绍利用n阶行列式求解n元线性方程组的克莱姆法则．通过本章的学习，重点掌握以下内容：

- n阶行列式的概念．
- 行列式的基本性质和计算方法．
- 余子式、代数余子式的概念，行列式按行（列）展开定理．
- 克莱姆法则，并能用它解线性方程组．

1.1 全排列及其逆序数

1.1.1 排列与逆序

自然数$1, 2, \cdots, n$组成的有序数组称为一个n元排列，记作$p_1 p_2 \cdots p_n$．n元排列共有$n!$个．排列$12\cdots n$称为自然排列或标准排列，规定其为标准次序．

定义1 在一个n元排列$p_1 p_2 \cdots p_n$中，若一个大的数排在一个小的数的前面（即与标准次序不同时），则称这两个数有一个**逆序**．一个n元排列中所有逆序的总数称为此排列的**逆序数**，记作$\tau(p_1 p_2 \cdots p_n)$．

若排列$p_1 p_2 \cdots p_n$的逆序数$\tau(p_1 p_2 \cdots p_n)$为奇数（偶数），则称此排列为奇排列（偶排列）．

显然，自然排列（标准排列）$12\cdots n$的逆序数为零，即为偶排列．

计算排列逆序数的方法：设$p_1 p_2 \cdots p_n$为n个自然数$1, 2, \cdots, n$的一个排列，考虑元素p_i（$i=1, 2, \cdots, n$），如果比p_i大且排在p_i前面的数有t_i个，就说p_i这个元素的逆序数是t_i，全体元素的逆序数的总和就是此排列的逆序数，即

$$\tau(p_1p_2\cdots p_n)=t_1+t_2+\cdots+t_n=\sum_{i=1}^{n}t_i\ .$$

例 1 求下列排列的逆序数：

（1）43251；（2）$n(n-1)\cdots 21$.

解 （1）在排列 43251 中，

4 排在首位，逆序数为 0；

3 的前面比 3 大的数只有一个（4），逆序数为 1；

2 的前面比 2 大的数有两个（4，3），逆序数为 2；

5 的前面没有比 5 大的数，逆序数为 0；

1 的前面比 1 大的数有四个（4，3，2，5），逆序数为 4；

于是排列 43251 的逆序数 $\tau(43251)=0+1+2+0+4=7$，此排列为奇排列.

（2）同理可得

$\tau[n(n-1)\cdots 21]=0+1+2+\cdots+(n-2)+(n-1)=\dfrac{n(n-1)}{2}$，此排列的奇偶性由 n 确定.

又如，自然数 1，2，3 共有 $3!=6$ 个排列，分别为 123，231，312，132，213，321，其逆序数分别为 0，2，2，1，1，3，前三个为偶排列，后三个为奇排列.

1.1.2 对换

定义 2 将一个排列中的某两个数的位置互换（其余的数不动），就得到了一个新排列，称这样的变换为一次**对换**，将相邻两个数对换称为**相邻对换**.

定理 1 一次对换改变排列的奇偶性.

证 先证相邻对换的情形.

设排列为 $a_1a_2\cdots a_l abb_1b_2\cdots b_m$，对换 a 与 b 得到的新排列为 $a_1a_2\cdots a_l bab_1b_2\cdots b_m$. 显然，$a_1,a_2,\cdots,a_l;b_1,b_2,\cdots,b_m$ 的逆序数没有改变，只有 a 和 b 的逆序数改变了.

当 $a<b$ 时，对换后，a 的逆序数增加 1，而 b 的逆序数不变；

当 $a>b$ 时，对换后，a 的逆序数不变，而 b 的逆序数减少 1，

所以，对换后新排列与原排列的奇偶性不同.

再证一般对换的情形.

设排列为 $a_1a_2\cdots a_l ab_1b_2\cdots b_k bc_1c_2\cdots c_s$，$a$ 和 b 之间相隔 k 个数，要实现 a 与 b 的对换，可先将 a 与 b_1 作相邻对换，再将 a 与 b_2 作相邻对换，以此类推，经 $k+1$ 次相邻对换所得排列为

$$a_1a_2\cdots a_l b_1b_2\cdots b_k bac_1c_2\cdots c_s\ ,$$

然后再将 b 依次与 $b_k,\cdots,b_2,b_1$ 作 k 次相邻对换，所得排列为

$$a_1a_2\cdots a_l b b_1 b_2\cdots b_k a c_1 c_2\cdots c_s,$$

这样，对换 a 和 b 共作了 $2k+1$ 次相邻对换，所以这两个排列的奇偶性正好相反. 证毕.

由定理 1 可得下面的推论.

推论 1 奇排列调成自然（标准）排列的对换次数为奇数，偶排列调成自然（标准）排列的对换次数为偶数.

证 因为自然排列 $12\cdots n$ 是偶排列（逆序数为 0），由定理 1 知，一次对换改变排列的奇偶性，当排列 $p_1p_2\cdots p_n$ 是奇（偶）排列时，必须作奇（偶）次对换才能变成自然排列 $12\cdots n$，故所作的对换次数与排列具有相同的奇偶性. 证毕.

推论 2 全体 n 元排列（$n>1$）的集合中，奇、偶排列各占一半.

证 n 元排列的总数为 $n\cdot(n-1)\cdot\cdots\cdot 2\cdot 1=n!$. 设其奇排列为 p 个，偶排列为 q 个，设想将每一个奇排列都施以同一对换，则由定理 1 可知 p 个奇排列全部变为偶排列，于是有 $p\leqslant q$；同理将全部偶排列也都施以同一对换，则 q 个偶排列全部变为奇排列，于是又有 $q\leqslant p$，从而 $p=q$，即奇、偶排列数相等，各为 $\dfrac{n!}{2}$ 个. 证毕.

1.2 行列式的概念

1.2.1 二、三阶行列式

1. 二阶行列式

求解二元一次方程组

$$\begin{cases} a_{11}x_1+a_{12}x_2=b_1, \\ a_{21}x_1+a_{22}x_2=b_2, \end{cases} \tag{1.2.1}$$

其中，x_1，x_2 为未知数；a_{ij} 为第 i 个方程、第 j 个未知数的系数；b_1，b_2 为常数项.

为消去式（1.2.1）中的未知数 x_2，用 a_{22} 和 a_{12} 分别乘两个方程的两边，然后将两个方程相减，得

$$(a_{11}a_{22}-a_{12}a_{21})x_1=b_1a_{22}-a_{12}b_2;$$

类似地，将式（1.2.1）中的 x_1 消去，得

$$(a_{11}a_{22}-a_{12}a_{21})x_2=a_{11}b_2-b_1a_{21}.$$

当 $a_{11}a_{22}-a_{12}a_{21}\neq 0$ 时，求得方程组（1.2.1）的解为

$$x_1=\frac{b_1a_{22}-a_{12}b_2}{a_{11}a_{22}-a_{12}a_{21}},\quad x_2=\frac{a_{11}b_2-b_1a_{21}}{a_{11}a_{22}-a_{12}a_{21}}. \tag{1.2.2}$$

为便于记忆，引入符号

$$D=\begin{vmatrix}a_{11} & a_{12}\\ a_{21} & a_{22}\end{vmatrix}=a_{11}a_{22}-a_{12}a_{21},$$

称 D 为二阶行列式，它代表一个数，简记作 $D=\det(a_{ij})$，其中数 a_{ij}（$i, j=1,2$）称为行列式 D 的第 i（行标）行、第 j（列标）列的元素.

二阶行列式又可用对角线法则帮助记忆. 二阶行列式是两项的代数和，其中第一项是从左上角至右下角的对角线（主对角线）上两元素的乘积，带正号；第二项是从右上角至左下角的对角线（副对角线）上两元素的乘积，带负号.

根据二阶行列式的定义，方程组（1.2.1）的解（1.2.2）中的分子也可用二阶行列式表示. 若记

$$D_1=\begin{vmatrix}b_1 & a_{12}\\ b_2 & a_{22}\end{vmatrix}=b_1a_{22}-a_{12}b_2,\quad D_2=\begin{vmatrix}a_{11} & b_1\\ a_{21} & b_2\end{vmatrix}=a_{11}b_2-b_1a_{21},$$

其中 D_j（$j=1,2$）表示将 D 中第 j 列换成式（1.2.1）右边的常数项所得到的行列式.

于是，当系数行列式 $D\neq 0$ 时，二元一次方程组（1.2.1）有唯一解

$$x_1=\frac{b_1a_{22}-a_{12}b_2}{a_{11}a_{22}-a_{12}a_{21}}=\frac{\begin{vmatrix}b_1 & a_{12}\\ b_2 & a_{22}\end{vmatrix}}{\begin{vmatrix}a_{11} & a_{12}\\ a_{21} & a_{22}\end{vmatrix}}=\frac{D_1}{D},\quad x_2=\frac{a_{11}b_2-b_1a_{21}}{a_{11}a_{22}-a_{12}a_{21}}=\frac{\begin{vmatrix}a_{11} & b_1\\ a_{21} & b_2\end{vmatrix}}{\begin{vmatrix}a_{11} & a_{12}\\ a_{21} & a_{22}\end{vmatrix}}=\frac{D_2}{D}.$$

例 2　求解二元一次方程组

$$\begin{cases}x_1+2x_2=1,\\ 3x_1-x_2=-4.\end{cases}$$

解　系数行列式

$$D=\begin{vmatrix}1 & 2\\ 3 & -1\end{vmatrix}=(-1)-6=-7\neq 0,$$

可求得

$$D_1=\begin{vmatrix}1 & 2\\ -4 & -1\end{vmatrix}=7,\quad D_2=\begin{vmatrix}1 & 1\\ 3 & -4\end{vmatrix}=-7,$$

因此

$$x_1=\frac{D_1}{D}=\frac{7}{-7}=-1,\quad x_2=\frac{D_2}{D}=\frac{-7}{-7}=1.$$

2. 三阶行列式

求解三元一次方程组

$$\begin{cases} a_{11}x_1 + a_{12}x_2 + a_{13}x_3 = b_1, \\ a_{21}x_1 + a_{22}x_2 + a_{23}x_3 = b_2, \\ a_{31}x_1 + a_{32}x_2 + a_{33}x_3 = b_3. \end{cases} \tag{1.2.3}$$

利用消元法解此方程组，先由前两个方程消去 x_3，得到一个只含 x_1，x_2 的二元一次方程；再由后两个方程消去 x_3，得到另一个只含 x_1，x_2 的二元一次方程，最后联立这两个二元一次方程，消去 x_2，得

$$\begin{aligned}&(a_{11}a_{22}a_{33} + a_{12}a_{23}a_{31} + a_{13}a_{21}a_{32} - a_{13}a_{22}a_{31} - a_{12}a_{21}a_{33} - a_{11}a_{23}a_{32})x_1 \\ &= b_1a_{22}a_{33} + b_3a_{12}a_{23} + b_2a_{13}a_{32} - b_3a_{22}a_{13} - b_2a_{12}a_{33} - b_1a_{23}a_{32}.\end{aligned} \tag{1.2.4}$$

若将此三元一次方程组的系数记作

$$D = \begin{vmatrix} a_{11} & a_{12} & a_{13} \\ a_{21} & a_{22} & a_{23} \\ a_{31} & a_{32} & a_{33} \end{vmatrix},$$

则称 D 为三阶行列式．为了便于记忆和计算，给出计算三阶行列式的对角线法则

$D =$ 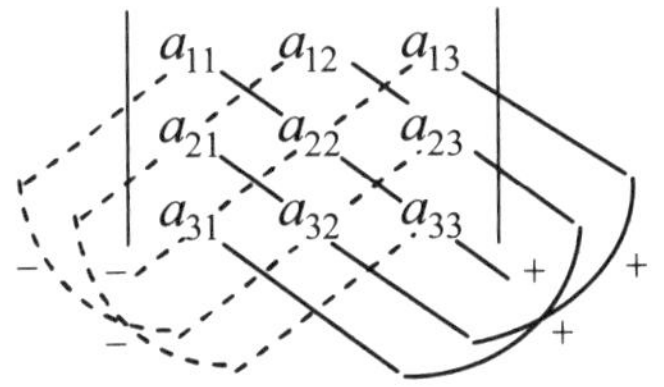

$$= a_{11}a_{22}a_{33} + a_{12}a_{23}a_{31} + a_{13}a_{21}a_{32} - a_{11}a_{23}a_{32} - a_{12}a_{21}a_{33} - a_{13}a_{22}a_{31}. \tag{1.2.5}$$

三阶行列式所代表的数是这样得到的：它是 6 项的代数和，每一项均为不同行不同列的三个元素的乘积，实线（平行主对角线）上三个元素的乘积带正号，虚线（平行副对角线）上三个元素的乘积带负号．

例如，二阶行列式

$$\begin{vmatrix} 3 & -1 \\ 2 & 4 \end{vmatrix} = 3\times4-(-1)\times2 = 14;$$

三阶行列式

$$\begin{aligned}&\begin{vmatrix} 2 & -1 & 1 \\ 3 & 2 & -5 \\ 1 & 3 & -2 \end{vmatrix} \\ &= 2\times2\times(-2)+(-1)\times(-5)\times1+1\times3\times3-1\times2\times1-(-1)\times3\times(-2)-2\times(-5)\times3 \\ &= -8+5+9-2-6+30 = 28.\end{aligned}$$

根据三阶行列式的定义，式（1.2.4）的右边也可用三阶行列式表示为

$$D_1=\begin{vmatrix} b_1 & a_{12} & a_{13} \\ b_2 & a_{22} & a_{23} \\ b_3 & a_{32} & a_{33} \end{vmatrix}$$

$$=b_1a_{22}a_{33}+b_3a_{12}a_{23}+b_2a_{13}a_{32}-b_3a_{22}a_{13}-b_2a_{12}a_{33}-b_1a_{23}a_{32}.$$

当系数行列式$D\neq 0$时，式（1.2.4）有唯一解：

$$x_1=\frac{D_1}{D},$$

同理可得

$$x_2=\frac{D_2}{D}，\quad x_3=\frac{D_3}{D}.$$

其中

$$D_2=\begin{vmatrix} a_{11} & b_1 & a_{13} \\ a_{21} & b_2 & a_{23} \\ a_{31} & b_3 & a_{33} \end{vmatrix}，\quad D_3=\begin{vmatrix} a_{11} & a_{12} & b_1 \\ a_{21} & a_{22} & b_2 \\ a_{31} & a_{32} & b_3 \end{vmatrix},$$

D_j（$j=1,2,3$）是将系数行列式D中第j列换成式（1.2.3）右边的常数项b_1，b_2，b_3所得到的行列式.

例 3　解三元一次方程组

$$\begin{cases} 2x_1+3x_2-x_3=-4, \\ x_1-x_2+x_3=5, \\ 7x_1-6x_2-4x_3=1. \end{cases}$$

解　系数行列式

$$D=\begin{vmatrix} 2 & 3 & -1 \\ 1 & -1 & 1 \\ 7 & -6 & -4 \end{vmatrix}=8+21+6-7-(-12)-(-12)=52,$$

又有

$$D_1=\begin{vmatrix} -4 & 3 & -1 \\ 5 & -1 & 1 \\ 1 & -6 & -4 \end{vmatrix}=52，D_2=\begin{vmatrix} 2 & -4 & -1 \\ 1 & 5 & 1 \\ 7 & 1 & -4 \end{vmatrix}=-52，D_3=\begin{vmatrix} 2 & 3 & -4 \\ 1 & -1 & 5 \\ 7 & -6 & 1 \end{vmatrix}=156,$$

解为

$$x_1=\frac{D_1}{D}=1，x_2=\frac{D_2}{D}=-1，x_3=\frac{D_3}{D}=3.$$

利用二、三阶行列式，可以将二、三元一次方程组的解表示得更为简单．所以在解n元线性方程组时，自然想到其解能否用n阶行列式来表示．为此，先来研究二、三阶行列式的结构，找出其共性，以便给出n阶行列式的定义.

三阶行列式（1.2.5）具有以下特点：

（1）式（1.2.5）右边的每一项都是位于不同行不同列的三个元素的乘积，除去符号，每项的三个元素按它们在行列式中的行的顺序排成 $a_{1p_1}a_{2p_2}a_{3p_3}$，其中第一个下标（行标）都按自然顺序排列成 123，而第二个下标（列标）排列成 $p_1p_2p_3$，它是自然数 1，2，3 的某个排列.

（2）各项所带的符号只与列标的排列有关. 带正号的三项的列标排列是：123，231，312；带负号的三项的列标排列是：132，213，321. 由上节知，前三个排列为偶排列，后三个排列为奇排列，因此各项所带符号可以表示为$(-1)^t$，其中 t 为列标排列的逆序数.

（3）因 1，2，3 共有$3!=6$个不同的排列，所以对应式（1.2.5）右边是 6 项的代数和.

因此，三阶行列式可以写成

$$\begin{vmatrix} a_{11} & a_{12} & a_{13} \\ a_{21} & a_{22} & a_{23} \\ a_{31} & a_{32} & a_{33} \end{vmatrix} = \sum (-1)^t a_{1p_1}a_{2p_2}a_{3p_3},$$

其中，t 为排列 $p_1p_2p_3$ 的逆序数，即$t=\tau(p_1p_2p_3)$；Σ 表示对 1，2，3 三个数的所有排列 $p_1p_2p_3$ 求和.

仿此，可给出 n 阶行列式的定义.

1.2.2　n 阶行列式的定义

定义 3　称由 n^2 个数 a_{ij}（$i, j=1,2,\cdots,n$）排成 n 行 n 列组成的记号

$$D=\begin{vmatrix} a_{11} & a_{12} & \cdots & a_{1n} \\ a_{21} & a_{22} & \cdots & a_{2n} \\ \vdots & \vdots & & \vdots \\ a_{n1} & a_{n2} & \cdots & a_{nn} \end{vmatrix}$$

为 n 阶行列式，简记作 $D=\det(a_{ij})$. 它表示所有可能取自不同行不同列的 n 个数乘积的代数和，各项行标按自然顺序排列后，列标构成的排列为偶排列时，此项带正号，为奇排列时，此项带负号. 因此，n 阶行列式的一般项可以写成

$$(-1)^t a_{1p_1}a_{2p_2}\cdots a_{np_n},$$

其中，$p_1p_2\cdots p_n$ 为自然数$1,2,\cdots,n$的一个 n 元排列，t 为此排列的逆序数，即 $t=\tau(p_1p_2\cdots p_n)$. 当 $p_1p_2\cdots p_n$ 取遍所有 n 元排列时，则得到 n 阶行列式表示的代数和中的所有 $n!$ 项，即 n 阶行列式可表示为

$$D=\det(a_{ij})=\begin{vmatrix} a_{11} & a_{12} & \cdots & a_{1n} \\ a_{21} & a_{22} & \cdots & a_{2n} \\ \vdots & \vdots & & \vdots \\ a_{n1} & a_{n2} & \cdots & a_{nn} \end{vmatrix}=\sum(-1)^t a_{1p_1}a_{2p_2}\cdots a_{np_n}\text{，}$$

其中，Σ表示对$1,2,\cdots,n$的所有排列求和；a_{ij}表示行列式$\det(a_{ij})$的元素.

按此定义，二、三阶行列式的定义与用对角线法则定义是一致的，但四阶及四阶以上就没有对角线法则了．当$n=1$时，一阶行列式$|a|=a$，此时，注意不要与绝对值符号相混淆.

利用定理 1，可以得到n阶行列式的等价定义.

定理 2　n阶行列式的定义也可表示为

$$D=\begin{vmatrix} a_{11} & a_{12} & \cdots & a_{1n} \\ a_{21} & a_{22} & \cdots & a_{2n} \\ \vdots & \vdots & & \vdots \\ a_{n1} & a_{n2} & \cdots & a_{nn} \end{vmatrix}=\sum(-1)^t a_{p_1 1}a_{p_2 2}\cdots a_{p_n n}\text{，}$$

其中t为行标排列$p_1p_2\cdots p_n$的逆序数.

证　按行列式的定义，有

$$D=\sum(-1)^t a_{1p_1}a_{2p_2}\cdots a_{np_n}\text{，}$$

记

$$D_1=\sum(-1)^t a_{p_1 1}a_{p_2 2}\cdots a_{p_n n}\text{，}$$

D中的任一项为

$$(-1)^{\tau(p_1p_2\cdots p_n)}a_{1p_1}a_{2p_2}\cdots a_{np_n}\text{，}$$

当列标的排列$p_1p_2\cdots p_n$经过k次对换变成自然排列$12\cdots n$时，相应的行标的自然排列$12\cdots n$经相同的k次对换变成排列$q_1q_2\cdots q_n$，由于数的乘法是可交换的，所以有

$$a_{1p_1}a_{2p_2}\cdots a_{np_n}=a_{q_1 1}a_{q_2 2}\cdots a_{q_n n}\text{．}$$

由定理 1 的推论 1，对换次数k与$\tau(p_1p_2\cdots p_n)$有相同的奇偶性，同理，k与$\tau(q_1q_2\cdots q_n)$也有相同的奇偶性，从而$\tau(p_1p_2\cdots p_n)$与$\tau(q_1q_2\cdots q_n)$有相同的奇偶性，所以有

$$(-1)^{\tau(p_1p_2\cdots p_n)}a_{1p_1}a_{2p_2}\cdots a_{np_n}=(-1)^{\tau(q_1q_2\cdots q_n)}a_{q_1 1}a_{q_2 2}\cdots a_{q_n n}\text{，}$$

即D中的任一项总有且仅有D_1中的某一项与之对应并相等；反之，对于D_1中的任一项也总有且仅有D中的某一项与之对应并相等，于是D与D_1中的项可以一一对应并相等，从而$D=D_1$．证毕.

仿此定义方法，n阶行列式的定义还可表示为

$$D=\sum(-1)^{t+s}a_{p_1q_1}a_{p_2q_2}\cdots a_{p_nq_n}\ ,$$

其中，t 为行标排列 $p_1p_2\cdots p_n$ 的逆序数；s 为列标排列 $q_1q_2\cdots q_n$ 的逆序数.

例 4 证明对角行列式

$$\begin{vmatrix}\lambda_1 & & & \\ & \lambda_2 & & \\ & & \ddots & \\ & & & \lambda_n\end{vmatrix}=\lambda_1\lambda_2\cdots\lambda_n\ , \tag{1.2.6}$$

$$\begin{vmatrix} & & & \lambda_1 \\ & & \lambda_2 & \\ & ⋰ & & \\ \lambda_n & & & \end{vmatrix}=(-1)^{\frac{n(n-1)}{2}}\lambda_1\lambda_2\cdots\lambda_n\ , \tag{1.2.7}$$

其中对角线上的元素为 λ_i（$i=1,2,\cdots,n$），未写出的元素都为零.

证 式（1.2.6）显然成立，下面证明式（1.2.7）.

若记 $\lambda_i=a_{i,\ n-i+1}$，则依行列式的定义有

$$\begin{vmatrix} & & & \lambda_1 \\ & & \lambda_2 & \\ & ⋰ & & \\ \lambda_n & & & \end{vmatrix}=\begin{vmatrix} & & & a_{1n} \\ & & a_{2(n-1)} & \\ & ⋰ & & \\ a_{n1} & & & \end{vmatrix}=(-1)^t a_{1n}a_{2(n-1)}\cdots a_{n1}=(-1)^t\lambda_1\lambda_2\cdots\lambda_n\ ,$$

其中 t 为排列 $n(n-1)\cdots 21$ 的逆序数，故

$$t=\tau[n(n-1)\cdots 21]=0+1+2+\cdots+(n-1)=\frac{n(n-1)}{2}\ .$$

证毕.

定义 4 对角线以下（上）的元素均为零的行列式称为**上（下）三角行列式**.

用与例 4 完全类似的方法可求得，n 阶上三角行列式为

$$\begin{vmatrix}a_{11} & a_{12} & \cdots & a_{1n} \\ 0 & a_{22} & \cdots & a_{2n} \\ \vdots & \vdots & & \vdots \\ 0 & 0 & \cdots & a_{nn}\end{vmatrix}=a_{11}a_{22}\cdots a_{nn}\ ,$$

$$\begin{vmatrix}a_{11} & \cdots & a_{1(n-1)} & a_{1n} \\ a_{21} & \cdots & a_{2(n-1)} & 0 \\ \vdots & & \vdots & \vdots \\ a_{n1} & \cdots & 0 & 0\end{vmatrix}=(-1)^{\frac{n(n-1)}{2}}a_{1n}a_{2(n-1)}\cdots a_{n1}\ .$$

同理，n 阶下三角行列式为

$$\begin{vmatrix} a_{11} & 0 & \cdots & 0 \\ a_{21} & a_{22} & \cdots & 0 \\ \vdots & \vdots & & \vdots \\ a_{n1} & a_{n2} & \cdots & a_{nn} \end{vmatrix} = a_{11}a_{22}\cdots a_{nn},$$

$$\begin{vmatrix} 0 & \cdots & 0 & a_{1n} \\ 0 & \cdots & a_{2(n-1)} & a_{2n} \\ \vdots & & \vdots & \vdots \\ a_{n1} & \cdots & a_{n(n-1)} & a_{nn} \end{vmatrix} = (-1)^{\frac{n(n-1)}{2}} a_{1n}a_{2(n-1)}\cdots a_{n1}.$$

1.3 行列式的性质

记

$$D = \begin{vmatrix} a_{11} & a_{12} & \cdots & a_{1n} \\ a_{21} & a_{22} & \cdots & a_{2n} \\ \vdots & \vdots & & \vdots \\ a_{n1} & a_{n2} & \cdots & a_{nn} \end{vmatrix},$$

将 D 的行与列互换（顺序不变），得到的新行列式记作

$$D^{\mathrm{T}} = \begin{vmatrix} a_{11} & a_{21} & \cdots & a_{n1} \\ a_{12} & a_{22} & \cdots & a_{n2} \\ \vdots & \vdots & & \vdots \\ a_{1n} & a_{2n} & \cdots & a_{nn} \end{vmatrix},$$

称 D^{T} 为 D 的转置行列式．显然 D 也是 D^{T} 的转置行列式，即

$$(D^{\mathrm{T}})^{\mathrm{T}} = D.$$

性质 1　行列式与其转置行列式相等，即

$$D^{\mathrm{T}} = D.$$

证　设 $D = \det(a_{ij})$ 的转置行列式为

$$D^{\mathrm{T}} = \begin{vmatrix} b_{11} & b_{21} & \cdots & b_{n1} \\ b_{12} & b_{22} & \cdots & b_{n2} \\ \vdots & \vdots & & \vdots \\ b_{1n} & b_{2n} & \cdots & b_{nn} \end{vmatrix},$$

即 $b_{ij} = a_{ji}$（$i, j = 1, 2, \cdots, n$），根据定义 3，有

$$D^{\mathrm{T}} = \sum (-1)^{\tau(p_1 p_2 \cdots p_n)} b_{1p_1} b_{2p_2} \cdots b_{np_n}$$

$$=\sum(-1)^{\tau(p_1p_2\cdots p_n)}a_{p_11}a_{p_22}\cdots a_{p_nn}\text{，}$$

由定理 2 得

$$D=\sum(-1)^{\tau(p_1p_2\cdots p_n)}a_{p_11}a_{p_22}\cdots a_{p_nn}\text{，}$$

从而 $D^{\mathrm{T}}=D$．证毕.

性质 1 说明行列式中行和列具有同等地位，因此，凡是对行（列）成立的性质，对列（行）也同样成立．所以，下面所讨论的性质只对行的情形加以证明.

性质 2 对换行列式的两行（列），行列式变号.

证 设行列式

$$D=\begin{vmatrix} a_{11} & a_{12} & \cdots & a_{1n} \\ \vdots & \vdots & & \vdots \\ a_{i1} & a_{i2} & \cdots & a_{in} \\ \vdots & \vdots & & \vdots \\ a_{j1} & a_{j2} & \cdots & a_{jn} \\ \vdots & \vdots & & \vdots \\ a_{n1} & a_{n2} & \cdots & a_{nn} \end{vmatrix},$$

交换 i，j 两行得

$$D_1=\begin{vmatrix} a_{11} & a_{12} & \cdots & a_{1n} \\ \vdots & \vdots & & \vdots \\ a_{j1} & a_{j2} & \cdots & a_{jn} \\ \vdots & \vdots & & \vdots \\ a_{i1} & a_{i2} & \cdots & a_{in} \\ \vdots & \vdots & & \vdots \\ a_{n1} & a_{n2} & \cdots & a_{nn} \end{vmatrix},$$

因为 D 中的任一项为

$$(-1)^{\tau(p_1\cdots k\cdots l\cdots p_n)}a_{1p_1}\cdots a_{ik}\cdots a_{jl}\cdots a_{np_n}\text{，}$$

与之对应的 D_1 中的一项为

$$(-1)^{\tau(p_1\cdots l\cdots k\cdots p_n)}a_{1p_1}\cdots a_{jl}\cdots a_{ik}\cdots a_{np_n}\text{，}$$

由定理 1 知

$$(-1)^{\tau(p_1\cdots k\cdots l\cdots p_n)}=-(-1)^{\tau(p_1\cdots l\cdots k\cdots p_n)}\text{，}$$

即 D 与 D_1 对应项的符号正好相反，因此 $D=-D_1$．证毕.

推论 3 行列式有两行（列）完全相同，则此行列式为零.

证 由性质 2，将相同的两行互换，有 $D=-D$，所以 $D=0$．证毕.

性质 3 行列式的某一行（列）的所有元素都乘同一数 k，等于用数 k 乘此行列式.

证 将行列式 $D=\det(a_{ij})$ 的第 i 行乘同一数 k，得

$$D_1=\begin{vmatrix} a_{11} & a_{12} & \cdots & a_{1n} \\ \vdots & \vdots & & \vdots \\ ka_{i1} & ka_{i2} & \cdots & ka_{in} \\ \vdots & \vdots & & \vdots \\ a_{n1} & a_{n2} & \cdots & a_{nn} \end{vmatrix},$$

由行列式的定义，得

$$\begin{aligned} D_1&=\sum(-1)^{\tau(p_1\cdots p_i\cdots p_n)}a_{1p_1}\cdots(ka_{ip_i})\cdots a_{np_n} \\ &=k\sum(-1)^{\tau(p_1\cdots p_i\cdots p_n)}a_{1p_1}\cdots a_{ip_i}\cdots a_{np_n} \\ &=kD . \end{aligned}$$

证毕.

推论 4 行列式的某一行（列）中所有元素的公因子可以提到行列式符号的外面.

推论 5 行列式的某一行（列）中所有元素为零，则此行列式为零.

推论 6 行列式中有两行（列）的元素对应成比例，则此行列式为零.

性质 4 若行列式中某一行（列）的元素都是两数之和，则此行列式等于两个行列式之和，即

$$\begin{aligned} D&=\begin{vmatrix} a_{11} & a_{12} & \cdots & a_{1n} \\ \vdots & \vdots & & \vdots \\ a_{i1}+a'_{i1} & a_{i2}+a'_{i2} & \cdots & a_{in}+a'_{in} \\ \vdots & \vdots & & \vdots \\ a_{n1} & a_{n2} & \cdots & a_{nn} \end{vmatrix} \\ &=\begin{vmatrix} a_{11} & a_{12} & \cdots & a_{1n} \\ \vdots & \vdots & & \vdots \\ a_{i1} & a_{i2} & \cdots & a_{in} \\ \vdots & \vdots & & \vdots \\ a_{n1} & a_{n2} & \cdots & a_{nn} \end{vmatrix}+\begin{vmatrix} a_{11} & a_{12} & \cdots & a_{1n} \\ \vdots & \vdots & & \vdots \\ a'_{i1} & a'_{i2} & \cdots & a'_{in} \\ \vdots & \vdots & & \vdots \\ a_{n1} & a_{n2} & \cdots & a_{nn} \end{vmatrix}. \end{aligned}$$

证 由定义 3，得

$$\begin{aligned} D&=\sum(-1)^{\tau(p_1\cdots p_i\cdots p_n)}a_{1p_1}\cdots(a_{ip_i}+a'_{ip_i})\cdots a_{np_n} \\ &=\sum(-1)^{\tau(p_1\cdots p_i\cdots p_n)}a_{1p_1}\cdots a_{ip_i}\cdots a_{np_n}+\sum(-1)^{\tau(p_1\cdots p_i\cdots p_n)}a_{1p_1}\cdots a'_{ip_i}\cdots a_{np_n} , \end{aligned}$$

上式正好是原式右边两个行列式之和．证毕.

显然，性质 4 可以推广到某一行（列）为多组数和的情形.

性质 5 将行列式某一行（列）的各元素乘同一数后加到另一行（列）对应的元素上，行列式的值不变，即第 i 行乘 k 加到第 j 行上，有

$$\begin{vmatrix} a_{11} & a_{12} & \cdots & a_{1n} \\ \vdots & \vdots & & \vdots \\ a_{i1} & a_{i2} & \cdots & a_{in} \\ \vdots & \vdots & & \vdots \\ a_{j1}+ka_{i1} & a_{j2}+ka_{i2} & \cdots & a_{jn}+ka_{in} \\ \vdots & \vdots & & \vdots \\ a_{n1} & a_{n2} & \cdots & a_{nn} \end{vmatrix} = \begin{vmatrix} a_{11} & a_{12} & \cdots & a_{1n} \\ \vdots & \vdots & & \vdots \\ a_{i1} & a_{i2} & \cdots & a_{in} \\ \vdots & \vdots & & \vdots \\ a_{j1} & a_{j2} & \cdots & a_{jn} \\ \vdots & \vdots & & \vdots \\ a_{n1} & a_{n2} & \cdots & a_{nn} \end{vmatrix}.$$

证 由性质 4，得

$$\text{左边} = \begin{vmatrix} a_{11} & a_{12} & \cdots & a_{1n} \\ \vdots & \vdots & & \vdots \\ a_{i1} & a_{i2} & \cdots & a_{in} \\ \vdots & \vdots & & \vdots \\ a_{j1} & a_{j2} & \cdots & a_{jn} \\ \vdots & \vdots & & \vdots \\ a_{n1} & a_{n2} & \cdots & a_{nn} \end{vmatrix} + \begin{vmatrix} a_{11} & a_{12} & \cdots & a_{1n} \\ \vdots & \vdots & & \vdots \\ a_{i1} & a_{i2} & \cdots & a_{in} \\ \vdots & \vdots & & \vdots \\ ka_{i1} & ka_{i2} & \cdots & ka_{in} \\ \vdots & \vdots & & \vdots \\ a_{n1} & a_{n2} & \cdots & a_{nn} \end{vmatrix},$$

由推论 6 知上面的第二个行列式为零，故左右两边相等. 证毕.

为叙述方便，引进以下记号：

（1）交换行列式的 i，j 两行（列），记作 $r_i \leftrightarrow r_j\,(c_i \leftrightarrow c_j)$；

（2）第 i 行（列）乘 k，记作 $r_i \times k\,(c_i \times k)$，第 i 行（列）提出公因子 k，记作 $r_i \div k\,(c_i \div k)$；

（3）将行列式的第 i 行（列）乘 k 加到第 j 行（列）上，记作 $r_j + kr_i\,(c_j + kc_i)$.

例 5 计算

$$D = \begin{vmatrix} 1 & 2 & 0 & 1 \\ 1 & 3 & 5 & 0 \\ 0 & 1 & 5 & 6 \\ 1 & 2 & 3 & 4 \end{vmatrix}.$$

解

$$D \xlongequal{r_2 - r_1} \begin{vmatrix} 1 & 2 & 0 & 1 \\ 0 & 1 & 5 & -1 \\ 0 & 1 & 5 & 6 \\ 1 & 2 & 3 & 4 \end{vmatrix} \xlongequal{r_4 - r_1} \begin{vmatrix} 1 & 2 & 0 & 1 \\ 0 & 1 & 5 & -1 \\ 0 & 1 & 5 & 6 \\ 0 & 0 & 3 & 3 \end{vmatrix} \xlongequal{r_3 - r_2} \begin{vmatrix} 1 & 2 & 0 & 1 \\ 0 & 1 & 5 & -1 \\ 0 & 0 & 0 & 7 \\ 0 & 0 & 3 & 3 \end{vmatrix}$$

$$\xlongequal{r_3 \leftrightarrow r_4} -\begin{vmatrix} 1 & 2 & 0 & 1 \\ 0 & 1 & 5 & -1 \\ 0 & 0 & 3 & 3 \\ 0 & 0 & 0 & 7 \end{vmatrix} = -21.$$

例 6 计算

$$D=\begin{vmatrix} a & b & b & b \\ b & a & b & b \\ b & b & a & b \\ b & b & b & a \end{vmatrix}.$$

解 $D \xlongequal{c_1+c_2+c_3+c_4} \begin{vmatrix} a+3b & b & b & b \\ a+3b & a & b & b \\ a+3b & b & a & b \\ a+3b & b & b & a \end{vmatrix} \xlongequal{c_1 \div (a+3b)} (a+3b)\begin{vmatrix} 1 & b & b & b \\ 1 & a & b & b \\ 1 & b & a & b \\ 1 & b & b & a \end{vmatrix}$

$$\xlongequal[i=2,3,4]{r_i - r_1} (a+3b)\begin{vmatrix} 1 & b & b & b \\ 0 & a-b & 0 & 0 \\ 0 & 0 & a-b & 0 \\ 0 & 0 & 0 & a-b \end{vmatrix} = (a+3b)(a-b)^3.$$

本例的方法具有代表性，凡是主对角线上的元素为同一元素，其他为另一元素，或所有行（列）对应元素相加后相等的行列式，都可用此法来计算.

例如，计算行列式 $D_n=\begin{vmatrix} x & a & a & \cdots & a & a \\ a & x & a & \cdots & a & a \\ a & a & x & \cdots & a & a \\ \vdots & \vdots & \vdots & & \vdots & \vdots \\ a & a & a & \cdots & x & a \\ a & a & a & \cdots & a & x \end{vmatrix}$，此题留给读者完成.

例 7 计算

$$D=\begin{vmatrix} (a+4)^2 & (a+3)^2 & (a+2)^2 & (a+1)^2 \\ (b+4)^2 & (b+3)^2 & (b+2)^2 & (b+1)^2 \\ (c+4)^2 & (c+3)^2 & (c+2)^2 & (c+1)^2 \\ (d+4)^2 & (d+3)^2 & (d+2)^2 & (d+1)^2 \end{vmatrix}.$$

解 从第一列开始，前列减后列，得

$$D\xlongequal[c_3-c_4]{\substack{c_1-c_2\\c_2-c_3}}\begin{vmatrix}2a+7 & 2a+5 & 2a+3 & (a+1)^2\\2b+7 & 2b+5 & 2b+3 & (b+1)^2\\2c+7 & 2c+5 & 2c+3 & (c+1)^2\\2d+7 & 2d+5 & 2d+3 & (d+1)^2\end{vmatrix},$$

然后在前三列中，前列减后列，得

$$D\xlongequal[c_2-c_3]{c_1-c_2}\begin{vmatrix}2 & 2 & 2a+3 & (a+1)^2\\2 & 2 & 2b+3 & (b+1)^2\\2 & 2 & 2c+3 & (c+1)^2\\2 & 2 & 2d+3 & (d+1)^2\end{vmatrix}=0.$$

例 8 计算 n 阶行列式

$$D_n=\begin{vmatrix}x_1 & a_{12} & a_{13} & \cdots & a_{1n}\\x_1 & x_2 & a_{23} & \cdots & a_{2n}\\x_1 & x_2 & x_3 & \cdots & a_{3n}\\\vdots & \vdots & \vdots & & \vdots\\x_1 & x_2 & x_3 & \cdots & x_n\end{vmatrix}.$$

解 从第 n 行开始，后行减前行，得

$$D_n\xlongequal[i=n,n-1,\ldots,2]{r_i-r_{i-1}}\begin{vmatrix}x_1 & a_{12} & a_{13} & \cdots & a_{1n}\\0 & x_2-a_{12} & a_{23}-a_{13} & \cdots & a_{2n}-a_{1n}\\0 & 0 & x_3-a_{23} & \cdots & a_{3n}-a_{2n}\\\vdots & \vdots & \vdots & & \vdots\\0 & 0 & 0 & \cdots & x_n-a_{(n-1)n}\end{vmatrix}$$

$$=x_1(x_2-a_{12})(x_3-a_{23})\cdots(x_n-a_{(n-1)n})$$

$$=x_1\prod_{i=2}^{n}(x_i-a_{(i-1)i}),$$

其中 Π 表示全体同类因子的乘积，以后不再解释.

1.4 行列式按行（列）展开

一般说来，低阶行列式比高阶行列式的计算要简单，于是我们自然考虑到用低阶行列式来表示高阶行列式的问题，为此，引进余子式和代数余子式的概念.

定义 5 在 n 阶行列式中，将元素 a_{ij} 所在的第 i 行和第 j 列划去，剩下的元素

按原排列构成的 $n-1$ 阶行列式称为 a_{ij} 的**余子式**，记作 M_{ij}；称 $A_{ij}=(-1)^{i+j}M_{ij}$ 为元素 a_{ij} 的**代数余子式**.

例如，四阶行列式

$$D=\begin{vmatrix} a_{11} & a_{12} & a_{13} & a_{14} \\ a_{21} & a_{22} & a_{23} & a_{24} \\ a_{31} & a_{32} & a_{33} & a_{34} \\ a_{41} & a_{42} & a_{43} & a_{44} \end{vmatrix}$$

中元素 a_{23} 的余子式和代数余子式分别为

$$M_{23}=\begin{vmatrix} a_{11} & a_{12} & a_{14} \\ a_{31} & a_{32} & a_{34} \\ a_{41} & a_{42} & a_{44} \end{vmatrix}, \quad A_{23}=(-1)^{2+3}M_{23}=-\begin{vmatrix} a_{11} & a_{12} & a_{14} \\ a_{31} & a_{32} & a_{34} \\ a_{41} & a_{42} & a_{44} \end{vmatrix}.$$

引理 如果 n 阶行列式中的第 i 行除 a_{ij} 外其余元素均为零，则此行列式等于 a_{ij} 与它的代数余子式的乘积，即

$$D=\begin{vmatrix} a_{11} & \cdots & a_{1j} & \cdots & a_{1n} \\ \vdots & & \vdots & & \vdots \\ 0 & \cdots & a_{ij} & \cdots & 0 \\ \vdots & & \vdots & & \vdots \\ a_{n1} & \cdots & a_{nj} & \cdots & a_{nn} \end{vmatrix}=a_{ij}A_{ij}.$$

证明从略.

定理 3 行列式等于它的任意一行（列）的各元素与对应的代数余子式乘积之和，即

$$D=a_{i1}A_{i1}+a_{i2}A_{i2}+\cdots+a_{in}A_{in} \quad (i=1,2,\cdots,n),$$

或

$$D=a_{1j}A_{1j}+a_{2j}A_{2j}+\cdots+a_{nj}A_{nj} \quad (j=1,2,\cdots,n).$$

证

$$D=\begin{vmatrix} a_{11} & a_{12} & \cdots & a_{1n} \\ \vdots & \vdots & & \vdots \\ a_{i1}+0+\cdots+0 & 0+a_{i2}+\cdots+0 & \cdots & 0+0+\cdots+a_{in} \\ \vdots & \vdots & & \vdots \\ a_{n1} & a_{n2} & \cdots & a_{nn} \end{vmatrix}$$

$$=\begin{vmatrix} a_{11} & a_{12} & \cdots & a_{1n} \\ \vdots & \vdots & & \vdots \\ a_{i1} & 0 & \cdots & 0 \\ \vdots & \vdots & & \vdots \\ a_{n1} & a_{n2} & \cdots & a_{nn} \end{vmatrix}+\begin{vmatrix} a_{11} & a_{12} & \cdots & a_{1n} \\ \vdots & \vdots & & \vdots \\ 0 & a_{i2} & \cdots & 0 \\ \vdots & \vdots & & \vdots \\ a_{n1} & a_{n2} & \cdots & a_{nn} \end{vmatrix}+\cdots+\begin{vmatrix} a_{11} & a_{12} & \cdots & a_{1n} \\ \vdots & \vdots & & \vdots \\ 0 & 0 & \cdots & a_{in} \\ \vdots & \vdots & & \vdots \\ a_{n1} & a_{n2} & \cdots & a_{nn} \end{vmatrix}$$

$$=a_{i1}A_{i1}+a_{i2}A_{i2}+\cdots+a_{in}A_{in}\quad(i=1,2,\cdots,n).$$

类似地，若按列证明，可得

$$D=a_{1j}A_{1j}+a_{2j}A_{2j}+\cdots+a_{nj}A_{nj}\quad(j=1,2,\cdots,n).$$

证毕.

定理 3 也称为行列式按行（列）展开法则，它将高阶行列式用低阶行列式表示（降阶），再结合行列式的性质，可以简化行列式的计算．下面用此法来计算例 5 的行列式

$$D=\begin{vmatrix} 1 & 2 & 0 & 1 \\ 1 & 3 & 5 & 0 \\ 0 & 1 & 5 & 6 \\ 1 & 2 & 3 & 4 \end{vmatrix},$$

将第一列第 2，3，4 行元素变为 0，然后按第一列展开，即

$$D\xlongequal[r_4-r_1]{r_2-r_1}\begin{vmatrix} 1 & 2 & 0 & 1 \\ 0 & 1 & 5 & -1 \\ 0 & 1 & 5 & 6 \\ 0 & 0 & 3 & 3 \end{vmatrix}=1\times(-1)^{1+1}\begin{vmatrix} 1 & 5 & -1 \\ 1 & 5 & 6 \\ 0 & 3 & 3 \end{vmatrix}\xlongequal{r_2-r_1}\begin{vmatrix} 1 & 5 & -1 \\ 0 & 0 & 7 \\ 0 & 3 & 3 \end{vmatrix}$$

$$=1\times(-1)^{1+1}\begin{vmatrix} 0 & 7 \\ 3 & 3 \end{vmatrix}=-21.$$

例 9 计算 $D_n=\begin{vmatrix} 2 & -1 & & & & \\ -1 & 2 & -1 & & & \\ & -1 & 2 & -1 & & \\ & & \ddots & \ddots & \ddots & \\ & & & -1 & 2 & -1 \\ & & & & -1 & 2 \end{vmatrix}$.

解 $D_n\xlongequal{r_1+r_2+\cdots+r_n}\begin{vmatrix} 1 & 0 & & 0 & 1 \\ -1 & 2 & -1 & & \\ & -1 & \ddots & \ddots & \\ & & \ddots & 2 & -1 \\ & & & -1 & 2 \end{vmatrix}$

$$\xlongequal{\text{按第一行展开}}\begin{vmatrix} 2 & -1 & & & \\ -1 & 2 & \ddots & & \\ & \ddots & \ddots & \ddots & \\ & & \ddots & 2 & -1 \\ & & & -1 & 2 \end{vmatrix}_{n-1} +1\times(-1)^{1+n}\begin{vmatrix} -1 & 2 & -1 & & \\ & -1 & \ddots & \ddots & \\ & & \ddots & \ddots & -1 \\ & & & -1 & 2 \\ & & & & -1 \end{vmatrix}_{n-1}$$

$$=D_{n-1}+1,$$

从而解得 $D_n=n+1$.

例 10 计算

$$D_{2n}=\begin{vmatrix} a & & & & & b \\ & \ddots & & & \iddots & \\ & & a & b & & \\ & & c & d & & \\ & \iddots & & & \ddots & \\ c & & & & & d \end{vmatrix}.$$

解 按第一行展开，有

$$D_{2n}=a\begin{vmatrix} a & & & & b & 0 \\ & \ddots & & \iddots & & \\ & & a\ \ b & & & \\ & & c\ \ d & & & \\ & \iddots & & \ddots & & \\ c & & & & d & 0 \\ 0 & & & & 0 & d \end{vmatrix}+(-1)^{1+2n}b\begin{vmatrix} 0 & a & & & & b \\ & & \ddots & & \iddots & \\ & & & a\ \ b & & \\ & & & c\ \ d & & \\ & & \iddots & & \ddots & \\ 0 & c & & & & d \\ c & 0 & & & & 0 \end{vmatrix}$$

$$=adD_{2(n-1)}-bc(-1)^{2n-1+1}D_{2(n-1)}=(ad-bc)D_{2(n-1)},$$

以此递推，得

$$\begin{aligned} D_{2n}&=(ad-bc)D_{2(n-1)}\\ &=(ad-bc)^2D_{2(n-2)}\\ &\ \vdots\\ &=(ad-bc)^{n-1}D_2\\ &=(ad-bc)^{n-1}\begin{vmatrix} a & b \\ c & d \end{vmatrix}\\ &=(ad-bc)^n. \end{aligned}$$

例 11 证明范德蒙德行列式

$$D_n=\begin{vmatrix}1 & 1 & \cdots & 1\\ x_1 & x_2 & \cdots & x_n\\ x_1^2 & x_2^2 & \cdots & x_n^2\\ \vdots & \vdots & & \vdots\\ x_1^{n-1} & x_2^{n-1} & \cdots & x_n^{n-1}\end{vmatrix}=\prod_{1\leqslant j<i\leqslant n}(x_i-x_j)\ (n\geqslant 2).$$

证 用数学归纳法．当 $n=2$ 时，

$$D_2=\begin{vmatrix}1 & 1\\ x_1 & x_2\end{vmatrix}=x_2-x_1=\prod_{1\leqslant j<i\leqslant 2}(x_i-x_j),$$

结论成立．

假设对 $n-1$ 阶范德蒙德行列式结论成立，再证 n 阶范德蒙德行列式也成立．

从第 n 行开始，后行减前行的 x_1 倍，得

$$D_n=\begin{vmatrix}1 & 1 & 1 & \cdots & 1\\ 0 & x_2-x_1 & x_3-x_1 & \cdots & x_n-x_1\\ 0 & x_2(x_2-x_1) & x_3(x_3-x_1) & \cdots & x_n(x_n-x_1)\\ \vdots & \vdots & \vdots & & \vdots\\ 0 & x_2^{n-2}(x_2-x_1) & x_3^{n-2}(x_3-x_1) & \cdots & x_n^{n-2}(x_n-x_1)\end{vmatrix},$$

按第一列展开并提出每一列的公因子，有

$$D_n=(x_2-x_1)(x_3-x_1)\cdots(x_n-x_1)\begin{vmatrix}1 & 1 & \cdots & 1\\ x_2 & x_3 & \cdots & x_n\\ x_2^2 & x_3^2 & \cdots & x_n^2\\ \vdots & \vdots & & \vdots\\ x_2^{n-2} & x_3^{n-2} & \cdots & x_n^{n-2}\end{vmatrix},$$

上式右边的行列式是一个 $n-1$ 阶范德蒙德行列式，由归纳法假设，它等于所有 (x_i-x_j) 因子的乘积，其中 $2\leqslant j<i\leqslant n$，即

$$D_n=(x_2-x_1)(x_3-x_1)\cdots(x_n-x_1)\prod_{2\leqslant j<i\leqslant n}(x_i-x_j)=\prod_{1\leqslant j<i\leqslant n}(x_i-x_j).$$

证毕．

注 ①由例 11 的结果可知范德蒙德行列式 $D=0$ 的充要条件是 $x_1,x_2,\cdots,x_n$ 中至少有两个元素相等；②计算行列式时可直接利用例 11 的结果．

由定理 3 还可得出下述重要推论．

推论 7 行列式一行（列）的各元素与另一行（列）的对应各元素的代数余子式的乘积之和为零，即

$$a_{i1}A_{j1}+a_{i2}A_{j2}+\cdots+a_{in}A_{jn}=0 \quad (i\neq j),$$

或

$$a_{1i}A_{1j}+a_{2i}A_{2j}+\cdots+a_{ni}A_{nj}=0 \quad (i\neq j).$$

证 不妨设$i<j$，考虑辅助行列式

$$D_1=\begin{vmatrix} a_{11} & a_{12} & \cdots & a_{1n} \\ \vdots & \vdots & & \vdots \\ a_{i1} & a_{i2} & \cdots & a_{in} \\ \vdots & \vdots & & \vdots \\ a_{j1} & a_{j2} & \cdots & a_{jn} \\ \vdots & \vdots & & \vdots \\ a_{n1} & a_{n2} & \cdots & a_{nn} \end{vmatrix} \begin{matrix} \\ \\ \text{第 } i \text{ 行} \\ \\ \text{第 } j \text{ 行} \\ \\ \\ \end{matrix},$$

因为D_1中第i行与第j行对应元素相等，所以

$$D_1=0.$$

另一方面，将D_1按第j行展开，即

$$D_1=a_{i1}A_{j1}+a_{i2}A_{j2}+\cdots+a_{in}A_{jn},$$

所以

$$a_{i1}A_{j1}+a_{i2}A_{j2}+\cdots+a_{in}A_{jn}=0 \quad (i\neq j).$$

上述证法如果按列进行，即得

$$a_{1i}A_{1j}+a_{2i}A_{2j}+\cdots+a_{ni}A_{nj}=0 \quad (i\neq j).$$

证毕.

结合定理 3 及推论 7，得到代数余子式的重要性质：

$$\sum_{k=1}^{n}a_{ik}A_{jk}=\begin{cases} D, & i=j, \\ 0, & i\neq j, \end{cases}$$

或

$$\sum_{k=1}^{n}a_{ki}A_{kj}=\begin{cases} D, & i=j, \\ 0, & i\neq j. \end{cases}$$

例 12 设

$$D=\begin{vmatrix} 3 & -5 & 2 & 1 \\ 1 & 1 & 0 & -5 \\ -1 & 3 & 1 & 3 \\ 2 & -4 & -1 & -3 \end{vmatrix}.$$

求$A_{11}+A_{12}+A_{13}+A_{14}$和$M_{11}+M_{12}+M_{13}+M_{14}$.

解 根据定理 3 可知，$A_{11}+A_{12}+A_{13}+A_{14}$等于用 1，1，1，1，代替$D$的第

一行所得的行列式，即

$$A_{11}+A_{12}+A_{13}+A_{14}$$

$$=\begin{vmatrix}1&1&1&1\\1&1&0&-5\\-1&3&1&3\\2&-4&-1&-3\end{vmatrix}\xlongequal[r_3-r_1]{r_4+r_3}\begin{vmatrix}1&1&1&1\\1&1&0&-5\\-2&2&0&2\\1&-1&0&0\end{vmatrix}$$

$$=\begin{vmatrix}1&1&-5\\-2&2&2\\1&-1&0\end{vmatrix}\xlongequal{c_2+c_1}\begin{vmatrix}1&2&-5\\-2&0&2\\1&0&0\end{vmatrix}=\begin{vmatrix}2&-5\\0&2\end{vmatrix}=4\text{；}$$

而

$$M_{11}+M_{12}+M_{13}+M_{14}=A_{11}-A_{12}+A_{13}-A_{14}$$

$$=\begin{vmatrix}1&-1&1&-1\\1&1&0&-5\\-1&3&1&3\\2&-4&-1&-3\end{vmatrix}\xlongequal[r_3-r_1]{r_4+r_3}\begin{vmatrix}1&-1&1&-1\\1&1&0&-5\\-2&4&0&4\\1&-1&0&0\end{vmatrix}$$

$$=\begin{vmatrix}1&1&-5\\-2&4&4\\1&-1&0\end{vmatrix}\xlongequal{c_2+c_1}\begin{vmatrix}1&2&-5\\-2&2&2\\1&0&0\end{vmatrix}=\begin{vmatrix}2&-5\\2&2\end{vmatrix}=14.$$

1.5　克莱姆法则

本节将利用二、三阶行列式解二、三元线性方程组的方法推广到 n 元线性方程组.

设含有 n 个未知数、n 个方程的线性方程组为

$$\begin{cases}a_{11}x_1+a_{12}x_2+\cdots+a_{1n}x_n=b_1,\\a_{21}x_1+a_{22}x_2+\cdots+a_{2n}x_n=b_2,\\\qquad\qquad\vdots\\a_{n1}x_1+a_{n2}x_2+\cdots+a_{nn}x_n=b_n.\end{cases}\tag{1.5.1}$$

n 阶行列式

$$D=\begin{vmatrix}a_{11}&a_{12}&\cdots&a_{1n}\\a_{21}&a_{22}&\cdots&a_{2n}\\\vdots&\vdots&&\vdots\\a_{n1}&a_{n2}&\cdots&a_{nn}\end{vmatrix}$$

称为方程组（1.5.1）的系数行列式.

定理4（克莱姆法则） 若线性方程组（1.5.1）的系数行列式$D \neq 0$，则方程组有唯一解：

$$x_j = \frac{D_j}{D} \quad (j = 1, 2, \cdots, n), \tag{1.5.2}$$

其中D_j是将系数行列式D中第j列的元素用方程组右边的常数项$b_1, b_2, \cdots, b_n$代替后所得到的n阶行列式，即

$$D_j = \begin{vmatrix} a_{11} & \cdots & a_{1(j-1)} & b_1 & a_{1(j+1)} & \cdots & a_{1n} \\ a_{21} & \cdots & a_{2(j-1)} & b_2 & a_{2(j+1)} & \cdots & a_{2n} \\ \vdots & & \vdots & \vdots & \vdots & & \vdots \\ a_{n1} & \cdots & a_{n(j-1)} & b_n & a_{n(j+1)} & \cdots & a_{nn} \end{vmatrix} = \sum_{i=1}^{n} b_i A_{ij} .$$

证 为解出x_1，用D的第一列元素的代数余子式$A_{11}, A_{21}, \cdots, A_{n1}$分别乘式（1.5.1）的第1，2，…，$n$个方程，得

$$\begin{cases} a_{11}A_{11}x_1 + a_{12}A_{11}x_2 + \cdots + a_{1n}A_{11}x_n = b_1A_{11}, \\ a_{21}A_{21}x_1 + a_{22}A_{21}x_2 + \cdots + a_{2n}A_{21}x_n = b_2A_{21}, \\ \qquad \vdots \\ a_{n1}A_{n1}x_1 + a_{n2}A_{n1}x_2 + \cdots + a_{nn}A_{n1}x_n = b_nA_{n1}. \end{cases}$$

然后将上面的n个方程的左右两边分别相加，由代数余子式的重要性质得

$$\left(\sum_{i=1}^{n} a_{i1}A_{i1}\right)x_1 = \sum_{i=1}^{n} b_i A_{i1} ,$$

即

$$Dx_1 = \sum_{i=1}^{n} b_i A_{i1} = D_1 .$$

同理可用D的第j（$j = 2, 3, \cdots, n$）列元素的代数余子式$A_{1j}, A_{2j}, \cdots, A_{nj}$依次乘式（1.5.1）的各个方程，再将$n$个方程的左右两边分别相加，得到

$$Dx_2 = \sum_{i=1}^{n} b_i A_{i2} = D_2 ,$$

$$\vdots$$

$$Dx_n = \sum_{i=1}^{n} b_i A_{in} = D_n .$$

当$D \neq 0$时，解得

$$x_1 = \frac{D_1}{D}, \ x_2 = \frac{D_2}{D}, \ \cdots, \ x_n = \frac{D_n}{D} ,$$

即式（1.5.2），由于以上求解过程只用了数乘与加法两种运算，故式（1.5.2）一定是方程组（1.5.1）的解.

为证方程组（1.5.1）的解是唯一的，设 $x_1 = y_1, x_2 = y_2, \cdots, x_n = y_n$ 是方程组（1.5.1）的另一组解，将 $x_j = y_j$（$j = 1, 2, \cdots, n$）代入方程组（1.5.1）后得到 n 个恒等式：

$$\begin{cases} a_{11}y_1 + a_{12}y_2 + \cdots + a_{1n}y_n = b_1, \\ a_{21}y_1 + a_{22}y_2 + \cdots + a_{2n}y_n = b_2, \\ \qquad \vdots \\ a_{n1}y_1 + a_{n2}y_2 + \cdots + a_{nn}y_n = b_n. \end{cases} \tag{1.5.3}$$

用系数行列式的第 j 列的代数余子式 $A_{1j}, A_{2j}, \cdots, A_{nj}$ 依次乘式（1.5.3）中的 n 个方程，得

$$\begin{cases} a_{11}A_{1j}y_1 + a_{12}A_{1j}y_2 + \cdots + a_{1n}A_{1j}y_n = b_1A_{1j}, \\ a_{21}A_{2j}y_1 + a_{22}A_{2j}y_2 + \cdots + a_{2n}A_{2j}y_n = b_2A_{2j}, \\ \qquad \vdots \\ a_{n1}A_{nj}y_1 + a_{n2}A_{nj}y_2 + \cdots + a_{nn}A_{nj}y_n = b_nA_{nj}. \end{cases}$$

将上面的 n 个方程的左右两边分别相加，由代数余子式的重要性质得

$$\left(\sum_{i=1}^{n} a_{ij}A_{ij}\right)y_j = \sum_{i-1}^{n} b_iA_{ij},$$

即
$$Dy_j = \sum_{i=1}^{n} b_iA_{ij} = D_j,$$

因此，当 $D \neq 0$ 时，$y_j = \dfrac{D_j}{D}$（$j = 1, 2, \cdots, n$）.

这说明，如果 $y_1, y_2, \cdots, y_n$ 也是方程组（1.5.1）的解，那么一定有

$$y_j = \frac{D_j}{D} \quad (j = 1, 2, \cdots, n),$$

所以方程组（1.5.1）只有一个解．证毕.

克莱姆法则等价地指出：如果方程组（1.5.1）无解或有两个不同的解，则它的系数行列式 $D = 0$.

当方程组（1.5.1）右边的常数项 $b_1, b_2, \cdots, b_n$ 全为零时，即

$$\begin{cases} a_{11}x_1 + a_{12}x_2 + \cdots + a_{1n}x_n = 0, \\ a_{21}x_1 + a_{22}x_2 + \cdots + a_{2n}x_n = 0, \\ \qquad \vdots \\ a_{n1}x_1 + a_{n2}x_2 + \cdots + a_{nn}x_n = 0. \end{cases} \tag{1.5.4}$$

称方程组（1.5.4）为齐次线性方程组．当 $b_1, b_2, \cdots, b_n$ 不全为零时，称方程组（1.5.1）为非齐次线性方程组．

显然，齐次线性方程组（1.5.4）必定有解 $x_1 = 0$，$x_2 = 0, \cdots$，$x_n = 0$，称为零解，若解 $x_1, x_2, \cdots, x_n$ 不全为零，则称为非零解．

注 齐次线性方程组一定有零解，但不一定有非零解．

根据克莱姆法则，有下述定理．

定理 5 若齐次线性方程组（1.5.4）的系数行列式 $D \neq 0$，则它只有零解（没有非零解）；反之，若齐次线性方程组（1.5.4）有非零解，则它的系数行列式 $D = 0$．

上述结论说明系数行列式 $D = 0$ 是齐次线性方程组有非零解的必要条件，第 4 章将看到此条件也是充分的．

例 13 问 λ 取何值时齐次线性方程组

$$\begin{cases}(5-\lambda)x_1 + 2x_2 + 2x_3 = 0, \\ 2x_1 + (6-\lambda)x_2 = 0, \\ 2x_1 + (4-\lambda)x_3 = 0\end{cases}$$

有非零解．

解 由定理 5 可知，若齐次线性方程组有非零解，则其系数行列式 $D = 0$，而

$$D = \begin{vmatrix} 5-\lambda & 2 & 2 \\ 2 & 6-\lambda & 0 \\ 2 & 0 & 4-\lambda \end{vmatrix}$$

$$= (5-\lambda)(6-\lambda)(4-\lambda) - 4(4-\lambda) - 4(6-\lambda) = (2-\lambda)(5-\lambda)(8-\lambda),$$

由 $D = 0$，解得 $\lambda = 2$，$\lambda = 5$ 或 $\lambda = 8$．

不难验证，当 $\lambda = 2$，$\lambda = 5$ 或 $\lambda = 8$ 时，原齐次线性方程组确有非零解．

例 14 证明 $n-1$ 次多项式函数

$$f(x) = a_0 + a_1 x + \cdots + a_{n-1}x^{n-1} \quad (a_{n-1} \neq 0)$$

最多有 $n-1$ 个互异的根．

证 用反证法．如果 $f(x)$ 有 n 个互异的根 $x_1, x_2, \cdots, x_n$，其中 $x_i \neq x_j$（$i \neq j$），将其逐个代入方程 $f(x) = 0$，可得

$$\begin{cases} a_0 + a_1 x_1 + \cdots + a_{n-1}x_1^{n-1} = 0, \\ a_0 + a_1 x_2 + \cdots + a_{n-1}x_2^{n-1} = 0, \\ \qquad \vdots \\ a_0 + a_1 x_n + \cdots + a_{n-1}x_n^{n-1} = 0. \end{cases} \tag{1.5.5}$$

将 $a_0, a_1, \cdots, a_{n-1}$ 看作未知数，式（1.5.5）便是 n 元齐次线性方程组，其系数行列

式为范德蒙德行列式，即

$$D=\begin{vmatrix} 1 & x_1 & x_1^2 & \cdots & x_1^{n-1} \\ 1 & x_2 & x_2^2 & \cdots & x_2^{n-1} \\ \vdots & \vdots & \vdots & & \vdots \\ 1 & x_n & x_n^2 & \cdots & x_n^{n-1} \end{vmatrix},$$

由于 x_i 互不相等，利用范德蒙德行列式的结论，知 $D \neq 0$．根据定理 5，齐次线性方程组（1.5.5）只有零解，从而 $a_{n-1}=0$，与已知矛盾．所以多项式函数 $f(x)$ 最多有 $n-1$ 个互异的根．证毕．

本章小结

一、行列式的计算方法

（1）直接利用行列式的定义进行计算．

（2）利用行列式的性质化为三角行列式进行计算，包括上、下三角行列式．

（3）降阶法：利用按行（列）展开定理化行列式为较低阶行列式进行计算．

（4）递推公式法：应用行列式的性质，将一个 n 阶行列式表示为具有相同结构的较低阶行列式的线性关系式，再根据此关系式递推，求得所给 n 阶行列式的值．

（5）用数学归纳法进行计算或证明．

（6）利用已知行列式进行计算，其中最重要的是已知行列式是范德蒙德行列式（见例 11）．

以上方法中，前三种是最基本的方法，应熟练掌握．但一个行列式的计算方法往往不是唯一的，有时甚至需要多种方法交叉使用．

二、n 元线性方程组

（1）克莱姆法则只适用于求解方程个数与未知数个数相等的线性方程组，但也只是局限于理论，当求高阶方程组的解时不可用．

（2）对于 n 元非齐次线性方程组，当系数行列式 $D \neq 0$ 时，有唯一解；当系数行列式 $D=0$ 时，克莱姆法则失效，方程组可能有解也可能无解．

（3）对于 n 元齐次线性方程组，当系数行列式 $D \neq 0$ 时，有唯一零解；当 n 元齐次线性方程组有非零解时，必有系数行列式 $D=0$．

习题 1

1．求下列各排列的逆序数：

（1）1234；（2）4132；

（3）3421；（4）2413；

（5）$13\cdots(2n-1)24\cdots(2n)$；（6）$13\cdots(2n-1)(2n)(2n-2)\cdots2$．

2．利用对角线法则计算下列三阶行列式：

（1）$\begin{vmatrix} 2 & 0 & 1 \\ 1 & -4 & -1 \\ -1 & 8 & 3 \end{vmatrix}$；（2）$\begin{vmatrix} a & b & c \\ b & c & a \\ c & a & b \end{vmatrix}$；

（3）$\begin{vmatrix} 1 & 1 & 1 \\ a & b & c \\ a^2 & b^2 & c^2 \end{vmatrix}$；（4）$\begin{vmatrix} x & y & x+y \\ y & x+y & x \\ x+y & x & y \end{vmatrix}$．

3．写出四阶行列式中含有因子 $a_{11}a_{23}$ 的项．

4．计算下列各行列式：

（1）$\begin{vmatrix} 4 & 1 & 2 & 4 \\ 1 & 2 & 0 & 2 \\ 10 & 5 & 2 & 0 \\ 0 & 1 & 1 & 7 \end{vmatrix}$；（2）$\begin{vmatrix} 1 & 2 & 3 & 4 \\ 2 & 3 & 4 & 1 \\ 3 & 4 & 1 & 2 \\ 4 & 1 & 2 & 3 \end{vmatrix}$；

（3）$\begin{vmatrix} -ab & ac & ae \\ bd & -cd & de \\ bf & cf & -ef \end{vmatrix}$；（4）$\begin{vmatrix} a & 1 & 0 & 0 \\ -1 & b & 1 & 0 \\ 0 & -1 & c & 1 \\ 0 & 0 & -1 & d \end{vmatrix}$．

5．证明：

（1）$\begin{vmatrix} a^2 & ab & b^2 \\ 2a & a+b & 2b \\ 1 & 1 & 1 \end{vmatrix} = (a-b)^3$；

（2）$\begin{vmatrix} ax+by & ay+bz & az+bx \\ ay+bz & az+bx & ax+by \\ az+bx & ax+by & ay+bz \end{vmatrix} = (a^3+b^3)\begin{vmatrix} x & y & z \\ y & z & x \\ z & x & y \end{vmatrix}$；

（3）$\begin{vmatrix} a^2 & (a+1)^2 & (a+2)^2 & (a+3)^2 \\ b^2 & (b+1)^2 & (b+2)^2 & (b+3)^2 \\ c^2 & (c+1)^2 & (c+2)^2 & (c+3)^2 \\ d^2 & (d+1)^2 & (d+2)^2 & (d+3)^2 \end{vmatrix} = 0$；

（4）$\begin{vmatrix} 1 & 1 & 1 & 1 \\ a & b & c & d \\ a^2 & b^2 & c^2 & d^2 \\ a^4 & b^4 & c^4 & d^4 \end{vmatrix} = (a-b)(a-c)(a-d)(b-c)(b-d)(c-d)(a+b+c+d)$.

6．计算下列行列式的全部代数余子式：

（1）$\begin{vmatrix} 1 & 2 & 1 & 4 \\ 0 & -1 & 2 & 1 \\ 0 & 0 & 2 & 1 \\ 0 & 0 & 0 & 3 \end{vmatrix}$；　　（2）$\begin{vmatrix} 1 & -1 & 2 \\ 3 & 2 & 1 \\ 0 & 1 & 4 \end{vmatrix}$.

7．设

$$D = \begin{vmatrix} 3 & 1 & -1 & 2 \\ -5 & 1 & 3 & -4 \\ 2 & 0 & 1 & -1 \\ 1 & -5 & 3 & -3 \end{vmatrix},$$

求 $A_{11} + A_{21} + A_{31} + A_{41}$.

8．用克莱姆法则解下列方程组：

（1）$\begin{cases} x_1 + 2x_2 + 3x_3 = 6, \\ 2x_1 + x_2 + 2x_3 = 8, \\ 3x_1 + 2x_2 + x_3 = 4; \end{cases}$　　（2）$\begin{cases} x_1 + x_2 + x_3 + x_4 = 5, \\ x_1 + 2x_2 - x_3 + 4x_4 = -2, \\ 2x_1 - 3x_2 - x_3 - 5x_4 = -2, \\ 3x_1 + x_2 + 2x_3 + 11x_4 = 0. \end{cases}$

9．判断齐次线性方程组$\begin{cases} 2x_1 + 2x_2 - x_3 = 0, \\ x_1 - 2x_2 + 4x_3 = 0, \\ 5x_1 + 8x_2 - 2x_3 = 0 \end{cases}$是否仅有零解.

10．问 λ 取何值时齐次线性方程组

$$\begin{cases} (1-\lambda)x_1 - 2x_2 + 4x_3 = 0, \\ 2x_1 + (3-\lambda)x_2 + x_3 = 0, \\ x_1 + x_2 + (1-\lambda)x_3 = 0 \end{cases}$$

有非零解？

同步测试题 1

一、填空题

1．五元排列 54231 是__________（奇或偶）排列.

2．若 $a_{15}a_{24}a_{33}a_{42}a_{51}$ 是五阶行列式展开式中的一项，则该项前应冠以__________号.

3．在 n 阶行列式的展开式中，冠以正号的项有__________个.

4．若 $D=\begin{vmatrix}0&0&0&4\\0&0&3&0\\0&2&0&0\\1&0&0&0\end{vmatrix}$，则 $D=$__________.

5．多项式 $\begin{vmatrix}x&1&2&3\\x&x&1&2\\1&2&x&1\\x&1&2&x\end{vmatrix}$ 中 x^3 项的系数是__________.

6．若 $D=\begin{vmatrix}a_{11}&a_{12}&a_{13}\\a_{21}&a_{22}&a_{23}\\a_{31}&a_{32}&a_{33}\end{vmatrix}=1$，则 $D_1=\begin{vmatrix}a_{31}&a_{21}&a_{11}\\2a_{32}&2a_{22}&2a_{12}\\3a_{33}&3a_{23}&3a_{13}\end{vmatrix}=$__________.

7．若 $D=\begin{vmatrix}1&2&2^2&2^3\\1&3&3^2&3^3\\1&4&4^2&4^3\\1&5&5^2&5^3\end{vmatrix}$，则 $D=$__________.

8．在四阶行列式 D 中，第三列元素依次为 -1，2，0，1，它们的余子式依次为 5，3，-7，4，则 $D=$__________.

9．若 $D_n=\begin{vmatrix}0&1&0&\cdots&0&0\\1&0&1&\cdots&0&0\\0&1&0&\cdots&0&0\\\vdots&\vdots&\vdots&&\vdots&\vdots\\0&0&0&\cdots&0&1\\0&0&0&\cdots&1&0\end{vmatrix}$，其中 n 为奇数，则 $D_n=$__________.

10．五阶行列式 $D=\begin{vmatrix}2&1&0&0&0\\1&2&1&0&0\\0&1&2&1&0\\0&0&1&2&1\\0&0&0&1&2\end{vmatrix}=$__________.

二、选择题

1．若 $a_{1i}a_{23}a_{35}a_{5j}a_{44}$ 是五阶行列式中带正号的一项，则 i，j 的值为（　　）.

A．$i=1$，$j=3$　　B．$i=2$，$j=3$

C．$i=1$，$j=2$　　D．$i=2$，$j=1$

2．下列各项中，（　　）为某五阶行列式中带正号的项.

A．$a_{13}a_{44}a_{32}a_{41}a_{55}$　　B．$a_{21}a_{32}a_{41}a_{15}a_{54}$

C．$a_{31}a_{25}a_{43}a_{14}a_{52}$　　D．$a_{15}a_{31}a_{22}a_{44}a_{53}$

3．设 $D=\det(a_{ij})$ 为 n 阶行列式，则副对角线上元素的乘积 $a_{1n}a_{2(n-1)}\cdots a_{n1}$ 在行列式中的符号为（　　）.

A．正　　B．负

C．$(-1)^n$　　D．$(-1)^{\frac{n(n-1)}{2}}$

4．行列式 $\begin{vmatrix}103&100&204\\199&200&395\\301&300&600\end{vmatrix}=$（　　）.

A．1000　　B．-1000

C．2000　　D．-2000

5．行列式 $\begin{vmatrix}k-1&2\\2&k-1\end{vmatrix}\neq 0$ 的充要条件是（　　）.

A．$k\neq -1$　　B．$k\neq 3$

C．$k\neq -1$ 且 $k\neq 3$　　D．$k\neq -1$ 或 $k\neq 3$

6．下列 n（$n>2$）阶行列式的值必为零的是（　　）.

A．行列式主对角线上的元素全为零

B．三角行列式的主对角线上有一个元素为零

C．行列式零元素的个数多于 n 个

D．行列式非零元素的个数少于 n 个

7．如果$\begin{vmatrix} a_{11} & a_{12} \\ a_{21} & a_{22} \end{vmatrix} = 1$，则方程组$\begin{cases} a_{11}x_1 - a_{12}x_2 + b_1 = 0, \\ a_{21}x_1 - a_{22}x_2 + b_2 = 0 \end{cases}$的解为（　　）.

A．$x_1 = \begin{vmatrix} b_1 & a_{12} \\ b_2 & a_{22} \end{vmatrix}$，$x_2 = \begin{vmatrix} a_{11} & b_1 \\ a_{21} & b_2 \end{vmatrix}$

B．$x_1 = -\begin{vmatrix} b_1 & a_{12} \\ b_2 & a_{22} \end{vmatrix}$，$x_2 = \begin{vmatrix} a_{11} & b_1 \\ a_{21} & b_2 \end{vmatrix}$

C．$x_1 = \begin{vmatrix} -b_1 & -a_{12} \\ -b_2 & -a_{22} \end{vmatrix}$，$x_2 = \begin{vmatrix} -a_{11} & -b_1 \\ -a_{21} & -b_2 \end{vmatrix}$

D．$x_1 = -\begin{vmatrix} -b_1 & -a_{12} \\ -b_2 & -a_{22} \end{vmatrix}$，$x_2 = -\begin{vmatrix} a_{11} & -b_1 \\ a_{21} & -b_2 \end{vmatrix}$

8．如果$\begin{cases} 3x_1 + kx_2 - x_3 = 0, \\ 4x_2 + x_3 = 0, \\ kx_1 - 5x_2 - x_3 = 0 \end{cases}$有非零解，则（　　）.

A．$k = 0$　　　　B．$k = 1$

C．$k = -1$或$k = -3$　　　　D．$k = 3$

9．设有线性方程组$\begin{cases} bx_1 - ax_2 = -2ab, \\ -2cx_2 + 3bx_3 = bc, \\ cx_1 + ax_3 = 0, \end{cases}$则（　　）.

A．当a，b，c取任意实数时，方程组均有解

B．当$a = 0$时，方程组无解

C．当$b = 0$时，方程组无解

D．当$c = 0$时，方程组无解

10．对于非齐次线性方程组$\begin{cases} a_{11}x_1 + a_{12}x_2 + \cdots + a_{1n}x_n = b_1, \\ a_{21}x_1 + a_{22}x_2 + \cdots + a_{2n}x_n = b_2, \\ \qquad \vdots \\ a_{n1}x_1 + a_{n2}x_2 + \cdots + a_{nn}x_n = b_n, \end{cases}$以下结论中（　）不正确.

A．若方程组有解，则系数行列式$D \neq 0$

B．若方程组无解，则$D = 0$

C．$D = 0$是方程组有多解的必要条件

D．$D \neq 0$是方程组有唯一解的充要条件

三、计算题

1．$D_n=\begin{vmatrix} 0 & 1 & 0 & \cdots & 0 & 0 \\ 0 & 0 & 2 & \cdots & 0 & 0 \\ \vdots & \vdots & \vdots & & \vdots & \vdots \\ 0 & 0 & 0 & \cdots & 0 & n-1 \\ n & 0 & 0 & \cdots & 0 & 0 \end{vmatrix}$．

2．$D=\begin{vmatrix} 1+x & 1 & 1 & 1 \\ 1 & 1-x & 1 & 1 \\ 1 & 1 & 1+y & 1 \\ 1 & 1 & 1 & 1-y \end{vmatrix}$．

3．$D=\begin{vmatrix} 1 & 2 & 3 & 4 & 5 \\ 1 & 1 & 2 & 3 & 4 \\ 1 & x & 1 & 2 & 3 \\ 1 & x & x & 1 & 2 \\ 1 & x & x & x & 1 \end{vmatrix}$．

4．用克莱姆法则求解线性方程组

$$\begin{cases} x_1+x_2+\cdots+x_{n-1}+x_n=2, \\ x_1+x_2+\cdots+2x_{n-1}+x_n=2, \\ \qquad\qquad\vdots \\ x_1+(n-1)x_2+\cdots+x_{n-1}+x_n=2, \\ nx_1+x_2+\cdots+x_{n-1}+x_n=2. \end{cases}$$

5．问 λ，μ 取何值时齐次线性方程组

$$\begin{cases} \lambda x_1+x_2+x_3=0, \\ x_1+\mu x_2+x_3=0, \\ x_1+2\mu x_2+x_3=0 \end{cases}$$

有非零解？

第2章 矩　　阵

本章学习目标

本章主要介绍矩阵的概念、矩阵的运算、矩阵的初等变换及初等矩阵. 通过本章的学习，重点掌握以下内容:

- 矩阵的加法、数乘、乘法，方阵的幂、转置，方阵的行列式等运算及其运算规律.
- 逆矩阵的概念及其性质，会求可逆矩阵的逆矩阵.
- 分块矩阵的概念及运算.
- 矩阵的初等变换、行阶梯形矩阵和行最简形矩阵、矩阵的标准形的概念及特点.
- 矩阵的k阶子式的概念、矩阵秩的概念及性质（会求其秩）.
- 初等矩阵的概念及性质、矩阵的初等变换与初等矩阵的关系，利用初等变换求可逆矩阵的逆矩阵，求解简单矩阵方程.

矩阵是线性代数的一个重要研究对象,矩阵理论不仅对数学本身来说很重要,而且它在物理学、控制论、工程技术以及国民经济的许多领域都有着广泛的应用.

2.1　矩阵的概念

2.1.1　矩阵的定义

定义1　由$m\times n$个数a_{ij}（$i=1,2,\cdots,m$；$j=1,2,\cdots,n$）按一定顺序排成的m行n列的数表

$$\boldsymbol{A}=\begin{pmatrix} a_{11} & a_{12} & \cdots & a_{1n} \\ a_{21} & a_{22} & \cdots & a_{2n} \\ \vdots & \vdots & & \vdots \\ a_{m1} & a_{m2} & \cdots & a_{mn} \end{pmatrix}$$

称为一个m行n列**矩阵**，简称$m\times n$矩阵，记作$\boldsymbol{A}$或$\boldsymbol{A}_{m\times n}$，其中$a_{ij}$表示位于第$i$行第$j$列的数，称为$\boldsymbol{A}$的**元素**，所以$m\times n$矩阵也可以记作$(a_{ij})$或$(a_{ij})_{m\times n}$.

通常用大写英文字母 $\boldsymbol{A}$，$\boldsymbol{B}$，$\boldsymbol{C}$ 等表示矩阵．元素全为实数的矩阵称为实矩阵，元素属于复数域的矩阵称为复矩阵. 本书中的矩阵除特别说明外都是指实矩阵.

2.1.2 几种特殊形式的矩阵

（1）行矩阵．当 $m=1$ 时，即只有一行的矩阵

$$\boldsymbol{A}=(a_1\ a_2\ \cdots\ a_n) \text{ 或 } \boldsymbol{A}=(a_1, a_2, \cdots, a_n)$$

称为行矩阵或行向量.

（2）列矩阵．当 $n=1$ 时，即只有一列的矩阵

$$\boldsymbol{B}=\begin{pmatrix} b_1 \\ b_2 \\ \vdots \\ b_m \end{pmatrix}$$

称为列矩阵或列向量.

（3）零矩阵．所有元素全为零的矩阵称为零矩阵，记作 $\boldsymbol{O}$．例如，$m\times n$ 零矩阵可记作

$$\boldsymbol{O}_{m\times n}=\begin{pmatrix} 0 & 0 & \cdots & 0 \\ 0 & 0 & \cdots & 0 \\ \vdots & \vdots & & \vdots \\ 0 & 0 & \cdots & 0 \end{pmatrix}.$$

（4）方阵．行数和列数都等于 n 的矩阵称为 n 阶矩阵或 n 阶方阵，记作 $\boldsymbol{A}_n$，即

$$\boldsymbol{A}_n=\begin{pmatrix} a_{11} & a_{12} & \cdots & a_{1n} \\ a_{21} & a_{22} & \cdots & a_{2n} \\ \vdots & \vdots & & \vdots \\ a_{n1} & a_{n2} & \cdots & a_{nn} \end{pmatrix},$$

其中，元素 $a_{11}, a_{22}, \cdots, a_{nn}$ 称为 n 阶方阵的主对角线元素.

（5）n 阶对角矩阵．非主对角线元素全为零的 n 阶方阵称为 n 阶对角矩阵，即

$$a_{ij}=0 \text{（} i\neq j;\ i, j=1, 2, \cdots, n \text{）},$$

记作

$$\boldsymbol{\Lambda}=\operatorname{diag}(a_1, a_2, \cdots, a_n)=\begin{pmatrix} a_1 & 0 & \cdots & 0 \\ 0 & a_2 & \cdots & 0 \\ \vdots & \vdots & & \vdots \\ 0 & 0 & \cdots & a_n \end{pmatrix} \text{ 或 } \begin{pmatrix} a_1 & & & \\ & a_2 & & \\ & & \ddots & \\ & & & a_n \end{pmatrix},$$

其中未写出的元素全为零.

（6）n阶单位矩阵．主对角线元素全为1，其余元素全为零的n阶方阵称为n阶单位矩阵，即$a_{ii}=1$（$i=1,2,\cdots,n$）且$a_{ij}=0$（$i\neq j$；$i,j=1,2,\cdots,n$），记作

$$\boldsymbol{E}_n=\begin{pmatrix}1&0&\cdots&0\\0&1&\cdots&0\\\vdots&\vdots&&\vdots\\0&0&\cdots&1\end{pmatrix}\text{或}\begin{pmatrix}1&&&\\&1&&\\&&\ddots&\\&&&1\end{pmatrix},$$

简记为$\boldsymbol{E}$．

（7）n阶数量矩阵．主对角线元素等于同一个数k的n阶对角矩阵称为n阶数量矩阵，记作

$$k\boldsymbol{E}=\begin{pmatrix}k&0&\cdots&0\\0&k&\cdots&0\\\vdots&\vdots&&\vdots\\0&0&\cdots&k\end{pmatrix}\text{或}\begin{pmatrix}k&&&\\&k&&\\&&\ddots&\\&&&k\end{pmatrix}.$$

（8）n阶三角阵．n阶上三角阵和n阶下三角阵统称为n阶三角阵．

1）上三角阵．主对角线下方的元素全为零的n阶方阵，即$a_{ij}=0$（$i>j$；$i,j=1,2,\cdots,n$），称为上三角形矩阵，简称上三角阵，记作

$$\begin{pmatrix}a_{11}&a_{12}&\cdots&a_{1n}\\0&a_{22}&\cdots&a_{2n}\\\vdots&\vdots&&\vdots\\0&0&\cdots&a_{nn}\end{pmatrix}\text{或}\begin{pmatrix}a_{11}&a_{12}&\cdots&a_{1n}\\&a_{22}&\cdots&a_{2n}\\&&\ddots&\vdots\\&&&a_{nn}\end{pmatrix};$$

2）下三角阵．主对角线上方的元素全为零的n阶方阵，即$a_{ij}=0$（$i<j$；$i,j=1,2,\cdots,n$），称为下三角形矩阵，简称下三角阵，记作

$$\begin{pmatrix}a_{11}&0&\cdots&0\\a_{21}&a_{22}&\cdots&0\\\vdots&\vdots&&\vdots\\a_{n1}&a_{n2}&\cdots&a_{nn}\end{pmatrix}\text{或}\begin{pmatrix}a_{11}&&&\\a_{21}&a_{22}&&\\\vdots&\vdots&\ddots&\\a_{n1}&a_{n2}&\cdots&a_{nn}\end{pmatrix}.$$

（9）同型矩阵．若矩阵$\boldsymbol{A}=(a_{ij})$的行数（列数）等于矩阵$\boldsymbol{B}=(b_{ij})$的行数（列数），则称$\boldsymbol{A}$和$\boldsymbol{B}$是同型矩阵．

（10）相等矩阵．若$\boldsymbol{A}=(a_{ij})$与$\boldsymbol{B}=(b_{ij})$是同型矩阵，且

$$a_{ij}=b_{ij}\quad(i=1,2,\cdots,m;\ j=1,2,\cdots,n),$$

则称$\boldsymbol{A}$与$\boldsymbol{B}$相等，记作$\boldsymbol{A}=\boldsymbol{B}$．

注　不同型的零矩阵是不相等的．

2.2 矩阵的运算

2.2.1 矩阵的线性运算

1. 矩阵的加法

定义 2 两个 $m\times n$ 的同型矩阵 $\boldsymbol{A}=(a_{ij})$ 和 $\boldsymbol{B}=(b_{ij})$ 的对应元素相加，所得的 $m\times n$ 矩阵称为矩阵 $\boldsymbol{A}$ 与 $\boldsymbol{B}$ 的和，记作 $\boldsymbol{C}=\boldsymbol{A}+\boldsymbol{B}$，即

$$\boldsymbol{C}=\boldsymbol{A}+\boldsymbol{B}=\begin{pmatrix} a_{11}+b_{11} & a_{12}+b_{12} & \cdots & a_{1n}+b_{1n} \\ a_{21}+b_{21} & a_{22}+b_{22} & \cdots & a_{2n}+b_{2n} \\ \vdots & \vdots & & \vdots \\ a_{m1}+b_{m1} & a_{m2}+b_{m2} & \cdots & a_{mn}+b_{mn} \end{pmatrix}=(a_{ij}+b_{ij}).$$

注 只有同型矩阵才能进行加法运算.

例 1 设 $\boldsymbol{A}=\begin{pmatrix} 3 & 0 & -5 \\ 1 & 4 & 7 \end{pmatrix}$，$\boldsymbol{B}=\begin{pmatrix} 3 & 1 & 2 \\ 4 & 3 & 5 \end{pmatrix}$，$\boldsymbol{C}=\begin{pmatrix} 1 \\ 2 \\ 3 \end{pmatrix}$，则

$$\boldsymbol{A}+\boldsymbol{B}=\begin{pmatrix} 3+3 & 0+1 & -5+2 \\ 1+4 & 4+3 & 7+5 \end{pmatrix}=\begin{pmatrix} 6 & 1 & -3 \\ 5 & 7 & 12 \end{pmatrix},$$

而 $\boldsymbol{A}+\boldsymbol{C}$ 无意义.

2. 数与矩阵的乘法

定义 3 用数 λ 乘 $m\times n$ 矩阵 $\boldsymbol{A}$ 的所有元素，所得的 $m\times n$ 矩阵称为数 λ 与矩阵 $\boldsymbol{A}$ 的**数乘矩阵**，简称**数乘**，记作 $\lambda\boldsymbol{A}$，即

$$\lambda\boldsymbol{A}=\begin{pmatrix} \lambda a_{11} & \lambda a_{12} & \cdots & \lambda a_{1n} \\ \lambda a_{21} & \lambda a_{22} & \cdots & \lambda a_{2n} \\ \vdots & \vdots & & \vdots \\ \lambda a_{m1} & \lambda a_{m2} & \cdots & \lambda a_{mn} \end{pmatrix}.$$

当 $\lambda=-1$ 时，称 $-\boldsymbol{A}=(-a_{ij})$ 为矩阵 $\boldsymbol{A}$ 的负矩阵，显然有

$$\boldsymbol{A}+(-\boldsymbol{A})=\boldsymbol{O}.$$

所以矩阵的减法可定义为

$$\boldsymbol{A}-\boldsymbol{B}=\boldsymbol{A}+(-\boldsymbol{B}).$$

矩阵的加法和数与矩阵的乘法统称为矩阵的线性运算，其运算规律如下：

（1）$\boldsymbol{A}+\boldsymbol{B}=\boldsymbol{B}+\boldsymbol{A}$；

（2）$(\boldsymbol{A}+\boldsymbol{B})+\boldsymbol{C}=\boldsymbol{A}+(\boldsymbol{B}+\boldsymbol{C})$；

（3）$\boldsymbol{A}+\boldsymbol{O}=\boldsymbol{A}$；

（4）$(\lambda\mu)\boldsymbol{A}=\lambda(\mu\boldsymbol{A})$；

（5）$(\lambda+\mu)\boldsymbol{A}=\lambda\boldsymbol{A}+\mu\boldsymbol{A}$；

（6）$\lambda(\boldsymbol{A}+\boldsymbol{B})=\lambda\boldsymbol{A}+\lambda\boldsymbol{B}$.

例 2 设 $\boldsymbol{A}=\begin{pmatrix}3 & 2\\ -1 & 5\end{pmatrix}$，$\boldsymbol{B}=\begin{pmatrix}11 & -1\\ 2 & 7\end{pmatrix}$，且 $3\boldsymbol{A}+2\boldsymbol{X}=\boldsymbol{B}$，求 $\boldsymbol{X}$.

解 在 $3\boldsymbol{A}+2\boldsymbol{X}=\boldsymbol{B}$ 两边同时加 $-3\boldsymbol{A}$，得

$$2\boldsymbol{X}=\boldsymbol{B}-3\boldsymbol{A}=\begin{pmatrix}11 & -1\\ 2 & 7\end{pmatrix}-3\begin{pmatrix}3 & 2\\ -1 & 5\end{pmatrix}$$

$$=\begin{pmatrix}11 & -1\\ 2 & 7\end{pmatrix}-\begin{pmatrix}9 & 6\\ -3 & 15\end{pmatrix}=\begin{pmatrix}2 & -7\\ 5 & -8\end{pmatrix},$$

上式两边同时乘 $\frac{1}{2}$，得

$$\boldsymbol{X}=\frac{1}{2}\begin{pmatrix}2 & -7\\ 5 & -8\end{pmatrix}=\begin{pmatrix}1 & -7/2\\ 5/2 & -4\end{pmatrix}.$$

2.2.2 矩阵与矩阵相乘

定义 4 设 $\boldsymbol{A}=(a_{ij})$ 是一个 $m\times l$ 矩阵，$\boldsymbol{B}=(b_{ij})$ 是一个 $l\times n$ 矩阵，则规定 $\boldsymbol{A}$ 与 $\boldsymbol{B}$ 的**乘积**是一个 $m\times n$ 矩阵 $\boldsymbol{C}=(c_{ij})$，其中

$$c_{ij}=a_{i1}b_{1j}+a_{i2}b_{2j}+\cdots+a_{il}b_{lj}=\sum_{k=1}^{l}a_{ik}b_{kj}\quad(i=1,2,\cdots,m;\ j=1,2,\cdots,n),$$

记作

$$\boldsymbol{C}=\boldsymbol{AB}.$$

按此定义，一个 $1\times l$ 行矩阵与一个 $l\times 1$ 列矩阵的乘积是一个一阶方阵，就是一个数，即

$$(a_{i1},a_{i2},\cdots,a_{il})\begin{pmatrix}b_{1j}\\ b_{2j}\\ \vdots\\ b_{lj}\end{pmatrix}=a_{i1}b_{1j}+a_{i2}b_{2j}+\cdots+a_{il}b_{lj}=\sum_{k=1}^{l}a_{ik}b_{kj}=c_{ij}.$$

由此说明乘积矩阵 $\boldsymbol{AB}=\boldsymbol{C}$ 的第 i 行第 j 列的元素 c_{ij} 是 $\boldsymbol{A}$ 的第 i 行与 $\boldsymbol{B}$ 的第 j 列的对应元素的乘积之和.

注 ①左边矩阵 $\boldsymbol{A}$ 的列数等于右边矩阵 $\boldsymbol{B}$ 的行数时才能相乘；②$\boldsymbol{A}$ 与 $\boldsymbol{B}$ 的乘积 $\boldsymbol{C}$ 的行数等于 $\boldsymbol{A}$ 的行数，其列数等于 $\boldsymbol{B}$ 的列数.

由定义 4，可将含有 m 个方程、n 个未知数的线性方程组

$$
\begin{cases}
a_{11}x_1 + a_{12}x_2 + \cdots + a_{1n}x_n = b_1, \\
a_{21}x_1 + a_{22}x_2 + \cdots + a_{2n}x_n = b_2, \\
\qquad\qquad\qquad \vdots \\
a_{m1}x_1 + a_{m2}x_2 + \cdots + a_{mn}x_n = b_m
\end{cases}
\tag{2.2.1}
$$

等价地表示为矩阵形式:

$$\boldsymbol{Ax} = \boldsymbol{b},$$

其中

$\boldsymbol{A} = \begin{pmatrix} a_{11} & a_{12} & \cdots & a_{1n} \\ a_{21} & a_{22} & \cdots & a_{2n} \\ \vdots & \vdots & & \vdots \\ a_{m1} & a_{m2} & \cdots & a_{mn} \end{pmatrix}$称为式（2.2.1）的系数矩阵，

$\boldsymbol{x} = \begin{pmatrix} x_1 \\ x_2 \\ \vdots \\ x_n \end{pmatrix}$称为未知数向量，

$\boldsymbol{b} = \begin{pmatrix} b_1 \\ b_2 \\ \vdots \\ b_m \end{pmatrix}$称为常数项向量.

这是因为，按矩阵的乘法定义，有

$$
\boldsymbol{Ax} = \begin{pmatrix} a_{11} & a_{12} & \cdots & a_{1n} \\ a_{21} & a_{22} & \cdots & a_{2n} \\ \vdots & \vdots & & \vdots \\ a_{m1} & a_{m2} & \cdots & a_{mn} \end{pmatrix} \begin{pmatrix} x_1 \\ x_2 \\ \vdots \\ x_n \end{pmatrix}
= \begin{pmatrix} a_{11}x_1 + a_{12}x_2 + \cdots + a_{1n}x_n \\ a_{21}x_1 + a_{22}x_2 + \cdots + a_{2n}x_n \\ \vdots \\ a_{m1}x_1 + a_{m2}x_2 + \cdots + a_{mn}x_n \end{pmatrix} = \begin{pmatrix} b_1 \\ b_2 \\ \vdots \\ b_m \end{pmatrix} = \boldsymbol{b}.
$$

例 3 设矩阵 $\boldsymbol{A} = \begin{pmatrix} 1 & 0 & -1 \\ -1 & 1 & 3 \end{pmatrix}$，$\boldsymbol{B} = \begin{pmatrix} 0 & 3 & 4 \\ 1 & 2 & 1 \\ 3 & 1 & -1 \end{pmatrix}$，求乘积 $\boldsymbol{AB}$.

解 因为 $\boldsymbol{A}$ 是 2×3 矩阵，$\boldsymbol{B}$ 是 3×3 矩阵，$\boldsymbol{A}$ 的列数等于 $\boldsymbol{B}$ 的行数，所以矩阵 $\boldsymbol{A}$ 与 $\boldsymbol{B}$ 可以相乘，其乘积矩阵 $\boldsymbol{AB} = \boldsymbol{C}$ 是一个 2×3 矩阵，可得

$$C = AB = \begin{pmatrix} 1 & 0 & -1 \\ -1 & 1 & 3 \end{pmatrix}\begin{pmatrix} 0 & 3 & 4 \\ 1 & 2 & 1 \\ 3 & 1 & -1 \end{pmatrix}$$

$$= \begin{pmatrix} 1\times 0+0\times 1+(-1)\times 3 & 1\times 3+0\times 2+(-1)\times 1 & 1\times 4+0\times 1+(-1)\times(-1) \\ (-1)\times 0+1\times 1+3\times 3 & (-1)\times 3+1\times 2+3\times 1 & -1\times 4+1\times 1+3\times(-1) \end{pmatrix}$$

$$= \begin{pmatrix} -3 & 2 & 5 \\ 10 & 2 & -6 \end{pmatrix},$$

但 BA 无意义.

例 4 设矩阵 $A = \begin{pmatrix} -2 & 4 \\ 1 & -2 \end{pmatrix}$，$B = \begin{pmatrix} 2 & 4 \\ -3 & -6 \end{pmatrix}$，求 AB 和 BA.

解

$$AB = \begin{pmatrix} -2 & 4 \\ 1 & -2 \end{pmatrix}\begin{pmatrix} 2 & 4 \\ -3 & -6 \end{pmatrix} = \begin{pmatrix} -16 & -32 \\ 8 & 16 \end{pmatrix},$$

$$BA = \begin{pmatrix} 2 & 4 \\ -3 & -6 \end{pmatrix}\begin{pmatrix} -2 & 4 \\ 1 & -2 \end{pmatrix} = \begin{pmatrix} 0 & 0 \\ 0 & 0 \end{pmatrix}.$$

例 5 设 $A = (a_1, a_2, \cdots, a_n)$，$B = \begin{pmatrix} b_1 \\ b_2 \\ \vdots \\ b_n \end{pmatrix}$，求 AB 和 BA.

解

$$AB = (a_1, a_2, \cdots, a_n)\begin{pmatrix} b_1 \\ b_2 \\ \vdots \\ b_n \end{pmatrix} = a_1b_1 + a_2b_2 + \cdots + a_nb_n = \sum_{i=1}^{n} a_ib_i ,$$

$$BA = \begin{pmatrix} b_1 \\ b_2 \\ \vdots \\ b_n \end{pmatrix}(a_1, a_2, \cdots, a_n) = \begin{pmatrix} b_1a_1 & b_1a_2 & \cdots & b_1a_n \\ b_2a_1 & b_2a_2 & \cdots & b_2a_n \\ \vdots & \vdots & & \vdots \\ b_na_1 & b_na_2 & \cdots & b_na_n \end{pmatrix}.$$

注 ①矩阵乘法不满足交换律，即一般情形下 $AB \neq BA$（如例 4 和例 5）. 若矩阵 A 与 B 满足 $AB = BA$，则称 A 与 B 是可交换的；②由 $AB = O$ 一般不能推出 $A = O$ 或 $B = O$. 例如，

$$A = \begin{pmatrix} 1 & 1 \\ -1 & -1 \end{pmatrix}，\ B = \begin{pmatrix} 1 & -1 \\ -1 & 1 \end{pmatrix}$$ 都不是零矩阵，但

$$\boldsymbol{AB}=\begin{pmatrix}1 & 1\\ -1 & -1\end{pmatrix}\begin{pmatrix}1 & -1\\ -1 & 1\end{pmatrix}=\begin{pmatrix}0 & 0\\ 0 & 0\end{pmatrix},$$

即两个非零矩阵的乘积可以是零矩阵；③即使 $\boldsymbol{A}\neq\boldsymbol{O}$，$\boldsymbol{AB}=\boldsymbol{AC}$，一般也不能通过等式两边消去 $\boldsymbol{A}$ 而得出 $\boldsymbol{B}=\boldsymbol{C}$.

例如，

$$\boldsymbol{A}=\begin{pmatrix}-2 & 4\\ 1 & -2\end{pmatrix}，\boldsymbol{B}=\begin{pmatrix}2 & 4\\ -3 & -6\end{pmatrix}，\boldsymbol{C}=\begin{pmatrix}-2 & 0\\ -5 & -8\end{pmatrix},$$

满足

$$\boldsymbol{AB}=\boldsymbol{AC}=\begin{pmatrix}-16 & -32\\ 8 & 16\end{pmatrix},$$

但显然 $\boldsymbol{B}\neq\boldsymbol{C}$.

矩阵乘法的运算规律如下（假设运算都是可行的）：

（1）结合律：$(\boldsymbol{AB})\boldsymbol{C}=\boldsymbol{A}(\boldsymbol{BC})$；

（2）分配律：$\boldsymbol{A}(\boldsymbol{B}+\boldsymbol{C})=\boldsymbol{AB}+\boldsymbol{AC}$，$(\boldsymbol{B}+\boldsymbol{C})\boldsymbol{A}=\boldsymbol{BA}+\boldsymbol{CA}$；

（3）对于任意数 λ，有

$$\lambda(\boldsymbol{AB})=(\lambda\boldsymbol{A})\boldsymbol{B}=\boldsymbol{A}(\lambda\boldsymbol{B});$$

（4）设 $\boldsymbol{A}$ 是 $m\times n$ 矩阵，则

$$\boldsymbol{E}_m\boldsymbol{A}_{m\times n}=\boldsymbol{A}_{m\times n}，\boldsymbol{A}_{m\times n}\boldsymbol{E}_n=\boldsymbol{A}_{m\times n},$$

或简记作

$$\boldsymbol{EA}=\boldsymbol{AE}=\boldsymbol{A},$$

即单位矩阵是矩阵乘法的单位元，作用类似于乘法中的数 1.

由矩阵的乘法可以定义 n 阶方阵的幂.

定义 5 方阵 $\boldsymbol{A}$ 的 n 次**幂**定义为 n 个方阵 $\boldsymbol{A}$ 连乘，即

$$\boldsymbol{A}^n=\overbrace{\boldsymbol{A}\cdot\boldsymbol{A}\cdot\cdots\cdot\boldsymbol{A}}^{n\text{个}},$$

其中 n 为正整数．规定 $\boldsymbol{A}^0=\boldsymbol{E}$，其运算规律：

（1）$\boldsymbol{A}^k\boldsymbol{A}^l=\boldsymbol{A}^{k+l}$；

（2）$(\boldsymbol{A}^k)^l=\boldsymbol{A}^{kl}$（$k$，$l$ 为正整数）.

因为矩阵乘法不满足交换律，所以两个 n 阶方阵 $\boldsymbol{A}$ 与 $\boldsymbol{B}$ 一般来说 $(\boldsymbol{AB})^k\neq\boldsymbol{A}^k\boldsymbol{B}^k$.

设 x 的 m 次多项式

$$f(x)=a_mx^m+a_{m-1}x^{m-1}+\cdots+a_1x+a_0,$$

则定义

$$f(\boldsymbol{A})=a_m\boldsymbol{A}^m+a_{m-1}\boldsymbol{A}^{m-1}+\cdots+a_1\boldsymbol{A}+a_0\boldsymbol{E}$$

为 n 阶方阵 $\boldsymbol{A}$ 的 m 次多项式.

例 6 设矩阵 $\boldsymbol{A}=\begin{pmatrix}1&-1&-1&-1\\-1&1&-1&-1\\-1&-1&1&-1\\-1&-1&-1&1\end{pmatrix}$，求 $\boldsymbol{A}^n$.

解 因为

$$\boldsymbol{A}^2=\boldsymbol{A}\boldsymbol{A}=\begin{pmatrix}1&-1&-1&-1\\-1&1&-1&-1\\-1&-1&1&-1\\-1&-1&-1&1\end{pmatrix}\begin{pmatrix}1&-1&-1&-1\\-1&1&-1&-1\\-1&-1&1&-1\\-1&-1&-1&1\end{pmatrix}$$

$$=\begin{pmatrix}4&&&\\&4&&\\&&4&\\&&&4\end{pmatrix}=2^2\boldsymbol{E},$$

$$\boldsymbol{A}^3=\boldsymbol{A}^2\boldsymbol{A}=2^2\boldsymbol{E}\boldsymbol{A}=2^2\boldsymbol{A},$$

所以，当 n 为偶数时，有

$$\boldsymbol{A}^n=(\boldsymbol{A}^2)^{\frac{n}{2}}=(2^2\boldsymbol{E})^{\frac{n}{2}}=2^n(\boldsymbol{E})^{\frac{n}{2}}=2^n\boldsymbol{E};$$

当 n 为奇数时，有

$$\boldsymbol{A}^n=\boldsymbol{A}^{n-1}\boldsymbol{A}=(2^{n-1}\boldsymbol{E})\boldsymbol{A}=2^{n-1}\boldsymbol{A}.$$

例 7 设 $f(\lambda)=\begin{vmatrix}\lambda-1&-\lambda&0\\0&\lambda-2&-3\\1&1&1\end{vmatrix}$，$\boldsymbol{A}=\begin{pmatrix}1&2\\3&6\end{pmatrix}$，求 $f(\boldsymbol{A})$.

解 因为 $f(\lambda)=\begin{vmatrix}\lambda-1&-\lambda&0\\0&\lambda-2&-3\\1&1&1\end{vmatrix}=\lambda^2+3\lambda-1$，故有

$$f(\boldsymbol{A})=\boldsymbol{A}^2+3\boldsymbol{A}-\boldsymbol{E}=\begin{pmatrix}1&2\\3&6\end{pmatrix}^2+3\begin{pmatrix}1&2\\3&6\end{pmatrix}-\begin{pmatrix}1&0\\0&1\end{pmatrix}=\begin{pmatrix}9&20\\30&59\end{pmatrix}.$$

2.2.3 矩阵的转置

定义 6 将 $m\times n$ 矩阵 $\boldsymbol{A}=(a_{ij})$ 的行换成同序数的列，所得的 $n\times m$ 矩阵称为 $\boldsymbol{A}$ 的**转置矩阵**，记作 $\boldsymbol{A}^{\mathrm{T}}$，即

$$A^{\mathrm{T}}=\begin{pmatrix} a_{11} & a_{21} & \cdots & a_{m1} \\ a_{12} & a_{22} & \cdots & a_{m2} \\ \vdots & \vdots & & \vdots \\ a_{1n} & a_{2n} & \cdots & a_{mn} \end{pmatrix}.$$

由定义 6 知，$\boldsymbol{A}^{\mathrm{T}}$ 的第 i 行第 j 列的元素为 $\boldsymbol{A}$ 的第 j 行第 i 列的元素，其运算规律如下：

（1）$(\boldsymbol{A}^{\mathrm{T}})^{\mathrm{T}}=\boldsymbol{A}$；

（2）$(\boldsymbol{A}+\boldsymbol{B})^{\mathrm{T}}=\boldsymbol{A}^{\mathrm{T}}+\boldsymbol{B}^{\mathrm{T}}$；

（3）$(\lambda\boldsymbol{A})^{\mathrm{T}}=\lambda\boldsymbol{A}^{\mathrm{T}}$；

（4）$(\boldsymbol{AB})^{\mathrm{T}}=\boldsymbol{B}^{\mathrm{T}}\boldsymbol{A}^{\mathrm{T}}$.

例 8 已知 $\boldsymbol{A}=\begin{pmatrix} 2 & 0 & -1 \\ 1 & 3 & 2 \end{pmatrix}$，$\boldsymbol{B}=\begin{pmatrix} 1 & 7 & -1 \\ 4 & 2 & 3 \\ 2 & 0 & 1 \end{pmatrix}$，求 $(\boldsymbol{AB})^{\mathrm{T}}$.

解法 1 因为

$$\boldsymbol{AB}=\begin{pmatrix} 2 & 0 & -1 \\ 1 & 3 & 2 \end{pmatrix}\begin{pmatrix} 1 & 7 & -1 \\ 4 & 2 & 3 \\ 2 & 0 & 1 \end{pmatrix}=\begin{pmatrix} 0 & 14 & -3 \\ 17 & 13 & 10 \end{pmatrix},$$

所以

$$(\boldsymbol{AB})^{\mathrm{T}}=\begin{pmatrix} 0 & 17 \\ 14 & 13 \\ -3 & 10 \end{pmatrix}.$$

解法 2 $(\boldsymbol{AB})^{\mathrm{T}}=\boldsymbol{B}^{\mathrm{T}}\boldsymbol{A}^{\mathrm{T}}=\begin{pmatrix} 1 & 4 & 2 \\ 7 & 2 & 0 \\ -1 & 3 & 1 \end{pmatrix}\begin{pmatrix} 2 & 1 \\ 0 & 3 \\ -1 & 2 \end{pmatrix}=\begin{pmatrix} 0 & 17 \\ 14 & 13 \\ -3 & 10 \end{pmatrix}$.

定义 7 设 $\boldsymbol{A}$ 为 n 阶方阵，若满足 $\boldsymbol{A}^{\mathrm{T}}=\boldsymbol{A}$，则称 $\boldsymbol{A}$ 为**对称矩阵**，即

$$a_{ij}=a_{ji}\ （i, j=1, 2, \cdots, n）,$$

其特点是：关于主对角线对称的元素相等.

若满足 $\boldsymbol{A}^{\mathrm{T}}=-\boldsymbol{A}$，则称 $\boldsymbol{A}$ 为**反对称矩阵**，即

$$a_{ij}=-a_{ji},$$

当 $i=j$ 时，

$$a_{ii}=0,$$

其特点是：关于主对角线对称的元素互为相反数，主对角线上的元素全为零.

例如，$A=\begin{pmatrix}1&2&4\\2&2&-7\\4&-7&3\end{pmatrix}$为对称矩阵，$B=\begin{pmatrix}0&2&4\\-2&0&-7\\-4&7&0\end{pmatrix}$为反对称矩阵.

对称矩阵的性质：若 $\boldsymbol{A}$，$\boldsymbol{B}$ 为同阶对称矩阵，k 为实数，则有：

（1）对称矩阵的代数和仍为对称矩阵，因为

$$(\boldsymbol{A}\pm\boldsymbol{B})^{\mathrm{T}}=\boldsymbol{A}^{\mathrm{T}}\pm\boldsymbol{B}^{\mathrm{T}}=\boldsymbol{A}\pm\boldsymbol{B};$$

（2）数 k 与对称矩阵的乘积仍为对称矩阵，因为

$$(k\boldsymbol{A})^{\mathrm{T}}=k\boldsymbol{A}^{\mathrm{T}}=k\boldsymbol{A};$$

（3）若 $\boldsymbol{AB}=\boldsymbol{BA}$，则 $\boldsymbol{AB}$ 也是对称矩阵，因为

$$(\boldsymbol{AB})^{\mathrm{T}}=\boldsymbol{B}^{\mathrm{T}}\boldsymbol{A}^{\mathrm{T}}=\boldsymbol{BA}=\boldsymbol{AB}.$$

n 阶方阵与对称矩阵和反对称矩阵之间的关系为：任一 n 阶方阵总可以表示成一个对称矩阵与一个反对称矩阵之和.

因为任一 n 阶方阵 $\boldsymbol{A}$ 总可以表示为

$$\boldsymbol{A}=\frac{\boldsymbol{A}+\boldsymbol{A}^{\mathrm{T}}}{2}+\frac{\boldsymbol{A}-\boldsymbol{A}^{\mathrm{T}}}{2}.$$

由于

$$\left(\frac{\boldsymbol{A}+\boldsymbol{A}^{\mathrm{T}}}{2}\right)^{\mathrm{T}}=\frac{\boldsymbol{A}^{\mathrm{T}}+(\boldsymbol{A}^{\mathrm{T}})^{\mathrm{T}}}{2}=\frac{\boldsymbol{A}+\boldsymbol{A}^{\mathrm{T}}}{2},$$

$$\left(\frac{\boldsymbol{A}-\boldsymbol{A}^{\mathrm{T}}}{2}\right)^{\mathrm{T}}=\frac{\boldsymbol{A}^{\mathrm{T}}-(\boldsymbol{A}^{\mathrm{T}})^{\mathrm{T}}}{2}=-\frac{\boldsymbol{A}-\boldsymbol{A}^{\mathrm{T}}}{2},$$

因此$\dfrac{\boldsymbol{A}+\boldsymbol{A}^{\mathrm{T}}}{2}$为对称矩阵，$\dfrac{\boldsymbol{A}-\boldsymbol{A}^{\mathrm{T}}}{2}$为反对称矩阵，故上述结论正确.

例 9 设列矩阵 $\boldsymbol{X}=(x_1,x_2,\cdots,x_n)^{\mathrm{T}}$，满足 $\boldsymbol{X}^{\mathrm{T}}\boldsymbol{X}=1$，$\boldsymbol{E}$ 为 n 阶单位矩阵，$\boldsymbol{H}=\boldsymbol{E}-2\boldsymbol{XX}^{\mathrm{T}}$，证明：$\boldsymbol{H}$ 是对称矩阵，且 $\boldsymbol{HH}^{\mathrm{T}}=\boldsymbol{E}$.

证 因为 $\boldsymbol{X}^{\mathrm{T}}\boldsymbol{X}=x_1^2+x_2^2+\cdots+x_n^2$ 是一阶方阵，即一个数，而 $\boldsymbol{XX}^{\mathrm{T}}$ 是 n 阶方阵，又

$$\begin{aligned}\boldsymbol{H}^{\mathrm{T}}&=(\boldsymbol{E}-2\boldsymbol{XX}^{\mathrm{T}})^{\mathrm{T}}\\&=\boldsymbol{E}^{\mathrm{T}}-2(\boldsymbol{XX}^{\mathrm{T}})^{\mathrm{T}}=\boldsymbol{E}-2\boldsymbol{XX}^{\mathrm{T}}=\boldsymbol{H},\end{aligned}$$

所以 $\boldsymbol{H}$ 是对称矩阵.

$$\begin{aligned}\boldsymbol{HH}^{\mathrm{T}}=\boldsymbol{H}^2&=(\boldsymbol{E}-2\boldsymbol{XX}^{\mathrm{T}})^2\\&=\boldsymbol{E}-4\boldsymbol{XX}^{\mathrm{T}}+4(\boldsymbol{XX}^{\mathrm{T}})(\boldsymbol{XX}^{\mathrm{T}})\\&=\boldsymbol{E}-4\boldsymbol{XX}^{\mathrm{T}}+4\boldsymbol{X}(\boldsymbol{X}^{\mathrm{T}}\boldsymbol{X})\boldsymbol{X}^{\mathrm{T}}\end{aligned}$$

$$= \boldsymbol{E} - 4\boldsymbol{X}\boldsymbol{X}^{\mathrm{T}} + 4\boldsymbol{X}\boldsymbol{X}^{\mathrm{T}} = \boldsymbol{E}.$$

证毕.

2.2.4 方阵的行列式

定义 8 由 n 阶方阵 $\boldsymbol{A}$ 的所有元素（位置不变）构成的行列式称为方阵 $\boldsymbol{A}$ 的**行列式**，记作 $|\boldsymbol{A}|$ 或 $\det \boldsymbol{A}$，即

$$|\boldsymbol{A}| = \det \boldsymbol{A} = \begin{vmatrix} a_{11} & a_{12} & \cdots & a_{1n} \\ a_{21} & a_{22} & \cdots & a_{2n} \\ \vdots & \vdots & & \vdots \\ a_{n1} & a_{n2} & \cdots & a_{nn} \end{vmatrix},$$

其运算规律如下：

（1）$|\boldsymbol{A}^{\mathrm{T}}| = |\boldsymbol{A}|$（行列式的性质 1）；

（2）$|\lambda \boldsymbol{A}| = \lambda^n |\boldsymbol{A}|$（$\boldsymbol{A}$ 为 n 阶方阵）；

（3）$|\boldsymbol{AB}| = |\boldsymbol{A}||\boldsymbol{B}| = |\boldsymbol{BA}|$.

若 $|\boldsymbol{A}| = 0$，则称 $\boldsymbol{A}$ 是奇异方阵；若 $|\boldsymbol{A}| \neq 0$，则称 $\boldsymbol{A}$ 是非奇异方阵.

注 方阵和行列式是两个不同的概念，n 阶方阵是 n^2 个数按一定方式排列的数表，而 n 阶行列式是这 n^2 个数，即数表 $\boldsymbol{A}$ 按一定的运算法则所确定的一个数.

2.3 逆矩阵

由上节可知，矩阵有加法、减法、数乘、乘法等运算. 自然会提出矩阵是否具有类似于数的除法运算. 在数的运算中，若 $ab = ba = 1$，则 b 就是 a 的倒数，记作 $b = \dfrac{1}{a} = a^{-1}$. 数 a 与其倒数 a^{-1} 的关系还可表示为

$$aa^{-1} = a^{-1}a = 1. \tag{2.3.1}$$

又当 $a \neq 0$ 时，一元一次方程

$$ax = b \tag{2.3.2}$$

有唯一解，其求解方法为方程两边同时乘 a 的倒数 a^{-1}，即 $a^{-1}ax = a^{-1}b$，得 $x = a^{-1}b$.

n 元线性方程组

$$\begin{cases} a_{11}x_1 + a_{12}x_2 + \cdots + a_{1n}x_n = b_1, \\ a_{21}x_1 + a_{22}x_2 + \cdots + a_{2n}x_n = b_2, \\ \qquad \vdots \\ a_{n1}x_1 + a_{n2}x_2 + \cdots + a_{nn}x_n = b_n \end{cases}$$

的矩阵形式

$$\boldsymbol{Ax}=\boldsymbol{b} \tag{2.3.3}$$

与式（2.3.2）在形式上很相似．所以在求方程组（2.3.3）的解时，自然想到，是否能找到一个与 a^{-1} 作用相似的矩阵 $\boldsymbol{B}$，使 $\boldsymbol{AB}=\boldsymbol{BA}=\boldsymbol{E}$（$\boldsymbol{E}$ 在矩阵乘法中起着类似数 1 的作用），这对满足一定条件的矩阵是可以办到的，因此，方程组（2.3.3）的解也就不难求得．

为此，仿照式（2.3.1），引入逆矩阵的概念．

2.3.1　逆矩阵的定义及性质

定义 9　设 $\boldsymbol{A}$ 为 n 阶方阵，若存在 n 阶方阵 $\boldsymbol{B}$，使 $\boldsymbol{AB}=\boldsymbol{BA}=\boldsymbol{E}$，则称方阵 $\boldsymbol{A}$ **可逆**，$\boldsymbol{B}$ 为 $\boldsymbol{A}$ 的**逆矩阵**．

若 $\boldsymbol{A}$ 可逆，则 $\boldsymbol{A}$ 的逆矩阵是唯一的．事实上，设 $\boldsymbol{B}$，$\boldsymbol{C}$ 都是 $\boldsymbol{A}$ 的逆矩阵，即

$$\boldsymbol{AB}=\boldsymbol{BA}=\boldsymbol{E}，\quad \boldsymbol{AC}=\boldsymbol{CA}=\boldsymbol{E}，$$

于是

$$\boldsymbol{B}=\boldsymbol{BE}=\boldsymbol{B}(\boldsymbol{AC})=(\boldsymbol{BA})\boldsymbol{C}=\boldsymbol{EC}=\boldsymbol{C}，$$

所以 $\boldsymbol{A}$ 的逆矩阵是唯一的．

既然可逆矩阵的逆矩阵是唯一的，那么可将 $\boldsymbol{A}$ 的逆矩阵记作 $\boldsymbol{A}^{-1}$，即

$$\boldsymbol{AA}^{-1}=\boldsymbol{A}^{-1}\boldsymbol{A}=\boldsymbol{E}. \tag{2.3.4}$$

注　只有方阵才可以定义逆矩阵．显然，单位矩阵 $\boldsymbol{E}$ 可逆，其逆矩阵为其本身，即 $\boldsymbol{E}^{-1}=\boldsymbol{E}$．

可逆矩阵满足以下性质：

（1）若 $\boldsymbol{A}$ 可逆，则其逆矩阵 $\boldsymbol{A}^{-1}$ 也可逆，且 $(\boldsymbol{A}^{-1})^{-1}=\boldsymbol{A}$；

（2）若 $\boldsymbol{A}$ 可逆，则 $\boldsymbol{A}^{\mathrm{T}}$ 也可逆，且 $(\boldsymbol{A}^{\mathrm{T}})^{-1}=(\boldsymbol{A}^{-1})^{\mathrm{T}}$；

（3）若 $\boldsymbol{A}$ 可逆，λ 为非零常数，则 $\lambda\boldsymbol{A}$ 也可逆，且 $(\lambda\boldsymbol{A})^{-1}=\dfrac{1}{\lambda}\boldsymbol{A}^{-1}$（$\lambda\neq 0$）；

（4）若 $\boldsymbol{A}$，$\boldsymbol{B}$ 为同阶可逆矩阵，则 $\boldsymbol{AB}$ 也可逆，且 $(\boldsymbol{AB})^{-1}=\boldsymbol{B}^{-1}\boldsymbol{A}^{-1}$；

（5）$\left|\boldsymbol{A}^{-1}\right|=\dfrac{1}{|\boldsymbol{A}|}$．

证　（1）由逆矩阵的定义，$\boldsymbol{A}$ 与 $\boldsymbol{A}^{-1}$ 互为逆矩阵，所以

$$(\boldsymbol{A}^{-1})^{-1}=\boldsymbol{A}.$$

（2）因为　$\boldsymbol{A}^{\mathrm{T}}(\boldsymbol{A}^{-1})^{\mathrm{T}}=(\boldsymbol{A}^{-1}\boldsymbol{A})^{\mathrm{T}}=\boldsymbol{E}^{\mathrm{T}}=\boldsymbol{E}$，

$$(\boldsymbol{A}^{-1})^{\mathrm{T}}\boldsymbol{A}^{\mathrm{T}}=(\boldsymbol{AA}^{-1})^{\mathrm{T}}=\boldsymbol{E}^{\mathrm{T}}=\boldsymbol{E}，$$

由定义 9 及逆矩阵的唯一性，可得

$$(A^{\mathrm{T}})^{-1}=(A^{-1})^{\mathrm{T}}.$$

（3）因为 $(\lambda A)\left(\frac{1}{\lambda}A^{-1}\right)=\lambda\cdot\frac{1}{\lambda}AA^{-1}=E$，

$$\left(\frac{1}{\lambda}A^{-1}\right)(\lambda A)=\frac{1}{\lambda}\cdot\lambda A^{-1}A=E,$$

由定义 9 及逆矩阵的唯一性，可得

$$(\lambda A)^{-1}=\frac{1}{\lambda}A^{-1}\ （\lambda\neq 0）.$$

（4）因为 $(AB)(B^{-1}A^{-1})=A(BB^{-1})A^{-1}=AEA^{-1}=AA^{-1}=E$，

$$(B^{-1}A^{-1})(AB)=B^{-1}(A^{-1}A)B=B^{-1}EB=B^{-1}B=E,$$

由定义 9 及逆矩阵的唯一性，可得

$$(AB)^{-1}=B^{-1}A^{-1}.$$

上述性质还可以推广到有限个可逆矩阵的情形：设 $A_1,A_2,\cdots,A_s$ 均为 n 阶可逆矩阵，则 $A_1A_2\cdots A_s$ 也可逆，且

$$(A_1A_2\cdots A_s)^{-1}=A_s^{-1}\cdots A_2^{-1}A_1^{-1}.$$

（5）将式（2.3.4）两边取行列式，得

$$|A||A^{-1}|=|A^{-1}||A|=|E|=1,$$

因为 $|A|\neq 0$，所以 $|A^{-1}|=\frac{1}{|A|}$. 证毕.

2.3.2 方阵 A 可逆的充要条件及 A^{-1} 的求法

下面先给出矩阵 A 的伴随矩阵的概念.

定义 10 设 n 阶方阵

$$A=\begin{pmatrix}a_{11}&a_{12}&\cdots&a_{1n}\\a_{21}&a_{22}&\cdots&a_{2n}\\\vdots&\vdots&&\vdots\\a_{n1}&a_{n2}&\cdots&a_{nn}\end{pmatrix},$$

由 A 的行列式 $|A|$ 的所有元素的代数余子式 A_{ij} 所构成的 n 阶方阵

$$A^*=\begin{pmatrix}A_{11}&A_{21}&\cdots&A_{n1}\\A_{12}&A_{22}&\cdots&A_{n2}\\\vdots&\vdots&&\vdots\\A_{1n}&A_{2n}&\cdots&A_{nn}\end{pmatrix}$$

称为矩阵 A 的**伴随矩阵**（将 $|A|$ 的每个元素 a_{ij} 换成其对应的代数余子式 A_{ij}，再按

转置位置排列成的矩阵，即为 $\boldsymbol{A}$ 的伴随矩阵）.

n 阶方阵 $\boldsymbol{A}$ 与其伴随矩阵 $\boldsymbol{A}^*$ 有下述关系.

定理 1 设 $\boldsymbol{A}$ 是 n 阶方阵，$\boldsymbol{A}^*$ 为 $\boldsymbol{A}$ 的伴随矩阵，则

$$\boldsymbol{A}\boldsymbol{A}^* = \boldsymbol{A}^*\boldsymbol{A} = |\boldsymbol{A}|\boldsymbol{E}. \tag{2.3.5}$$

证 $$\boldsymbol{A}\boldsymbol{A}^* = \begin{pmatrix} a_{11} & a_{12} & \cdots & a_{1n} \\ a_{21} & a_{22} & \cdots & a_{2n} \\ \vdots & \vdots & & \vdots \\ a_{n1} & a_{n2} & \cdots & a_{nn} \end{pmatrix}\begin{pmatrix} A_{11} & A_{21} & \cdots & A_{n1} \\ A_{12} & A_{22} & \cdots & A_{n2} \\ \vdots & \vdots & & \vdots \\ A_{1n} & A_{2n} & \cdots & A_{nn} \end{pmatrix}$$

$$= \begin{pmatrix} \sum_{k=1}^{n} a_{1k}A_{1k} & \sum_{k=1}^{n} a_{1k}A_{2k} & \cdots & \sum_{k=1}^{n} a_{1k}A_{nk} \\ \sum_{k=1}^{n} a_{2k}A_{1k} & \sum_{k=1}^{n} a_{2k}A_{2k} & \cdots & \sum_{k=1}^{n} a_{2k}A_{nk} \\ \vdots & \vdots & & \vdots \\ \sum_{k=1}^{n} a_{nk}A_{1k} & \sum_{k=1}^{n} a_{nk}A_{2k} & \cdots & \sum_{k=1}^{n} a_{nk}A_{nk} \end{pmatrix},$$

利用代数余子式的性质，即

$$\sum_{k=1}^{n} a_{ik}A_{jk} = \begin{cases} |\boldsymbol{A}|, & i = j, \\ 0, & i \neq j, \end{cases}$$

得

$$\boldsymbol{A}\boldsymbol{A}^* = \begin{pmatrix} |\boldsymbol{A}| & & & \\ & |\boldsymbol{A}| & & \\ & & \ddots & \\ & & & |\boldsymbol{A}| \end{pmatrix} = |\boldsymbol{A}|\begin{pmatrix} 1 & & & \\ & 1 & & \\ & & \ddots & \\ & & & 1 \end{pmatrix} = |\boldsymbol{A}|\boldsymbol{E}. \tag{2.3.6}$$

同理，可证

$$\boldsymbol{A}^*\boldsymbol{A} = |\boldsymbol{A}|\boldsymbol{E},$$

所以证得

$$\boldsymbol{A}\boldsymbol{A}^* = \boldsymbol{A}^*\boldsymbol{A} = |\boldsymbol{A}|\boldsymbol{E}.$$

证毕.

定理 2 n 阶方阵 $\boldsymbol{A}$ 可逆 $\Leftrightarrow |\boldsymbol{A}| \neq 0$，且

$$\boldsymbol{A}^{-1} = \frac{1}{|\boldsymbol{A}|}\boldsymbol{A}^*. \tag{2.3.7}$$

证 必要性：因为 $\boldsymbol{A}$ 可逆，所以存在 $\boldsymbol{A}^{-1}$ 使 $\boldsymbol{A}\boldsymbol{A}^{-1} = \boldsymbol{A}^{-1}\boldsymbol{A} = \boldsymbol{E}$，由方阵行列式的运算规律，可得

$$\left|AA^{-1}\right|=|A|\left|A^{-1}\right|=1,$$

所以

$$|A|\neq 0.$$

充分性：因为$|A|\neq 0$，作方阵$\dfrac{1}{|A|}A^*$，由定理 1，可得

$$A\cdot\frac{A^*}{|A|}=\frac{A^*}{|A|}\cdot A=E,$$

由逆矩阵的定义及唯一性知，A 可逆，且

$$A^{-1}=\frac{1}{|A|}A^*.$$

证毕.

由定理 2 可知，可逆方阵就是非奇异方阵，同时它也给出了求逆矩阵的公式 $A^{-1}=\dfrac{1}{|A|}A^*$.

此公式对于三阶及三阶以上的方阵，计算量较大. 后面将介绍一种简便有效的求逆矩阵的方法.

推论 1 若 A，B 为 n 阶方阵，且 $AB=E$（或 $BA=E$），则 $B=A^{-1}$.

证 因为 $AB=E$，所以$|A||B|=|E|=1$，故$|A|\neq 0$，从而 A 可逆，于是

$$B=EB=(A^{-1}A)B=A^{-1}(AB)=A^{-1}E=A^{-1}.$$

证毕.

同理可证 $BA=E$ 的情形.

推论 2 若 A 可逆，且 $AB=AC$，则 $B=C$.

证 由 $AB=AC$，得 $A(B-C)=O$，等式两边同时左乘 A^{-1}，得

$$A^{-1}A(B-C)=A^{-1}O,$$

即

$$(B-C)=O \text{ 或 } B=C.$$

证毕.

推论 1 表明，判断 B 是不是 A 的逆矩阵，只需验证 $AB=E$ 或 $BA=E$ 之一是否成立.

推论 2 表明，若等式 $AB=AC$ 中的 A 可逆，则消去律成立.

例 10 设

$$A=\begin{pmatrix}3&0&8\\3&-1&6\\-2&0&-5\end{pmatrix},$$

判断 $\boldsymbol{A}$ 是否可逆，若可逆，求 $\boldsymbol{A}^{-1}$.

解 因为

$$|\boldsymbol{A}|=\begin{vmatrix}3&0&8\\3&-1&6\\-2&0&-5\end{vmatrix}=-1\times\begin{vmatrix}3&8\\-2&-5\end{vmatrix}=-1\neq 0,$$

所以 $\boldsymbol{A}$ 可逆，又因为

$$A_{11}=\begin{vmatrix}-1&6\\0&-5\end{vmatrix}=5，A_{21}=-\begin{vmatrix}0&8\\0&-5\end{vmatrix}=0，A_{31}=\begin{vmatrix}0&8\\-1&6\end{vmatrix}=8,$$

$$A_{12}=-\begin{vmatrix}3&6\\-2&-5\end{vmatrix}=3，A_{22}=\begin{vmatrix}3&8\\-2&-5\end{vmatrix}=1，A_{32}=-\begin{vmatrix}3&8\\3&6\end{vmatrix}=6,$$

$$A_{13}=\begin{vmatrix}3&-1\\-2&0\end{vmatrix}=-2，A_{23}=-\begin{vmatrix}3&0\\-2&0\end{vmatrix}=0，A_{33}=\begin{vmatrix}3&0\\3&-1\end{vmatrix}=-3,$$

有

$$\boldsymbol{A}^*=\begin{pmatrix}5&0&8\\3&1&6\\-2&0&-3\end{pmatrix},$$

所以

$$\boldsymbol{A}^{-1}=\frac{1}{|\boldsymbol{A}|}\boldsymbol{A}^*=\frac{1}{-1}\begin{pmatrix}5&0&8\\3&1&6\\-2&0&-3\end{pmatrix}=\begin{pmatrix}-5&0&-8\\-3&-1&-6\\2&0&3\end{pmatrix}.$$

例 11 设方阵 $\boldsymbol{A}$ 满足 $\boldsymbol{A}^2-3\boldsymbol{A}-10\boldsymbol{E}=\boldsymbol{O}$，证明 $\boldsymbol{A}$ 和 $\boldsymbol{A}-4\boldsymbol{E}$ 都可逆，并求其逆矩阵.

证 由 $\boldsymbol{A}^2-3\boldsymbol{A}-10\boldsymbol{E}=\boldsymbol{O}$，得

$$\boldsymbol{A}(\boldsymbol{A}-3\boldsymbol{E})=10\boldsymbol{E},$$

即

$$\boldsymbol{A}\left[\frac{1}{10}(\boldsymbol{A}-3\boldsymbol{E})\right]=\boldsymbol{E},$$

所以 $\boldsymbol{A}$ 可逆，且

$$\boldsymbol{A}^{-1}=\frac{1}{10}(\boldsymbol{A}-3\boldsymbol{E});$$

再由 $\boldsymbol{A}^2-3\boldsymbol{A}-10\boldsymbol{E}=\boldsymbol{O}$，得

$$(\boldsymbol{A}+\boldsymbol{E})(\boldsymbol{A}-4\boldsymbol{E})=6\boldsymbol{E},$$

即

$$\frac{1}{6}(\boldsymbol{A}+\boldsymbol{E})(\boldsymbol{A}-4\boldsymbol{E})=\boldsymbol{E},$$

故 $\boldsymbol{A}-4\boldsymbol{E}$ 可逆，且 $(\boldsymbol{A}-4\boldsymbol{E})^{-1}=\dfrac{1}{6}(\boldsymbol{A}+\boldsymbol{E})$．证毕.

利用矩阵的逆可以求 n 元线性方程组的解.

若 n 元线性方程组

$$A\boldsymbol{x}=\boldsymbol{b}$$

的系数矩阵 $\boldsymbol{A}$ 可逆，则将上式两边左乘 $\boldsymbol{A}^{-1}$，得

$$\boldsymbol{x}=\boldsymbol{A}^{-1}\boldsymbol{b}.$$

实际上，用此方法求得的解与用克莱姆法则求得的解相同．因为

$$\boldsymbol{x}=\boldsymbol{A}^{-1}\boldsymbol{b}=\frac{\boldsymbol{A}^*}{|\boldsymbol{A}|}\boldsymbol{b}=\frac{1}{|\boldsymbol{A}|}\begin{pmatrix}A_{11} & A_{21} & \cdots & A_{n1}\\ A_{12} & A_{22} & \cdots & A_{n2}\\ \vdots & \vdots & & \vdots\\ A_{1n} & A_{2n} & \cdots & A_{nn}\end{pmatrix}\begin{pmatrix}b_1\\ b_2\\ \vdots\\ b_n\end{pmatrix}=\frac{1}{|\boldsymbol{A}|}\begin{pmatrix}D_1\\ D_2\\ \vdots\\ D_n\end{pmatrix},$$

其中 $D_j=\sum\limits_{i=1}^{n}b_jA_{ij}$.

同样地，若 $\boldsymbol{A}$ 为 n 阶可逆矩阵，$\boldsymbol{B}$ 为任一 $n\times s$ 矩阵，则矩阵方程 $\boldsymbol{AX}=\boldsymbol{B}$ 有唯一解 $\boldsymbol{X}=\boldsymbol{A}^{-1}\boldsymbol{B}$.

例 12 设

$$\boldsymbol{A}=\begin{pmatrix}3 & 0 & 8\\ 3 & -1 & 6\\ -2 & 0 & -5\end{pmatrix},\ \boldsymbol{B}=\begin{pmatrix}2 & 1\\ 5 & 3\end{pmatrix},\ \boldsymbol{C}=\begin{pmatrix}1 & 3\\ 2 & 0\\ 3 & 1\end{pmatrix},$$

求矩阵 $\boldsymbol{X}$，使其满足

$$\boldsymbol{AXB}=\boldsymbol{C}.$$

解 若 $\boldsymbol{A}^{-1}$，$\boldsymbol{B}^{-1}$ 存在，则用 $\boldsymbol{A}^{-1}$ 左乘上式，$\boldsymbol{B}^{-1}$ 右乘上式，有

$$\boldsymbol{A}^{-1}\boldsymbol{AXBB}^{-1}=\boldsymbol{A}^{-1}(\boldsymbol{AXB})\boldsymbol{B}^{-1}=\boldsymbol{A}^{-1}\boldsymbol{CB}^{-1},$$

即 $\boldsymbol{X}=\boldsymbol{A}^{-1}\boldsymbol{CB}^{-1}$.

由例 10 知，$\boldsymbol{A}$ 可逆，且 $\boldsymbol{A}^{-1}=\begin{pmatrix}-5 & 0 & -8\\ -3 & -1 & -6\\ 2 & 0 & 3\end{pmatrix}$，又因 $|\boldsymbol{B}|=1\neq 0$，$\boldsymbol{B}$ 也可逆，且

$$\boldsymbol{B}^{-1}=\begin{pmatrix}3 & -1\\ -5 & 2\end{pmatrix},$$

所以

$$\boldsymbol{X}=\boldsymbol{A}^{-1}\boldsymbol{CB}^{-1}=\begin{pmatrix}-5 & 0 & -8\\ -3 & -1 & -6\\ 2 & 0 & 3\end{pmatrix}\begin{pmatrix}1 & 3\\ 2 & 0\\ 3 & 1\end{pmatrix}\begin{pmatrix}3 & -1\\ -5 & 2\end{pmatrix}$$

$$=\begin{pmatrix}-29 & -23\\ -23 & -15\\ 11 & 9\end{pmatrix}\begin{pmatrix}3 & -1\\ -5 & 2\end{pmatrix}=\begin{pmatrix}28 & -17\\ 6 & -7\\ -12 & 7\end{pmatrix}.$$

例 13　设 $\boldsymbol{A}=\begin{pmatrix}1 & 1 & 1\\ 1 & 2 & 1\\ 1 & 1 & 3\end{pmatrix}$ 为可逆矩阵，求其伴随矩阵 $\boldsymbol{A}^*$ 的逆矩阵.

解　若按式（2.3.7），计算量非常大，可以采取将式（2.3.6）两边取逆，即

$$(\boldsymbol{A}\boldsymbol{A}^*)^{-1}=(|\boldsymbol{A}|\boldsymbol{E})^{-1},$$

得

$$(\boldsymbol{A}^*)^{-1}\boldsymbol{A}^{-1}=\frac{1}{|\boldsymbol{A}|}\boldsymbol{E}^{-1}=\frac{1}{|\boldsymbol{A}|}\boldsymbol{E},$$

上式两边同时右乘 $\boldsymbol{A}$，得

$$(\boldsymbol{A}^*)^{-1}=\frac{1}{|\boldsymbol{A}|}\boldsymbol{E}\boldsymbol{A}=\frac{\boldsymbol{A}}{|\boldsymbol{A}|}.$$

又

$$|\boldsymbol{A}|=\begin{vmatrix}1 & 1 & 1\\ 1 & 2 & 1\\ 1 & 1 & 3\end{vmatrix}=2,$$

所以

$$(\boldsymbol{A}^*)^{-1}=\frac{1}{2}\begin{pmatrix}1 & 1 & 1\\ 1 & 2 & 1\\ 1 & 1 & 3\end{pmatrix}.$$

由逆矩阵的定义将式（2.3.6）两边同时除以 $|\boldsymbol{A}|$，也可得到相同的结果.

2.4　分块矩阵

在矩阵运算中，对于行数和列数较大的矩阵，经常采用分块法将矩阵分成若干个小块，化高阶矩阵的运算为低阶矩阵的运算，从而使矩阵运算得以简化.

2.4.1　分块矩阵的概念

设 $\boldsymbol{A}$ 是 $m\times n$ 矩阵，用若干条横线和竖线将矩阵分成若干个小块，每一小块作为一个小矩阵，称为 $\boldsymbol{A}$ 的子块（或子矩阵），在进行矩阵运算时，可以将 $\boldsymbol{A}$ 的每一个子块都作为一个元素，这种以子块为元素的形式上的矩阵称为**分块矩阵**.

例如，将3×4矩阵

$$A=\begin{pmatrix} a_{11} & a_{12} & a_{13} & a_{14} \\ a_{21} & a_{22} & a_{23} & a_{24} \\ a_{31} & a_{32} & a_{33} & a_{34} \end{pmatrix}$$

分成子块的分法有很多，下面给出三种分块形式：

（1）$A=\left(\begin{array}{cc:cc} a_{11} & a_{12} & a_{13} & a_{14} \\ a_{21} & a_{22} & a_{23} & a_{24} \\ \hdashline a_{31} & a_{32} & a_{33} & a_{34} \end{array}\right)$；

（2）$A=\left(\begin{array}{c:cc:c} a_{11} & a_{12} & a_{13} & a_{14} \\ \hdashline a_{21} & a_{22} & a_{23} & a_{24} \\ \hdashline a_{31} & a_{32} & a_{33} & a_{34} \end{array}\right)$；

（3）$A=\left(\begin{array}{c:cc:c} a_{11} & a_{12} & a_{13} & a_{14} \\ a_{21} & a_{22} & a_{23} & a_{24} \\ a_{31} & a_{32} & a_{33} & a_{34} \end{array}\right)$.

分法（1）可记作

$$A=\begin{pmatrix} A_{11} & A_{12} \\ A_{21} & A_{22} \end{pmatrix},$$

其中

$$A_{11}=\begin{pmatrix} a_{11} & a_{12} \\ a_{21} & a_{22} \end{pmatrix}，\quad A_{12}=\begin{pmatrix} a_{13} & a_{14} \\ a_{23} & a_{24} \end{pmatrix},$$

$$A_{21}=(a_{31}\ a_{32})，\quad A_{22}=(a_{33}\ a_{34})，$$

即$A_{11}, A_{12}, A_{21}, A_{22}$为$A$的子块，而$A$形式上成为以这些子块为元素的分块矩阵.分法（2）和分法（3）的分块矩阵请读者写出.

注 矩阵的分块是非常灵活的，究竟采用哪种分块比较合理，要从以下两个方面考虑：满足运算条件；充分利用矩阵的特点分块，使其表示简洁，运算简便.

2.4.2 分块矩阵的运算

1. 分块矩阵的线性运算

1）分块矩阵的加法.

设A与B为同型矩阵，且以相同的方式分块，即

$$A=\begin{pmatrix} A_{11} & \cdots & A_{1s} \\ \vdots & & \vdots \\ A_{r1} & \cdots & A_{rs} \end{pmatrix}，\quad B=\begin{pmatrix} B_{11} & \cdots & B_{1s} \\ \vdots & & \vdots \\ B_{r1} & \cdots & B_{rs} \end{pmatrix},$$

其中 $\boldsymbol{A}_{ij}$ 与 $\boldsymbol{B}_{ij}$（$i=1,2,\cdots,r$；$j=1,2,\cdots,s$）是同型矩阵，则

$$\boldsymbol{A}+\boldsymbol{B}=\begin{pmatrix}\boldsymbol{A}_{11}+\boldsymbol{B}_{11} & \cdots & \boldsymbol{A}_{1s}+\boldsymbol{B}_{1s}\\ \vdots & & \vdots\\ \boldsymbol{A}_{r1}+\boldsymbol{B}_{r1} & \cdots & \boldsymbol{A}_{rs}+\boldsymbol{B}_{rs}\end{pmatrix}.$$

2）数与分块矩阵的乘法.

设分块矩阵 $\boldsymbol{A}=\begin{pmatrix}\boldsymbol{A}_{11} & \cdots & \boldsymbol{A}_{1s}\\ \vdots & & \vdots\\ \boldsymbol{A}_{r1} & \cdots & \boldsymbol{A}_{rs}\end{pmatrix}$，$\lambda$ 为实数，则

$$\lambda\boldsymbol{A}=\begin{pmatrix}\lambda\boldsymbol{A}_{11} & \cdots & \lambda\boldsymbol{A}_{1s}\\ \vdots & & \vdots\\ \lambda\boldsymbol{A}_{r1} & \cdots & \lambda\boldsymbol{A}_{rs}\end{pmatrix}.$$

2. 分块矩阵的乘法

设 $\boldsymbol{A}$ 为 $m\times l$ 矩阵，$\boldsymbol{B}$ 为 $l\times n$ 矩阵，若它们的分块矩阵分别为

$$\boldsymbol{A}=\begin{pmatrix}\boldsymbol{A}_{11} & \cdots & \boldsymbol{A}_{1t}\\ \vdots & & \vdots\\ \boldsymbol{A}_{s1} & \cdots & \boldsymbol{A}_{st}\end{pmatrix},\quad \boldsymbol{B}=\begin{pmatrix}\boldsymbol{B}_{11} & \cdots & \boldsymbol{B}_{1r}\\ \vdots & & \vdots\\ \boldsymbol{B}_{t1} & \cdots & \boldsymbol{B}_{tr}\end{pmatrix},$$

其中子块 $\boldsymbol{A}_{i1},\boldsymbol{A}_{i2},\cdots,\boldsymbol{A}_{it}$（$i=1,2,\cdots,s$）的列数分别等于子块 $\boldsymbol{B}_{1j},\boldsymbol{B}_{2j},\cdots,\boldsymbol{B}_{tj}$（$j=1,2,\cdots,r$）的行数，即矩阵 $\boldsymbol{A}$ 的列的分法与矩阵 $\boldsymbol{B}$ 的行的分法一致，则

$$\boldsymbol{AB}=\begin{pmatrix}\boldsymbol{C}_{11} & \cdots & \boldsymbol{C}_{1r}\\ \vdots & & \vdots\\ \boldsymbol{C}_{s1} & \cdots & \boldsymbol{C}_{sr}\end{pmatrix},$$

其中 $\boldsymbol{C}_{ij}=\boldsymbol{A}_{i1}\boldsymbol{B}_{1j}+\boldsymbol{A}_{i2}\boldsymbol{B}_{2j}+\cdots+\boldsymbol{A}_{it}\boldsymbol{B}_{tj}=\sum\limits_{k=1}^{t}\boldsymbol{A}_{ik}\boldsymbol{B}_{kj}$（$i=1,2,\cdots,s$； $j=1,2,\cdots,r$）.

例 14 设矩阵

$$\boldsymbol{A}=\begin{pmatrix}1&0&0&0\\0&1&0&0\\-1&2&1&0\\1&1&0&1\end{pmatrix},\quad \boldsymbol{B}=\begin{pmatrix}1&0&1&0\\-1&2&0&1\\1&0&4&1\\-1&-1&2&0\end{pmatrix},$$

求 $\boldsymbol{AB}$.

解 将矩阵 $\boldsymbol{A}$，$\boldsymbol{B}$ 按元素特征分块为

$$\boldsymbol{A}=\left(\begin{array}{cc|cc}1&0&0&0\\0&1&0&0\\\hline -1&2&1&0\\1&1&0&1\end{array}\right)=\begin{pmatrix}\boldsymbol{E}&\boldsymbol{O}\\\boldsymbol{A}_1&\boldsymbol{E}\end{pmatrix},$$

$$\boldsymbol{B}=\left(\begin{array}{cc|cc}1&0&1&0\\-1&2&0&1\\\hline 1&0&4&1\\-1&-1&2&0\end{array}\right)=\begin{pmatrix}\boldsymbol{B}_{11}&\boldsymbol{E}\\\boldsymbol{B}_{21}&\boldsymbol{B}_{22}\end{pmatrix},$$

则

$$\boldsymbol{AB}=\begin{pmatrix}\boldsymbol{E}&\boldsymbol{O}\\\boldsymbol{A}_1&\boldsymbol{E}\end{pmatrix}\begin{pmatrix}\boldsymbol{B}_{11}&\boldsymbol{E}\\\boldsymbol{B}_{21}&\boldsymbol{B}_{22}\end{pmatrix}=\begin{pmatrix}\boldsymbol{B}_{11}&\boldsymbol{E}\\\boldsymbol{A}_1\boldsymbol{B}_{11}+\boldsymbol{B}_{21}&\boldsymbol{A}_1+\boldsymbol{B}_{22}\end{pmatrix}.$$

由于

$$\boldsymbol{A}_1\boldsymbol{B}_{11}+\boldsymbol{B}_{21}=\begin{pmatrix}-1&2\\1&1\end{pmatrix}\begin{pmatrix}1&0\\-1&2\end{pmatrix}+\begin{pmatrix}1&0\\-1&-1\end{pmatrix}=\begin{pmatrix}-2&4\\-1&1\end{pmatrix},$$

$$\boldsymbol{A}_1+\boldsymbol{B}_{22}=\begin{pmatrix}-1&2\\1&1\end{pmatrix}+\begin{pmatrix}4&1\\2&0\end{pmatrix}=\begin{pmatrix}3&3\\3&1\end{pmatrix},$$

得到

$$\boldsymbol{AB}=\begin{pmatrix}\boldsymbol{B}_{11}&\boldsymbol{E}\\\boldsymbol{A}_1\boldsymbol{B}_{11}+\boldsymbol{B}_{21}&\boldsymbol{A}_1+\boldsymbol{B}_{22}\end{pmatrix}=\left(\begin{array}{cc|cc}1&0&1&0\\-1&2&0&1\\\hline -2&4&3&3\\-1&1&3&1\end{array}\right)=\begin{pmatrix}1&0&1&0\\-1&2&0&1\\-2&4&3&3\\-1&1&3&1\end{pmatrix}.$$

3. 分块矩阵的转置

设 $\boldsymbol{A}=\begin{pmatrix}\boldsymbol{A}_{11}&\cdots&\boldsymbol{A}_{1r}\\\vdots&&\vdots\\\boldsymbol{A}_{s1}&\cdots&\boldsymbol{A}_{sr}\end{pmatrix}$，则 $\boldsymbol{A}^{\mathrm{T}}=\begin{pmatrix}\boldsymbol{A}_{11}^{\mathrm{T}}&\cdots&\boldsymbol{A}_{s1}^{\mathrm{T}}\\\vdots&&\vdots\\\boldsymbol{A}_{1r}^{\mathrm{T}}&\cdots&\boldsymbol{A}_{sr}^{\mathrm{T}}\end{pmatrix}$.

4. 分块对角矩阵及其运算

设 $\boldsymbol{A}$ 为 n 阶矩阵，若 $\boldsymbol{A}$ 的分块矩阵的主对角线元素为非零子块，其余子块均为零子块，且非零子块均为方阵，即

$$\boldsymbol{A}=\begin{pmatrix}\boldsymbol{A}_1&\boldsymbol{O}&\cdots&\boldsymbol{O}\\\boldsymbol{O}&\boldsymbol{A}_2&\cdots&\boldsymbol{O}\\\vdots&\vdots&&\vdots\\\boldsymbol{O}&\boldsymbol{O}&\cdots&\boldsymbol{A}_s\end{pmatrix}\text{或}\boldsymbol{A}=\begin{pmatrix}\boldsymbol{A}_1&&&\\&\boldsymbol{A}_2&&\\&&\ddots&\\&&&\boldsymbol{A}_s\end{pmatrix},$$

其中 $\boldsymbol{A}_i$（$i=1,2,\cdots,s$）为 i 阶矩阵，则称 $\boldsymbol{A}$ 为分块对角矩阵.

分块对角矩阵具有以下性质：

（1）$|A| = |A_1||A_2|\cdots|A_s|$.

（2）若 $|A_i| \neq 0$（$i = 1, 2, \cdots, s$），则 $|A| \neq 0$，并有

$$A^{-1} = \begin{pmatrix} A_1^{-1} & O & \cdots & O \\ O & A_2^{-1} & \cdots & O \\ \vdots & \vdots & & \vdots \\ O & O & \cdots & A_s^{-1} \end{pmatrix} \text{或 } A^{-1} = \begin{pmatrix} A_1^{-1} & & & \\ & A_2^{-1} & & \\ & & \ddots & \\ & & & A_s^{-1} \end{pmatrix}.$$

例 15 设矩阵 $A = \begin{pmatrix} 5 & 0 & 0 \\ 0 & 3 & 1 \\ 0 & 2 & 1 \end{pmatrix}$，求 A^{-1}.

解 将矩阵 A 按元素特征分块为

$$A = \left(\begin{array}{c|cc} 5 & 0 & 0 \\ \hline 0 & 3 & 1 \\ 0 & 2 & 1 \end{array}\right) = \begin{pmatrix} A_1 & O \\ O & A_2 \end{pmatrix},$$

其中 $$A_1 = 5，A_1^{-1} = \frac{1}{5}，A_2 = \begin{pmatrix} 3 & 1 \\ 2 & 1 \end{pmatrix}，A_2^{-1} = \begin{pmatrix} 1 & -1 \\ -2 & 3 \end{pmatrix},$$

所以

$$A^{-1} = \left(\begin{array}{c|cc} 1/5 & 0 & 0 \\ \hline 0 & 1 & -1 \\ 0 & -2 & 3 \end{array}\right) = \begin{pmatrix} 1/5 & 0 & 0 \\ 0 & 1 & -1 \\ 0 & -2 & 3 \end{pmatrix}.$$

设 $m \times n$ 矩阵

$$A = \begin{pmatrix} a_{11} & a_{12} & \cdots & a_{1n} \\ a_{21} & a_{22} & \cdots & a_{2n} \\ \vdots & \vdots & & \vdots \\ a_{m1} & a_{m2} & \cdots & a_{mn} \end{pmatrix}.$$

如果按行分块，即每一行为一小块，则 A 可以表示为

$$A = \begin{pmatrix} \boldsymbol{\alpha}_1^{\mathrm{T}} \\ \boldsymbol{\alpha}_2^{\mathrm{T}} \\ \vdots \\ \boldsymbol{\alpha}_m^{\mathrm{T}} \end{pmatrix},$$

称为行分块矩阵（或行向量矩阵），其中 $\boldsymbol{\alpha}_i^{\mathrm{T}} = (a_{i1}, a_{i2}, \cdots, a_{in})$（$i = 1, 2, \cdots, m$）.

如果按列分块，即每一列为一小块，则 $\boldsymbol{A}$ 可以表示为

$$\boldsymbol{A}=(\boldsymbol{\alpha}_1,\boldsymbol{\alpha}_2,\cdots,\boldsymbol{\alpha}_n),$$

称为列分块矩阵（或列向量矩阵），其中 $\boldsymbol{\alpha}_j=\begin{pmatrix}a_{1j}\\a_{2j}\\\vdots\\a_{mj}\end{pmatrix}$（$j=1,2,\cdots,n$）.

对于 m 个方程与 n 个未知数的线性方程组

$$\begin{cases}a_{11}x_1+a_{12}x_2+\cdots+a_{1n}x_n=b_1,\\a_{21}x_1+a_{22}x_2+\cdots+a_{2n}x_n=b_2,\\\vdots\\a_{m1}x_1+a_{m2}x_2+\cdots+a_{mn}x_n=b_m,\end{cases}\tag{2.4.1}$$

若记

$$\boldsymbol{A}=\begin{pmatrix}a_{11}&a_{12}&\cdots&a_{1n}\\a_{21}&a_{22}&\cdots&a_{2n}\\\vdots&\vdots&&\vdots\\a_{m1}&a_{m2}&\cdots&a_{mn}\end{pmatrix},\quad \boldsymbol{x}=\begin{pmatrix}x_1\\x_2\\\vdots\\x_n\end{pmatrix},\quad \boldsymbol{b}=\begin{pmatrix}b_1\\b_2\\\vdots\\b_m\end{pmatrix},$$

$$\boldsymbol{\alpha}_j=\begin{pmatrix}a_{1j}\\a_{2j}\\\vdots\\a_{mj}\end{pmatrix}\ (j=1,2,\cdots,n),\quad \boldsymbol{B}=\begin{pmatrix}a_{11}&a_{12}&\cdots&a_{1n}&b_1\\a_{21}&a_{22}&\cdots&a_{2n}&b_2\\\vdots&\vdots&&\vdots&\vdots\\a_{m1}&a_{m2}&\cdots&a_{mn}&b_m\end{pmatrix},$$

则其矩阵形式为

$$\boldsymbol{Ax}=\boldsymbol{b},\tag{2.4.2}$$

其向量形式为

$$x_1\boldsymbol{\alpha}_1+x_2\boldsymbol{\alpha}_2+\cdots+x_n\boldsymbol{\alpha}_n=\boldsymbol{b},\tag{2.4.3}$$

其中，$\boldsymbol{A}$ 为方程组（2.4.1）的系数矩阵；$\boldsymbol{x}$ 为未知数向量；$\boldsymbol{b}$ 为常数项向量；$\boldsymbol{B}$ 为方程组（2.4.1）的增广矩阵.

按分块矩阵，可记 $\boldsymbol{B}=(\boldsymbol{A}\ \ \boldsymbol{b})$ 或 $\boldsymbol{B}=(\boldsymbol{A},\boldsymbol{b})=(\boldsymbol{\alpha}_1,\boldsymbol{\alpha}_2,\cdots,\boldsymbol{\alpha}_n,\boldsymbol{b})$. 式（2.4.1）、式（2.4.2）和式（2.4.3）是同一个线性方程组的三种不同表现形式. 接下来它们将混同使用而不加以区分，解与解向量也不加以区别.

2.5 矩阵的初等变换与初等矩阵

矩阵的初等变换在求矩阵的逆、矩阵的秩和解线性方程组等问题中起着很重

要的作用．在利用消元法解线性方程组时，经常反复使用下面的三种变换：

（1）交换两个方程的位置；

（2）某方程两边同乘一个非零数；

（3）将一非零数乘某一方程，再加到另一方程上（消去某个未知数）．

这三种变换都是方程组的同解变换．

将方程组的上述三种同解变换移到矩阵上，就可得到矩阵的三种初等变换．

2.5.1　矩阵的初等变换

1．初等行（列）变换

定义 11　下列三种变换称为矩阵的初等行变换：

（1）**对换变换**：对换矩阵的某两行（对换 i，j 两行，记作 $r_i \leftrightarrow r_j$）；

（2）**数乘变换**：非零数 k 乘矩阵某行的所有元素（第 i 行乘 k，记作 $k \times r_i$）；

（3）**倍加变换**：将矩阵的某一行所有元素的 k 倍加到另一行的对应元素上（第 j 行的 k 倍加到第 i 行上，记作 $r_i + kr_j$）．

若将上述定义中的“行”换成“列”，即对矩阵的列施行上述三种变换，就称为矩阵的初等列变换，相应的初等列变换分别记作 $c_i \leftrightarrow c_j$，$k \times c_i$，$c_i + kc_j$．

2．初等变换

矩阵的初等行变换和初等列变换统称为矩阵的初等变换．

显然，三种初等变换都是可逆的，且其逆是同一类型的初等变换．以初等行变换为例：变换 $r_i \leftrightarrow r_j$ 的逆变换就是其本身；变换 $k \times r_i$ 的逆变换为 $\frac{1}{k} \times r_i$；变换 $r_i + kr_j$ 的逆变换为 $r_i + (-k)r_j$（或 $r_i - kr_j$）．对初等列变换也有类似的结论．

3．等价关系

如果矩阵 $\boldsymbol{A}$ 经过有限次初等变换化为矩阵 $\boldsymbol{B}$，则称 $\boldsymbol{A}$ 与 $\boldsymbol{B}$ 等价，记作 $\boldsymbol{A} \sim \boldsymbol{B}$．

矩阵的等价具有以下性质：

（1）反身性：$\boldsymbol{A} \sim \boldsymbol{A}$；

（2）对称性：若 $\boldsymbol{A} \sim \boldsymbol{B}$，则 $\boldsymbol{B} \sim \boldsymbol{A}$；

（3）传递性：若 $\boldsymbol{A} \sim \boldsymbol{B}$，$\boldsymbol{B} \sim \boldsymbol{C}$，则 $\boldsymbol{A} \sim \boldsymbol{C}$．

数学中将具有上述三种性质的关系称为等价关系．例如，两个线性方程组同解，就称这两个线性方程组等价．

矩阵中元素全为零的行称为零行，否则称为非零行．

4．特殊矩阵

（1）行阶梯形矩阵：如果非零矩阵中的零行（如果存在的话）全部位于非零

行的下方；各非零行的左起第一个非零元素的列序数由上至下严格递增（即必在前一行的第一个非零元素的右下位置），那么称此矩阵为行阶梯形矩阵.

例如，$\begin{pmatrix} 1 & -2 & 3 & 2 & 0 \\ 0 & 0 & 2 & -1 & 4 \\ 0 & 0 & 0 & 3 & 1 \\ 0 & 0 & 0 & 0 & -2 \end{pmatrix}$ 和 $\begin{pmatrix} 2 & -3 & 1 & 0 & -4 & 2 \\ 0 & 1 & 3 & 2 & 0 & -1 \\ 0 & 0 & 0 & -1 & 2 & 1 \\ 0 & 0 & 0 & 0 & 0 & 3 \\ 0 & 0 & 0 & 0 & 0 & 0 \end{pmatrix}$ 都是行阶梯形矩阵.

（2）行最简形矩阵：若行阶梯形矩阵中的非零行的第一个非零元素为 1，且 1 所在列的其他元素全为零，称此行阶梯形矩阵为行最简形矩阵.

例如，$\begin{pmatrix} 1 & -2 & 0 & 0 & 0 \\ 0 & 0 & 1 & 0 & 4 \\ 0 & 0 & 0 & 1 & 1 \\ 0 & 0 & 0 & 0 & 0 \end{pmatrix}$ 和 $\begin{pmatrix} 1 & 0 & 5 & 0 & -4 & 0 \\ 0 & 1 & 3 & 0 & 0 & 0 \\ 0 & 0 & 0 & 1 & 2 & 0 \\ 0 & 0 & 0 & 0 & 0 & 1 \\ 0 & 0 & 0 & 0 & 0 & 0 \end{pmatrix}$ 都是行最简形矩阵.

（3）标准形矩阵：若 $m \times n$ 矩阵的左上角为一个 r 阶单位矩阵，其余元素全为零，即

$$\begin{pmatrix} \boldsymbol{E}_r & \boldsymbol{O} \\ \boldsymbol{O} & \boldsymbol{O} \end{pmatrix}_{m \times n},$$

则称此矩阵为标准形矩阵，它由 m，n，r 三个数唯一确定，其中 r 为标准形矩阵中非零行的行数.

利用初等行变换可将任一矩阵化为行阶梯形矩阵或行最简形矩阵；再利用初等列变换可将其化为标准形矩阵.

例 16 将下列矩阵施行初等变换化成标准形：

$$\boldsymbol{A} = \begin{pmatrix} 2 & -1 & -1 & 1 & 2 \\ 1 & 1 & -2 & 1 & 4 \\ 4 & -6 & 2 & -2 & 4 \\ 3 & 6 & -9 & 7 & 9 \end{pmatrix}.$$

解 先施行初等行变换将矩阵 $\boldsymbol{A}$ 化成行最简形 $\boldsymbol{B}$：

$$\boldsymbol{A} = \begin{pmatrix} 2 & -1 & -1 & 1 & 2 \\ 1 & 1 & -2 & 1 & 4 \\ 4 & -6 & 2 & -2 & 4 \\ 3 & 6 & -9 & 7 & 9 \end{pmatrix} \xrightarrow[\frac{1}{2}r_3]{r_2 \leftrightarrow r_1} \begin{pmatrix} 1 & 1 & -2 & 1 & 4 \\ 2 & -1 & -1 & 1 & 2 \\ 2 & -3 & 1 & -1 & 2 \\ 3 & 6 & -9 & 7 & 9 \end{pmatrix}$$

$$\xrightarrow[r_4-3r_1]{\substack{r_2-r_3\\ r_3-2r_1}}\begin{pmatrix}1&1&-2&1&4\\0&2&-2&2&0\\0&-5&5&-3&-6\\0&3&-3&4&-3\end{pmatrix}\xrightarrow[r_4-3r_2]{\substack{\frac{1}{2}r_2\\ r_3+5r_2}}\begin{pmatrix}1&1&-2&1&4\\0&1&-1&1&0\\0&0&0&2&-6\\0&0&0&1&-3\end{pmatrix}$$

$$\xrightarrow[r_4-2r_3]{r_3\leftrightarrow r_4}\begin{pmatrix}1&1&-2&1&4\\0&1&-1&1&0\\0&0&0&1&-3\\0&0&0&0&0\end{pmatrix}\xrightarrow[r_2-r_3]{r_1-r_2}\begin{pmatrix}1&0&-1&0&4\\0&1&-1&0&3\\0&0&0&1&-3\\0&0&0&0&0\end{pmatrix}=\boldsymbol{B},$$

再施行初等列变换，将行最简形 $\boldsymbol{B}$ 化成标准形：

$$\boldsymbol{B}=\begin{pmatrix}1&0&-1&0&4\\0&1&-1&0&3\\0&0&0&1&-3\\0&0&0&0&0\end{pmatrix}\xrightarrow[c_5-4c_1-3c_2+3c_3]{\substack{c_3\leftrightarrow c_4\\ c_4+c_1+c_2}}\begin{pmatrix}1&0&0&0&0\\0&1&0&0&0\\0&0&1&0&0\\0&0&0&0&0\end{pmatrix}.$$

2.5.2 初等矩阵

定义 12 单位矩阵经一次初等变换所得的矩阵称为**初等矩阵**.

三种初等行变换对应的三种初等矩阵如下：

（1）$\boldsymbol{E}(i,j)$ 或 $\boldsymbol{E}_{ij}$：交换 $\boldsymbol{E}$ 的 i，j 两行（列）所得的矩阵，即

$$\boldsymbol{E}(i,j)=\boldsymbol{E}_{ij}=\begin{pmatrix}1&&&&&&&&\\&\ddots&&&&&&&\\&&1&&&&&&\\&&&0&&\cdots&&1&&&\\&&&&1&&&&&&\\&&&\vdots&&\ddots&&\vdots&&&\\&&&&&&1&&&&\\&&&1&&\cdots&&0&&&\\&&&&&&&&1&&\\&&&&&&&&&\ddots&\\&&&&&&&&&&1\end{pmatrix}\begin{matrix}\\ \\ \\ 第\,i\,行\\ \\ \\ \\ 第\,j\,行\\ \\ \\ \\ \end{matrix};$$

（2）$\boldsymbol{E}(i(k))$ 或 $\boldsymbol{E}_i(k)$：$\boldsymbol{E}$ 的第 i 行（列）乘非零数 k 所得的矩阵，即

$$E(i(k))=E_i(k)=\begin{pmatrix}1&&&&&&\\&\ddots&&&&&\\&&1&&&&\\&&&k&&&\\&&&&1&&\\&&&&&\ddots&\\&&&&&&1\end{pmatrix}\text{第 } i \text{ 行；}$$

（3）$E(i,j(k))$ 或 $E_{ij}(k)$：E 的第 j 行乘数 k 加到第 i 行（第 i 列乘数 k 加到第 j 列）所得的矩阵，即

$$E(i,j(k))=E_{ij}(k)=\begin{pmatrix}1&&&&&&\\&\ddots&&&&&\\&&1&\cdots&k&&\\&&&\ddots&\vdots&&\\&&&&1&&\\&&&&&\ddots&\\&&&&&&1\end{pmatrix}\begin{matrix}\text{第 } i \text{ 行}\\ \\ \text{第 } j \text{ 行}\end{matrix}.$$

初等矩阵都是可逆的，其逆矩阵仍是同种初等矩阵，即

$$E(i,j)^{-1}=E(i,j)\text{，}\quad E(i(k))^{-1}=E\left(i\left(\frac{1}{k}\right)\right)\text{，}\quad E(i,j(k))^{-1}=E(i,j(-k)).$$

下面的定理给出了初等矩阵与初等变换的关系.

定理 3　设 A 为 $m\times n$ 矩阵，对 A 施行一次初等行变换，相当于在 A 的左边乘相应的 m 阶初等矩阵；对 A 施行一次初等列变换，相当于在 A 的右边乘相应的 n 阶初等矩阵.

定理 4　若 A 为 $m\times n$ 矩阵，则存在 m 阶初等矩阵 $P_1,P_2,\cdots,P_s$ 与 n 阶初等矩阵 $Q_1,Q_2,\cdots,Q_t$，使

$$P_sP_{s-1}\cdots P_1AQ_1\cdots Q_{t-1}Q_t=\begin{pmatrix}E_r&O\\O&O\end{pmatrix}.\qquad(2.5.1)$$

此定理表明：任意 $m\times n$ 矩阵 A 与其标准形矩阵 $\begin{pmatrix}E_r&O\\O&O\end{pmatrix}$ 等价，进而可得到下述推论.

推论 3　n 阶可逆矩阵 A 必等价于单位矩阵 E.

证（反证法）　假设 A 不等价于单位矩阵 E，由定理 4 知，A 等价于 $\begin{pmatrix}E_r&O\\O&O\end{pmatrix}$，

其中$r<n$，将式（2.5.1）两边取行列式，有

$$\left|P_sP_{s-1}\cdots P_1AQ_1\cdots Q_{t-1}Q_t\right|=\begin{vmatrix}E_r & O\\ O & O\end{vmatrix}=0, \tag{2.5.2}$$

但$|P_i|\neq 0$（$i=1,2,\cdots,s$），$|Q_j|\neq 0$（$j=1,2,\cdots,t$），$|A|\neq 0$．从而

$$\left|P_sP_{s-1}\cdots P_1AQ_1\cdots Q_{t-1}Q_t\right|=|P_s||P_{s-1}|\cdots|P_1||A||Q_1|\cdots|Q_{t-1}||Q_t|\neq 0,$$

与式（2.5.2）矛盾，故$r=n$．证毕.

推论4 若矩阵A可逆，则存在有限个初等矩阵$P_1,P_2,\cdots,P_l$，使$A=P_1P_2\cdots P_l$.

证 由推论3知，$A\sim E$，所以E可经有限次初等变换化成A，即存在有限个初等矩阵$P_1,P_2,\cdots,P_l$，使

$$P_1P_2\cdots P_rEP_{r+1}\cdots P_{l-1}P_l=A,$$

故$A=P_1P_2\cdots P_l$．证毕.

推论5 $m\times n$矩阵$A\sim B$的充要条件是存在m阶可逆矩阵P和n阶可逆矩阵Q，使$PAQ=B$.

证 由矩阵等价的定义和定理3，若$A\sim B$，则存在m阶初等矩阵$P_1,P_2,\cdots,P_l$和n阶初等矩阵$Q_1,Q_2,\cdots,Q_k$，使

$$P_l\cdots P_2P_1AQ_1Q_2\cdots Q_k=B.$$

由推论4，令$P=P_l\cdots P_2P_1$，$Q=Q_1Q_2\cdots Q_k$，则P，Q分别为m阶、n阶可逆矩阵，即

$$PAQ=B.$$

证毕.

特别地，若B是A的标准形$\begin{pmatrix}E_r & O\\ O & O\end{pmatrix}$，结论同样成立.

由推论4，还可得到利用初等行变换求逆矩阵的方法.

当矩阵A可逆，即$|A|\neq 0$时，由$A=P_1P_2\cdots P_l$，有

$$P_l^{-1}P_{l-1}^{-1}\cdots P_1^{-1}A=E\ \text{（}A\text{经一系列初等行变换化成}E\text{）} \tag{2.5.3}$$

和

$$P_l^{-1}P_{l-1}^{-1}\cdots P_1^{-1}E=A^{-1}\ \text{（}E\text{经同一系列初等行变换化成}A^{-1}\text{）}, \tag{2.5.4}$$

利用分块矩阵，式（2.5.3）与式（2.5.4）可合并为

$$P_l^{-1}P_{l-1}^{-1}\cdots P_1^{-1}(A\vdots E)=(P_l^{-1}P_{l-1}^{-1}\cdots P_1^{-1}A\vdots P_l^{-1}P_{l-1}^{-1}\cdots P_1^{-1}E)=(E\vdots A^{-1}).$$

这说明n阶可逆矩阵只需经过初等行变换就可以化为单位矩阵，其逆矩阵的求法：对$n\times 2n$矩阵$(A\vdots E)$施行初等行变换，将A化为单位矩阵的同时，右边的单位矩阵E就化为了A^{-1}，即

$$(A\vdots E)\xrightarrow{\text{有限次初等行变换}}\cdots\to(E\vdots A^{-1}).$$

注 用初等列变换也可以求逆矩阵，即

$$\begin{pmatrix}A\\ \cdots\\ B\end{pmatrix}\xrightarrow{\text{有限次初等列变换}}\cdots\to\begin{pmatrix}E\\ \cdots\\ A^{-1}\end{pmatrix}.$$

此方法还可以用于求矩阵 $A^{-1}B$ 和 BA^{-1}．因为

$$A^{-1}(A\vdots B)=(A^{-1}A\vdots A^{-1}B)=(E\vdots A^{-1}B),$$

$$\begin{pmatrix}A\\ \cdots\\ B\end{pmatrix}A^{-1}=\begin{pmatrix}AA^{-1}\\ \cdots\cdots\\ BA^{-1}\end{pmatrix}=\begin{pmatrix}E\\ \cdots\cdots\\ BA^{-1}\end{pmatrix},$$

所以可对 $(A\vdots B)$ 和 $\begin{pmatrix}A\\ \cdots\\ B\end{pmatrix}$ 分别施行初等行变换和初等列变换，将 A 化为单位矩阵的同时，就可将 B 分别化成 $A^{-1}B$ 和 BA^{-1}．这种方法在解矩阵方程 $AX=B$ 和 $XA=B$ 时特别实用，因为 $AX=B$ 和 $XA=B$ 中的 X 分别为 $X=A^{-1}B$ 和 $X=BA^{-1}$．

例 17 设矩阵 $A=\begin{pmatrix}1&2&3\\2&2&1\\3&4&3\end{pmatrix}$，求 A^{-1}．

解

$$(A\vdots E)=\begin{pmatrix}1&2&3&1&0&0\\2&2&1&0&1&0\\3&4&3&0&0&1\end{pmatrix}\xrightarrow[r_3-3r_1]{r_2-2r_1}\begin{pmatrix}1&2&3&1&0&0\\0&-2&-5&-2&1&0\\0&-2&-6&-3&0&1\end{pmatrix}$$

$$\xrightarrow[r_3-r_2]{r_1+r_2}\begin{pmatrix}1&0&-2&-1&1&0\\0&-2&-5&-2&1&0\\0&0&-1&-1&-1&1\end{pmatrix}\xrightarrow[r_2-5r_3]{r_1-2r_3}\begin{pmatrix}1&0&0&1&3&-2\\0&-2&0&3&6&-5\\0&0&-1&-1&-1&1\end{pmatrix}$$

$$\xrightarrow[(-1)r_3]{-\frac{1}{2}r_2}\begin{pmatrix}1&0&0&1&3&-2\\0&1&0&-3/2&-3&5/2\\0&0&1&1&1&-1\end{pmatrix},$$

所以

$$A^{-1}=\begin{pmatrix}1&3&-2\\-3/2&-3&5/2\\1&1&-1\end{pmatrix}.$$

例 18 求矩阵 X，使 $AX=B$，其中 $A=\begin{pmatrix}4&1&-2\\2&2&1\\3&1&-1\end{pmatrix}$，$B=\begin{pmatrix}1&-3\\2&2\\3&-1\end{pmatrix}$.

解 可知 $\boldsymbol{A}$ 可逆，则 $\boldsymbol{X}=\boldsymbol{A}^{-1}\boldsymbol{B}$.

$$(\boldsymbol{A}\vdots\boldsymbol{B})=\begin{pmatrix}4&1&-2&1&-3\\2&2&1&2&2\\3&1&-1&3&-1\end{pmatrix}\xrightarrow{r_1-r_3}\begin{pmatrix}1&0&-1&-2&-2\\2&2&1&2&2\\3&1&-1&3&-1\end{pmatrix}$$

$$\xrightarrow[r_3-3r_1]{r_2-2r_1}\begin{pmatrix}1&0&-1&-2&-2\\0&2&3&6&6\\0&1&2&9&5\end{pmatrix}\xrightarrow[r_2\leftrightarrow r_3]{r_2-2r_3}\begin{pmatrix}1&0&-1&-2&-2\\0&1&2&9&5\\0&0&-1&-12&-4\end{pmatrix}$$

$$\xrightarrow[\substack{r_2+2r_3\\(-1)r_3}]{r_1-r_3}\begin{pmatrix}1&0&0&10&2\\0&1&0&-15&-3\\0&0&1&12&4\end{pmatrix},$$

所以 $\boldsymbol{X}=\begin{pmatrix}10&2\\-15&-3\\12&4\end{pmatrix}$.

2.6 矩阵的秩

为了利用矩阵研究线性方程组，本节介绍矩阵秩的概念及其求法.

2.6.1 矩阵秩的定义

下面先给出 k 阶子式的定义.

定义 13 设 $\boldsymbol{A}$ 为 $m\times n$ 矩阵，在 $\boldsymbol{A}$ 中任取 k 行和 k 列（$1\leqslant k\leqslant\min\{m,n\}$），位于这 k 行 k 列交叉位置上的 k^2 个元素，按原有的位置构成的 k 阶方阵，称为矩阵 $\boldsymbol{A}$ 的一个 **k 阶子方阵**，其行列式称为 $\boldsymbol{A}$ 的一个 **k 阶子式**.

若 $\boldsymbol{A}$ 为 n 阶矩阵，则 $\boldsymbol{A}$ 的 n 阶子式就是方阵 $\boldsymbol{A}$ 的行列式 $|\boldsymbol{A}|$. 一个 $m\times n$ 矩阵 $\boldsymbol{A}$ 共有 $\mathrm{C}_m^k\mathrm{C}_n^k$ 个 k 阶子式.

例如，设矩阵

$$\boldsymbol{A}=\begin{pmatrix}1&1&-1&4\\2&1&3&2\\0&1&0&1\end{pmatrix},$$

则 $\boldsymbol{A}$ 的三阶子式共有 4 个，分别为

$$\begin{vmatrix}1&1&-1\\2&1&3\\0&1&0\end{vmatrix},\quad\begin{vmatrix}1&1&4\\2&1&2\\0&1&1\end{vmatrix},\quad\begin{vmatrix}1&-1&4\\2&3&2\\0&0&1\end{vmatrix},\quad\begin{vmatrix}1&-1&4\\1&3&2\\1&0&1\end{vmatrix}.$$

定义 14 设 $\boldsymbol{A}$ 为 $m\times n$ 矩阵，若 $\boldsymbol{A}$ 中有一个 r 阶子式 D 不等于零，而所有 $r+1$ 阶子式（如果存在）全等于零，则称 D 为矩阵 $\boldsymbol{A}$ 的最高阶非零子式，称数 r 为矩阵 $\boldsymbol{A}$ 的**秩**，记作 $R(\boldsymbol{A})=r$，并规定零矩阵的秩为零.

在矩阵 $\boldsymbol{A}$ 中，当所有 $r+1$ 阶子式（如果存在）全等于零时，根据行列式的定义可以推知，所有高于 $r+1$ 阶的子式（如果存在）也全等于零，因此，$\boldsymbol{A}$ 的秩 $R(\boldsymbol{A})$ 就是 $\boldsymbol{A}$ 中不为零的子式的最高阶数.

2.6.2 矩阵秩的性质

（1）设 $\boldsymbol{A}$ 为 $m\times n$ 矩阵，则 $R(\boldsymbol{A})\leqslant \min\{m, n\}$；

（2） $R(\boldsymbol{A})=R(\boldsymbol{A}^{\mathrm{T}})$；

（3） $R(k\boldsymbol{A})=R(\boldsymbol{A})$ （$k\neq 0$）；

（4） $R(\boldsymbol{A}+\boldsymbol{B})\leqslant R(\boldsymbol{A})+R(\boldsymbol{B})$；

（5）$R(\boldsymbol{A})+R(\boldsymbol{B})-k\leqslant R(\boldsymbol{AB})\leqslant \min\{R(\boldsymbol{A}), R(\boldsymbol{B})\}$，其中 $\boldsymbol{A}$ 为 $m\times k$ 矩阵，$\boldsymbol{B}$ 为 $k\times n$ 矩阵.

2.6.3 利用初等变换求矩阵的秩

对于一般的矩阵，当行、列数较大时，按定义求秩是很麻烦的. 下面的定理提供了求矩阵秩的一种简便方法.

定理 5 若 $\boldsymbol{A}\sim\boldsymbol{B}$，则 $R(\boldsymbol{A})=R(\boldsymbol{B})$.

此定理表明，初等变换不改变矩阵的秩.

推论 6 若 $\boldsymbol{A}$ 为 n 阶可逆矩阵，则 $R(\boldsymbol{A})=R(\boldsymbol{A}^{-1})=n$.

由此，可逆矩阵又称为满秩矩阵，奇异矩阵又称为降秩矩阵.

推论 7 若 $\boldsymbol{A}\sim\begin{pmatrix}\boldsymbol{E}_r & \boldsymbol{O}\\ \boldsymbol{O} & \boldsymbol{O}\end{pmatrix}$，则 $R(\boldsymbol{A})=r$.

推论 8 设 $\boldsymbol{A}$ 为 $m\times n$ 矩阵，$\boldsymbol{B}$，$\boldsymbol{C}$ 分别为 m 阶和 n 阶满秩矩阵，则

$$R(\boldsymbol{BA})=R(\boldsymbol{A}),\quad R(\boldsymbol{AC})=R(\boldsymbol{A}),\quad R(\boldsymbol{BAC})=R(\boldsymbol{A}).$$

此推论表明，用 m 阶或 n 阶可逆矩阵左乘或右乘 $\boldsymbol{A}$，其秩不变.

利用初等行变换求矩阵的秩：只要将矩阵用初等行变换化为行阶梯形矩阵，其非零行的行数即为所求矩阵的秩.

例如，行阶梯形矩阵

$$\boldsymbol{B}=\begin{pmatrix}2 & -1 & 0 & 3 & -2\\ 0 & 3 & 1 & -2 & 5\\ 0 & 0 & 0 & 4 & -3\\ 0 & 0 & 0 & 0 & 0\end{pmatrix}$$

有 3 个非零行，而所有四阶子式全为零，且以 3 个非零行的第一个非零元素为对角的三阶行列式

$$\begin{vmatrix} 2 & -1 & 3 \\ 0 & 3 & -2 \\ 0 & 0 & 4 \end{vmatrix}$$

是一个上三角行列式，其值不等于 0，因此，最高阶非零子式的阶数正好等于行阶梯形矩阵非零行的行数，所以 $R(\boldsymbol{B})=3$．

例 19 设矩阵 $\boldsymbol{A}=\begin{pmatrix} 3 & 2 & 0 & 5 & 0 \\ 3 & 14 & -9 & -2 & 11 \\ 2 & 0 & 1 & 5 & -3 \\ 1 & 6 & -4 & -1 & 4 \end{pmatrix}$，求矩阵 $\boldsymbol{A}$ 的秩及一个最高阶非零子式．

解 将 $\boldsymbol{A}$ 施行初等行变换化为行阶梯形矩阵：

$$\boldsymbol{A}=\begin{pmatrix} 3 & 2 & 0 & 5 & 0 \\ 3 & 14 & -9 & -2 & 11 \\ 2 & 0 & 1 & 5 & -3 \\ 1 & 6 & -4 & -1 & 4 \end{pmatrix} \xrightarrow[\substack{r_3-2r_1 \\ r_4-3r_1}]{\substack{r_1\leftrightarrow r_4 \\ r_2-3r_1}} \begin{pmatrix} 1 & 6 & -4 & -1 & 4 \\ 0 & -4 & 3 & 1 & -1 \\ 0 & -12 & 9 & 7 & -11 \\ 0 & -16 & 12 & 8 & -12 \end{pmatrix}$$

$$\xrightarrow[r_4-4r_2]{r_3-3r_2} \begin{pmatrix} 1 & 6 & -4 & -1 & 4 \\ 0 & -4 & 3 & 1 & -1 \\ 0 & 0 & 0 & 4 & -8 \\ 0 & 0 & 0 & 4 & -8 \end{pmatrix} \xrightarrow{r_4-r_3} \begin{pmatrix} 1 & 6 & -4 & -1 & 4 \\ 0 & -4 & 3 & 1 & -1 \\ 0 & 0 & 0 & 4 & -8 \\ 0 & 0 & 0 & 0 & 0 \end{pmatrix}=\boldsymbol{B},$$

因为行阶梯形矩阵 $\boldsymbol{B}$ 有 3 个非零行，所以 $R(\boldsymbol{A})=3$，由此知 $\boldsymbol{A}$ 的最高阶非零子式的阶数为 3．$\boldsymbol{A}$ 的三阶子式共有 $\mathrm{C}_4^3\cdot\mathrm{C}_5^3=40$ 个，要从 40 个子式中找出一个非零子式相当麻烦．行阶梯形矩阵 $\boldsymbol{B}$ 的非零首元出现在第 1、2、4 列，又因为对 $\boldsymbol{A}$ 未施行初等列变换，所以可以考查 $\boldsymbol{A}$ 的第 1、2、4 列构成的子矩阵

$$\boldsymbol{C}=\begin{pmatrix} 3 & 2 & 5 \\ 3 & 14 & -2 \\ 2 & 0 & 5 \\ 1 & 6 & -1 \end{pmatrix},$$

其行阶梯形矩阵为

$$\begin{pmatrix} 1 & 6 & -1 \\ 0 & -4 & 1 \\ 0 & 0 & 4 \\ 0 & 0 & 0 \end{pmatrix},$$

可知子矩阵 $\boldsymbol{C}$ 的秩为 3，故 $\boldsymbol{C}$ 中必有三阶非零子式．$\boldsymbol{C}$ 的三阶子式共有 4 个，从中找一个非零子式比在 $\boldsymbol{A}$ 中找三阶非零子式容易得多. 计算 $\boldsymbol{C}$ 的前三行构成的子式

$$\begin{vmatrix}3&2&5\\3&14&-2\\2&0&5\end{vmatrix}=-\begin{vmatrix}3&2&5\\2&0&5\\3&14&-2\end{vmatrix}=-\begin{vmatrix}3&2&5\\2&0&5\\-18&0&-37\end{vmatrix}=2\begin{vmatrix}2&5\\-18&-37\end{vmatrix}=2\begin{vmatrix}2&5\\0&8\end{vmatrix}=32\neq 0,$$

于是该三阶子式即为 $\boldsymbol{A}$ 的一个最高阶非零子式.

本章小结

矩阵是贯穿整个线性代数的一个很重要的数学工具，它仅仅是一个数表，与行列式是两个不同的概念，与初等运算有相似之处，又有别于初等运算，特别要注意矩阵的乘法与数的乘法有很大的区别，即矩阵乘法不满足交换律和消去律等；矩阵的初等行（列）变换最终归结为数的加、减、乘运算，最简单也就最容易出错，一定要认真对待．利用矩阵的初等行（列）变换可将矩阵化为行阶梯形矩阵、行最简形矩阵、标准形矩阵；还可利用它求可逆矩阵的逆矩阵、矩阵的秩，以及解矩阵方程等，重点掌握利用初等行变换将矩阵化为行阶梯形矩阵的方法.

一、矩阵 $\boldsymbol{A}$ 可逆的充要条件

n 阶方阵 $\boldsymbol{A}$ 可逆 $\Leftrightarrow$ ① 存在 n 阶方阵 $\boldsymbol{B}$，使 $\boldsymbol{AB}=\boldsymbol{BA}=\boldsymbol{E}$ 或 $\boldsymbol{AB}(\boldsymbol{BA})=\boldsymbol{E}$；

② $|\boldsymbol{A}|\neq 0$；

③ $\boldsymbol{A}$ 为非奇异矩阵；

④ $R(\boldsymbol{A})=n$（满秩矩阵）；

⑤ $\boldsymbol{A}$ 可表示为初等矩阵的乘积；

⑥ $\boldsymbol{A}$ 的行（列）向量组线性无关（第 3 章）；

⑦ $\boldsymbol{A}$ 无零特征值（第 5 章）.

二、伴随矩阵 $\boldsymbol{A}^*$ 的定理与公式

（1）$\boldsymbol{AA}^*=\boldsymbol{A}^*\boldsymbol{A}=|\boldsymbol{A}|\boldsymbol{E}$．特别地，若 $|\boldsymbol{A}|\neq 0$，则 $\boldsymbol{A}^*=|\boldsymbol{A}|\boldsymbol{A}^{-1}$，$(\boldsymbol{A}^*)^{-1}=\dfrac{1}{|\boldsymbol{A}|}\boldsymbol{A}$，$\boldsymbol{A}=|\boldsymbol{A}|(\boldsymbol{A}^*)^{-1}$；

（2）$(\boldsymbol{A}^*)^*=|\boldsymbol{A}|^{n-2}\boldsymbol{A}$（$n\geqslant 3$）；

（3）$|\boldsymbol{A}^*|=|\boldsymbol{A}|^{n-1}$（$n\geqslant 2$）；

（4）$R(\boldsymbol{A}^*)=\begin{cases} n \Leftrightarrow R(\boldsymbol{A})=n, \\ 1 \Leftrightarrow R(\boldsymbol{A})=n-1, \\ 0 \Leftrightarrow R(\boldsymbol{A})<n-1, \end{cases}$（$n \geqslant 2$）；

（5）设 $\boldsymbol{A}$ 可逆，则 $(\boldsymbol{A}^*)^{-1}=(\boldsymbol{A}^{-1})^*$，$(\boldsymbol{A}^{\mathrm{T}})^*=(\boldsymbol{A}^*)^{\mathrm{T}}$；

（6）$(\boldsymbol{AB})^*=\boldsymbol{B}^*\boldsymbol{A}^*$，$\boldsymbol{A}$，$\boldsymbol{B}$ 为方阵；

（7）$(k\boldsymbol{A})^*=k^{n-1}\boldsymbol{A}^*$，$k \neq 0$，$\boldsymbol{A}$ 为 n 阶可逆矩阵.

三、初等变换的作用

（1）化行阶梯形矩阵：任何矩阵 $\boldsymbol{A}$ 总可经有限次初等行变换化为行阶梯形矩阵.

（2）化行最简形矩阵：任何矩阵 $\boldsymbol{A}$ 总可经有限次初等行变换化为行最简形矩阵.

（3）化标准形矩阵：行最简形矩阵再经有限次初等列变换可化为标准形矩阵.

（4）求矩阵的秩：将矩阵 $\boldsymbol{A}$ 化为行阶梯形矩阵，其非零行的行数即为 $\boldsymbol{A}$ 的秩.

（5）求可逆矩阵的逆矩阵：$(\boldsymbol{A} \vdots \boldsymbol{E}) \xrightarrow{\text{有限次初等行变换}} \cdots \rightarrow (\boldsymbol{E} \vdots \boldsymbol{A}^{-1})$.

（6）解矩阵方程：

① 若 $\boldsymbol{AX}=\boldsymbol{B}$，则 $(\boldsymbol{A} \vdots \boldsymbol{B}) \xrightarrow{\text{有限次初等行变换}} \cdots \rightarrow (\boldsymbol{E} \vdots \boldsymbol{A}^{-1}\boldsymbol{B})=(\boldsymbol{E} \vdots \boldsymbol{X})$，即 $\boldsymbol{X}=\boldsymbol{A}^{-1}\boldsymbol{B}$；

② 若 $\boldsymbol{XA}=\boldsymbol{B}$，则 $(\boldsymbol{A}^{\mathrm{T}} \vdots \boldsymbol{B}^{\mathrm{T}}) \xrightarrow{\text{有限次初等行变换}} \cdots \rightarrow (\boldsymbol{E} \vdots (\boldsymbol{A}^{\mathrm{T}})^{-1}\boldsymbol{B}^{\mathrm{T}})=(\boldsymbol{E} \vdots \boldsymbol{X}^{\mathrm{T}})$，即 $\boldsymbol{X}=(\boldsymbol{X}^{\mathrm{T}})^{\mathrm{T}}=\boldsymbol{BA}^{-1}$.

（7）判断向量组的线性相关性（第 3 章）.

（8）求向量组的秩及极大无关组（第 3 章）.

（9）求齐次、非齐次线性方程组的解（第 4 章）.

习题 2

1．设矩阵

$$\boldsymbol{A}=\begin{pmatrix} 1 & 1 & -1 \\ 2 & -1 & 0 \\ 1 & 0 & 1 \end{pmatrix}, \quad \boldsymbol{B}=\begin{pmatrix} 1 & 1 & -1 \\ 1 & 1 & -1 \\ 1 & -1 & 1 \end{pmatrix},$$

求：

（1）$3\boldsymbol{AB}-2\boldsymbol{B}$；

（2）$\boldsymbol{AB}-\boldsymbol{B}^{\mathrm{T}}\boldsymbol{A}^{\mathrm{T}}$；

（3）$\boldsymbol{AB}^{\mathrm{T}}+\boldsymbol{BA}^{\mathrm{T}}$.

2．计算下列矩阵的乘积：

（1）$\begin{pmatrix} a_1 \\ a_2 \\ a_3 \end{pmatrix}(b_1,\ b_2,\ b_3)$；

（2）$\begin{pmatrix} 2 & 1 & 4 & 0 \\ 1 & -1 & 3 & 4 \end{pmatrix}\begin{pmatrix} 1 & 3 & 1 \\ 0 & -1 & 2 \\ 1 & -3 & 1 \\ 4 & 0 & -2 \end{pmatrix}$；

（3）$\begin{pmatrix} 1 & 1 \\ 0 & 1 \end{pmatrix}^n$；

（4）$(x_1 \quad x_2 \quad x_3)\begin{pmatrix} a_{11} & a_{12} & a_{13} \\ a_{12} & a_{22} & a_{23} \\ a_{13} & a_{23} & a_{33} \end{pmatrix}\begin{pmatrix} x_1 \\ x_2 \\ x_3 \end{pmatrix}$；

（5）$\begin{pmatrix} 1 & 2 & 1 & 0 \\ 0 & 1 & 0 & 1 \\ 0 & 0 & 2 & 1 \\ 0 & 0 & 0 & 3 \end{pmatrix}\begin{pmatrix} 1 & 0 & 3 & 1 \\ 0 & 1 & 2 & -1 \\ 0 & 0 & -2 & 3 \\ 0 & 0 & 0 & -3 \end{pmatrix}$.

3．设 $\boldsymbol{A}=\begin{pmatrix} 1 & 2 \\ 1 & 3 \end{pmatrix}$，$\boldsymbol{B}=\begin{pmatrix} 1 & 0 \\ 1 & 2 \end{pmatrix}$，问：

（1）$\boldsymbol{AB}=\boldsymbol{BA}$ 吗？

（2）$(\boldsymbol{A}+\boldsymbol{B})^2=\boldsymbol{A}^2+2\boldsymbol{AB}+\boldsymbol{B}^2$ 吗？

（3）$(\boldsymbol{A}+\boldsymbol{B})(\boldsymbol{A}-\boldsymbol{B})=\boldsymbol{A}^2-\boldsymbol{B}^2$ 吗？

4．举反例说明下列命题是错误的：

（1）若 $\boldsymbol{A}^2=\boldsymbol{O}$，则 $\boldsymbol{A}=\boldsymbol{O}$；

（2）若 $\boldsymbol{A}^2=\boldsymbol{A}$，则 $\boldsymbol{A}=\boldsymbol{O}$ 或 $\boldsymbol{A}=\boldsymbol{E}$；

（3）若 $\boldsymbol{AX}=\boldsymbol{AY}$，且 $\boldsymbol{A}\neq\boldsymbol{O}$，则 $\boldsymbol{X}=\boldsymbol{Y}$.

5．设 $\boldsymbol{A}=\begin{pmatrix} 1 & 0 \\ \lambda & 1 \end{pmatrix}$，求 $\boldsymbol{A}^2, \boldsymbol{A}^3, \cdots, \boldsymbol{A}^k$.

6．利用伴随矩阵求下列矩阵的逆矩阵：

（1）$\begin{pmatrix} 1 & 2 \\ 2 & 5 \end{pmatrix}$；

（2）$\begin{pmatrix} \cos\theta & -\sin\theta \\ \sin\theta & \cos\theta \end{pmatrix}$；

（3）$\begin{pmatrix} 1 & -1 & 2 \\ 3 & 2 & 1 \\ 0 & 1 & 4 \end{pmatrix}$；

（4）$\begin{pmatrix} 1 & 2 & 1 & 4 \\ 1 & -1 & 2 & 1 \\ 0 & 0 & 2 & 1 \\ 0 & 0 & 0 & 3 \end{pmatrix}$.

7．设三阶方阵 $\boldsymbol{A}$ 满足：$\boldsymbol{A}^2=\begin{pmatrix}-1&0&2\\0&0&3\\-2&3&4\end{pmatrix}$，$\boldsymbol{A}^3=\begin{pmatrix}-3&3&3\\-3&3&6\\-3&6&9\end{pmatrix}$，求矩阵 $\boldsymbol{A}$.

8．已知 $\boldsymbol{B}=\begin{pmatrix}1&-2&0\\2&1&0\\0&0&2\end{pmatrix}$，$(\boldsymbol{A}-\boldsymbol{E})\boldsymbol{B}=\boldsymbol{A}$，求 $\boldsymbol{A}$.

9．利用初等变换求下列矩阵的逆矩阵：

（1）$\begin{pmatrix}3&2&1\\3&1&5\\3&2&3\end{pmatrix}$；　　（2）$\begin{pmatrix}3&-2&0&-1\\0&2&2&1\\1&-2&-3&-2\\0&1&2&1\end{pmatrix}$.

10．解下列矩阵方程：

（1）$\begin{pmatrix}0&1&0\\1&0&0\\0&0&1\end{pmatrix}\boldsymbol{X}=\begin{pmatrix}1&2&3\\0&1&2\\2&1&0\end{pmatrix}$；

（2）$\boldsymbol{X}\begin{pmatrix}2&1&-1\\2&1&0\\1&-1&1\end{pmatrix}=\begin{pmatrix}1&-1&3\\4&3&2\end{pmatrix}$；

（3）$\begin{pmatrix}1&4\\-1&2\end{pmatrix}\boldsymbol{X}\begin{pmatrix}2&0\\-1&1\end{pmatrix}=\begin{pmatrix}3&1\\0&-1\end{pmatrix}$；

（4）$\begin{pmatrix}0&1&0\\1&0&0\\0&0&1\end{pmatrix}\boldsymbol{X}\begin{pmatrix}1&0&0\\0&0&1\\0&1&0\end{pmatrix}=\begin{pmatrix}1&-4&3\\2&0&-1\\1&-2&0\end{pmatrix}$.

11．设 $\boldsymbol{A}^k=\boldsymbol{O}$（$k$ 为正整数），证明：

$$(\boldsymbol{E}-\boldsymbol{A})^{-1}=\boldsymbol{E}+\boldsymbol{A}+\boldsymbol{A}^2+\cdots+\boldsymbol{A}^{k-1}.$$

12．设方阵 $\boldsymbol{A}$ 满足 $\boldsymbol{A}^2-\boldsymbol{A}-2\boldsymbol{E}=\boldsymbol{O}$，证明 $\boldsymbol{A}$ 和 $\boldsymbol{A}+2\boldsymbol{E}$ 都可逆，并求 $\boldsymbol{A}^{-1}$ 和 $(\boldsymbol{A}+2\boldsymbol{E})^{-1}$.

13．设 $\boldsymbol{P}^{-1}\boldsymbol{A}\boldsymbol{P}=\boldsymbol{\Lambda}$，其中，$\boldsymbol{P}=\begin{pmatrix}-1&-4\\1&1\end{pmatrix}$，$\boldsymbol{\Lambda}=\begin{pmatrix}-1&0\\0&2\end{pmatrix}$，求 $\boldsymbol{A}^{11}$.

14．设矩阵 $\boldsymbol{A}=\begin{pmatrix}1&1&0&0\\3&2&0&0\\0&0&3&-2\\0&0&0&-1\end{pmatrix}$，求 $|\boldsymbol{A}|$ 和 $\boldsymbol{A}^{-1}$.

15．设 n 阶矩阵 $\boldsymbol{A}$ 和 s 阶矩阵 $\boldsymbol{B}$ 都可逆，求$\begin{pmatrix} \boldsymbol{O} & \boldsymbol{A} \\ \boldsymbol{B} & \boldsymbol{O} \end{pmatrix}^{-1}$．

16．求下列矩阵的秩和一个最高阶非零子式：

（1）$\begin{pmatrix} 3 & 1 & 0 & 2 \\ 1 & -1 & 2 & -1 \\ 1 & 3 & -4 & 4 \end{pmatrix}$；　　（2）$\begin{pmatrix} 3 & 2 & -1 & -3 & -1 \\ 2 & -1 & 3 & 1 & -3 \\ 7 & 0 & 5 & -1 & -8 \end{pmatrix}$；

（3）$\begin{pmatrix} 2 & 1 & 8 & 3 & 7 \\ 2 & -3 & 0 & 7 & -5 \\ 3 & -2 & 5 & 8 & 0 \\ 1 & 0 & 3 & 2 & 0 \end{pmatrix}$．

同步测试题 2

一、填空题

1．设 $\boldsymbol{A}$ 为三阶方阵，且 $|\boldsymbol{A}|=3$，则 $|-2\boldsymbol{A}|=$__________，$|\boldsymbol{A}^2|=$__________，$|(2\boldsymbol{A})^{-1}|=$__________．

2．设 $\boldsymbol{A}$ 为三阶方阵，且 $|\boldsymbol{A}|=2$，则 $|3\boldsymbol{A}^{-1}-2\boldsymbol{A}^*|=$__________，$|3\boldsymbol{A}-(\boldsymbol{A}^*)^*|=$__________．

3．已知 $\boldsymbol{A}^2=\boldsymbol{A}$，且 $\boldsymbol{A}$ 可逆，则 $\boldsymbol{A}=$__________．

4．已知 $\boldsymbol{A}^{-1}=\dfrac{1}{2}\begin{pmatrix} 2 & 0 & -2 \\ 0 & 1 & 1 \\ 0 & 0 & 1 \end{pmatrix}$，则 $\boldsymbol{A}=$__________．

5．若 $\boldsymbol{AB}=\boldsymbol{O}$，且 $\boldsymbol{A}=\begin{pmatrix} 1 & 0 & 0 \\ 1 & 2 & -1 \\ 0 & 4 & t \end{pmatrix}$，$\boldsymbol{B}\neq\boldsymbol{O}$，则 $t=$__________．

6．若 $\boldsymbol{A}$ 为五阶方阵，且 $\boldsymbol{A}^{\mathrm{T}}=-\boldsymbol{A}$，则 $|\boldsymbol{A}|=$__________．

7．设 $\boldsymbol{A}=\begin{pmatrix} 1 & 0 & 0 \\ 0 & 1 & 0 \\ 2 & 0 & 0 \end{pmatrix}$，且 $n\geqslant 2$ 为正整数，则 $\boldsymbol{A}^n-\boldsymbol{A}^{n-1}=$__________．

8．已知 $\boldsymbol{A}=(a_{ij})_{n\times n}$ 为非零实矩阵，且 a_{ij} 的代数余子式 A_{ij} 和 a_{ij}（$i, j=1, 2,$

$\cdots, n$ ）相等，则 $R(\boldsymbol{A})=$ __________.

9．已知 $\boldsymbol{A}=\begin{pmatrix}1&2&3\\2&4&t\\3&6&9\end{pmatrix}$，$\boldsymbol{B}$ 为三阶非零矩阵，且 $\boldsymbol{BA}=\boldsymbol{O}$，当 $t\neq 6$ 时，$R(\boldsymbol{B})=$ __________.

10．设 $\boldsymbol{A}$ 为 4×3 矩阵，且 $R(\boldsymbol{A})=2$，而 $\boldsymbol{B}=\begin{pmatrix}1&0&2\\0&1&0\\-1&0&-3\end{pmatrix}$，则 $R(\boldsymbol{AB})=$ __________.

二、选择题

1. 设 $\boldsymbol{A},\boldsymbol{B}$ 都是 n 阶矩阵，则 $(\boldsymbol{A}+\boldsymbol{B})^2=\boldsymbol{A}^2+2\boldsymbol{AB}+\boldsymbol{B}^2$ 的充要条件是（　　）.

A．$\boldsymbol{A}=\boldsymbol{E}$　　B．$\boldsymbol{B}=\boldsymbol{O}$

C．$\boldsymbol{AB}=\boldsymbol{BA}$　　D．$\boldsymbol{A}=\boldsymbol{B}$

2．设 $\boldsymbol{A}$，$\boldsymbol{B}$ 为 n 阶矩阵，则有（　　）.

A．$|\boldsymbol{A}+\boldsymbol{B}|=|\boldsymbol{A}|+|\boldsymbol{B}|$　　B．$|\boldsymbol{A}-\boldsymbol{B}|=|\boldsymbol{A}|-|\boldsymbol{B}|$

C．$|\boldsymbol{AB}|=|\boldsymbol{BA}|$　　D．$\boldsymbol{AB}=\boldsymbol{BA}$

3．若 $\boldsymbol{A}^2-2\boldsymbol{A}=\boldsymbol{O}$，且 $\boldsymbol{A}\neq 2\boldsymbol{E}$，则 $|\boldsymbol{A}|=$（　　）.

A．$|\boldsymbol{A}|\neq 0$　　B．$|\boldsymbol{A}|=2$

C．$|\boldsymbol{A}|=0$　　D．不能确定

4．设 $\boldsymbol{A}$，$\boldsymbol{B}$，$\boldsymbol{C}$ 为 n 阶可逆矩阵，则 $(\boldsymbol{ABC})^{-1}=$（　　）.

A．$\boldsymbol{A}^{-1}\boldsymbol{B}^{-1}\boldsymbol{C}^{-1}$　　B．$\boldsymbol{C}^{-1}\boldsymbol{B}^{-1}\boldsymbol{A}^{-1}$

C．$\boldsymbol{B}^{-1}\boldsymbol{C}^{-1}\boldsymbol{A}^{-1}$　　D．$\boldsymbol{C}^{-1}\boldsymbol{A}^{-1}\boldsymbol{B}^{-1}$

5．设 $\boldsymbol{A}$ 为 n 阶可逆矩阵，则 $(-\boldsymbol{A})^*=$（　　）.

A．$-\boldsymbol{A}^*$　　B．$\boldsymbol{A}^*$

C．$(-1)^n\boldsymbol{A}^*$　　D．$(-1)^{n-1}\boldsymbol{A}^*$

6．设 $\boldsymbol{A}$ 为 n 阶可逆矩阵，则（　　）.

A．若 $\boldsymbol{AB}=\boldsymbol{CB}$，则 $\boldsymbol{A}=\boldsymbol{C}$

B．$\boldsymbol{A}$ 总可以经过初等行变换化为 $\boldsymbol{E}$

C．对矩阵 $(\boldsymbol{A}\vdots\boldsymbol{E})$ 施行若干次初等变换，当 $\boldsymbol{A}$ 化为 $\boldsymbol{E}$ 时，相应地，$\boldsymbol{E}$ 化为 $\boldsymbol{A}^{-1}$

D．以上都不对

7．设

$$A=\begin{pmatrix}a_{11}&a_{12}&a_{13}\\a_{21}&a_{22}&a_{23}\\a_{31}&a_{32}&a_{33}\end{pmatrix},\quad B=\begin{pmatrix}a_{21}&a_{22}&a_{23}\\a_{11}&a_{12}&a_{13}\\a_{31}+a_{11}&a_{32}+a_{12}&a_{33}+a_{13}\end{pmatrix},$$

$P_1=\begin{pmatrix}0&1&0\\1&0&1\\0&0&1\end{pmatrix}$，$P_2=\begin{pmatrix}1&0&0\\0&1&0\\1&0&1\end{pmatrix}$，则必有（　　）.

A．$AP_1P_2=B$　　B．$AP_2P_1=B$

C．$P_1P_2A=B$　　D．$P_2P_1A=B$

8．设$A=\begin{pmatrix}A_1&B\\O&A_2\end{pmatrix}$，其中$A_1$，$A_2$都是方阵，且$|A|\neq 0$，则有（　　）.

A．A_1可逆　　B．A_2可逆

C．A_1与A_2的可逆性不定　　D．A_1与A_2均可逆

9．设分块矩阵$X=\begin{pmatrix}A_1&\alpha_1\\\beta_1&1\end{pmatrix}$，$X^{-1}=\begin{pmatrix}A_2&\alpha_2\\\beta_2&\alpha\end{pmatrix}$，其中$A_i$为$n\times n$矩阵，$\alpha_i$为$n\times 1$矩阵，$\beta_i$为$1\times n$矩阵（$i=1,\ 2$），$\alpha$为实数，则$\alpha=$（　　）.

A．1　　B．$\beta_1A_1^{-1}\alpha_1$

C．$\dfrac{1}{1-\beta_1A_1^{-1}\alpha_1}$　　D．$\dfrac{1}{1+\beta_1A_1\alpha_1}$

10．设A为$m\times n$矩阵，$R(A)=r<\min\{m,\ n\}$，则A中（　　）.

A．至少有一个r阶子式不为零，没有等于零的$r-1$阶子式

B．有不等于零的r阶子式，没有不等于零的$r+1$阶子式

C．有等于零的r阶子式，没有不等于零的$r+1$阶子式

D．任何r阶子式都不等于零，任何$r+1$阶子式都等于零

三、计算题

1．设$A=\begin{pmatrix}3&1&0\\-1&2&1\\3&4&2\end{pmatrix}$，$B=\begin{pmatrix}1&-1&0\\2&-2&5\\3&4&1\end{pmatrix}$，求：

（1）$AB-BA$；

（2）A^2-B^2；

（3）$B^{\mathrm{T}}A^{\mathrm{T}}$.

2．求下列矩阵的逆矩阵：

（1）$\begin{pmatrix} 1 & 1 & 1 & 1 \\ 1 & 1 & -1 & -1 \\ 1 & -1 & 1 & -1 \\ 1 & -1 & -1 & 1 \end{pmatrix}$；　　（2）$\begin{pmatrix} \cos\theta & \sin\theta & 0 \\ -\sin\theta & \cos\theta & 0 \\ 0 & 0 & 1 \end{pmatrix}$；

（3）$\begin{pmatrix} 0 & 0 & 0 & 1 \\ 0 & 0 & 1 & 0 \\ 0 & 1 & 0 & 0 \\ 1 & 0 & 0 & 0 \end{pmatrix}$；　　（4）$\begin{pmatrix} 5 & 2 & 0 & 0 \\ 2 & 1 & 0 & 0 \\ 0 & 0 & 1 & -2 \\ 0 & 0 & 1 & 1 \end{pmatrix}$.

3．已知三阶矩阵 $\boldsymbol{A}$ 的逆矩阵为 $\boldsymbol{A}^{-1}=\begin{pmatrix} 1 & 1 & 1 \\ 1 & 2 & 1 \\ 1 & 1 & 3 \end{pmatrix}$，试求其伴随矩阵 $\boldsymbol{A}^*$ 的逆矩阵.

4． k 取什么值时矩阵 $\boldsymbol{A}=\begin{pmatrix} 1 & 0 & 0 \\ 0 & k & 0 \\ 1 & -1 & 1 \end{pmatrix}$ 可逆，并求其逆矩阵.

5．已知 $\boldsymbol{A}=\begin{pmatrix} 1 & 0 & 1 \\ 0 & 2 & 0 \\ 0 & 0 & 1 \end{pmatrix}$，求 $(\boldsymbol{A}+3\boldsymbol{E})^{-1}(\boldsymbol{A}^2-9\boldsymbol{E})$.

6．当 $\boldsymbol{A}=\begin{pmatrix} 1/2 & -\sqrt{3}/2 \\ \sqrt{3}/2 & 1/2 \end{pmatrix}$ 时， $\boldsymbol{A}^6=\boldsymbol{E}$，求 $\boldsymbol{A}^{11}$.

7．设 $\boldsymbol{A}=\begin{pmatrix} 3 & -1 & 2 \\ 1 & 2 & 5 \\ 1 & -5 & -8 \end{pmatrix}$ 的行最简形矩阵为 $\boldsymbol{A}_0$，试求一个可逆矩阵 $\boldsymbol{P}$，使 $\boldsymbol{PA}=\boldsymbol{A}_0$，并问这样的 $\boldsymbol{P}$ 是否唯一，为什么？

第 3 章　向量组的线性相关性

本章学习目标

本章主要介绍 n 维向量的概念；向量的线性组合与线性表示和向量组的线性相关性；向量组的秩、向量组的极大线性无关组及向量空间的概念，为进一步研究线性方程组的解奠定非常重要的理论基础. 通过本章的学习，重点掌握以下内容:

- n 维向量的概念及基本运算、向量组的概念、向量组的线性组合与线性表示的基本概念.
- 向量组的线性相关性，并会判断其线性相关性.
- 向量组的秩和向量组的极大线性无关组的概念，并会求其秩和极大线性无关组.
- 向量空间的概念、向量空间的维数和基的概念，会判断向量集合是否是向量空间，并会求其维数和基.

3.1　向量组及其线性组合

3.1.1　n 维向量的定义

在空间解析几何中，由三个数 x，y，z 所组成的有序数组与空间的一点 P 一一对应，记作 $P(x, y, z)$，起点为坐标原点、终点为 P 的向量 $\overrightarrow{OP}$ 称为向径，其坐标表示式为

$$\overrightarrow{OP} = x\boldsymbol{i} + y\boldsymbol{j} + z\boldsymbol{k},$$

即
$$\overrightarrow{OP} = \{x, y, z\} \text{（或} \overrightarrow{OP} = (x, y, z) \text{）},$$

其中 $\boldsymbol{i}$，$\boldsymbol{j}$，$\boldsymbol{k}$ 分别为沿 x，y 和 z 轴方向的单位向量. 这样三维空间中的向量与三个实数之间就建立了一一对应的关系，下面将三维空间中的向量推广到 n 维空间.

定义 1　由 n 个有次序的数 $a_1, a_2, \cdots, a_n$ 所组成的有序数组 $(a_1, a_2, \cdots, a_n)$ 称为一个 ***n* 维向量**，记作 $\boldsymbol{\alpha}$，即

$$\boldsymbol{\alpha} = (a_1, a_2, \cdots, a_n),$$

其中 a_i 称为向量 $\boldsymbol{\alpha}$ 的第 i（$i=1,2,\cdots,n$）个**分量**（或**坐标**）.

分量全为实数的向量称为**实向量**，分量中有复数的向量称为**复向量**（本章只讨论实向量）.

n 维向量可以写成一行 $\boldsymbol{\alpha}=(a_1,a_2,\cdots,a_n)$，称为行向量，即 $1\times n$ 行矩阵；也可以写成一列 $\boldsymbol{\alpha}=\begin{pmatrix}a_1\\a_2\\\vdots\\a_n\end{pmatrix}$，称为列向量，即 $n\times 1$ 列矩阵.

列向量通常用黑体小写字母 $\boldsymbol{a}$，$\boldsymbol{b}$，$\boldsymbol{\alpha}$，$\boldsymbol{\beta}$ 等表示，行向量用其转置 $\boldsymbol{a}^{\mathrm{T}}$，$\boldsymbol{b}^{\mathrm{T}}$，$\boldsymbol{\alpha}^{\mathrm{T}}$，$\boldsymbol{\beta}^{\mathrm{T}}$ 等表示.

若没有指明是行向量还是列向量，则默认为是列向量（同维数的行、列向量看成是不同的向量）.

n 维向量是解析几何中向量的推广，但当 $n>3$ 时，已经没有直观的几何意义了，只是沿用几何上的术语.

分量全为零的向量称为零向量，记作 $\mathbf{0}$，即

$$\mathbf{0}=(0,0,\cdots,0)^{\mathrm{T}}.$$

n 维向量 $\boldsymbol{\alpha}=(a_1,a_2,\cdots,a_n)^{\mathrm{T}}$ 的各分量均变为其相反数后所得的向量称为 $\boldsymbol{\alpha}$ 的负向量，记作 $-\boldsymbol{\alpha}$，即

$$-\boldsymbol{\alpha}=(-a_1,-a_2,\cdots,-a_n)^{\mathrm{T}}.$$

设 n 维向量 $\boldsymbol{\alpha}=(a_1,a_2,\cdots,a_n)^{\mathrm{T}}$，$\boldsymbol{\beta}=(b_1,b_2,\cdots,b_n)^{\mathrm{T}}$，若 $a_i=b_i$（$i=1,2,\cdots,n$），则称向量 $\boldsymbol{\alpha}$ 与 $\boldsymbol{\beta}$ 相等，记作 $\boldsymbol{\alpha}=\boldsymbol{\beta}$，即 $(a_1,a_2,\cdots,a_n)^{\mathrm{T}}=(b_1,b_2,\cdots,b_n)^{\mathrm{T}}$，当且仅当 $a_i=b_i$（$i=1,2,\cdots,n$）.

3.1.2 n 维向量的线性运算

因为 n 维列向量是 $n\times 1$ 矩阵，n 维行向量是 $1\times n$ 矩阵，所以矩阵的加法和数乘运算及运算规律都适用于 n 维向量.

定义 2 设 n 维向量 $\boldsymbol{\alpha}=(a_1,a_2,\cdots,a_n)^{\mathrm{T}}$，$\boldsymbol{\beta}=(b_1,b_2,\cdots,b_n)^{\mathrm{T}}$，$k$ 为任意实数，则两向量的**加法** $\boldsymbol{\alpha}+\boldsymbol{\beta}$ 及数与向量的**乘法**（**数乘**）$k\boldsymbol{\alpha}$ 分别定义为

$$\boldsymbol{\alpha}+\boldsymbol{\beta}=(a_1+b_1,a_2+b_2,\cdots,a_n+b_n)^{\mathrm{T}},$$

$$k\boldsymbol{\alpha}=(ka_1,ka_2,\cdots,ka_n)^{\mathrm{T}}.$$

向量的加法和数乘运算统称为向量的线性运算，其运算规律如下：

（1）$\boldsymbol{\alpha}+\boldsymbol{\beta}=\boldsymbol{\beta}+\boldsymbol{\alpha}$；

（2）$(\boldsymbol{\alpha}+\boldsymbol{\beta})+\boldsymbol{\gamma}=\boldsymbol{\alpha}+(\boldsymbol{\beta}+\boldsymbol{\gamma})$；

（3）$\boldsymbol{\alpha}+\mathbf{0}=\mathbf{0}+\boldsymbol{\alpha}=\boldsymbol{\alpha}$；

（4）$\boldsymbol{\alpha}+(-\boldsymbol{\alpha})=\mathbf{0}$；

（5）$1\cdot\boldsymbol{\alpha}=\boldsymbol{\alpha}$；

（6）$(kl)\boldsymbol{\alpha}=k(l\boldsymbol{\alpha})$；

（7）$(k+l)\boldsymbol{\alpha}=k\boldsymbol{\alpha}+l\boldsymbol{\alpha}$；

（8）$k(\boldsymbol{\alpha}+\boldsymbol{\beta})=k\boldsymbol{\alpha}+k\boldsymbol{\beta}$.

其中$\boldsymbol{\alpha}$，$\boldsymbol{\beta}$，$\boldsymbol{\gamma}$都是n维向量，$k,l\in\mathbf{R}$.

例 1 设向量$\boldsymbol{\alpha}=(1,0,2,3)^{\mathrm{T}}$，$\boldsymbol{\beta}=(-2,1,-2,0)^{\mathrm{T}}$，求满足$\boldsymbol{\alpha}+2\boldsymbol{\beta}-3\boldsymbol{\gamma}=\mathbf{0}$的向量$\boldsymbol{\gamma}$.

解 由$\boldsymbol{\alpha}+2\boldsymbol{\beta}-3\boldsymbol{\gamma}=\mathbf{0}$解出$\boldsymbol{\gamma}$，即

$$\begin{aligned}\boldsymbol{\gamma}&=\frac{1}{3}(\boldsymbol{\alpha}+2\boldsymbol{\beta})\\&=\frac{1}{3}((1,0,2,3)^{\mathrm{T}}+2(-2,1,-2,0)^{\mathrm{T}})\\&=\frac{1}{3}((1,0,2,3)^{\mathrm{T}}+(-4,2,-4,0)^{\mathrm{T}})\\&=\left(-1,\frac{2}{3},-\frac{2}{3},1\right)^{\mathrm{T}}.\end{aligned}$$

3.1.3 向量组及其线性组合

若干个同维数的行向量（列向量）所组成的集合称为行（列）向量组.

例如，一个$m\times n$矩阵

$$\boldsymbol{A}=\begin{pmatrix}a_{11}&a_{12}&\cdots&a_{1n}\\a_{21}&a_{22}&\cdots&a_{2n}\\\vdots&\vdots&&\vdots\\a_{m1}&a_{m2}&\cdots&a_{mn}\end{pmatrix}$$

的每一行$(a_{i1},a_{i2},\cdots,a_{in})$（$i=1,2,\cdots,m$）都是一个$n$维行向量，由$\boldsymbol{A}$的$m$个$n$维行向量

$$\boldsymbol{\alpha}_i^{\mathrm{T}}=(a_{i1},a_{i2},\cdots,a_{in})\ （i=1,2,\cdots,m）$$

组成的向量组$\boldsymbol{\alpha}_1^{\mathrm{T}},\boldsymbol{\alpha}_2^{\mathrm{T}},\cdots,\boldsymbol{\alpha}_m^{\mathrm{T}}$称为矩阵$\boldsymbol{A}$的行向量组，$\boldsymbol{A}$的每一列$\begin{pmatrix}a_{1j}\\a_{2j}\\\vdots\\a_{mj}\end{pmatrix}$

（$j=1,2,\cdots,n$）都是一个 m 维列向量，由 $\boldsymbol{A}$ 的 n 个 m 维列向量

$$\boldsymbol{\alpha}_j=\begin{pmatrix}a_{1j}\\a_{2j}\\\vdots\\a_{mj}\end{pmatrix}\quad(j=1,2,\cdots,n)$$

组成的向量组 $\boldsymbol{\alpha}_1,\boldsymbol{\alpha}_2,\cdots,\boldsymbol{\alpha}_n$ 称为矩阵 $\boldsymbol{A}$ 的列向量组.

由分块矩阵的概念，可将 $\boldsymbol{A}$ 表示为

$$\boldsymbol{A}=(\boldsymbol{\alpha}_1,\boldsymbol{\alpha}_2,\cdots,\boldsymbol{\alpha}_n)=\begin{pmatrix}\boldsymbol{\alpha}_1^{\mathrm{T}}\\\boldsymbol{\alpha}_2^{\mathrm{T}}\\\vdots\\\boldsymbol{\alpha}_m^{\mathrm{T}}\end{pmatrix};$$

反之，由有限个向量所组成的向量组可以构成一个矩阵．例如，n 个 m 维列向量组成的向量组 $\boldsymbol{\alpha}_1,\boldsymbol{\alpha}_2,\cdots,\boldsymbol{\alpha}_n$ 可以构成一个 $m\times n$ 矩阵 $(\boldsymbol{\alpha}_1,\boldsymbol{\alpha}_2,\cdots,\boldsymbol{\alpha}_n)=\boldsymbol{A}$，$m$ 个 n 维行向量组成的向量组 $\boldsymbol{\alpha}_1^{\mathrm{T}},\boldsymbol{\alpha}_2^{\mathrm{T}},\cdots,\boldsymbol{\alpha}_m^{\mathrm{T}}$ 也可以构成一个 $m\times n$ 矩阵

$$\begin{pmatrix}\boldsymbol{\alpha}_1^{\mathrm{T}}\\\boldsymbol{\alpha}_2^{\mathrm{T}}\\\vdots\\\boldsymbol{\alpha}_m^{\mathrm{T}}\end{pmatrix}=\boldsymbol{B},$$

由此可知，矩阵与向量组之间是一一对应的.

定义 3　设有 n 维向量 $\boldsymbol{\beta},\boldsymbol{\alpha}_1,\boldsymbol{\alpha}_2,\cdots,\boldsymbol{\alpha}_m$，若存在一组数 $k_1,k_2,\cdots,k_m$，使

$$\boldsymbol{\beta}=k_1\boldsymbol{\alpha}_1+k_2\boldsymbol{\alpha}_2+\cdots+k_m\boldsymbol{\alpha}_m\quad 或\quad \boldsymbol{\beta}=(\boldsymbol{\alpha}_1,\boldsymbol{\alpha}_2,\cdots,\boldsymbol{\alpha}_m)\begin{pmatrix}k_1\\k_2\\\vdots\\k_m\end{pmatrix},$$

则称 $\boldsymbol{\beta}$ 为向量组 $\boldsymbol{\alpha}_1,\boldsymbol{\alpha}_2,\cdots,\boldsymbol{\alpha}_m$ 的**线性组合**，或称 $\boldsymbol{\beta}$ 可由向量组 $\boldsymbol{\alpha}_1,\boldsymbol{\alpha}_2,\cdots,\boldsymbol{\alpha}_m$ **线性表示**（表出），$k_1,k_2,\cdots,k_m$ 称为此线性组合的组合系数.

例如，向量组 $\boldsymbol{\alpha}_1=(1,1,-1)^{\mathrm{T}}$，$\boldsymbol{\alpha}_2=(2,-3,2)^{\mathrm{T}}$，向量 $\boldsymbol{\alpha}=(3,-2,1)^{\mathrm{T}}$，则有 $\boldsymbol{\alpha}=\boldsymbol{\alpha}_1+\boldsymbol{\alpha}_2$，即向量 $\boldsymbol{\alpha}$ 可由向量组 $\boldsymbol{\alpha}_1$，$\boldsymbol{\alpha}_2$ 线性表示.

例 2　设 $\boldsymbol{\alpha}_1=(1,2,3)^{\mathrm{T}}$，$\boldsymbol{\alpha}_2=(2,3,1)^{\mathrm{T}}$，$\boldsymbol{\alpha}_3=(3,1,2)^{\mathrm{T}}$，$\boldsymbol{\beta}=(0,4,2)^{\mathrm{T}}$，试问 $\boldsymbol{\beta}$ 能否由 $\boldsymbol{\alpha}_1$，$\boldsymbol{\alpha}_2$，$\boldsymbol{\alpha}_3$ 线性表示？若能，写出具体表示式.

解　设 $\boldsymbol{\beta}=k_1\boldsymbol{\alpha}_1+k_2\boldsymbol{\alpha}_2+k_3\boldsymbol{\alpha}_3$，

即
$$\begin{pmatrix}0\\4\\2\end{pmatrix}=k_1\begin{pmatrix}1\\2\\3\end{pmatrix}+k_2\begin{pmatrix}2\\3\\1\end{pmatrix}+k_3\begin{pmatrix}3\\1\\2\end{pmatrix},$$
由此得非齐次线性方程组
$$\begin{cases}k_1+2k_2+3k_3=0,\\2k_1+3k_2+k_3=4,\\3k_1+k_2+2k_3=2.\end{cases}$$
因为方程组的系数行列式
$$D=\begin{vmatrix}1&2&3\\2&3&1\\3&1&2\end{vmatrix}=-18\neq 0,$$
由克莱姆法则知，方程组存在唯一解，求得其解为 $k_1=1$，$k_2=1$，$k_3=-1$，所以 $\boldsymbol{\beta}=\boldsymbol{\alpha}_1+\boldsymbol{\alpha}_2-\boldsymbol{\alpha}_3$，即 $\boldsymbol{\beta}$ 能由 $\boldsymbol{\alpha}_1$，$\boldsymbol{\alpha}_2$，$\boldsymbol{\alpha}_3$ 线性表示.

例 3 设 $\boldsymbol{\alpha}=(2,-3,0)$，$\boldsymbol{\beta}=(0,-1,2)$，$\boldsymbol{\gamma}=(0,-7,-4)$，试问 $\boldsymbol{\gamma}$ 能否由 $\boldsymbol{\alpha}$，$\boldsymbol{\beta}$ 线性表示？

解 设 $k_1\boldsymbol{\alpha}^{\mathrm{T}}+k_2\boldsymbol{\beta}^{\mathrm{T}}=\boldsymbol{\gamma}^{\mathrm{T}}$，

即
$$k_1\begin{pmatrix}2\\-3\\0\end{pmatrix}+k_2\begin{pmatrix}0\\-1\\2\end{pmatrix}=\begin{pmatrix}0\\-7\\-4\end{pmatrix},$$
由此得非齐次线性方程组
$$\begin{cases}2k_1=0, & ①\\-3k_1-k_2=-7, & ②\\2k_2=-4. & ③\end{cases}$$
由方程①得 $k_1=0$，由方程③得 $k_2=-2$，但 $k_1=0$，$k_2=-2$ 不满足方程②，即方程组无解，所以 $\boldsymbol{\gamma}$ 不能由 $\boldsymbol{\alpha}$，$\boldsymbol{\beta}$ 线性表示.

由例 2、例 3 知，若将非齐次线性方程组 $\boldsymbol{Ax}=\boldsymbol{b}$ 中的系数矩阵 $\boldsymbol{A}$ 看成是由列向量组成的向量组，则方程组
$$\boldsymbol{Ax}=(\boldsymbol{\alpha}_1,\boldsymbol{\alpha}_2,\cdots,\boldsymbol{\alpha}_n)\begin{pmatrix}x_1\\x_2\\\vdots\\x_n\end{pmatrix}=\boldsymbol{b},$$
等价于向量形式
$$x_1\boldsymbol{\alpha}_1+x_2\boldsymbol{\alpha}_2+\cdots+x_n\boldsymbol{\alpha}_n=\boldsymbol{b},$$

因此，讨论向量 $\boldsymbol{b}$ 能否由向量组 $\boldsymbol{\alpha}_1,\boldsymbol{\alpha}_2,\cdots,\boldsymbol{\alpha}_n$ 线性表示，就等价于讨论非齐次线性方程组 $\boldsymbol{Ax}=\boldsymbol{b}$ 是否有解，其中 $\boldsymbol{A}=(\boldsymbol{\alpha}_1,\boldsymbol{\alpha}_2,\cdots,\boldsymbol{\alpha}_n)$.

3.2 向量组的线性相关性

向量 $\boldsymbol{\beta}$ 可由向量组 $\boldsymbol{\alpha}_1,\boldsymbol{\alpha}_2,\cdots,\boldsymbol{\alpha}_m$ 线性表示，说明向量组 $\boldsymbol{\beta},\boldsymbol{\alpha}_1,\boldsymbol{\alpha}_2,\cdots,\boldsymbol{\alpha}_m$ 中存在一个向量能由其余向量线性表示，而向量组

$$\boldsymbol{e}_1=\begin{pmatrix}1\\0\\0\end{pmatrix},\ \boldsymbol{e}_2=\begin{pmatrix}0\\1\\0\end{pmatrix},\ \boldsymbol{e}_3=\begin{pmatrix}0\\0\\1\end{pmatrix}$$

中的任一向量都不能由其他两个向量线性表示. 一个向量组中是否有某个向量能由其余向量线性表示是向量组的一种属性，称为向量组的线性相关性.

定义 4 设有 n 维向量组 $\boldsymbol{\alpha}_1,\boldsymbol{\alpha}_2,\cdots,\boldsymbol{\alpha}_m$，若存在一组不全为零的数 $k_1,k_2,\cdots,k_m$，使

$$k_1\boldsymbol{\alpha}_1+k_2\boldsymbol{\alpha}_2+\cdots+k_m\boldsymbol{\alpha}_m=\boldsymbol{0}, \qquad (3.2.1)$$

则称向量组 $\boldsymbol{\alpha}_1,\boldsymbol{\alpha}_2,\cdots,\boldsymbol{\alpha}_m$ **线性相关**，否则称此向量组**线性无关**. 换言之，若 $\boldsymbol{\alpha}_1,\boldsymbol{\alpha}_2,\cdots,\boldsymbol{\alpha}_m$ 线性无关，则式（3.2.1）成立当且仅当

$$k_1=k_2=\cdots=k_m=0.$$

由此定义可知：

（1）仅含一个零向量的向量组必线性相关，因为对于任何 $k\neq 0$，都有 $k\boldsymbol{0}=\boldsymbol{0}$；

（2）仅含一个非零向量 $\boldsymbol{\alpha}$ 的向量组必线性无关，因为要使 $k\boldsymbol{\alpha}=\boldsymbol{0}$，必有 $k=0$；

（3）任何包含零向量在内的向量组必线性相关，因为若 $\boldsymbol{\alpha}_1=\boldsymbol{0}$，便有

$$1\cdot\boldsymbol{\alpha}_1+0\cdot\boldsymbol{\alpha}_2+\cdots+0\cdot\boldsymbol{\alpha}_m=\boldsymbol{0},$$

所以 $\boldsymbol{\alpha}_1,\boldsymbol{\alpha}_2,\cdots,\boldsymbol{\alpha}_m$ 线性相关.

定理 1 向量组 $\boldsymbol{\alpha}_1,\boldsymbol{\alpha}_2,\cdots,\boldsymbol{\alpha}_m$（$m\geqslant 2$）线性相关的充要条件是：向量组 $\boldsymbol{\alpha}_1,\boldsymbol{\alpha}_2,\cdots,\boldsymbol{\alpha}_m$ 中至少有一个向量可由其余 $m-1$ 个向量线性表示.

证 充分性：设向量组 $\boldsymbol{\alpha}_1,\boldsymbol{\alpha}_2,\cdots,\boldsymbol{\alpha}_m$ 中有一个向量，不妨设 $\boldsymbol{\alpha}_m$ 可由其余 $m-1$ 个向量线性表示，即存在一组数 $\lambda_1,\lambda_2,\cdots,\lambda_{m-1}$，使

$$\boldsymbol{\alpha}_m=\lambda_1\boldsymbol{\alpha}_1+\lambda_2\boldsymbol{\alpha}_2+\cdots+\lambda_{m-1}\boldsymbol{\alpha}_{m-1},$$

或

$$\lambda_1\boldsymbol{\alpha}_1+\lambda_2\boldsymbol{\alpha}_2+\cdots+\lambda_{m-1}\boldsymbol{\alpha}_{m-1}+(-1)\boldsymbol{\alpha}_m=\boldsymbol{0},$$

由于 $\lambda_1,\lambda_2,\cdots,\lambda_{m-1},-1$ 这 m 个数不全为零（至少 $-1\neq 0$），所以 $\boldsymbol{\alpha}_1,\boldsymbol{\alpha}_2,\cdots,\boldsymbol{\alpha}_m$ 线

性相关.

必要性：设$\boldsymbol{\alpha}_1,\boldsymbol{\alpha}_2,\cdots,\boldsymbol{\alpha}_m$线性相关，则存在一组不全为零的数$k_1,k_2,\cdots,k_m$，使

$$k_1\boldsymbol{\alpha}_1+k_2\boldsymbol{\alpha}_2+\cdots+k_m\boldsymbol{\alpha}_m=\mathbf{0},$$

因为$k_1,k_2,\cdots,k_m$中至少有一个不为零，不妨设$k_1\neq 0$，则有

$$\boldsymbol{\alpha}_1=\left(-\frac{k_2}{k_1}\right)\boldsymbol{\alpha}_2+\left(-\frac{k_3}{k_1}\right)\boldsymbol{\alpha}_3+\cdots+\left(-\frac{k_m}{k_1}\right)\boldsymbol{\alpha}_m,$$

即$\boldsymbol{\alpha}_1$可由$\boldsymbol{\alpha}_2,\boldsymbol{\alpha}_3,\cdots,\boldsymbol{\alpha}_m$线性表示．证毕.

特别地，两个向量$\boldsymbol{\alpha}_1$，$\boldsymbol{\alpha}_2$线性相关（即两向量平行）的充要条件是$\boldsymbol{\alpha}_1$，$\boldsymbol{\alpha}_2$的对应分量成比例，即$\boldsymbol{\alpha}_1=\lambda\boldsymbol{\alpha}_2$或$\boldsymbol{\alpha}_2=\mu\boldsymbol{\alpha}_1$（$\lambda,\mu\in\mathbf{R}$）中至少有一个成立，其几何意义为$\boldsymbol{\alpha}_1$，$\boldsymbol{\alpha}_2$共线；三个向量线性相关的几何意义是它们共面.

判断向量组$\boldsymbol{\alpha}_i=(a_{1i},a_{2i},\cdots,a_{ni})^{\mathrm{T}}$（$i=1,2,\cdots,m$）的线性相关性可归结为齐次线性方程组

$$(\boldsymbol{\alpha}_1,\boldsymbol{\alpha}_2,\cdots,\boldsymbol{\alpha}_m)\begin{pmatrix}x_1\\x_2\\\vdots\\x_m\end{pmatrix}=x_1\boldsymbol{\alpha}_1+x_2\boldsymbol{\alpha}_2+\cdots+x_m\boldsymbol{\alpha}_m=\mathbf{0},\qquad(3.2.2)$$

即$\boldsymbol{A}\boldsymbol{x}=\mathbf{0}$是否有非零解.

例 4　讨论向量组

$$\boldsymbol{\alpha}_1=\begin{pmatrix}2\\3\\1\end{pmatrix},\ \boldsymbol{\alpha}_2=\begin{pmatrix}1\\2\\1\end{pmatrix},\ \boldsymbol{\alpha}_3=\begin{pmatrix}3\\2\\-1\end{pmatrix}$$

的线性相关性.

解法 1　设存在一组数x_1,x_2,x_3，使

$$x_1\boldsymbol{\alpha}_1+x_2\boldsymbol{\alpha}_2+x_3\boldsymbol{\alpha}_3=\mathbf{0},$$

即

$$x_1\begin{pmatrix}2\\3\\1\end{pmatrix}+x_2\begin{pmatrix}1\\2\\1\end{pmatrix}+x_3\begin{pmatrix}3\\2\\-1\end{pmatrix}=\begin{pmatrix}0\\0\\0\end{pmatrix},$$

得齐次线性方程组

$$\begin{cases}2x_1+x_2+3x_3=0, & ①\\3x_1+2x_2+2x_3=0, & ②\\x_1+x_2-x_3=0. & ③\end{cases}\qquad(3.2.3)$$

由于方程①加方程③正好等于方程②，所以方程②可以去掉，得同解方程组

$$\begin{cases} 2x_1 + x_2 + 3x_3 = 0, & ① \\ x_1 + x_2 - x_3 = 0. & ③ \end{cases}$$

将①和③两个方程中的 x_3 移到方程的右边，得

$$\begin{cases} 2x_1 + x_2 = -3x_3, \\ x_1 + x_2 = x_3. \end{cases}$$

令 $x_3 = 1$，求出 $x_1 = -4$，$x_2 = 5$，故方程组的一组解为 $x_1 = -4$，$x_2 = 5$，$x_3 = 1$.

从而 $-4\boldsymbol{\alpha}_1 + 5\boldsymbol{\alpha}_2 + \boldsymbol{\alpha}_3 = \mathbf{0}$，所以 $\boldsymbol{\alpha}_1, \boldsymbol{\alpha}_2, \boldsymbol{\alpha}_3$ 线性相关.

解法 2 设存在一组数 x_1, x_2, x_3，使

$$x_1\boldsymbol{\alpha}_1 + x_2\boldsymbol{\alpha}_2 + x_3\boldsymbol{\alpha}_3 = \mathbf{0},$$

则有方程组（3.2.3），因其系数行列式

$$D = \begin{vmatrix} 2 & 1 & 3 \\ 3 & 2 & 2 \\ 1 & 1 & -1 \end{vmatrix} = \begin{vmatrix} 2 & -1 & 5 \\ 3 & -1 & 5 \\ 1 & 0 & 0 \end{vmatrix} = 0,$$

所以方程组（3.2.3）有非零解，从而 $\boldsymbol{\alpha}_1, \boldsymbol{\alpha}_2, \boldsymbol{\alpha}_3$ 线性相关.

例 5 讨论 n 维向量组

$$\boldsymbol{e}_1 = \begin{pmatrix} 1 \\ 0 \\ \vdots \\ 0 \end{pmatrix}, \boldsymbol{e}_2 = \begin{pmatrix} 0 \\ 1 \\ \vdots \\ 0 \end{pmatrix}, \cdots, \boldsymbol{e}_n = \begin{pmatrix} 0 \\ 0 \\ \vdots \\ 1 \end{pmatrix}$$

的线性相关性，通常称 $\boldsymbol{e}_1, \boldsymbol{e}_2, \cdots, \boldsymbol{e}_n$ 为基本单位向量组.

解 设存在一组数 $k_1, k_2, \cdots, k_n$，使

$$k_1\boldsymbol{e}_1 + k_2\boldsymbol{e}_2 + \cdots + k_n\boldsymbol{e}_n = \mathbf{0},$$

即

$$k_1\begin{pmatrix} 1 \\ 0 \\ \vdots \\ 0 \end{pmatrix} + k_2\begin{pmatrix} 0 \\ 1 \\ \vdots \\ 0 \end{pmatrix} + \cdots + k_n\begin{pmatrix} 0 \\ 0 \\ \vdots \\ 1 \end{pmatrix} = \begin{pmatrix} 0 \\ 0 \\ \vdots \\ 0 \end{pmatrix},$$

得 $(k_1, k_2, \cdots, k_n)^{\mathrm{T}} = \mathbf{0}$，从而 $k_1 = k_2 = \cdots = k_n = 0$，故 $\boldsymbol{e}_1, \boldsymbol{e}_2, \cdots, \boldsymbol{e}_n$ 线性无关.

如果所讨论的向量组是行向量组，为了便于写出方程组，也可以写成列向量组的形式.

例 6 讨论下列向量组的线性相关性：

（1）$\boldsymbol{\alpha}_1 = (2,1,0),\ \boldsymbol{\alpha}_2 = (1,2,1),\ \boldsymbol{\alpha}_3 = (0,1,2)$；

（2）$\boldsymbol{\alpha}_1=\begin{pmatrix}1\\-2\\0\\3\end{pmatrix},\boldsymbol{\alpha}_2=\begin{pmatrix}2\\5\\-1\\0\end{pmatrix},\boldsymbol{\alpha}_3=\begin{pmatrix}3\\4\\1\\2\end{pmatrix}$.

解　（1）设存在一组数 k_1,k_2,k_3，使

$$k_1\boldsymbol{\alpha}_1^{\mathrm{T}}+k_2\boldsymbol{\alpha}_2^{\mathrm{T}}+k_3\boldsymbol{\alpha}_3^{\mathrm{T}}=\mathbf{0},$$

即

$$k_1\begin{pmatrix}2\\1\\0\end{pmatrix}+k_2\begin{pmatrix}1\\2\\1\end{pmatrix}+k_3\begin{pmatrix}0\\1\\2\end{pmatrix}=\begin{pmatrix}0\\0\\0\end{pmatrix},$$

于是有

$$\begin{cases}2k_1+k_2=0,\\k_1+2k_2+k_3=0,\\k_2+2k_3=0.\end{cases}$$

因为方程组的系数行列式

$$\begin{vmatrix}2&1&0\\1&2&1\\0&1&2\end{vmatrix}=4\neq0,$$

所以方程组只有零解，即 $k_1=k_2=k_3=0$，从而 $\boldsymbol{\alpha}_1,\boldsymbol{\alpha}_2,\boldsymbol{\alpha}_3$ 线性无关.

（2）设存在一组数 x_1,x_2,x_3，使

$$x_1\boldsymbol{\alpha}_1+x_2\boldsymbol{\alpha}_2+x_3\boldsymbol{\alpha}_3=\mathbf{0},$$

即

$$x_1\begin{pmatrix}1\\-2\\0\\3\end{pmatrix}+x_2\begin{pmatrix}2\\5\\-1\\0\end{pmatrix}+x_3\begin{pmatrix}3\\4\\1\\2\end{pmatrix}=\begin{pmatrix}0\\0\\0\\0\end{pmatrix},$$

从而得齐次线性方程组

$$\begin{pmatrix}1&2&3\\-2&5&4\\0&-1&1\\3&0&2\end{pmatrix}\begin{pmatrix}x_1\\x_2\\x_3\end{pmatrix}=\begin{pmatrix}0\\0\\0\\0\end{pmatrix},$$

即

$$\begin{cases}x_1+2x_2+3x_3=0,\\-2x_1+5x_2+4x_3=0,\\-x_2+x_3=0,\\3x_1+2x_3=0.\end{cases}$$

由于前三个方程构成的方程组的系数行列式

$$\begin{vmatrix}1 & 2 & 3\\-2 & 5 & 4\\0 & -1 & 1\end{vmatrix}=\begin{vmatrix}1 & 2 & 3\\0 & 9 & 10\\0 & -1 & 1\end{vmatrix}=\begin{vmatrix}9 & 10\\-1 & 1\end{vmatrix}=19\neq 0,$$

因此齐次线性方程组只有零解，从而向量组$\boldsymbol{\alpha}_1,\boldsymbol{\alpha}_2,\boldsymbol{\alpha}_3$线性无关.

例 7 设向量组$\boldsymbol{\alpha}_1,\boldsymbol{\alpha}_2,\cdots,\boldsymbol{\alpha}_n$线性无关，讨论向量组$\boldsymbol{\beta}_1=\boldsymbol{\alpha}_1+\boldsymbol{\alpha}_2,\boldsymbol{\beta}_2=\boldsymbol{\alpha}_2+\boldsymbol{\alpha}_3,\cdots,\boldsymbol{\beta}_{n-1}=\boldsymbol{\alpha}_{n-1}+\boldsymbol{\alpha}_n,\boldsymbol{\beta}_n=\boldsymbol{\alpha}_n+\boldsymbol{\alpha}_1$的线性相关性.

解 设存在一组数$x_1,x_2,\cdots,x_n$，使

$$x_1\boldsymbol{\beta}_1+x_2\boldsymbol{\beta}_2+\cdots+x_n\boldsymbol{\beta}_n=\boldsymbol{0},$$

即

$$x_1(\boldsymbol{\alpha}_1+\boldsymbol{\alpha}_2)+x_2(\boldsymbol{\alpha}_2+\boldsymbol{\alpha}_3)+\cdots+x_n(\boldsymbol{\alpha}_n+\boldsymbol{\alpha}_1)=\boldsymbol{0},$$

从而有

$$(x_1+x_n)\boldsymbol{\alpha}_1+(x_1+x_2)\boldsymbol{\alpha}_2+\cdots+(x_{n-1}+x_n)\boldsymbol{\alpha}_n=\boldsymbol{0},$$

由$\boldsymbol{\alpha}_1,\boldsymbol{\alpha}_2,\cdots,\boldsymbol{\alpha}_n$线性无关，得齐次线性方程组

$$\begin{cases}x_1+x_n=0,\\x_1+x_2=0,\\\qquad\vdots\\x_{n-1}+x_n=0.\end{cases}$$

将其系数行列式按第一行展开，得

$$|\boldsymbol{A}|=\begin{vmatrix}1 & 0 & 0 & \cdots & 0 & 1\\1 & 1 & 0 & \cdots & 0 & 0\\0 & 1 & 1 & \cdots & 0 & 0\\\vdots & \vdots & \vdots & & \vdots & \vdots\\0 & 0 & 0 & \cdots & 1 & 1\end{vmatrix}=1+(-1)^{n+1}.$$

当n为奇数时，$|\boldsymbol{A}|=2\neq 0$，因此$(x_1,x_2,\cdots,x_n)^{\mathrm{T}}=\boldsymbol{0}$，故$\boldsymbol{\beta}_1,\boldsymbol{\beta}_2,\cdots,\boldsymbol{\beta}_n$线性无关；当$n$为偶数时，$|\boldsymbol{A}|=0$，因此$(x_1,x_2,\cdots,x_n)^{\mathrm{T}}\neq\boldsymbol{0}$，故$\boldsymbol{\beta}_1,\boldsymbol{\beta}_2,\cdots,\boldsymbol{\beta}_n$线性相关.

定理 2 向量组$\boldsymbol{\alpha}_1,\boldsymbol{\alpha}_2,\cdots,\boldsymbol{\alpha}_m$线性相关的充要条件是它所构成的矩阵$\boldsymbol{A}=(\alpha_1,\boldsymbol{\alpha}_2,\cdots,\boldsymbol{\alpha}_m)$的秩小于向量个数$m$；该向量组线性无关的充要条件是$R(\boldsymbol{A})=m$.

推论 1 n个n维向量线性无关的充要条件是它们所构成的方阵的行列式不等于零.

推论 2 m个n维向量组成的向量组，当维数n小于向量个数m（即$n<m$）时一定线性相关.

证 m个n维向量$\boldsymbol{\alpha}_1,\boldsymbol{\alpha}_2,\cdots,\boldsymbol{\alpha}_m$构成的矩阵$\boldsymbol{A}=(\boldsymbol{\alpha}_1,\boldsymbol{\alpha}_2,\cdots,\boldsymbol{\alpha}_m)$，由于$R(\boldsymbol{A})\leqslant n$，当$n<m$时，有$R(\boldsymbol{A})\leqslant n<m$，故$\boldsymbol{\alpha}_1,\boldsymbol{\alpha}_2,\cdots,\boldsymbol{\alpha}_m$线性相关．证毕.

特别地，$n+1$ 个 n 维向量必线性相关.

例 8 讨论下列向量组的线性相关性：

（1）$\boldsymbol{\alpha}_1=(1,3)^{\mathrm{T}},\boldsymbol{\alpha}_2=(2,9)^{\mathrm{T}},\boldsymbol{\alpha}_3=(0,-1)^{\mathrm{T}}$；

（2）$\boldsymbol{\alpha}_1=\begin{pmatrix}1\\-2\\0\\3\end{pmatrix},\boldsymbol{\alpha}_2=\begin{pmatrix}2\\5\\-1\\0\end{pmatrix},\boldsymbol{\alpha}_3=\begin{pmatrix}3\\4\\1\\2\end{pmatrix}$.

解 （1）由于向量组所含向量的个数大于其维数，故 $\boldsymbol{\alpha}_1,\boldsymbol{\alpha}_2,\boldsymbol{\alpha}_3$ 线性相关；

（2）将 $\boldsymbol{\alpha}_1,\boldsymbol{\alpha}_2,\boldsymbol{\alpha}_3$ 构成的矩阵施行初等行变换，有

$$\boldsymbol{A}=\begin{pmatrix}1&2&3\\-2&5&4\\0&-1&1\\3&0&2\end{pmatrix}\xrightarrow[r_4-3r_1]{r_2+2r_1}\begin{pmatrix}1&2&3\\0&9&10\\0&-1&1\\0&-6&-7\end{pmatrix}\xrightarrow[r_4-6r_3]{r_2+3r_3+r_4}\begin{pmatrix}1&2&3\\0&0&6\\0&-1&1\\0&0&-13\end{pmatrix}$$

$$\xrightarrow[r_4+13r_3]{r_2\leftrightarrow r_3,\frac{1}{6}r_3}\begin{pmatrix}1&2&3\\0&-1&1\\0&0&1\\0&0&0\end{pmatrix},$$

因为 $R(\boldsymbol{A})-3$，等于向量个数，所以向量组 $\boldsymbol{\alpha}_1,\boldsymbol{\alpha}_2,\boldsymbol{\alpha}_3$ 线性无关.

定理 3 （1）若 $\boldsymbol{\alpha}_1,\boldsymbol{\alpha}_2,\cdots,\boldsymbol{\alpha}_r$ 线性相关，则 $\boldsymbol{\alpha}_1,\cdots,\boldsymbol{\alpha}_r,\boldsymbol{\alpha}_{r+1},\cdots,\boldsymbol{\alpha}_m$ 也线性相关；

（2）线性无关的向量组的任何部分组必线性无关.

证 （1）因为 $\boldsymbol{\alpha}_1,\boldsymbol{\alpha}_2,\cdots,\boldsymbol{\alpha}_r$ 线性相关，所以存在一组不全为零的数 $k_1,k_2,\cdots,k_r$，使

$$k_1\boldsymbol{\alpha}_1+k_2\boldsymbol{\alpha}_2+\cdots+k_r\boldsymbol{\alpha}_r=\mathbf{0},$$

从而

$$k_1\boldsymbol{\alpha}_1+k_2\boldsymbol{\alpha}_2+\cdots+k_r\boldsymbol{\alpha}_r+0\boldsymbol{\alpha}_{r+1}+\cdots+0\boldsymbol{\alpha}_m=\mathbf{0},$$

由于 $k_1,k_2,\cdots,k_r,0,\cdots,0$ 这 m 个数不全为零，故 $\boldsymbol{\alpha}_1,\boldsymbol{\alpha}_2,\cdots,\boldsymbol{\alpha}_m$ 线性相关.

（2）留给读者自行证明．证毕.

此定理的（1）说明线性相关的向量组添加几个向量后所得的向量组仍线性相关（部分相关$\Rightarrow$整体相关）；（2）说明线性无关的向量组去掉几个向量后所得的向量组（若还有剩余的向量）仍线性无关（整体无关$\Rightarrow$部分无关）.

例 9 讨论由向量 $\boldsymbol{\alpha}=(1,2,2,1)$，$\boldsymbol{\beta}=(2,4,4,2)$ 和 $\boldsymbol{\gamma}=(0,2,4,5)$ 所组成的向量组的线性相关性.

解 显然，$\boldsymbol{\alpha}=\frac{1}{2}\boldsymbol{\beta}$，所以$\boldsymbol{\alpha},\boldsymbol{\beta}$线性相关，因此$\boldsymbol{\alpha},\boldsymbol{\beta},\boldsymbol{\gamma}$线性相关.

定理4 设$\boldsymbol{\alpha}_1,\boldsymbol{\alpha}_2,\cdots,\boldsymbol{\alpha}_m$线性无关，而$\boldsymbol{\alpha}_1,\boldsymbol{\alpha}_2,\cdots,\boldsymbol{\alpha}_m,\boldsymbol{\beta}$线性相关，则$\boldsymbol{\beta}$能由$\boldsymbol{\alpha}_1,\boldsymbol{\alpha}_2,\cdots,\boldsymbol{\alpha}_m$线性表示，且表示式唯一.

证 因为$\boldsymbol{\alpha}_1,\boldsymbol{\alpha}_2,\cdots,\boldsymbol{\alpha}_m,\boldsymbol{\beta}$线性相关，所以存在一组不全为零的数$k_1,\cdots,k_m,k_{m+1}$，使

$$k_1\boldsymbol{\alpha}_1+\cdots+k_m\boldsymbol{\alpha}_m+k_{m+1}\boldsymbol{\beta}=\mathbf{0},$$

假设$k_{m+1}=0$，则$k_1,k_2,\cdots,k_m$不全为零，且有

$$k_1\boldsymbol{\alpha}_1+k_2\boldsymbol{\alpha}_2+\cdots+k_m\boldsymbol{\alpha}_m=\mathbf{0},$$

这与$\boldsymbol{\alpha}_1,\boldsymbol{\alpha}_2,\cdots,\boldsymbol{\alpha}_m$线性无关矛盾，所以$k_{m+1}\neq 0$，从而

$$\boldsymbol{\beta}=-\frac{k_1}{k_{m+1}}\boldsymbol{\alpha}_1-\frac{k_2}{k_{m+1}}\boldsymbol{\alpha}_2-\cdots-\frac{k_m}{k_{m+1}}\boldsymbol{\alpha}_m,$$

即$\boldsymbol{\beta}$可由$\boldsymbol{\alpha}_1,\boldsymbol{\alpha}_2,\cdots,\boldsymbol{\alpha}_m$线性表示.

再证表示式的唯一性.

设有两个表示式$\boldsymbol{\beta}=\lambda_1\boldsymbol{\alpha}_1+\lambda_2\boldsymbol{\alpha}_2+\cdots+\lambda_m\boldsymbol{\alpha}_m$和$\boldsymbol{\beta}=\mu_1\boldsymbol{\alpha}_1+\mu_2\boldsymbol{\alpha}_2+\cdots+\mu_m\boldsymbol{\alpha}_m$，两式相减，得

$$(\lambda_1-\mu_1)\boldsymbol{\alpha}_1+(\lambda_2-\mu_2)\boldsymbol{\alpha}_2+\cdots+(\lambda_m-\mu_m)\boldsymbol{\alpha}_m=\mathbf{0},$$

因为$\boldsymbol{\alpha}_1,\boldsymbol{\alpha}_2,\cdots,\boldsymbol{\alpha}_m$线性无关，所以

$$\lambda_i-\mu_i=0\ (i=1,2,\cdots,m),$$

即

$$\lambda_i=\mu_i\ (i=1,2,\cdots,m),$$

从而证明了表示式的唯一性. 证毕.

定理5 设有两个向量组

$$A:\ \boldsymbol{\alpha}_j=(a_{1j},a_{2j},\cdots,a_{nj})^{\mathrm{T}}\ (j=1,2,\cdots,m),$$

$$B:\ \boldsymbol{\beta}_j=(a_{p_1j},a_{p_2j},\cdots,a_{p_nj})^{\mathrm{T}}\ (j=1,2,\cdots,m),$$

其中$p_1p_2\cdots p_n$是自然数$1,2,\cdots,n$的某个确定的排列，则向量组A与向量组B的线性相关性相同.

证 向量组A线性相关的充要条件是方程组

$$x_1\boldsymbol{\alpha}_1+x_2\boldsymbol{\alpha}_2+\cdots+x_m\boldsymbol{\alpha}_m=\mathbf{0},$$

即

$$x_1\begin{pmatrix}a_{11}\\a_{21}\\\vdots\\a_{n1}\end{pmatrix}+x_2\begin{pmatrix}a_{12}\\a_{22}\\\vdots\\a_{n2}\end{pmatrix}+\cdots+x_m\begin{pmatrix}a_{1m}\\a_{2m}\\\vdots\\a_{nm}\end{pmatrix}=\begin{pmatrix}0\\0\\\vdots\\0\end{pmatrix}\tag{3.2.4}$$

有非零解.

向量组 B 线性相关的充要条件是方程组

$$x_1\boldsymbol{\beta}_1+x_2\boldsymbol{\beta}_2+\cdots+x_m\boldsymbol{\beta}_m=\boldsymbol{0},$$

即

$$x_1\begin{pmatrix}a_{p_1 1}\\a_{p_2 1}\\\vdots\\a_{p_n 1}\end{pmatrix}+x_2\begin{pmatrix}a_{p_1 2}\\a_{p_2 2}\\\vdots\\a_{p_n 2}\end{pmatrix}+\cdots+x_m\begin{pmatrix}a_{p_1 m}\\a_{p_2 m}\\\vdots\\a_{p_n m}\end{pmatrix}=\begin{pmatrix}0\\0\\\vdots\\0\end{pmatrix}\tag{3.2.5}$$

有非零解.

由于 $p_1p_2\cdots p_n$ 是自然数 $1,2,\cdots,n$ 的某个确定的排列，方程组（3.2.4）和方程组（3.2.5）只是其中方程的次序不同而已，所以这两个方程组是同解的．因而若向量组 A 线性无关，则向量组 B 也线性无关；若向量组 A 线性相关，则向量组 B 也线性相关．证毕．

定理 6 设有两个向量组

$$A：\boldsymbol{\alpha}_j=(a_{1j},a_{2j},\cdots,a_{rj})^{\mathrm{T}}\ (j=1,2,\cdots,m)；$$

$$B：\boldsymbol{\beta}_j=(a_{1j},a_{2j},\cdots,a_{rj},a_{(r+1)j})^{\mathrm{T}}\ (j=1,2,\cdots,m),$$

即向量 $\boldsymbol{\alpha}_j$ 加上一个分量得到向量 $\boldsymbol{\beta}_j$．若向量组 B 线性相关，则向量组 A 也线性相关．

证 设向量组 B 线性相关，则存在一组不全为零的数 $k_1,k_2,\cdots,k_m$，使

$$k_1\boldsymbol{\beta}_1+k_2\boldsymbol{\beta}_2+\cdots+k_m\boldsymbol{\beta}_m=\boldsymbol{0},$$

即

$$k_1\begin{pmatrix}a_{11}\\\vdots\\a_{r1}\\a_{(r+1)1}\end{pmatrix}+k_2\begin{pmatrix}a_{12}\\\vdots\\a_{r2}\\a_{(r+1)2}\end{pmatrix}+\cdots+k_m\begin{pmatrix}a_{1m}\\\vdots\\a_{rm}\\a_{(r+1)m}\end{pmatrix}=\begin{pmatrix}0\\\vdots\\0\\0\end{pmatrix},$$

取其前 r 个等式，有

$$k_1\begin{pmatrix}a_{11}\\\vdots\\a_{r1}\end{pmatrix}+k_2\begin{pmatrix}a_{12}\\\vdots\\a_{r2}\end{pmatrix}+\cdots+k_m\begin{pmatrix}a_{1m}\\\vdots\\a_{rm}\end{pmatrix}=\begin{pmatrix}0\\\vdots\\0\end{pmatrix},$$

即

$$k_1\boldsymbol{\alpha}_1+k_2\boldsymbol{\alpha}_2+\cdots+k_m\boldsymbol{\alpha}_m=\boldsymbol{0},$$

其中 $k_1,k_2,\cdots,k_m$ 不全为零，从而证得向量组 $\boldsymbol{\alpha}_1,\boldsymbol{\alpha}_2,\cdots,\boldsymbol{\alpha}_m$ 线性相关．证毕．

注 ①由定理 6，若向量组 A 线性无关，则向量组 B 也线性无关；②由定理 6 的证明过程知，$\boldsymbol{\alpha}_j$ 添上 k 个分量后得到向量 $\boldsymbol{\beta}_j$，结论仍然成立．又由定理 5 可知，添上的 k 个分量可放在任何位置上．所以，很容易由低维数的线性无关向量组得到高维数的线性无关向量组.

例如，由 $\boldsymbol{e}_1=(1,0,0), \boldsymbol{e}_2=(0,1,0), \boldsymbol{e}_3=(0,0,1)$ 线性无关，可知向量组 $\boldsymbol{\alpha}_1=(1,0,0,3,2,-1,5), \boldsymbol{\alpha}_2=(0,1,0,-1,-2,1,3), \boldsymbol{\alpha}_3=(0,0,1,3,2,1,2)$ 也线性无关.

3.3 向量组的秩

3.3.1 向量组等价的概念

定义 5 设有两个向量组 A：$\boldsymbol{\alpha}_1,\boldsymbol{\alpha}_2,\cdots,\boldsymbol{\alpha}_r$ 和 B：$\boldsymbol{\beta}_1,\boldsymbol{\beta}_2,\cdots,\boldsymbol{\beta}_s$. 若向量组 A 中的每个向量都可由向量组 B 线性表示，则称向量组 A 可由向量组 B 线性表示；若向量组 A 与向量组 B 能相互线性表示，则称这两个向量组**等价**.

设向量组 A 可由向量组 B 线性表示，即

$$\begin{cases}\boldsymbol{\alpha}_1=k_{11}\boldsymbol{\beta}_1+k_{21}\boldsymbol{\beta}_2+\cdots+k_{s1}\boldsymbol{\beta}_s,\\ \boldsymbol{\alpha}_2=k_{12}\boldsymbol{\beta}_1+k_{22}\boldsymbol{\beta}_2+\cdots+k_{s2}\boldsymbol{\beta}_s,\\ \qquad\vdots\\ \boldsymbol{\alpha}_r=k_{1r}\boldsymbol{\beta}_1+k_{2r}\boldsymbol{\beta}_2+\cdots+k_{sr}\boldsymbol{\beta}_s.\end{cases} \tag{3.3.1}$$

由矩阵乘法，有

$$\boldsymbol{\alpha}_i=(\boldsymbol{\beta}_1,\boldsymbol{\beta}_2,\cdots,\boldsymbol{\beta}_s)\begin{pmatrix}k_{1i}\\ k_{2i}\\ \vdots\\ k_{si}\end{pmatrix}\quad(i=1,2,\cdots,r),$$

于是式（3.3.1）可表示为

$$(\boldsymbol{\alpha}_1,\boldsymbol{\alpha}_2,\cdots,\boldsymbol{\alpha}_r)=(\boldsymbol{\beta}_1,\boldsymbol{\beta}_2,\cdots,\boldsymbol{\beta}_s)\begin{pmatrix}k_{11}&k_{12}&\cdots&k_{1r}\\ k_{21}&k_{22}&\cdots&k_{2r}\\ \vdots&\vdots&&\vdots\\ k_{s1}&k_{s2}&\cdots&k_{sr}\end{pmatrix}. \tag{3.3.2}$$

设矩阵 $\boldsymbol{A}=(\boldsymbol{\alpha}_1,\boldsymbol{\alpha}_2,\cdots,\boldsymbol{\alpha}_r)$，$\boldsymbol{B}=(\boldsymbol{\beta}_1,\boldsymbol{\beta}_2,\cdots,\boldsymbol{\beta}_s)$，$\boldsymbol{K}=(k_{ij})_{s\times r}$，则可将式（3.3.2）写成矩阵形式

$$\boldsymbol{A}=\boldsymbol{B}\boldsymbol{K}. \tag{3.3.3}$$

可见向量组 A 由向量组 B 线性表示可简记作式（3.3.3）所示的矩阵形式；反之若有式（3.3.3）所示的矩阵形式，则可将矩阵 $\boldsymbol{A}$ 的列向量看作是矩阵 $\boldsymbol{B}$ 的列向量的线性表示.

等价向量组具有下述三个性质.

性质 1（反身性） 向量组 A 与自身等价.

性质 2（对称性） 若向量组 A 与向量组 B 等价，则向量组 B 与向量组 A 等价.

性质 3（传递性） 若向量组 A 与向量组 B 等价，向量组 B 与向量组 C 等价，则向量组 A 与向量组 C 等价.

在数学中，把具有上述三个性质的关系称为等价关系.

3.3.2 极大线性无关组与向量组的秩

定义 6 设向量组 A 的一个部分组 $\boldsymbol{\alpha}_1,\boldsymbol{\alpha}_2,\cdots,\boldsymbol{\alpha}_r$ 满足

（1）$\boldsymbol{\alpha}_1,\boldsymbol{\alpha}_2,\cdots,\boldsymbol{\alpha}_r$ 线性无关；

（2）向量组 A 中的每一个向量均可由 $\boldsymbol{\alpha}_1,\boldsymbol{\alpha}_2,\cdots,\boldsymbol{\alpha}_r$ 线性表示，

则称 $\boldsymbol{\alpha}_1,\boldsymbol{\alpha}_2,\cdots,\boldsymbol{\alpha}_r$ 是向量组 A 的一个**极大线性无关组**，简称**极大无关组**；极大无关组所含向量的个数 r 称为向量组 A 的**秩**，向量组 $\boldsymbol{\alpha}_1,\boldsymbol{\alpha}_2,\cdots,\boldsymbol{\alpha}_m$ 的秩记作 $R(\boldsymbol{\alpha}_1,\boldsymbol{\alpha}_2,\cdots,\boldsymbol{\alpha}_m)$.

由定义 6 可以证明：

（1）只含零向量的向量组没有极大无关组，规定它的秩为 0 ；

（2）任何非零向量组必存在极大无关组；

（3）向量组的极大无关组与向量组本身等价；

（4）线性无关向量组的极大无关组为其本身（线性无关向量组的秩等于它所含向量的个数）.

例 10 求向量组

$$\boldsymbol{\alpha}_1=\begin{pmatrix}2\\3\\1\end{pmatrix},\ \boldsymbol{\alpha}_2=\begin{pmatrix}1\\2\\1\end{pmatrix},\ \boldsymbol{\alpha}_3=\begin{pmatrix}3\\2\\-1\end{pmatrix}$$

的一个极大无关组.

解 由例 4 知 $\boldsymbol{\alpha}_1,\boldsymbol{\alpha}_2,\boldsymbol{\alpha}_3$ 线性相关，下面讨论其中任意两个向量 $\boldsymbol{\alpha}_1,\boldsymbol{\alpha}_3$ 的线性相关性.

设存在一组数 k_1,k_2 ，使 $k_1\boldsymbol{\alpha}_1+k_2\boldsymbol{\alpha}_3=\mathbf{0}$ ，即

$$\begin{cases}2k_1+3k_2=0,\\3k_1+2k_2=0,\\k_1-k_2=0.\end{cases}$$

因为由前两个方程构成的齐次线性方程组的系数行列式

$$\begin{vmatrix}2&3\\3&2\end{vmatrix}\neq 0,$$

故方程组有唯一解，即 $k_1 = k_2 = 0$，所以 $\boldsymbol{\alpha}_1, \boldsymbol{\alpha}_3$ 线性无关.

同理可验证 $\boldsymbol{\alpha}_1, \boldsymbol{\alpha}_2; \boldsymbol{\alpha}_2, \boldsymbol{\alpha}_3$ 也线性无关. 可取 $\boldsymbol{\alpha}_1, \boldsymbol{\alpha}_3$ 作为原向量组的一个极大无关组，也可取 $\boldsymbol{\alpha}_1, \boldsymbol{\alpha}_2$ 或 $\boldsymbol{\alpha}_2, \boldsymbol{\alpha}_3$ 作为原向量组的极大无关组.

一般来说，向量组的极大无关组不是唯一的，但可以证明每一个极大无关组所含向量的个数是唯一的. 求向量组的极大无关组的意义之一在于：当用向量组表示方程组时，其极大无关组中的向量对应方程组中那些独立的方程，而独立的方程构成的方程组与原方程组同解.

当一个向量组线性相关时，其对应的方程组中一定有某个方程是其余方程的线性组合，这个方程就是多余方程，此时称方程组（各个方程）是线性相关的；当方程组中没有多余方程时，称该方程组（各个方程）是线性无关（或线性独立）的.

例 11 由全体 n 维向量构成的向量组记作 $\mathbf{R}^n$，求 $\mathbf{R}^n$ 的一个极大无关组及其秩.

解 由例 5 知，n 维单位向量组 $\boldsymbol{e}_1 = (1, 0, \cdots, 0)^{\mathrm{T}}, \boldsymbol{e}_2 = (0, 1, \cdots, 0)^{\mathrm{T}}, \cdots, \boldsymbol{e}_n = (0, 0, \cdots, 1)^{\mathrm{T}}$ 线性无关，由定理 2 的推论 2 知，$\mathbf{R}^n$ 中的任意 $n+1$ 个向量（任意向量 $\boldsymbol{\alpha} = (a_1, a_2, \cdots, a_n)^{\mathrm{T}} = a_1\boldsymbol{e}_1 + a_2\boldsymbol{e}_2 + \cdots + a_n\boldsymbol{e}_n$）都线性相关. 因此，向量组 $\boldsymbol{e}_1, \boldsymbol{e}_2, \cdots, \boldsymbol{e}_n$ 是 $\mathbf{R}^n$ 的一个极大无关组，且 $\mathbf{R}^n$ 的秩等于 n.

显然，$\mathbf{R}^n$ 的极大无关组很多，任意 n 个线性无关的 n 维向量构成的向量组都是 $\mathbf{R}^n$ 的极大无关组.

定理 7 若向量组 A 的秩为 r，向量组 B 的秩为 s，且向量组 A 能由向量组 B 线性表示，则 $r \leqslant s$.

证 设向量组 A 的极大无关组为

$$A_0：\ \boldsymbol{\alpha}_1, \boldsymbol{\alpha}_2, \cdots, \boldsymbol{\alpha}_r；$$

向量组 B 的极大无关组为

$$B_0：\ \boldsymbol{\beta}_1, \boldsymbol{\beta}_2, \cdots, \boldsymbol{\beta}_s.$$

因为向量组 A_0 能由向量组 A 线性表示（A_0 与 A 等价），向量组 A 可由向量组 B 线性表示（定理中的条件），向量组 B 能由向量组 B_0 线性表示（B_0 与 B 等价），故向量组 A_0 能由向量组 B_0 线性表示（传递性），即存在矩阵 $\boldsymbol{K} = (k_{ij})_{s\times r}$，使

$$(\boldsymbol{\alpha}_1, \boldsymbol{\alpha}_2, \cdots, \boldsymbol{\alpha}_r) = (\boldsymbol{\beta}_1, \boldsymbol{\beta}_2, \cdots, \boldsymbol{\beta}_s)\begin{pmatrix} k_{11} & k_{12} & \cdots & k_{1r} \\ k_{21} & k_{22} & \cdots & k_{2r} \\ \vdots & \vdots & & \vdots \\ k_{s1} & k_{s2} & \cdots & k_{sr} \end{pmatrix},$$

假设 $r > s$，则 $R(\boldsymbol{K}) \leqslant s < r$，即方程组

$$\boldsymbol{K}\begin{pmatrix}x_1\\x_2\\\vdots\\x_r\end{pmatrix}=\boldsymbol{0}$$

有非零解. 设它的一组非零解为

$$x_1=\lambda_1, x_2=\lambda_2, \cdots, x_r=\lambda_r,$$

则

$$\lambda_1\boldsymbol{\alpha}_1+\lambda_2\boldsymbol{\alpha}_2+\cdots+\lambda_r\boldsymbol{\alpha}_r=(\boldsymbol{\alpha}_1,\boldsymbol{\alpha}_2,\cdots,\boldsymbol{\alpha}_r)\begin{pmatrix}\lambda_1\\\lambda_2\\\vdots\\\lambda_r\end{pmatrix}$$

$$=(\boldsymbol{\beta}_1,\boldsymbol{\beta}_2,\cdots,\boldsymbol{\beta}_s)\boldsymbol{K}\begin{pmatrix}\lambda_1\\\lambda_2\\\vdots\\\lambda_r\end{pmatrix}=(\boldsymbol{\beta}_1,\boldsymbol{\beta}_2,\cdots,\boldsymbol{\beta}_s)\boldsymbol{0}=\boldsymbol{0},$$

这与$\boldsymbol{\alpha}_1,\boldsymbol{\alpha}_2,\cdots,\boldsymbol{\alpha}_r$线性无关矛盾，从而有$r\leqslant s$. 证毕.

推论 3 等价向量组的秩相等.

证 设向量组 A 与向量组 B 的秩分别为r和s，由于向量组 A 和向量组 B 等价，即这两个向量组可以互相线性表示，由定理 7 知$r\leqslant s$与$s\leqslant r$同时成立，所以$r=s$. 证毕.

特别地，等价的线性无关向量组所含向量个数相等.

由于一个向量组的不同极大无关组之间等价，因而它们所含向量个数均相等，由此也证明了一个向量组的秩是唯一的.

3.3.3 向量组的秩与矩阵秩的关系

设$m\times n$矩阵

$$\boldsymbol{A}=\begin{pmatrix}a_{11}&a_{12}&\cdots&a_{1n}\\a_{21}&a_{22}&\cdots&a_{2n}\\\vdots&\vdots&&\vdots\\a_{m1}&a_{m2}&\cdots&a_{mn}\end{pmatrix},$$

称矩阵 $\boldsymbol{A}$ 的 n 个列向量所构成的向量组的秩为 $\boldsymbol{A}$ 的**列秩**；$\boldsymbol{A}$ 的 m 个行向量所构成的向量组的秩为 $\boldsymbol{A}$ 的**行秩**.

矩阵的秩与其行秩、列秩的关系有下述定理.

定理 8 矩阵 $\boldsymbol{A}$ 的秩等于其行秩，也等于其列秩.

证 设 $\boldsymbol{A}=(\boldsymbol{\alpha}_1,\boldsymbol{\alpha}_2,\cdots,\boldsymbol{\alpha}_m)$，$R(\boldsymbol{A})=r$，并设 r 阶子式 $D_r\neq 0$，根据定理 2，D_r 所在的 r 列线性无关；又由 $\boldsymbol{A}$ 中所有 $r+1$ 阶子式均为零，则 $\boldsymbol{A}$ 中任意 $r+1$ 个列向量线性相关. 因此，D_r 所在的 r 列是 $\boldsymbol{A}$ 的列向量组的一个极大无关组，所以列向量组的秩等于 r .

类似可证矩阵 $\boldsymbol{A}$ 的行向量组的秩也等于 $R(\boldsymbol{A})$，即 $R(\boldsymbol{A})=\boldsymbol{A}$ 的行向量组的秩 $=\boldsymbol{A}$ 的列向量组的秩. 证毕.

以上证明给出了一种求向量组的极大无关组的方法：将所给的向量组按列（行）构成矩阵 $\boldsymbol{A}$，若 D_r 是矩阵 $\boldsymbol{A}$ 的一个最高阶非零子式，则 D_r 所在的 r 列（行）就是 $\boldsymbol{A}$ 的列（行）向量组的一个极大无关组.

3.3.4 利用初等变换求向量组的秩

由定理 8 知，求一个向量组的秩，可以转化为求以这个向量组为行向量或列向量构成的矩阵的秩，而矩阵的秩很容易通过初等变换求得，因此也可以利用初等变换求向量组的秩.

将所讨论的 n 维向量组 $\boldsymbol{\alpha}_1,\boldsymbol{\alpha}_2,\cdots,\boldsymbol{\alpha}_m$ 写成一个 n 行 m 列的矩阵，并对此矩阵施行初等行变换，化为行阶梯形矩阵，其非零行的行数就是向量组 $\boldsymbol{\alpha}_1,\boldsymbol{\alpha}_2,\cdots,\boldsymbol{\alpha}_m$ 的秩（即极大无关组所含向量的个数）.

例 12 求向量组 $\boldsymbol{\alpha}_1=(1,4,1,0,2)^{\mathrm{T}}$，$\boldsymbol{\alpha}_2=(2,5,-1,-3,2)^{\mathrm{T}}$，$\boldsymbol{\alpha}_3=(-1,2,5,6,2)^{\mathrm{T}}$，$\boldsymbol{\alpha}_4=(0,2,2,-1,0)^{\mathrm{T}}$ 的秩.

解 将向量按列构成矩阵 $\boldsymbol{A}$，用初等行变换化其为行阶梯形矩阵：

$$\boldsymbol{A}=\begin{pmatrix}1&2&-1&0\\4&5&2&2\\1&-1&5&2\\0&-3&6&-1\\2&2&2&0\end{pmatrix}\xrightarrow[\substack{r_3-r_1\\r_5-2r_1}]{r_2-4r_1}\begin{pmatrix}1&2&-1&0\\0&-3&6&2\\0&-3&6&2\\0&-3&6&-1\\0&-2&4&0\end{pmatrix}$$

$$\xrightarrow[\substack{r_4-r_2\\-\frac{1}{2}r_5,\frac{1}{3}r_2}]{r_3-r_2}\begin{pmatrix}1&2&-1&0\\0&-1&2&2/3\\0&0&0&0\\0&0&0&-3\\0&1&-2&0\end{pmatrix}\xrightarrow[\substack{r_5-\frac{2}{3}r_4,r_2-\frac{2}{3}r_4\\r_3\leftrightarrow r_4}]{r_5+r_2,-\frac{1}{3}r_4}\begin{pmatrix}1&2&-1&0\\0&-1&2&0\\0&0&0&1\\0&0&0&0\\0&0&0&0\end{pmatrix},$$

显然，非零行数为 3，知 $R(\boldsymbol{A})=3$，故

$$R(\boldsymbol{\alpha}_1,\boldsymbol{\alpha}_2,\boldsymbol{\alpha}_3,\boldsymbol{\alpha}_4)=3.$$

求向量组的极大无关组时，如果所给的是行向量组，一般也按列排成矩阵再进行初等行变换.

例 13 求向量组 $\boldsymbol{\alpha}_1=(2,1,4,3),\boldsymbol{\alpha}_2=(-1,1,-6,6),\boldsymbol{\alpha}_3=(-1,-2,2,-9),\boldsymbol{\alpha}_4=(1,1,-2,7),\boldsymbol{\alpha}_5=(2,4,4,9)$ 的一个极大无关组.

解 将向量组按列排成矩阵 $\boldsymbol{A}$，用初等行变换化 $\boldsymbol{A}$ 为行阶梯形矩阵 $\boldsymbol{B}$：

$$\boldsymbol{A}=(\boldsymbol{\alpha}_1^{\mathrm{T}},\boldsymbol{\alpha}_2^{\mathrm{T}},\boldsymbol{\alpha}_3^{\mathrm{T}},\boldsymbol{\alpha}_4^{\mathrm{T}},\boldsymbol{\alpha}_5^{\mathrm{T}})=\begin{pmatrix}2&-1&-1&1&2\\1&1&-2&1&4\\4&-6&2&-2&4\\3&6&-9&7&9\end{pmatrix}\xrightarrow[\frac{1}{2}r_3]{r_1\leftrightarrow r_2}\begin{pmatrix}1&1&-2&1&4\\2&4&-6&4&8\\2&-3&1&-1&2\\3&6&-9&7&9\end{pmatrix}$$

$$\xrightarrow[r_4-3r_1]{\substack{r_2-2r_1\\r_3-2r_1}}\begin{pmatrix}1&1&-2&1&4\\0&2&-2&2&0\\0&-5&5&-3&-6\\0&3&-3&4&-3\end{pmatrix}\xrightarrow[r_4-3r_2]{\frac{1}{2}r_2,\ r_3+5r_2}\begin{pmatrix}1&1&-2&1&4\\0&1&-1&1&0\\0&0&0&2&-6\\0&0&0&1&-3\end{pmatrix}$$

$$\xrightarrow[r_4-r_3]{\frac{1}{2}r_3}\begin{pmatrix}1&1&-2&1&4\\0&1&-1&1&0\\0&0&0&1&-3\\0&0&0&0&0\end{pmatrix}=\boldsymbol{B},$$

显然，非零行数为 3，由于 $\boldsymbol{B}$ 的第 1，2，4 列线性无关，故 $\boldsymbol{\alpha}_1,\boldsymbol{\alpha}_2,\boldsymbol{\alpha}_4$ 是向量组 $\boldsymbol{\alpha}_1,\boldsymbol{\alpha}_2,\boldsymbol{\alpha}_3,\boldsymbol{\alpha}_4,\boldsymbol{\alpha}_5$ 的一个极大无关组.

如果要求将其余的向量用所求的极大无关组线性表示，需要将矩阵化为行最简形矩阵，否则只需将矩阵化为行阶梯形矩阵.

例14 设向量组

$\boldsymbol{\alpha}_1=(1,1,1,3)^{\mathrm{T}},\boldsymbol{\alpha}_2=(-1,-3,5,1)^{\mathrm{T}},\boldsymbol{\alpha}_3=(3,2,-1,a+2)^{\mathrm{T}},\boldsymbol{\alpha}_4=(-2,-6,10,a)^{\mathrm{T}}$，当 a 取何值时该向量组线性无关，并在此时将向量 $\boldsymbol{\alpha}=(4,1,6,10)^{\mathrm{T}}$ 用这个向量组线性表示.

解 将矩阵 $\boldsymbol{A}=(\boldsymbol{\alpha}_1,\boldsymbol{\alpha}_2,\boldsymbol{\alpha}_3,\boldsymbol{\alpha}_4,\boldsymbol{\alpha})$ 施行初等行变换，化其为行最简形矩阵：

$$\boldsymbol{A}=(\boldsymbol{\alpha}_1,\boldsymbol{\alpha}_2,\boldsymbol{\alpha}_3,\boldsymbol{\alpha}_4,\boldsymbol{\alpha})=\begin{pmatrix}1&-1&3&-2&4\\1&-3&2&-6&1\\1&5&-1&10&6\\3&1&a+2&a&10\end{pmatrix}$$

$$\xrightarrow[\substack{r_3+3r_2,\ r_4+2r_2 \\ \frac{1}{7}r_3,\ r_4-(a-9)r_3}]{r_2-r_1,\ r_3-r_1,\ r_4-3r_1}\begin{pmatrix}1 & -1 & 3 & -2 & 4\\ 0 & -2 & -1 & -4 & -3\\ 0 & 0 & 1 & 0 & 1\\ 0 & 0 & 0 & a-2 & 1-a\end{pmatrix}=\boldsymbol{B}$$

$$\xrightarrow[\substack{r_1-3r_3,\ r_2+r_3,\ -\frac{1}{2}r_2 \\ r_1+r_2}]{\frac{1}{a-2}r_4,\ r_1+2r_4,\ r_2+4r_4}\begin{pmatrix}1 & 0 & 0 & 0 & 2\\ 0 & 1 & 0 & 0 & (3a-4)/(a-2)\\ 0 & 0 & 1 & 0 & 1\\ 0 & 0 & 0 & 1 & (1-a)/(a-2)\end{pmatrix}\ (a\neq 2),$$

当$a\neq 2$时，由矩阵$\boldsymbol{B}$可知前4列线性无关，相应地，$\boldsymbol{\alpha}_1,\boldsymbol{\alpha}_2,\boldsymbol{\alpha}_3,\boldsymbol{\alpha}_4$线性无关，由最后的行最简形矩阵可知

$$\boldsymbol{\alpha}=2\boldsymbol{\alpha}_1+\frac{3a-4}{a-2}\boldsymbol{\alpha}_2+\boldsymbol{\alpha}_3+\frac{1-a}{a-2}\boldsymbol{\alpha}_4 .$$

例 15 用矩阵的秩与向量组的秩的关系证明：

$$R(\boldsymbol{AB})\leqslant \min\{R(\boldsymbol{A}),R(\boldsymbol{B})\} .$$

证 设$\boldsymbol{A}$，$\boldsymbol{B}$分别为$m\times n$矩阵和$n\times s$矩阵，$\boldsymbol{AB}=\boldsymbol{C}$，则$\boldsymbol{C}$是$m\times s$矩阵，先证$R(\boldsymbol{AB})\leqslant R(\boldsymbol{A})$.

将$\boldsymbol{A}$和$\boldsymbol{C}$看成是由列向量构成的矩阵，设$\boldsymbol{A}=(\boldsymbol{\alpha}_1,\boldsymbol{\alpha}_2,\cdots,\boldsymbol{\alpha}_n)$，$\boldsymbol{C}=(\boldsymbol{\gamma}_1,\boldsymbol{\gamma}_2,\cdots,\boldsymbol{\gamma}_s)$，则

$$(\boldsymbol{\gamma}_1,\boldsymbol{\gamma}_2,\cdots,\boldsymbol{\gamma}_s)=(\boldsymbol{\alpha}_1,\boldsymbol{\alpha}_2,\cdots,\boldsymbol{\alpha}_n)\begin{pmatrix}b_{11} & b_{12} & \cdots & b_{1s}\\ b_{21} & b_{22} & \cdots & b_{2s}\\ \vdots & \vdots & & \vdots\\ b_{n1} & b_{n2} & \cdots & b_{ns}\end{pmatrix},$$

则$\boldsymbol{C}$的列向量组可由$\boldsymbol{A}$的列向量组线性表示．由定理7得

$$R(\boldsymbol{\gamma}_1,\boldsymbol{\gamma}_2,\cdots,\boldsymbol{\gamma}_s)\leqslant R(\boldsymbol{\alpha}_1,\boldsymbol{\alpha}_2,\cdots,\boldsymbol{\alpha}_n),$$

即

$$R(\boldsymbol{AB})\leqslant R(\boldsymbol{A}),$$

因$\boldsymbol{C}^{\mathrm{T}}=\boldsymbol{B}^{\mathrm{T}}\boldsymbol{A}^{\mathrm{T}}$，由上面的证明知$R(\boldsymbol{C}^{\mathrm{T}})\leqslant R(\boldsymbol{B}^{\mathrm{T}})$，所以$R(\boldsymbol{AB})\leqslant R(\boldsymbol{B})$，故$R(\boldsymbol{AB})\leqslant \min\{R(\boldsymbol{A}),\ R(\boldsymbol{B})\}$．证毕.

本例结论与定理7是同一个原理的不同表现形式，前者是矩阵形式，后者是向量组的形式，所以本例结论也可以看成是定理7的推论.

类似地，可证明两矩阵和的秩小于或等于两矩阵秩的和，即$R(\boldsymbol{A}+\boldsymbol{B})\leqslant R(\boldsymbol{A})+R(\boldsymbol{B})$.

3.4 向量空间

为了研究线性方程组解的结构，本节介绍向量空间的概念.

3.4.1 向量空间的概念

定义 7 设V是非空的n维向量集合，若集合V对于向量的加法和数乘运算满足：

（1）对任意的$\boldsymbol{\alpha},\boldsymbol{\beta}\in V$，有$\boldsymbol{\alpha}+\boldsymbol{\beta}\in V$；

（2）对任意的$\boldsymbol{\alpha}\in V$，$\lambda\in\mathbf{R}$，有$\lambda\boldsymbol{\alpha}\in V$，

则称集合V为**向量空间**.

定义中的（1）表示集合V中的向量对于加法运算封闭，（2）表示集合V中的向量对于数乘运算封闭，因而向量空间也可以表述为：对于加法和数乘运算封闭的非空集合.

例 16 设有三维向量的全体

$$\mathbf{R}^3=\{\boldsymbol{\alpha}=(x_1,x_2,x_3)^{\mathrm{T}}\mid x_1,x_2,x_3\in\mathbf{R}\}$$

以及三维向量集合

$$V_1=\{\boldsymbol{\alpha}=(0,x_2,x_3)^{\mathrm{T}}\mid x_2,x_3\in\mathbf{R}\},\ V_2=\{\boldsymbol{\alpha}=(1,x_2,x_3)^{\mathrm{T}}\mid x_2,x_3\in\mathbf{R}\},$$

其中$\mathbf{R}^3$，V_1是向量空间，而V_2不是向量空间. 因为，对任意的$\boldsymbol{\alpha},\boldsymbol{\beta}\in\mathbf{R}^3$，$\lambda\in\mathbf{R}$，有

$$\boldsymbol{\alpha}=(x_1,x_2,x_3)^{\mathrm{T}},\ \boldsymbol{\beta}=(y_1,y_2,y_3)^{\mathrm{T}},$$

从而

$$\boldsymbol{\alpha}+\boldsymbol{\beta}=(x_1+y_1,x_2+y_2,x_3+y_3)^{\mathrm{T}}\in\mathbf{R}^3,\ \lambda\boldsymbol{\alpha}=(\lambda x_1,\lambda x_2,\lambda x_3)^{\mathrm{T}}\in\mathbf{R}^3;$$

又对任意的$\boldsymbol{\alpha},\boldsymbol{\beta}\in V_1$，$\lambda\in\mathbf{R}$，有

$$\boldsymbol{\alpha}=(0,x_2,x_3)^{\mathrm{T}},\ \boldsymbol{\beta}=(0,y_2,y_3)^{\mathrm{T}},$$

而

$$\boldsymbol{\alpha}+\boldsymbol{\beta}=(0,x_2+y_2,x_3+y_3)\in V_1,\ \lambda\boldsymbol{\alpha}=(0,\lambda x_2,\lambda x_3)\in V_1;$$

但是对任意的$\boldsymbol{\alpha},\boldsymbol{\beta}\in V_2$，$\lambda\in\mathbf{R}$，有

$$\boldsymbol{\alpha}=(1,x_2,x_3)^{\mathrm{T}},\ \boldsymbol{\beta}=(1,y_2,y_3)^{\mathrm{T}},$$

而

$$\boldsymbol{\alpha}+\boldsymbol{\beta}=(2,x_2+y_2,x_3+y_3)^{\mathrm{T}}\notin V_2,\ \lambda\boldsymbol{\alpha}=(\lambda,\lambda x_2,\lambda x_3)\notin V_2,$$

即$\mathbf{R}^3$，V_1中的向量对于加法和数乘运算封闭，但V_2中的向量对于向量的加法和数乘运算不封闭.

在解析几何中，向量空间$\mathbf{R}^3$可形象地看作以坐标原点为起点的空间有向线段的全体，而向量空间V_1可形象地看作以坐标原点为起点，落在平面x_2Ox_3上的空间有向线段的全体.

类似地，n维向量全体所构成的集合$\mathbf{R}^n=\{\boldsymbol{\alpha}=(a_1,\ a_2,\cdots,a_n)\mid a_i\in\mathbf{R},i=1,2,\cdots,n\}$是一个向量空间，称为$n$维向量空间.

例 17 设$\boldsymbol{\alpha}$，$\boldsymbol{\beta}$是n维向量，集合$V=\{\boldsymbol{x}=\lambda\boldsymbol{\alpha}+\mu\boldsymbol{\beta}\mid\lambda,\mu\in\mathbf{R}\}$是一个向量空间．因为零向量$\mathbf{0}=0\boldsymbol{\alpha}+0\boldsymbol{\beta}\in V$，$V$是非空集合，且对任意的$\boldsymbol{x}_1,\boldsymbol{x}_2\in V$，$k\in\mathbf{R}$，有

$$\boldsymbol{x}_1=\lambda_1\boldsymbol{\alpha}+\mu_1\boldsymbol{\beta},\ \boldsymbol{x}_2=\lambda_2\boldsymbol{\alpha}+\mu_2\boldsymbol{\beta},$$

从而

$$\boldsymbol{x}_1+\boldsymbol{x}_2=(\lambda_1+\lambda_2)\boldsymbol{\alpha}+(\mu_1+\mu_2)\boldsymbol{\beta}\in V,$$

$$k\boldsymbol{x}_1=(k\lambda_1)\boldsymbol{\alpha}+(k\mu_1)\boldsymbol{\beta}\in V,$$

称此向量空间为由向量$\boldsymbol{\alpha}$，$\boldsymbol{\beta}$生成的向量空间，记作$V(\boldsymbol{\alpha},\boldsymbol{\beta})$.

一般地，由向量组$\boldsymbol{\alpha}_1,\boldsymbol{\alpha}_2,\cdots,\boldsymbol{\alpha}_m$生成的向量空间可表示为

$$V(\boldsymbol{\alpha}_1,\boldsymbol{\alpha}_2,\cdots,\boldsymbol{\alpha}_m)=\{\boldsymbol{\alpha}=\lambda_1\boldsymbol{\alpha}_1+\lambda_2\boldsymbol{\alpha}_2+\cdots+\lambda_m\boldsymbol{\alpha}_m\mid\lambda_1,\lambda_2,\cdots,\lambda_m\in\mathbf{R}\}.$$

3.4.2 向量空间的基与维数

除零空间外，向量空间都含有无穷多个向量，而这无穷多个向量能否用有限个向量来表示是值得讨论的.

例如，在$\mathbf{R}^3$中，取$\boldsymbol{e}_1=(1,0,0)^{\mathrm{T}}$，$\boldsymbol{e}_2=(0,1,0)^{\mathrm{T}}$，$\boldsymbol{e}_3=(0,0,1)^{\mathrm{T}}$，任一$\boldsymbol{\alpha}=(x_1,x_2,x_3)^{\mathrm{T}}\in\mathbf{R}^3$都可表示为$\boldsymbol{\alpha}=x_1\boldsymbol{e}_1+x_2\boldsymbol{e}_2+x_3\boldsymbol{e}_3$，此时称$\boldsymbol{e}_1,\boldsymbol{e}_2,\boldsymbol{e}_3$为$\mathbf{R}^3$的基．一般地，有下述定义.

定义 8 设V是向量空间，若向量组$\boldsymbol{\alpha}_1,\boldsymbol{\alpha}_2,\cdots,\boldsymbol{\alpha}_r\in V$，满足：

（1）$\boldsymbol{\alpha}_1,\boldsymbol{\alpha}_2,\cdots,\boldsymbol{\alpha}_r$线性无关；

（2）V中的任一向量都可由$\boldsymbol{\alpha}_1,\boldsymbol{\alpha}_2,\cdots,\boldsymbol{\alpha}_r$线性表示，

则称$\boldsymbol{\alpha}_1,\boldsymbol{\alpha}_2,\cdots,\boldsymbol{\alpha}_r$为向量空间$V$的一个**基**，$r$称为$V$的**维数**，记作$\dim V=r$，并称$V$是$r$维向量空间.

只含一个零向量的集合$\{\mathbf{0}\}$也是一个向量空间，称为零空间，零空间没有基，规定它的维数为0，所以也可称为0维向量空间.

如果将向量空间看作一个向量组，那么向量空间V的基就是它的一个极大无关组．V的维数就是它的秩，从而向量空间V的基不唯一，但其维数是唯一的．设V是r维向量空间，则V中任意r个线性无关的向量就是V的一个基.

例如，在$\mathbf{R}^n$中，n维基本单位向量组$\boldsymbol{e}_1=(1,0,\cdots,0)^{\mathrm{T}},\boldsymbol{e}_2=(0,1,\cdots,0)^{\mathrm{T}},\cdots,\boldsymbol{e}_n=(0,0,\cdots,1)^{\mathrm{T}}$是向量空间$\mathbf{R}^n$的一个基．因为：（1）$\boldsymbol{e}_1,\boldsymbol{e}_2,\cdots,\boldsymbol{e}_n$线性无关；（2）对任一向量$\boldsymbol{\alpha}=(x_1,x_2,\cdots,x_n)^{\mathrm{T}}\in\mathbf{R}^n$，都有

$$\boldsymbol{\alpha}=(x_1,x_2,\cdots,x_n)^{\mathrm{T}}=x_1\boldsymbol{e}_1+x_2\boldsymbol{e}_2+\cdots+x_n\boldsymbol{e}_n,$$

故 $\dim \mathbf{R}^n=n$，即 $\mathbf{R}^n$ 是 n 维向量空间．实际上，$\mathbf{R}^n$ 中任意线性无关向量组 $\boldsymbol{\alpha}_1,\boldsymbol{\alpha}_2,\cdots,\boldsymbol{\alpha}_n$ 都是向量空间 $\mathbf{R}^n$ 的基．

又如，基本单位向量组

$$\boldsymbol{e}_2=(0,1,0)^{\mathrm{T}},\boldsymbol{e}_3=(0,0,1)^{\mathrm{T}}$$

是向量空间 V_1 的一个基．因为：（1）$\boldsymbol{e}_2,\boldsymbol{e}_3$ 线性无关；（2）对任意向量 $\boldsymbol{\alpha}\in V_1$，都有

$$\boldsymbol{\alpha}=\begin{pmatrix}0\\x_2\\x_3\end{pmatrix}=x_2\boldsymbol{e}_2+x_3\boldsymbol{e}_3,$$

所以 V_1 是二维向量空间．

因此，通常定义的 n 维向量与本节定义的 n 维向量空间是两个完全不同的概念，前者是指向量的分量个数为 n，后者是指向量空间的基所含向量个数为 n．

若将向量组 $\boldsymbol{\alpha}_1,\boldsymbol{\alpha}_2,\cdots,\boldsymbol{\alpha}_m$ 生成的向量空间 $V(\boldsymbol{\alpha}_1,\boldsymbol{\alpha}_2,\cdots,\boldsymbol{\alpha}_m)$ 也看成向量组，则它与向量组 $\boldsymbol{\alpha}_1,\boldsymbol{\alpha}_2,\cdots,\boldsymbol{\alpha}_m$ 等价，$\boldsymbol{\alpha}_1,\boldsymbol{\alpha}_2,\cdots,\boldsymbol{\alpha}_m$ 的一个极大无关组 $\boldsymbol{\alpha}_1,\boldsymbol{\alpha}_2,\cdots,\boldsymbol{\alpha}_r$（$r\leqslant m$）就是向量空间 $V(\boldsymbol{\alpha}_1,\boldsymbol{\alpha}_2,\cdots,\boldsymbol{\alpha}_m)$ 的一个基，从而 $V(\boldsymbol{\alpha}_1,\boldsymbol{\alpha}_2,\cdots,\boldsymbol{\alpha}_m)$ 是 r 维向量空间，所以由 $\boldsymbol{\alpha}_1,\boldsymbol{\alpha}_2,\cdots,\boldsymbol{\alpha}_m$ 生成的向量空间还可简单地表示为

$$V=\{\boldsymbol{\alpha}=\lambda_1\boldsymbol{\alpha}_1+\lambda_2\boldsymbol{\alpha}_2+\cdots+\lambda_r\boldsymbol{\alpha}_r\,|\,\lambda_1,\lambda_2,\cdots,\lambda_r\in\mathbf{R}\}.$$

例 18 证明 $\boldsymbol{\alpha}_1=(1,1,1,1)^{\mathrm{T}},\boldsymbol{\alpha}_2=(1,3,1,0)^{\mathrm{T}},\boldsymbol{\alpha}_3=(1,0,1,0)^{\mathrm{T}},\boldsymbol{\alpha}_4=(1,0,0,1)^{\mathrm{T}}$ 是 $\mathbf{R}^4$ 的一个基．

证 由定义 8 及定理 2 的推论 1 知，只要证明 $\boldsymbol{\alpha}_1,\boldsymbol{\alpha}_2,\boldsymbol{\alpha}_3,\boldsymbol{\alpha}_4$ 线性无关即可．

将 $\boldsymbol{\alpha}_1,\boldsymbol{\alpha}_2,\boldsymbol{\alpha}_3,\boldsymbol{\alpha}_4$ 写成矩阵 $\boldsymbol{A}=(\boldsymbol{\alpha}_1,\boldsymbol{\alpha}_2,\boldsymbol{\alpha}_3,\boldsymbol{\alpha}_4)$，则

$$|\boldsymbol{A}|=\begin{vmatrix}1&1&1&1\\1&3&0&0\\1&1&1&0\\1&0&0&1\end{vmatrix}=-3\neq0,$$

由定理 2 的推论 1 知，$\boldsymbol{\alpha}_1,\boldsymbol{\alpha}_2,\boldsymbol{\alpha}_3,\boldsymbol{\alpha}_4$ 线性无关，故 $\boldsymbol{\alpha}_1,\boldsymbol{\alpha}_2,\boldsymbol{\alpha}_3,\boldsymbol{\alpha}_4$ 是 $\mathbf{R}^4$ 的一个基．证毕．

本章小结

本章重点讨论了向量组的线性表示、向量组的线性相关性、向量组的秩、向量组的极大无关组等，除了要掌握一些判定定理，还要掌握一些常用方法和技巧．

一、线性表示

向量$\boldsymbol{\beta}$能用向量组$\boldsymbol{\alpha}_1,\boldsymbol{\alpha}_2,\cdots,\boldsymbol{\alpha}_m$线性表示（表出）$\Leftrightarrow$矩阵$\boldsymbol{A}=(\boldsymbol{\alpha}_1,\boldsymbol{\alpha}_2,\cdots,\boldsymbol{\alpha}_m)$与矩阵$\boldsymbol{B}=(\boldsymbol{\alpha}_1,\boldsymbol{\alpha}_2,\cdots,\boldsymbol{\alpha}_m,\boldsymbol{\beta})$的秩相等，而表示式唯一$\Leftrightarrow$ $\boldsymbol{\alpha}_1,\boldsymbol{\alpha}_2,\cdots,\boldsymbol{\alpha}_m$线性无关或$R(\boldsymbol{A})=m$.

具体方法：用待定系数法将$\boldsymbol{\beta}$设为向量组$\boldsymbol{\alpha}_1,\boldsymbol{\alpha}_2,\cdots,\boldsymbol{\alpha}_m$的线性组合，列出方程组，解出待定系数，若无解，则不能线性表示.

相关结论：

（1）零向量是任何一组向量的线性组合；

（2）向量组$\boldsymbol{\alpha}_1,\boldsymbol{\alpha}_2,\cdots,\boldsymbol{\alpha}_m$中的任一向量$\boldsymbol{\alpha}_j$（$1\leqslant j\leqslant m$）都是此向量组的线性组合；

（3）任何一个n维向量$\boldsymbol{\alpha}=(a_1,a_2,\cdots,a_n)^{\mathrm{T}}$都是$n$维基本单位向量组$\boldsymbol{e}_1=(1,0,\cdots,0)^{\mathrm{T}},\boldsymbol{e}_2=(0,1,\cdots,0)^{\mathrm{T}},\cdots,\boldsymbol{e}_n=(0,0,\cdots,1)^{\mathrm{T}}$的线性组合，且$\boldsymbol{\alpha}=(a_1,a_2,\cdots,a_n)^{\mathrm{T}}=a_1\boldsymbol{e}_1+a_2\boldsymbol{e}_2+\cdots+a_n\boldsymbol{e}_n$.

二、判断向量组的线性相关性的主要方法

（1）定义法：假设存在一组数$k_1,k_2,\cdots,k_m$，使

$$k_1\boldsymbol{\alpha}_1+k_2\boldsymbol{\alpha}_2+\cdots+k_m\boldsymbol{\alpha}_m=\boldsymbol{0},$$

由向量相等列出齐次线性方程组，判断其是否存在非零解．若存在非零解，则向量组线性相关，若不存在非零解，则向量组线性无关.

（2）反证法：此法是讨论向量组线性相关性的重要方法.

（3）综合法：可以结合矩阵的秩进行讨论，特别是当向量的个数与维数相等时，可根据行列式的值进行判断；利用向量组的等价性进行讨论.

三、向量组的等价性

（1）任一向量组和它的极大无关组等价.

（2）向量组的任意两个极大无关组等价.

（3）两个等价的线性无关的向量组所含向量的个数相同.

（4）向量组$\boldsymbol{\alpha}_1,\boldsymbol{\alpha}_2,\cdots,\boldsymbol{\alpha}_m$的任意两个极大无关组含向量的个数相同.

四、求向量组的秩和极大无关组的基本方法

（1）将向量组的秩，转化为矩阵的秩进行讨论：将向量组写成矩阵形式，对其施行初等行变换化为行阶梯形矩阵，其非零行的行数即为向量组的秩，非零行

对应的向量便组成一个极大无关组；若将行阶梯形矩阵再施行初等行变换化为行最简形矩阵，就可将其他向量用极大无关组线性表出.

（2）利用等价向量组具有相同的秩进行讨论.

习题 3

1. 设$\boldsymbol{\alpha}_1=(1,1,0)^{\mathrm{T}}$，$\boldsymbol{\alpha}_2=(0,1,1)^{\mathrm{T}}$，$\boldsymbol{\alpha}_3=(3,4,0)^{\mathrm{T}}$，求$\boldsymbol{\alpha}_1-\boldsymbol{\alpha}_2$和$3\boldsymbol{\alpha}_1+2\boldsymbol{\alpha}_2-\boldsymbol{\alpha}_3$.

2. 设$3(\boldsymbol{\alpha}_1-\boldsymbol{\alpha})+2(\boldsymbol{\alpha}_2+\boldsymbol{\alpha})=5(\boldsymbol{\alpha}_3+\boldsymbol{\alpha})$，其中$\boldsymbol{\alpha}_1=(2,5,1,3)^{\mathrm{T}}$，$\boldsymbol{\alpha}_2=(10,1,5,10)^{\mathrm{T}}$，$\boldsymbol{\alpha}_3=(4,1,-1,1)^{\mathrm{T}}$，求$\boldsymbol{\alpha}$.

3. 将下列向量中的$\boldsymbol{\beta}$表示为其余向量的线性组合：

$$\boldsymbol{\beta}=(3,5,-6),\boldsymbol{\alpha}_1=(1,0,1)，\boldsymbol{\alpha}_2=(1,1,1)，\boldsymbol{\alpha}_3=(0,-1,-1).$$

4. 问a取什么值时下列向量组线性相关：

$$\boldsymbol{\alpha}_1=(a,1,1)^{\mathrm{T}},\boldsymbol{\alpha}_2=(1,a,-1)^{\mathrm{T}},\boldsymbol{\alpha}_3=(1,-1,a)^{\mathrm{T}}.$$

5. 举例说明下列各命题是错误的：

（1）若向量组$\boldsymbol{\alpha}_1,\boldsymbol{\alpha}_2,\cdots,\boldsymbol{\alpha}_m$是线性相关的，则$\boldsymbol{\alpha}_1$可由$\boldsymbol{\alpha}_2,\cdots,\boldsymbol{\alpha}_m$线性表示；

（2）若存在不全为零的数$\lambda_1,\lambda_2,\cdots,\lambda_m$，使

$$\lambda_1\boldsymbol{\alpha}_1+\lambda_2\boldsymbol{\alpha}_2+\cdots+\lambda_m\boldsymbol{\alpha}_m+\lambda_1\boldsymbol{\beta}_1+\lambda_2\boldsymbol{\beta}_2+\cdots+\lambda_m\boldsymbol{\beta}_m=\mathbf{0},$$

则$\boldsymbol{\alpha}_1,\boldsymbol{\alpha}_2,\cdots,\boldsymbol{\alpha}_m$线性相关，$\boldsymbol{\beta}_1,\boldsymbol{\beta}_2,\cdots,\boldsymbol{\beta}_m$也线性相关；

（3）若只有当$\lambda_1,\lambda_2,\cdots,\lambda_m$全为零时，等式

$$\lambda_1\boldsymbol{\alpha}_1+\lambda_2\boldsymbol{\alpha}_2+\cdots+\lambda_m\boldsymbol{\alpha}_m+\lambda_1\boldsymbol{\beta}_1+\lambda_2\boldsymbol{\beta}_2+\cdots+\lambda_m\boldsymbol{\beta}_m=\mathbf{0}$$

才能成立，则$\boldsymbol{\alpha}_1,\boldsymbol{\alpha}_2,\cdots,\boldsymbol{\alpha}_m$线性无关，$\boldsymbol{\beta}_1,\boldsymbol{\beta}_2,\cdots,\boldsymbol{\beta}_m$也线性无关；

（4）若$\boldsymbol{\alpha}_1,\boldsymbol{\alpha}_2,\cdots,\boldsymbol{\alpha}_m$线性相关，$\boldsymbol{\beta}_1,\boldsymbol{\beta}_2,\cdots,\boldsymbol{\beta}_m$也线性相关，则存在不全为零的数$\lambda_1,\lambda_2,\cdots,\lambda_m$，使

$$\lambda_1\boldsymbol{\alpha}_1+\lambda_2\boldsymbol{\alpha}_2+\cdots+\lambda_m\boldsymbol{\alpha}_m=\mathbf{0}\text{和}\lambda_1\boldsymbol{\beta}_1+\lambda_2\boldsymbol{\beta}_2+\cdots+\lambda_m\boldsymbol{\beta}_m=\mathbf{0}$$

同时成立.

6. 设$\boldsymbol{\beta}_1=\boldsymbol{\alpha}_1+\boldsymbol{\alpha}_2$，$\boldsymbol{\beta}_2=\boldsymbol{\alpha}_2+\boldsymbol{\alpha}_3$，$\boldsymbol{\beta}_3=\boldsymbol{\alpha}_3+\boldsymbol{\alpha}_4$，$\boldsymbol{\beta}_4=\boldsymbol{\alpha}_4+\boldsymbol{\alpha}_1$，证明向量组$\boldsymbol{\beta}_1,\boldsymbol{\beta}_2,\boldsymbol{\beta}_3,\boldsymbol{\beta}_4$线性相关.

7. 设$\boldsymbol{\beta}_1=\boldsymbol{\alpha}_1,\boldsymbol{\beta}_2=\boldsymbol{\alpha}_1+\boldsymbol{\alpha}_2,\cdots,\boldsymbol{\beta}_r=\boldsymbol{\alpha}_1+\boldsymbol{\alpha}_2+\cdots+\boldsymbol{\alpha}_r$，且向量组$\boldsymbol{\alpha}_1,\boldsymbol{\alpha}_2,\cdots,\boldsymbol{\alpha}_r$线性无关，证明向量组$\boldsymbol{\beta}_1,\boldsymbol{\beta}_2,\cdots,\boldsymbol{\beta}_r$线性无关.

8.（1）已知向量组$\boldsymbol{\alpha}_1=(1,2,-1,1),\boldsymbol{\alpha}_2=(2,0,k,0),\boldsymbol{\alpha}_3=(0,-4,5,-2)$的秩为2，求$k$的值；

（2）已知向量组$\boldsymbol{\alpha}_1=(1,0,1,2),\boldsymbol{\alpha}_2=(0,1,1,2),\boldsymbol{\alpha}_3=(-1,1,0,a),\boldsymbol{\alpha}_4=(1,2,a,6)$，$\boldsymbol{\alpha}_5=(1,1,2,4)$，$a$取何值时该向量组的秩为3，求其极大无关组并用它表示其余

向量.

9．利用初等变换求下列矩阵的列向量组的一个极大无关组：

（1）$\begin{pmatrix} 25 & 31 & 17 & 43 \\ 75 & 94 & 53 & 132 \\ 75 & 94 & 54 & 134 \\ 25 & 32 & 20 & 48 \end{pmatrix}$；　　（2）$\begin{pmatrix} 1 & 1 & 2 & 2 & 1 \\ 0 & 2 & 1 & 5 & -1 \\ 2 & 0 & 3 & -1 & 3 \\ 1 & 1 & 0 & 4 & -1 \end{pmatrix}$.

10．求下列向量组的秩，并求其一个极大无关组：

（1）$\boldsymbol{\alpha}_1=(1,2,-1,4)^{\mathrm{T}}$，$\boldsymbol{\alpha}_2=(9,100,10,4)^{\mathrm{T}}$，$\boldsymbol{\alpha}_3=(-2,-4,2,8)^{\mathrm{T}}$；

（2）$\boldsymbol{\alpha}_1=(1,2,1,3)^{\mathrm{T}}$，$\boldsymbol{\alpha}_2=(4,-1,-5,-6)^{\mathrm{T}}$，$\boldsymbol{\alpha}_3=(1,-3,-4,-7)^{\mathrm{T}}$.

11．设$\boldsymbol{\alpha}_1,\boldsymbol{\alpha}_2,\cdots,\boldsymbol{\alpha}_n$是一组$n$维向量，已知$n$维基本单位向量$\boldsymbol{e}_1,\boldsymbol{e}_2,\cdots,\boldsymbol{e}_n$能由它们线性表示，证明$\boldsymbol{\alpha}_1,\boldsymbol{\alpha}_2,\cdots,\boldsymbol{\alpha}_n$线性无关.

12．设$\boldsymbol{\alpha}_1,\boldsymbol{\alpha}_2,\cdots,\boldsymbol{\alpha}_n$是一组$n$维向量，证明它们线性无关的充要条件是：任一$n$维向量都可由它们线性表示.

13．设$V_1=\{\boldsymbol{x}=(x_1,x_2,\cdots,x_n)^{\mathrm{T}}\,|\,x_1,x_2,\cdots,x_n\in\mathbf{R},\ x_1+\cdots+x_n=0\}$，

$$V_2=\{\boldsymbol{x}=(x_1,x_2,\cdots,x_n)^{\mathrm{T}}\,|\,x_1,x_2,\cdots,x_n\in\mathbf{R},\ x_1+\cdots+x_n=1\},$$

问V_1，V_2是不是向量空间？为什么？

14．试证：由$\boldsymbol{\alpha}_1=(0,1,1)^{\mathrm{T}},\boldsymbol{\alpha}_2=(1,0,1)^{\mathrm{T}},\boldsymbol{\alpha}_3=(1,1,0)^{\mathrm{T}}$所生成的向量空间就是$\mathbf{R}^3$.

15．由$\boldsymbol{\alpha}_1=(1,1,0,0)^{\mathrm{T}}$, $\boldsymbol{\alpha}_2=(1,0,1,1)^{\mathrm{T}}$所生成的向量空间记作$V_1$，由$\boldsymbol{\beta}_1=(2,-1,3,3)^{\mathrm{T}}$, $\boldsymbol{\beta}_2=(0,1,-1,-1)^{\mathrm{T}}$所生成的向量空间记作$V_2$，证明：$V_1=V_2$.

16．验证$\boldsymbol{\alpha}_1=(1,-1,0)^{\mathrm{T}}$，$\boldsymbol{\alpha}_2=(2,1,3)^{\mathrm{T}}$，$\boldsymbol{\alpha}_3=(3,1,2)^{\mathrm{T}}$为$\mathbf{R}^3$的一个基，并将$\boldsymbol{\beta}_1=(5,0,7)^{\mathrm{T}}$，$\boldsymbol{\beta}_2=(-9,-8,-13)^{\mathrm{T}}$用这个基线性表示.

同步测试题 3

一、填空题

1．设$\boldsymbol{\alpha}_1=(2,-1,0,5)$，$\boldsymbol{\alpha}_2=(-4,-2,3,0)$，$\boldsymbol{\alpha}_3=(-1,0,1,k)$，$\boldsymbol{\alpha}_4=(-1,0,2,1)$，当$k=$__________时，$\boldsymbol{\alpha}_1,\boldsymbol{\alpha}_2,\boldsymbol{\alpha}_3,\boldsymbol{\alpha}_4$线性相关.

2．设$\boldsymbol{\alpha}_1=(2,-1,3,0)$，$\boldsymbol{\alpha}_2=(1,2,0,-2)$，$\boldsymbol{\alpha}_3=(0,-5,3,4)$，$\boldsymbol{\alpha}_4=(-1,3,t,0)$，当$t=$__________时，$\boldsymbol{\alpha}_1,\boldsymbol{\alpha}_2,\boldsymbol{\alpha}_3,\boldsymbol{\alpha}_4$线性无关.

3．已知$\boldsymbol{\alpha}=(3,5,7,9)$，$\boldsymbol{\beta}=(-1,5,2,0)$，$\boldsymbol{x}$满足$2\boldsymbol{\alpha}+3\boldsymbol{x}=\boldsymbol{\beta}$，则$\boldsymbol{x}=$__________.

4．当 $k=$ ________ 时，向量 $\boldsymbol{\beta}=(1,k,5)$ 能由向量 $\boldsymbol{\alpha}_1=(1,-3,2)$，$\boldsymbol{\alpha}_2=(2,-1,1)$ 线性表示.

5．已知 $\boldsymbol{\alpha}_1=(1,1,2,2,1)$，$\boldsymbol{\alpha}_2=(0,2,1,5,-1)$，$\boldsymbol{\alpha}_3=(2,0,3,-1,3)$，$\boldsymbol{\alpha}_4=(1,1,0,4,-1)$，则 $R(\boldsymbol{\alpha}_1,\boldsymbol{\alpha}_2,\boldsymbol{\alpha}_3,\boldsymbol{\alpha}_4)=$ ________.

6．设 $\boldsymbol{A}=\begin{pmatrix} 6 & 1 & 1 & 7 \\ 4 & 0 & 4 & 1 \\ 1 & 2 & -9 & 0 \\ -1 & 3 & -16 & -1 \\ 2 & -4 & 22 & 3 \end{pmatrix}$，则 $R(\boldsymbol{A})=$ ________.

7．设 $\boldsymbol{\alpha}=(1,0,-1,2)^{\mathrm{T}}$，$\boldsymbol{\beta}=(0,1,0,2)$，矩阵 $\boldsymbol{A}=\boldsymbol{\alpha\beta}$，则 $R(\boldsymbol{A})=$ ________.

8．已知向量组 $\boldsymbol{\alpha}_1=(1,2,3,4)$，$\boldsymbol{\alpha}_2=(2,3,4,5)$，$\boldsymbol{\alpha}_3=(3,4,5,6)$，$\boldsymbol{\alpha}_4=(4,5,5,t)$，且 $R(\boldsymbol{\alpha}_1,\boldsymbol{\alpha}_2,\boldsymbol{\alpha}_3,\boldsymbol{\alpha}_4)=2$，则 $t=$ ________.

9．设向量组 $\boldsymbol{\alpha}_1,\boldsymbol{\alpha}_2,\boldsymbol{\alpha}_3$ 线性相关，则 $\boldsymbol{\alpha}_1+\boldsymbol{\alpha}_2,\boldsymbol{\alpha}_2+\boldsymbol{\alpha}_3,\boldsymbol{\alpha}_3+\boldsymbol{\alpha}_1$ 线性 ________.

10．设 $\boldsymbol{\alpha}_1=(1,1,1)^{\mathrm{T}}$，$\boldsymbol{\alpha}_2=(a,0,b)^{\mathrm{T}}$，$\boldsymbol{\alpha}_3=(1,3,2)^{\mathrm{T}}$，若 $\boldsymbol{\alpha}_1,\boldsymbol{\alpha}_2,\boldsymbol{\alpha}_3$ 线性相关，则 a，b 满足关系式 ________.

二、选择题

1．设向量组 $\boldsymbol{\alpha}_1,\boldsymbol{\alpha}_2,\boldsymbol{\alpha}_3$ 线性无关，则下列向量组线性相关的是（　　）.

A．$\boldsymbol{\alpha}_1+\boldsymbol{\alpha}_2,\boldsymbol{\alpha}_2+\boldsymbol{\alpha}_3,\boldsymbol{\alpha}_3+\boldsymbol{\alpha}_1$　　B．$\boldsymbol{\alpha}_1,\boldsymbol{\alpha}_1+\boldsymbol{\alpha}_2,\boldsymbol{\alpha}_1+\boldsymbol{\alpha}_2+\boldsymbol{\alpha}_3$

C．$\boldsymbol{\alpha}_1-\boldsymbol{\alpha}_2,\boldsymbol{\alpha}_2-\boldsymbol{\alpha}_3,\boldsymbol{\alpha}_3-\boldsymbol{\alpha}_1$　　D．$\boldsymbol{\alpha}_1+\boldsymbol{\alpha}_2,2\boldsymbol{\alpha}_2+\boldsymbol{\alpha}_3,3\boldsymbol{\alpha}_3+\boldsymbol{\alpha}_1$

2．向量组 $\boldsymbol{\alpha}_1,\boldsymbol{\alpha}_2,\cdots,\boldsymbol{\alpha}_s$ 的秩不为零的充要条件是（　　）.

A．$\boldsymbol{\alpha}_1,\boldsymbol{\alpha}_2,\cdots,\boldsymbol{\alpha}_s$ 中至少有一个非零向量

B．$\boldsymbol{\alpha}_1,\boldsymbol{\alpha}_2,\cdots,\boldsymbol{\alpha}_s$ 全为非零向量

C．$\boldsymbol{\alpha}_1,\boldsymbol{\alpha}_2,\cdots,\boldsymbol{\alpha}_s$ 的任一部分组均线性相关

D．$\boldsymbol{\alpha}_1,\boldsymbol{\alpha}_2,\cdots,\boldsymbol{\alpha}_s$ 线性无关

3．向量组 $\boldsymbol{\alpha}_1,\boldsymbol{\alpha}_2,\cdots,\boldsymbol{\alpha}_s$ 线性无关的充分条件是（　　）.

A．$\boldsymbol{\alpha}_1,\boldsymbol{\alpha}_2,\cdots,\boldsymbol{\alpha}_s$ 均不是零向量

B．$\boldsymbol{\alpha}_1,\boldsymbol{\alpha}_2,\cdots,\boldsymbol{\alpha}_s$ 中的任意两个向量都不成比例

C．$\boldsymbol{\alpha}_1,\boldsymbol{\alpha}_2,\cdots,\boldsymbol{\alpha}_s$ 中的任一部分组均线性相关

D．$\boldsymbol{\alpha}_1,\boldsymbol{\alpha}_2,\cdots,\boldsymbol{\alpha}_s$ 中的任一部分组线性无关

4．设矩阵 $\boldsymbol{A}_{m\times n}$ 的秩为 $R(\boldsymbol{A})=m<n$，$\boldsymbol{E}_m$ 为 m 阶单位矩阵，下列结论中正确的是（　　）.

A．$\boldsymbol{A}$ 的任意 m 个列向量必线性无关

B．$\boldsymbol{A}$ 的任意一个 m 阶子式不等于零

C．若矩阵 $\boldsymbol{B}$ 满足 $\boldsymbol{BA}=\boldsymbol{O}$，则 $\boldsymbol{B}=\boldsymbol{O}$

D．$\boldsymbol{A}$ 通过初等行变换，必可以化为 $(\boldsymbol{E}_m,\boldsymbol{O})$ 的形式

5．设 $\boldsymbol{A}$，$\boldsymbol{B}$ 都是 n 阶非零矩阵，且 $\boldsymbol{AB}=\boldsymbol{O}$，则 $\boldsymbol{A}$ 和 $\boldsymbol{B}$ 的秩（　　）.

A．必有一个等于零　　B．都小于 n

C．一个小于 n，一个等于 n　　D．都等于 n

6．$\boldsymbol{\beta},\boldsymbol{\alpha}_1,\boldsymbol{\alpha}_2$ 线性相关，$\boldsymbol{\beta},\boldsymbol{\alpha}_2,\boldsymbol{\alpha}_3$ 线性无关，则（　　）.

A．$\boldsymbol{\alpha}_1,\boldsymbol{\alpha}_2,\boldsymbol{\alpha}_3$ 线性相关　　B．$\boldsymbol{\alpha}_1,\boldsymbol{\alpha}_2,\boldsymbol{\alpha}_3$ 线性无关

C．$\boldsymbol{\alpha}_1$ 可以用 $\boldsymbol{\beta},\boldsymbol{\alpha}_2,\boldsymbol{\alpha}_3$ 线性表示　　D．$\boldsymbol{\beta}$ 可用 $\boldsymbol{\alpha}_1,\boldsymbol{\alpha}_2$ 线性表示

7．设向量组 $\boldsymbol{\alpha}_1=(1,-1,2,4),\boldsymbol{\alpha}_2=(0,3,1,2),\boldsymbol{\alpha}_3=(3,0,7,14),\boldsymbol{\alpha}_4=(1,-2,2,0)$，$\boldsymbol{\alpha}_5=(2,1,5,10)$，则该向量组的极大无关组是（　　）.

A．$\boldsymbol{\alpha}_1,\boldsymbol{\alpha}_2,\boldsymbol{\alpha}_3$　　B．$\boldsymbol{\alpha}_1,\boldsymbol{\alpha}_2,\boldsymbol{\alpha}_4$

C．$\boldsymbol{\alpha}_1,\boldsymbol{\alpha}_2,\boldsymbol{\alpha}_5$　　D．$\boldsymbol{\alpha}_1,\boldsymbol{\alpha}_2,\boldsymbol{\alpha}_4,\boldsymbol{\alpha}_5$

8．设 n 阶方阵 $\boldsymbol{A}$ 的秩 $r<n$，则在 $\boldsymbol{A}$ 的 n 个行向量中（　　）.

A．必有 r 个行向量线性无关

B．任意 r 个行向量均可构成极大无关组

C．任意 r 个行向量均线性无关

D．任一行向量均可由其余 $r-1$ 个行向量线性表示

9．设向量 $\boldsymbol{\alpha}$ 可由向量组 $\boldsymbol{\alpha}_1,\boldsymbol{\alpha}_2,\cdots,\boldsymbol{\alpha}_m$ 线性表示，但不能由向量组（Ⅰ）$\boldsymbol{\alpha}_1,\boldsymbol{\alpha}_2,\cdots,\boldsymbol{\alpha}_{m-1}$ 线性表示，记向量组（Ⅱ）为 $\boldsymbol{\alpha}_1,\boldsymbol{\alpha}_2,\cdots,\boldsymbol{\alpha}_{m-1},\boldsymbol{\alpha}$，则（　　）.

A．$\boldsymbol{\alpha}_m$ 不能由（Ⅰ）线性表示，也不能由（Ⅱ）线性表示

B．$\boldsymbol{\alpha}_m$ 不能由（Ⅰ）线性表示，但能由（Ⅱ）线性表示

C．$\boldsymbol{\alpha}_m$ 可由（Ⅰ）线性表示，也可由（Ⅱ）线性表示

D．$\boldsymbol{\alpha}_m$ 可由（Ⅰ）线性表示，但不能由（Ⅱ）线性表示

10．设 $\boldsymbol{\alpha}_1=(a_1,a_2,a_3)^{\mathrm{T}},\boldsymbol{\alpha}_2=(b_1,b_2,b_3)^{\mathrm{T}},\boldsymbol{\alpha}_3=(c_1,c_2,c_3)^{\mathrm{T}}$，则三直线

$$\begin{cases}a_1x+b_1y+c_1=0,\\a_2x+b_2y+c_2=0,\\a_3x+b_3y+c_3=0\end{cases}$$

（其中 $a_i^2+b_i^2\neq 0$，$i=1,2,3$）交于一点的充要条件是（　　）.

A．$\boldsymbol{\alpha}_1,\boldsymbol{\alpha}_2,\boldsymbol{\alpha}_3$ 线性相关

B．$\boldsymbol{\alpha}_1,\boldsymbol{\alpha}_2,\boldsymbol{\alpha}_3$ 线性无关

C．$R(\boldsymbol{\alpha}_1,\boldsymbol{\alpha}_2,\boldsymbol{\alpha}_3)=R(\boldsymbol{\alpha}_1,\boldsymbol{\alpha}_2)$

D．$\boldsymbol{\alpha}_1,\boldsymbol{\alpha}_2,\boldsymbol{\alpha}_3$ 线性相关；$\boldsymbol{\alpha}_1,\boldsymbol{\alpha}_2$ 线性无关

三、计算题

1．设 $\boldsymbol{\alpha}_1=(1,0,2,3)^{\mathrm{T}}$，$\boldsymbol{\alpha}_2=(1,1,3,5)^{\mathrm{T}}$，$\boldsymbol{\alpha}_3=(1,-1,a+2,1)^{\mathrm{T}}$，$\boldsymbol{\alpha}_4=(1,2,4,a+8)^{\mathrm{T}}$，$\boldsymbol{\beta}=(1,1,b+3,5)^{\mathrm{T}}$．

（1）a，b 为何值时，$\boldsymbol{\beta}$ 不能表示为$\boldsymbol{\alpha}_1,\boldsymbol{\alpha}_2,\boldsymbol{\alpha}_3,\boldsymbol{\alpha}_4$的线性组合；

（2）a，b 为何值时，$\boldsymbol{\beta}$ 可由$\boldsymbol{\alpha}_1,\boldsymbol{\alpha}_2,\boldsymbol{\alpha}_3,\boldsymbol{\alpha}_4$线性表示，且表示式唯一，写出表示式．

2．已知向量组$\boldsymbol{\alpha}_1=(t,2,1)$，$\boldsymbol{\alpha}_2=(2,t,0)$，$\boldsymbol{\alpha}_3=(1,-1,1)$，试求$t$为何值时，向量组$\boldsymbol{\alpha}_1,\boldsymbol{\alpha}_2,\boldsymbol{\alpha}_3$线性相关或线性无关．

3．设向量$\boldsymbol{\alpha}_1,\boldsymbol{\alpha}_2,\boldsymbol{\alpha}_3$线性无关，问常数 a，b，c 满足什么条件时，$a\boldsymbol{\alpha}_1-\boldsymbol{\alpha}_2,b\boldsymbol{\alpha}_2-\boldsymbol{\alpha}_3,c\boldsymbol{\alpha}_3-\boldsymbol{\alpha}_1$线性相关．

4．设 $\boldsymbol{A}=\begin{pmatrix}1&2&-2\\2&1&2\\3&0&4\end{pmatrix}$，$\boldsymbol{\beta}=\begin{pmatrix}x\\1\\1\end{pmatrix}$，$\boldsymbol{A\beta}$，$\boldsymbol{\beta}$ 线性相关，求 x．

5．设向量组 $\boldsymbol{\alpha}_1=(1,3,2,0)^{\mathrm{T}},\boldsymbol{\alpha}_2=(7,0,14,3)^{\mathrm{T}},\boldsymbol{\alpha}_3=(2,-1,0,1)^{\mathrm{T}},\boldsymbol{\alpha}_4=(5,1,6,2)^{\mathrm{T}},\boldsymbol{\alpha}_5=(2,-1,4,1)^{\mathrm{T}}$．

（1）求向量组的秩；

（2）求向量组的一个极大无关组，并将其余向量分别用该极大无关组线性表示．

第 4 章　线性方程组

本章学习目标

第 1 章介绍的解线性方程组的克莱姆法则，要求线性方程组中方程的个数与未知数的个数相等，且系数行列式不为零，但在很多问题中所遇到的线性方程组并不一定能满足这些条件，所以要进一步讨论一般的线性方程组解的理论. 通过本章的学习，重点掌握以下内容:

- 齐次与非齐次线性方程组解的性质及解的结构.
- 齐次线性方程组的基础解系及通解.
- 非齐次线性方程组通解的求法.

4.1　齐次线性方程组

一般齐次线性方程组为

$$\begin{cases} a_{11}x_1 + a_{12}x_2 + \cdots + a_{1n}x_n = 0, \\ a_{21}x_1 + a_{22}x_2 + \cdots + a_{2n}x_n = 0, \\ \qquad\qquad \vdots \\ a_{m1}x_1 + a_{m2}x_2 + \cdots + a_{mn}x_n = 0, \end{cases} \tag{4.1.1}$$

其矩阵形式为

$$\boldsymbol{Ax} = \boldsymbol{0}, \tag{4.1.2}$$

其向量形式为

$$x_1\boldsymbol{\alpha}_1 + x_2\boldsymbol{\alpha}_2 + \cdots + x_n\boldsymbol{\alpha}_n = \boldsymbol{0}, \tag{4.1.3}$$

其中
$$\boldsymbol{A} = \begin{pmatrix} a_{11} & a_{12} & \cdots & a_{1n} \\ a_{21} & a_{22} & \cdots & a_{2n} \\ \vdots & \vdots & & \vdots \\ a_{m1} & a_{m2} & \cdots & a_{mn} \end{pmatrix} = (\boldsymbol{\alpha}_1, \boldsymbol{\alpha}_2, \cdots, \boldsymbol{\alpha}_n),$$

$$\boldsymbol{\alpha}_j=\begin{pmatrix}a_{1j}\\a_{2j}\\\vdots\\a_{mj}\end{pmatrix}\ (j=1,2,\cdots,n),\quad \boldsymbol{x}=\begin{pmatrix}x_1\\x_2\\\vdots\\x_n\end{pmatrix},\quad \boldsymbol{0}=\begin{pmatrix}0\\0\\\vdots\\0\end{pmatrix}.$$

式（4.1.1）、式（4.1.2）和式（4.1.3）是同一个线性方程组的三种不同表现形式，按照第 2 章提到的，接下来它们混同使用而不加区分.

根据上一章有关定理，可以先求出齐次线性方程组（4.1.1）的系数矩阵 $\boldsymbol{A}$ 的秩，然后将多余的方程删去，可得到与原方程组同解的方程组，利用克莱姆法则求此方程组的解，就得到方程组（4.1.1）的全部解（过程略）. 由此又可得到下述定理和推论.

定理1 若齐次线性方程组（4.1.1）的系数矩阵的秩 $R(\boldsymbol{A})=n$，则该方程组只有唯一零解；若 $R(\boldsymbol{A})<n$，则该方程组有无穷多解.

推论 1 若齐次线性方程组（4.1.1）中的方程个数 m 小于未知数个数 n，则该齐次线性方程组必有非零解.

推论 2 若齐次线性方程组（4.1.1）中的方程个数 m 等于未知数个数 n 且系数行列式等于零，则该齐次线性方程组必有非零解.

4.2 齐次线性方程组解的结构

若 $x_1=\xi_{11},x_2=\xi_{21},\cdots,x_n=\xi_{n1}$ 为齐次线性方程组（4.1.1）的一个解，则称

$$\boldsymbol{\xi}_1=\begin{pmatrix}\xi_{11}\\\xi_{21}\\\vdots\\\xi_{n1}\end{pmatrix}$$

为齐次线性方程组（4.1.1）的解向量，简称解，也是齐次线性方程组（4.1.2）的解.

齐次线性方程组的解具有下述两个重要性质.

性质 1 若 $\boldsymbol{\xi}$ 是齐次线性方程组（4.1.2）的解，k 为任意实数，则 $k\boldsymbol{\xi}$ 也是该方程组的解.

证 只要验证 $k\boldsymbol{\xi}$ 满足齐次线性方程组（4.1.2），即

$$\boldsymbol{A}(k\boldsymbol{\xi})=k\boldsymbol{A}\boldsymbol{\xi}=k\boldsymbol{0}=\boldsymbol{0}.$$

证毕.

性质 2 若 $\boldsymbol{\xi}_1$，$\boldsymbol{\xi}_2$ 是齐次线性方程组（4.1.2）的解，则 $\boldsymbol{\xi}_1+\boldsymbol{\xi}_2$ 也是该方程组的解.

证 只要验证 $\boldsymbol{\xi}_1+\boldsymbol{\xi}_2$ 满足齐次线性方程组（4.1.2），即

$$\boldsymbol{A}(\boldsymbol{\xi}_1+\boldsymbol{\xi}_2)=\boldsymbol{A}\boldsymbol{\xi}_1+\boldsymbol{A}\boldsymbol{\xi}_2=\boldsymbol{0}+\boldsymbol{0}=\boldsymbol{0}.$$

证毕.

若将齐次线性方程组（4.1.1）的全体解向量所组成的集合记作 S，则性质 1、性质 2 即为：

（1）若 $\boldsymbol{\xi}\in S$，$k\in\mathbf{R}$，则 $k\boldsymbol{\xi}\in S$；

（2）若 $\boldsymbol{\xi}_1\in S$，$\boldsymbol{\xi}_2\in S$，则 $\boldsymbol{\xi}_1+\boldsymbol{\xi}_2\in S$.

同时说明集合 S 对于向量的线性运算是封闭的，所以集合 S 是一个向量空间，称为齐次线性方程组（4.1.1）的解空间.

下面来求解空间 S 的一个基.

设齐次线性方程组（4.1.1）的系数矩阵 $\boldsymbol{A}$ 的秩为 r，不妨设矩阵 $\boldsymbol{A}$ 的前 r 个列向量线性无关，将矩阵 $\boldsymbol{A}$ 施行初等行变换，化为行最简形矩阵 $\boldsymbol{I}$：

$$\boldsymbol{I}=\begin{pmatrix}1&\cdots&0&b_{11}&\cdots&b_{1(n-r)}\\ \vdots&&\vdots&\vdots&&\vdots\\ 0&\cdots&1&b_{r1}&\cdots&b_{r(n-r)}\\ 0&\cdots&0&0&\cdots&0\\ \vdots&&\vdots&\vdots&&\vdots\\ 0&\cdots&0&0&\cdots&0\end{pmatrix}.$$

以 $\boldsymbol{I}$ 为系数矩阵的齐次线性方程组为

$$\begin{cases}x_1 \qquad\qquad +b_{11}x_{r+1}+b_{12}x_{r+2}+\cdots+b_{1(n-r)}x_n=0,\\ \qquad x_2 \qquad +b_{21}x_{r+1}+b_{22}x_{r+2}+\cdots+b_{2(n-r)}x_n=0,\\ \qquad\qquad\qquad\qquad \vdots\\ \qquad\qquad x_r+b_{r1}x_{r+1}+b_{r2}x_{r+2}+\cdots+b_{r(n-r)}x_n=0,\end{cases}$$

等价于方程组

$$\begin{cases}x_1=-b_{11}x_{r+1}-b_{12}x_{r+2}-\cdots-b_{1(n-r)}x_n,\\ x_2=-b_{21}x_{r+1}-b_{22}x_{r+2}-\cdots-b_{2(n-r)}x_n,\\ \qquad\qquad \vdots\\ x_r=-b_{r1}x_{r+1}-b_{r2}x_{r+2}-\cdots-b_{r(n-r)}x_n,\end{cases} \tag{4.2.1}$$

其中 $x_{r+1},x_{r+2},\cdots,x_n$ 是 $n-r$ 个自由未知数．方程组（4.2.1）与齐次线性方程组（4.1.1）同解，当 $x_{r+1},x_{r+2},\cdots,x_n$ 任取一组值时，就可唯一确定 $x_1,x_2,\cdots,x_r$ 的值，即得到方程组（4.2.1）的一个解，也就是齐次线性方程组（4.1.1）的解.

不妨设 $x_{r+1},x_{r+2},\cdots,x_n$ 分别等于下列 $n-r$ 组向量：

$$\begin{pmatrix} x_{r+1} \\ x_{r+2} \\ \vdots \\ x_n \end{pmatrix} = \begin{pmatrix} 1 \\ 0 \\ \vdots \\ 0 \end{pmatrix}, \begin{pmatrix} 0 \\ 1 \\ \vdots \\ 0 \end{pmatrix}, \cdots, \begin{pmatrix} 0 \\ 0 \\ \vdots \\ 1 \end{pmatrix},$$

分别代入方程组（4.2.1），可求得

$$\begin{pmatrix} x_1 \\ x_2 \\ \vdots \\ x_r \end{pmatrix} = \begin{pmatrix} -b_{11} \\ -b_{21} \\ \vdots \\ -b_{r1} \end{pmatrix}, \begin{pmatrix} -b_{12} \\ -b_{22} \\ \vdots \\ -b_{r2} \end{pmatrix}, \cdots, \begin{pmatrix} -b_{1(n-r)} \\ -b_{2(n-r)} \\ \vdots \\ -b_{r(n-r)} \end{pmatrix},$$

从而求得方程组（4.2.1）即矩阵方程（4.1.2）的 $n-r$ 个解：

$$\boldsymbol{\xi}_1 = \begin{pmatrix} x_1 \\ \vdots \\ x_r \\ x_{r+1} \\ x_{r+2} \\ \vdots \\ x_n \end{pmatrix} = \begin{pmatrix} -b_{11} \\ \vdots \\ -b_{r1} \\ 1 \\ 0 \\ \vdots \\ 0 \end{pmatrix}, \boldsymbol{\xi}_2 = \begin{pmatrix} x_1 \\ \vdots \\ x_r \\ x_{r+1} \\ x_{r+2} \\ \vdots \\ x_n \end{pmatrix} = \begin{pmatrix} -b_{12} \\ \vdots \\ -b_{r2} \\ 0 \\ 1 \\ \vdots \\ 0 \end{pmatrix}, \cdots, \boldsymbol{\xi}_{n-r} = \begin{pmatrix} x_1 \\ \vdots \\ x_r \\ x_{r+1} \\ x_{r+2} \\ \vdots \\ x_n \end{pmatrix} = \begin{pmatrix} -b_{1(n-r)} \\ \vdots \\ -b_{r(n-r)} \\ 0 \\ 0 \\ \vdots \\ 1 \end{pmatrix}.$$

下面验证 $\boldsymbol{\xi}_1, \boldsymbol{\xi}_2, \cdots, \boldsymbol{\xi}_{n-r}$ 就是解空间 S 的一个基.

（1）因为 $(x_{r+1}, x_{r+2}, \cdots, x_n)^{\mathrm{T}}$ 所取的 $n-r$ 个 $n-r$ 维向量

$$\begin{pmatrix} 1 \\ 0 \\ \vdots \\ 0 \end{pmatrix}, \begin{pmatrix} 0 \\ 1 \\ \vdots \\ 0 \end{pmatrix}, \cdots, \begin{pmatrix} 0 \\ 0 \\ \vdots \\ 1 \end{pmatrix}$$

线性无关，所以在每个向量前面添加 r 个分量后得到的 $n-r$ 个 n 维向量组 $\boldsymbol{\xi}_1, \boldsymbol{\xi}_2, \cdots, \boldsymbol{\xi}_{n-r}$ 也线性无关.

（2）齐次线性方程组（4.1.1）的任一解

$$\boldsymbol{\xi} = \begin{pmatrix} \lambda_1 \\ \vdots \\ \lambda_r \\ \lambda_{r+1} \\ \vdots \\ \lambda_n \end{pmatrix}$$

都可由向量组$\xi_1,\xi_2,\cdots,\xi_{n-r}$线性表示，而向量组$\xi_1,\xi_2,\cdots,\xi_{n-r}$中的任一向量都是齐次线性方程组（4.1.1）的解，则其线性组合

$$\boldsymbol{\eta}=\lambda_{r+1}\boldsymbol{\xi}_1+\lambda_{r+2}\boldsymbol{\xi}_2+\cdots+\lambda_n\boldsymbol{\xi}_{n-r},\lambda_{r+1},\lambda_{r+2},\cdots,\lambda_n\in\mathbf{R}$$

也是齐次线性方程组（4.1.1）的解．又$\boldsymbol{\xi}$与$\boldsymbol{\eta}$的后$n-r$个分量对应相等，因为它们都满足方程组（4.2.1），所以它们的前r个分量也对应相等（方程组（4.2.1）表明其任一解的前r个分量由后$n-r$个分量唯一确定）．因此$\boldsymbol{\xi}=\boldsymbol{\eta}$，即

$$\boldsymbol{\xi}=\lambda_{r+1}\boldsymbol{\xi}_1+\lambda_{r+2}\boldsymbol{\xi}_2+\cdots+\lambda_n\boldsymbol{\xi}_{n-r},\lambda_{r+1},\lambda_{r+2},\cdots,\lambda_n\in\mathbf{R}.$$

综合（1）、（2）可知，$\xi_1,\xi_2,\cdots,\xi_{n-r}$是解空间$S$的一个基，因此$\dim S=n-r$．

以上证明过程提供了求解空间S的基的一种方法，一般地，解空间S的基是不唯一的，例如，$x_{r+1},x_{r+2},\cdots,x_n$可任取$n-r$个线性无关的$n-r$维向量，从而得到相应的解空间的一个基；又如，齐次线性方程组（4.1.1）的任意$n-r$个线性无关的解向量，都可作为解空间S的基．

定义 1　齐次线性方程组（4.1.1）的解空间S的一个基称为该方程组的一个**基础解系**．

与定义 1 等价的定义为：齐次线性方程组（4.1.1）的解集合S的一个极大无关组称为该方程组的一个基础解系．

定理 2　若齐次线性方程组（4.1.1）的系数矩阵的秩小于未知数个数，即$0<R(\boldsymbol{A})=r<n$，则该方程组必存在含有$n-r$个解向量$\xi_1,\xi_2,\cdots,\xi_{n-r}$的一个基础解系，且其通解（全部解）可表示为

$$\boldsymbol{x}=k_1\boldsymbol{\xi}_1+k_2\boldsymbol{\xi}_2+\cdots+k_{n-r}\boldsymbol{\xi}_{n-r}\ (k_1,k_2,\cdots,k_{n-r}\in\mathbf{R}),$$

其解空间S可表示为

$$S=\{x=k_1\boldsymbol{\xi}_1+k_2\boldsymbol{\xi}_2+\cdots+k_{n-r}\boldsymbol{\xi}_{n-r}\,|\,k_1,k_2,\cdots,k_{n-r}\in\mathbf{R}\}.$$

由此可见，齐次线性方程组（4.1.1）有非零解的充要条件是$R(\boldsymbol{A})<n$．

当$R(\boldsymbol{A})=n$时，齐次线性方程组（4.1.1）只有零解，此时解空间S只含一个零向量，因而没有基础解系．

若$\dim S=n-r\ (r<n)$，则解空间S中任意$n-r$个线性无关的向量都可作为$\boldsymbol{Ax}=\boldsymbol{0}$的基础解系，由基础解系不唯一知齐次线性方程组（4.1.1）的通解表达式也不唯一．

上面给出的求基础解系的方法也就是利用初等行变换求齐次线性方程组通解的方法．

例 1　求齐次线性方程组

$$\begin{cases}x_1+2x_2+4x_3-3x_4=0,\\3x_1+5x_2+6x_3-4x_4=0,\\4x_1+5x_2-2x_3+3x_4=0\end{cases}$$

的一个基础解系和通解.

解 将系数矩阵 $\boldsymbol{A}$ 施行初等行变换，化为行最简形矩阵：

$$\boldsymbol{A}=\begin{pmatrix}1&2&4&-3\\3&5&6&-4\\4&5&-2&3\end{pmatrix}\xrightarrow[r_3-4r_1]{r_2-3r_1}\begin{pmatrix}1&2&4&-3\\0&-1&-6&5\\0&-3&-18&15\end{pmatrix}$$

$$\xrightarrow[-r_2]{r_3-3r_2}\begin{pmatrix}1&2&4&-3\\0&1&6&-5\\0&0&0&0\end{pmatrix}\xrightarrow{r_1-2r_2}\begin{pmatrix}1&0&-8&7\\0&1&6&-5\\0&0&0&0\end{pmatrix},$$

$R(\boldsymbol{A})=2<4$，则基础解系存在且由两个线性无关的解构成. 与原方程组同解的方程组为

$$\begin{cases}x_1-8x_3+7x_4=0,\\x_2+6x_3-5x_4=0,\end{cases}$$

即
$$\begin{cases}x_1=8x_3-7x_4,\\x_2=-6x_3+5x_4,\end{cases}\tag{4.2.2}$$

其中 x_3，x_4 是自由未知量.

令
$$\begin{pmatrix}x_3\\x_4\end{pmatrix}=\begin{pmatrix}1\\0\end{pmatrix},\begin{pmatrix}0\\1\end{pmatrix},$$

代入方程组（4.2.2），得

$$\begin{pmatrix}x_1\\x_2\end{pmatrix}=\begin{pmatrix}8\\-6\end{pmatrix},\begin{pmatrix}-7\\5\end{pmatrix},$$

从而得到一个基础解系为

$$\boldsymbol{\xi}_1=\begin{pmatrix}8\\-6\\1\\0\end{pmatrix},\boldsymbol{\xi}_2=\begin{pmatrix}-7\\5\\0\\1\end{pmatrix},$$

故方程组的通解为

$$\boldsymbol{x}=k_1\boldsymbol{\xi}_1+k_2\boldsymbol{\xi}_2\quad(k_1,k_2\in\mathbf{R}).$$

以上求解过程还可以简化，为将解表示得更清楚，将方程组（4.2.2）写成

$$\begin{cases}x_1=8x_3-7x_4,\\x_2=-6x_3+5x_4,\\x_3=x_3,\\x_4=x_4,\end{cases}$$

其中 x_3，x_4 是自由未知量，可任取值，若取 $x_3=k_1$，$x_4=k_2$，并将上式写成参数形式

$$\begin{cases} x_1 = 8k_1 - 7k_2, \\ x_2 = -6k_1 + 5k_2, \\ x_3 = k_1, \\ x_4 = k_2, \end{cases}$$

或写成向量形式

$$\begin{pmatrix} x_1 \\ x_2 \\ x_3 \\ x_4 \end{pmatrix} = k_1 \begin{pmatrix} 8 \\ -6 \\ 1 \\ 0 \end{pmatrix} + k_2 \begin{pmatrix} -7 \\ 5 \\ 0 \\ 1 \end{pmatrix} \quad (k_1, k_2 \in \mathbf{R}),$$

其中

$$\boldsymbol{\xi}_1 = \begin{pmatrix} 8 \\ -6 \\ 1 \\ 0 \end{pmatrix}, \boldsymbol{\xi}_2 = \begin{pmatrix} -7 \\ 5 \\ 0 \\ 1 \end{pmatrix}$$

就是原方程组的一个基础解系，原方程组的通解为

$$\boldsymbol{x} = k_1\boldsymbol{\xi}_1 + k_2\boldsymbol{\xi}_2 \quad (k_1, k_2 \in \mathbf{R}).$$

例 2 求齐次线性方程组

$$\begin{cases} x_1 - x_2 + 5x_3 - x_4 = 0, \\ x_1 + x_2 - 2x_3 + 3x_4 = 0, \\ 3x_1 - x_2 + 8x_3 + x_4 = 0, \\ x_1 + 3x_2 - 9x_3 + 7x_4 = 0 \end{cases}$$

的通解.

解 将系数矩阵 $\boldsymbol{A}$ 施行初等行变换，有

$$\boldsymbol{A} = \begin{pmatrix} 1 & -1 & 5 & -1 \\ 1 & 1 & -2 & 3 \\ 3 & -1 & 8 & 1 \\ 1 & 3 & -9 & 7 \end{pmatrix} \xrightarrow[r_4 - r_1]{r_2 - r_1, r_3 - 3r_1} \begin{pmatrix} 1 & -1 & 5 & -1 \\ 0 & 2 & -7 & 4 \\ 0 & 2 & -7 & 4 \\ 0 & 4 & -14 & 8 \end{pmatrix}$$

$$\xrightarrow[r_4 - 2r_2]{r_3 - r_2} \begin{pmatrix} 1 & -1 & 5 & -1 \\ 0 & 2 & -7 & 4 \\ 0 & 0 & 0 & 0 \\ 0 & 0 & 0 & 0 \end{pmatrix} \xrightarrow[r_1 + r_2]{\frac{1}{2}r_2} \begin{pmatrix} 1 & 0 & 3/2 & 1 \\ 0 & 1 & -7/2 & 2 \\ 0 & 0 & 0 & 0 \\ 0 & 0 & 0 & 0 \end{pmatrix},$$

$R(\boldsymbol{A})=2<4$，则基础解系存在且由两个线性无关的解构成．与原方程组同解的方程组为

$$\begin{cases}x_1+\dfrac{3}{2}x_3+x_4=0,\\x_2-\dfrac{7}{2}x_3+2x_4=0,\end{cases}$$

其中 x_3，x_4 是自由未知量，可任取值，若取 $x_3=2k_1$，$x_4=k_2$，得原方程组的通解为

$$\begin{pmatrix}x_1\\x_2\\x_3\\x_4\end{pmatrix}=k_1\begin{pmatrix}-3\\7\\2\\0\end{pmatrix}+k_2\begin{pmatrix}-1\\-2\\0\\1\end{pmatrix}\quad（k_1,k_2\in\mathbf{R}）,$$

原方程组的一个基础解系为

$$\boldsymbol{\xi}_1=\begin{pmatrix}-3\\7\\2\\0\end{pmatrix},\boldsymbol{\xi}_2=\begin{pmatrix}-1\\-2\\0\\1\end{pmatrix},$$

通解又可表示为

$$\boldsymbol{x}=k_1\boldsymbol{\xi}_1+k_2\boldsymbol{\xi}_2\quad（k_1,k_2\in\mathbf{R}）.$$

例 3　求参数 λ，使齐次线性方程组

$$\begin{cases}(\lambda+3)x_1+x_2+2x_3=0,\\\lambda x_1+(\lambda-1)x_2+x_3=0,\\3(\lambda+1)x_1+\lambda x_2+(\lambda+3)x_3=0\end{cases}$$

有非零解，并求其通解．

解　系数行列式

$$D=\begin{vmatrix}\lambda+3&1&2\\\lambda&\lambda-1&1\\3(\lambda+1)&\lambda&\lambda+3\end{vmatrix}=\lambda^2(\lambda-1),$$

当 $D=0$，即 $\lambda=0,1$ 时，方程组有非零解．

将 $\lambda=0$ 代入原方程组，得

$$\begin{cases}3x_1+x_2+2x_3=0,\\-x_2+x_3=0,\\3x_1+3x_3=0,\end{cases}$$

其系数矩阵

$$A_1=\begin{pmatrix}3&1&2\\0&-1&1\\3&0&3\end{pmatrix}\xrightarrow[r_2+r_1]{r_1-r_3}\begin{pmatrix}0&1&-1\\0&0&0\\3&0&3\end{pmatrix}$$

$$\xrightarrow[r_2\leftrightarrow r_3]{\frac{1}{3}r_3}\begin{pmatrix}0&1&-1\\1&0&1\\0&0&0\end{pmatrix}\xrightarrow{r_1\leftrightarrow r_2}\begin{pmatrix}1&0&1\\0&1&-1\\0&0&0\end{pmatrix},$$

得同解方程组

$$\begin{cases}x_1=-x_3,\\x_2=x_3,\\x_3=x_3.\end{cases}$$

令 $x_3=k$，得通解

$$\begin{pmatrix}x_1\\x_2\\x_3\end{pmatrix}=k\begin{pmatrix}-1\\1\\1\end{pmatrix}\quad（k\in\mathbf{R}）.$$

再将 $\lambda=1$ 代入原方程组，得

$$\begin{cases}4x_1+x_2+2x_3=0,\\x_1+x_3=0,\\6x_1+x_2+4x_3=0,\end{cases}$$

其系数矩阵

$$A_2=\begin{pmatrix}4&1&2\\1&0&1\\6&1&4\end{pmatrix}\xrightarrow{r_2\leftrightarrow r_1}\begin{pmatrix}1&0&1\\4&1&2\\6&1&4\end{pmatrix}$$

$$\xrightarrow[r_3-6r_1]{r_2-4r_1}\begin{pmatrix}1&0&1\\0&1&-2\\0&1&-2\end{pmatrix}\xrightarrow{r_3-r_2}\begin{pmatrix}1&0&1\\0&1&-2\\0&0&0\end{pmatrix},$$

得同解方程组

$$\begin{cases}x_1=-x_3,\\x_2=2x_3,\\x_3=x_3.\end{cases}$$

令 $x_3=k$，得通解

$$\begin{pmatrix}x_1\\x_2\\x_3\end{pmatrix}=k\begin{pmatrix}-1\\2\\1\end{pmatrix}\quad（k\in\mathbf{R}）.$$

例 4 设 $\boldsymbol{B}$ 是一个三阶非零矩阵，它的每一列都是齐次线性方程组

$$\begin{cases} x_1+2x_2-2x_3=0, \\ 2x_1-x_2+\lambda x_3=0, \\ 3x_1+x_2-x_3=0 \end{cases}$$

的解，求 λ 的值和 $|\boldsymbol{B}|$.

解 由于 $\boldsymbol{B}$ 是一个三阶非零矩阵，所以 $\boldsymbol{B}$ 中至少有一列向量不是零向量，又由于 $\boldsymbol{B}$ 的每一列都是上面齐次线性方程组的解，故该齐次方程组有非零解，从而系数行列式

$$|\boldsymbol{A}|=\begin{vmatrix} 1 & 2 & -2 \\ 2 & -1 & \lambda \\ 3 & 1 & -1 \end{vmatrix}=5\lambda-5=0,$$

得 $\lambda=1$.

当 $\lambda=1$ 时，$R(\boldsymbol{A})=2$，解空间 S 的维数 $\dim S=3-2=1$，即基础解系只含一个解向量，因而 $\boldsymbol{B}$ 的 3 个列向量必线性相关，得 $|\boldsymbol{B}|=0$.

4.3 非齐次线性方程组解的结构

设非齐次线性方程组

$$\begin{cases} a_{11}x_1+a_{12}x_2+\cdots+a_{1n}x_n=b_1, \\ a_{21}x_1+a_{22}x_2+\cdots+a_{2n}x_n=b_2, \\ \qquad\vdots \\ a_{m1}x_1+a_{m2}x_2+\cdots+a_{mn}x_n=b_m, \end{cases} \tag{4.3.1}$$

若记 $\boldsymbol{A}=\begin{pmatrix} a_{11} & a_{12} & \cdots & a_{1n} \\ a_{21} & a_{22} & \cdots & a_{2n} \\ \vdots & \vdots & & \vdots \\ a_{m1} & a_{m2} & \cdots & a_{mn} \end{pmatrix}$，$\boldsymbol{x}=\begin{pmatrix} x_1 \\ x_2 \\ \vdots \\ x_n \end{pmatrix}$，$\boldsymbol{\alpha}_j=\begin{pmatrix} a_{1j} \\ a_{2j} \\ \vdots \\ a_{mj} \end{pmatrix}$（$j=1,2,\cdots,n$），$\boldsymbol{b}=\begin{pmatrix} b_1 \\ b_2 \\ \vdots \\ b_m \end{pmatrix}$，

则与方程组（4.3.1）等价的矩阵形式和向量形式分别为

$$\boldsymbol{Ax}=\boldsymbol{b}, \tag{4.3.2}$$

$$x_1\boldsymbol{\alpha}_1+x_2\boldsymbol{\alpha}_2+\cdots+x_n\boldsymbol{\alpha}_n=\boldsymbol{b}.$$

求解非齐次线性方程组，先要判断该方程组是否有解. 若方程组有解，称该方程组是相容的；若方程组无解，称该方程组是不相容的.

关于非齐次线性方程组（4.3.1）有解，以下四种说法是等价的：

（1）方程组（4.3.1）有解；

（2）向量 $\boldsymbol{b}$ 能由向量组 $\boldsymbol{\alpha}_1,\boldsymbol{\alpha}_2,\cdots,\boldsymbol{\alpha}_n$ 线性表示；

（3）向量组 $\boldsymbol{\alpha}_1,\boldsymbol{\alpha}_2,\cdots,\boldsymbol{\alpha}_n$ 与向量组 $\boldsymbol{\alpha}_1,\boldsymbol{\alpha}_2,\cdots,\boldsymbol{\alpha}_n,\boldsymbol{b}$ 等价；

（4）系数矩阵 $\boldsymbol{A}=(\boldsymbol{\alpha}_1,\boldsymbol{\alpha}_2,\cdots,\boldsymbol{\alpha}_n)$ 与增广矩阵 $\boldsymbol{B}=(\boldsymbol{\alpha}_1,\boldsymbol{\alpha}_2,\cdots,\boldsymbol{\alpha}_n,\boldsymbol{b})$ 的秩相等.

通常用（4）来判断（1），即有下述定理.

定理 3　非齐次线性方程组（4.3.1）有解的充要条件是 $R(\boldsymbol{A})=R(\boldsymbol{B})$.

由此可见，非齐次线性方程组（4.3.1）有无解是由系数矩阵及增广矩阵的秩确定，而不是方程的个数.

在非齐次线性方程组 $\boldsymbol{Ax}=\boldsymbol{b}$ 中，令 $\boldsymbol{b}=\boldsymbol{0}$ 得到的齐次线性方程组 $\boldsymbol{Ax}=\boldsymbol{0}$ 称为与方程组 $\boldsymbol{Ax}=\boldsymbol{b}$ 对应的齐次线性方程组，或称为方程组 $\boldsymbol{Ax}=\boldsymbol{b}$ 的导出组.

非齐次线性方程组 $\boldsymbol{Ax}=\boldsymbol{b}$ 的解也有两个重要性质.

性质3　若 $\boldsymbol{\eta}_1$，$\boldsymbol{\eta}_2$ 是方程组 $\boldsymbol{Ax}=\boldsymbol{b}$ 的解，则 $\boldsymbol{\eta}_1-\boldsymbol{\eta}_2$ 是其导出组 $\boldsymbol{Ax}=\boldsymbol{0}$ 的解.

证　$\boldsymbol{A}(\boldsymbol{\eta}_1-\boldsymbol{\eta}_2)=\boldsymbol{A\eta}_1-\boldsymbol{A\eta}_2=\boldsymbol{b}-\boldsymbol{b}=\boldsymbol{0}$，即 $\boldsymbol{\eta}_1-\boldsymbol{\eta}_2$ 是 $\boldsymbol{Ax}=\boldsymbol{0}$ 的解．证毕.

性质4　若 $\boldsymbol{\eta}$ 是方程组 $\boldsymbol{Ax}=\boldsymbol{b}$ 的解，$\boldsymbol{\xi}$ 是其导出组 $\boldsymbol{Ax}=\boldsymbol{0}$ 的解，则 $\boldsymbol{\xi}+\boldsymbol{\eta}$ 仍是方程组 $\boldsymbol{Ax}=\boldsymbol{b}$ 的解.

证　$\boldsymbol{A}(\boldsymbol{\xi}+\boldsymbol{\eta})=\boldsymbol{A\xi}+\boldsymbol{A\eta}=\boldsymbol{0}+\boldsymbol{b}=\boldsymbol{b}$，即 $\boldsymbol{\xi}+\boldsymbol{\eta}$ 是 $\boldsymbol{Ax}=\boldsymbol{b}$ 的解．证毕.

由性质 4 知，若求得非齐次线性方程组（4.3.2）的一个解 $\boldsymbol{\eta}^*$，则其任一解总可表示为

$$\boldsymbol{x}=\boldsymbol{\xi}+\boldsymbol{\eta}^*,$$

其中 $\boldsymbol{\xi}$ 是对应的齐次线性方程组 $\boldsymbol{Ax}=\boldsymbol{0}$ 的解，又若 $\boldsymbol{Ax}=\boldsymbol{0}$ 的通解为

$$\boldsymbol{\xi}=k_1\boldsymbol{\xi}_1+k_2\boldsymbol{\xi}_2+\cdots+k_{n-r}\boldsymbol{\xi}_{n-r}\quad（k_1,k_2,\cdots,k_{n-r}\in\mathbf{R}），$$

则

$$\boldsymbol{x}=k_1\boldsymbol{\xi}_1+k_2\boldsymbol{\xi}_2+\cdots+k_{n-r}\boldsymbol{\xi}_{n-r}+\boldsymbol{\eta}^*$$

仍是非齐次线性方程组（4.3.2）的解.

于是非齐次线性方程组 $\boldsymbol{Ax}=\boldsymbol{b}$ 的通解为

$$\boldsymbol{x}=k_1\boldsymbol{\xi}_1+k_2\boldsymbol{\xi}_2+\cdots+k_{n-r}\boldsymbol{\xi}_{n-r}+\boldsymbol{\eta}^*\quad（k_1,k_2,\cdots,k_{n-r}\in\mathbf{R}），$$

其中 $\boldsymbol{\xi}_1,\boldsymbol{\xi}_2,\cdots,\boldsymbol{\xi}_{n-r}$ 为其导出组 $\boldsymbol{Ax}=\boldsymbol{0}$ 的一个基础解系.

定理 4　设非齐次线性方程组（4.3.1）的系数矩阵为 $\boldsymbol{A}$，增广矩阵为 $\boldsymbol{B}$，则:

（1）非齐次线性方程组（4.3.1）有唯一解 $\Leftrightarrow R(\boldsymbol{A})=R(\boldsymbol{B})=n$；

（2）非齐次线性方程组（4.3.1）有无穷多解 $\Leftrightarrow R(\boldsymbol{A})=R(\boldsymbol{B})=r<n$.

解非齐次线性方程组（4.3.1）的具体步骤如下:

（1）写出增广矩阵 $\boldsymbol{B}$，将其施行初等行变换化为行阶梯形矩阵 $\boldsymbol{B}_1$，即

$$B \xrightarrow{\text{有限次初等行变换}} \cdots \rightarrow B_1 .$$

（2）比较 $\boldsymbol{B}_1$ 与 $\boldsymbol{B}_1$ 前 n 列所构成矩阵的非零行的行数，判断 $R(\boldsymbol{A})$ 与 $R(\boldsymbol{B})$ 是否相等：

① 若 $R(\boldsymbol{A})<R(\boldsymbol{B})$，则方程组无解；

② 若 $R(\boldsymbol{A})=R(\boldsymbol{B})=r$，则以 $\boldsymbol{B}_1$ 为增广矩阵的方程组与原方程组同解.

（3）若 $R(\boldsymbol{A})=R(\boldsymbol{B})=r$，进一步，将 $\boldsymbol{B}_1$ 用初等行变换化为行最简形矩阵，即

$$\boldsymbol{B}_1 \xrightarrow{\text{有限次初等行变换}} \cdots \rightarrow \begin{pmatrix} 1 & 0 & \cdots & 0 & c_{1(r+1)} & \cdots & c_{1n} & d_1 \\ 0 & 1 & \cdots & 0 & c_{2(r+1)} & \cdots & c_{2n} & d_2 \\ \vdots & \vdots & & \vdots & \vdots & & \vdots & \vdots \\ 0 & 0 & \cdots & 1 & c_{r(r+1)} & \cdots & c_{rn} & d_r \\ 0 & 0 & \cdots & 0 & 0 & \cdots & 0 & 0 \\ \vdots & \vdots & & \vdots & \vdots & & \vdots & \vdots \\ 0 & 0 & \cdots & 0 & 0 & \cdots & 0 & 0 \end{pmatrix}.$$

写出非齐次线性方程组（4.3.1）的解：

$$\begin{cases} x_1=-c_{1(r+1)}x_{r+1}-\cdots-c_{1n}x_n+d_1, \\ x_2=-c_{2(r+1)}x_{r+1}-\cdots-c_{2n}x_n+d_2, \\ \qquad\qquad\vdots \\ x_r=-c_{r(r+1)}x_{r+1}-\cdots-c_{rn}x_n+d_r, \\ x_{r+1}=x_{r+1}, \\ \qquad\vdots \\ x_n=x_n, \end{cases} \tag{4.3.3}$$

其中 $x_{r+1},\cdots,x_n$ 为 $n-r$ 个自由未知量，令 $x_{r+1}=k_1,\cdots,x_n=k_{n-r}$，代入上式，即

$$\begin{cases} x_1=-c_{1(r+1)}k_1-\cdots-c_{1n}k_{n-r}+d_1, \\ x_2=-c_{2(r+1)}k_1-\cdots-c_{2n}k_{n-r}+d_2, \\ \qquad\qquad\vdots \\ x_r=-c_{r(r+1)}k_1-\cdots-c_{rn}k_{n-r}+d_r, \\ x_{r+1}=k_1, \\ \qquad\vdots \\ x_n=k_{n-r}, \end{cases} \tag{4.3.4}$$

得到非齐次线性方程组（4.3.1）的通解，其向量形式为

$$\boldsymbol{x}=\begin{pmatrix}x_1\\x_2\\\vdots\\x_r\\x_{r+1}\\\vdots\\x_n\end{pmatrix}=k_1\begin{pmatrix}-c_{1(r+1)}\\-c_{2(r+1)}\\\vdots\\-c_{r(r+1)}\\1\\\vdots\\0\end{pmatrix}+\cdots+k_{n-r}\begin{pmatrix}-c_{1n}\\-c_{2n}\\\vdots\\-c_{rn}\\0\\\vdots\\1\end{pmatrix}+\begin{pmatrix}d_1\\d_2\\\vdots\\d_r\\0\\\vdots\\0\end{pmatrix}\quad(k_1,\cdots,k_{n-r}\in\mathbf{R}).$$

注 步骤（3）中的式（4.3.3）可以省略，可直接写出式（4.3.4）.

例 5 求解方程组

$$\begin{cases}x_1+2x_2-x_3+2x_4=1,\\2x_1+4x_2+x_3+x_4=5,\\-x_1-2x_2-2x_3+x_4=-4.\end{cases}$$

解 对增广矩阵 $\boldsymbol{B}$ 施行初等行变换：

$$\boldsymbol{B}=\begin{pmatrix}1&2&-1&2&1\\2&4&1&1&5\\-1&-2&-2&1&-4\end{pmatrix}\xrightarrow[r_3+r_1]{r_2-2r_1}\begin{pmatrix}1&2&-1&2&1\\0&0&3&-3&3\\0&0&-3&3&-3\end{pmatrix}$$

$$\xrightarrow[\frac{1}{3}r_2]{r_3+r_2}\begin{pmatrix}1&2&-1&2&1\\0&0&1&-1&1\\0&0&0&0&0\end{pmatrix}\xrightarrow{r_1+r_2}\begin{pmatrix}1&2&0&1&2\\0&0&1&-1&1\\0&0&0&0&0\end{pmatrix},$$

因为 $R(\boldsymbol{A})=R(\boldsymbol{B})=2$，所以方程组有解，且同解方程组为

$$\begin{cases}x_1+2x_2+x_4=2,\\x_3-x_4=1,\end{cases}$$

或

$$\begin{cases}x_1=-2x_2-x_4+2,\\x_2=x_2,\\x_3=x_4+1,\\x_4=x_4.\end{cases}$$

令 $x_2=x_4=0$，则 $x_1=2$，$x_3=1$，得方程组的一个特解

$$\boldsymbol{\eta}^*=\begin{pmatrix}2\\0\\1\\0\end{pmatrix}.$$

令 $x_2 = k_1$，$x_4 = k_2$，则得原方程组的通解

$$\boldsymbol{x} = \begin{pmatrix} x_1 \\ x_2 \\ x_3 \\ x_4 \end{pmatrix} = k_1 \begin{pmatrix} -2 \\ 1 \\ 0 \\ 0 \end{pmatrix} + k_2 \begin{pmatrix} -1 \\ 0 \\ 1 \\ 1 \end{pmatrix} + \begin{pmatrix} 2 \\ 0 \\ 1 \\ 0 \end{pmatrix} \quad （k_1, k_2 \in \mathbf{R}）.$$

例 6　求解方程组

$$\begin{cases} x_1 - 2x_2 + 2x_3 - x_4 = 1, \\ 2x_1 - 4x_2 + 8x_3 = 2, \\ -2x_1 + 4x_2 - 4x_3 + 2x_4 = 3, \\ 3x_1 - 6x_2 - 6x_4 = 4. \end{cases}$$

解　对增广矩阵 $\boldsymbol{B}$ 施行初等行变换：

$$\boldsymbol{B} = \begin{pmatrix} 1 & -2 & 2 & -1 & 1 \\ 2 & -4 & 8 & 0 & 2 \\ -2 & 4 & -4 & 2 & 3 \\ 3 & -6 & 0 & -6 & 4 \end{pmatrix} \xrightarrow[r_4 - 3r_1]{\substack{r_2 - 2r_1 \\ r_3 + 2r_1}} \begin{pmatrix} 1 & -2 & 2 & -1 & 1 \\ 0 & 0 & 4 & 2 & 0 \\ 0 & 0 & 0 & 0 & 5 \\ 0 & 0 & -6 & -3 & 1 \end{pmatrix}$$

$$\xrightarrow[r_4 + 3r_2]{\frac{1}{2}r_2} \begin{pmatrix} 1 & -2 & 2 & -1 & 1 \\ 0 & 0 & 2 & 1 & 0 \\ 0 & 0 & 0 & 0 & 5 \\ 0 & 0 & 0 & 0 & 1 \end{pmatrix} \xrightarrow[r_4 - r_3]{\frac{1}{5}r_3} \begin{pmatrix} 1 & -2 & 2 & -1 & 1 \\ 0 & 0 & 2 & 1 & 0 \\ 0 & 0 & 0 & 0 & 1 \\ 0 & 0 & 0 & 0 & 0 \end{pmatrix},$$

因为 $R(\boldsymbol{A}) = 2 \neq R(\boldsymbol{B}) = 3$，故原方程组无解.

例 7　求非齐次线性方程组

$$\begin{cases} x_1 + x_2 + x_3 + x_4 + x_5 = 2, \\ 2x_1 + 3x_2 + x_3 + x_4 - 3x_5 = 0, \\ x_1 + 2x_3 + 2x_4 + 6x_5 = 6, \\ 4x_1 + 5x_2 + 3x_3 + 3x_4 - x_5 = 4 \end{cases}$$

的通解，并给出其导出组的通解和一个基础解系.

解　对增广矩阵 $\boldsymbol{B}$ 施行初等行变换：

$$\boldsymbol{B} = \begin{pmatrix} 1 & 1 & 1 & 1 & 1 & 2 \\ 2 & 3 & 1 & 1 & -3 & 0 \\ 1 & 0 & 2 & 2 & 6 & 6 \\ 4 & 5 & 3 & 3 & -1 & 4 \end{pmatrix} \xrightarrow[r_4 - 4r_1]{\substack{r_2 - 2r_1 \\ r_3 - r_1}} \begin{pmatrix} 1 & 1 & 1 & 1 & 1 & 2 \\ 0 & 1 & -1 & -1 & -5 & -4 \\ 0 & -1 & 1 & 1 & 5 & 4 \\ 0 & 1 & -1 & -1 & -5 & -4 \end{pmatrix}$$

$$\xrightarrow[r_4-r_2]{\substack{r_1-r_2\\ r_3+r_2}}\begin{pmatrix}1&0&2&2&6&6\\0&1&-1&-1&-5&-4\\0&0&0&0&0&0\\0&0&0&0&0&0\end{pmatrix},$$

得同解方程组

$$\begin{cases}x_1=-2x_3-2x_4-6x_5+6,\\x_2=x_3+x_4+5x_5-4,\\x_3=x_3,\\x_4=x_4,\\x_5=x_5.\end{cases}$$

令 $x_3=k_1$，$x_4=k_2$，$x_5=k_3$，得原方程组的通解

$$\boldsymbol{x}=\begin{pmatrix}x_1\\x_2\\x_3\\x_4\\x_5\end{pmatrix}=k_1\begin{pmatrix}-2\\1\\1\\0\\0\end{pmatrix}+k_2\begin{pmatrix}-2\\1\\0\\1\\0\end{pmatrix}+k_3\begin{pmatrix}-6\\5\\0\\0\\1\end{pmatrix}+\begin{pmatrix}6\\-4\\0\\0\\0\end{pmatrix}\quad（k_1,k_2,k_3\in\mathbf{R}）;$$

其导出组的通解为

$$\boldsymbol{\xi}=k_1\begin{pmatrix}-2\\1\\1\\0\\0\end{pmatrix}+k_2\begin{pmatrix}-2\\1\\0\\1\\0\end{pmatrix}+k_3\begin{pmatrix}-6\\5\\0\\0\\1\end{pmatrix}\quad（k_1,k_2,k_3\in\mathbf{R}）,$$

一个基础解系为

$$\boldsymbol{\xi}_1=\begin{pmatrix}-2\\1\\1\\0\\0\end{pmatrix},\boldsymbol{\xi}_2=\begin{pmatrix}-2\\1\\0\\1\\0\end{pmatrix},\boldsymbol{\xi}_3=\begin{pmatrix}-6\\5\\0\\0\\1\end{pmatrix}.$$

例 8 当 λ 取何值时，线性方程组

$$\begin{cases}\lambda x_1+x_2+x_3=1,\\x_1+\lambda x_2+x_3=\lambda,\\x_1+x_2+\lambda x_3=\lambda^2\end{cases}$$

（1）有唯一解；（2）无解；（3）有无穷多解，并求其通解.

解 方程组的系数矩阵与增广矩阵分别为

$$\boldsymbol{A}=\begin{pmatrix}\lambda & 1 & 1\\ 1 & \lambda & 1\\ 1 & 1 & \lambda\end{pmatrix},\ \boldsymbol{B}=\begin{pmatrix}\lambda & 1 & 1 & 1\\ 1 & \lambda & 1 & \lambda\\ 1 & 1 & \lambda & \lambda^2\end{pmatrix},$$

则
$$|\boldsymbol{A}|=(\lambda-1)^2(\lambda+2).$$

（1）当 $\lambda\neq 1$ 且 $\lambda\neq -2$ 时，$|\boldsymbol{A}|\neq 0$，$R(\boldsymbol{A})=R(\boldsymbol{B})=3$，此时方程组有唯一解；

（2）当 $\lambda=-2$ 时，

$$\boldsymbol{B}=\begin{pmatrix}-2 & 1 & 1 & 1\\ 1 & -2 & 1 & -2\\ 1 & 1 & -2 & 4\end{pmatrix}\xrightarrow{r_2\leftrightarrow r_1}\begin{pmatrix}1 & -2 & 1 & -2\\ -2 & 1 & 1 & 1\\ 1 & 1 & -2 & 4\end{pmatrix}$$

$$\xrightarrow[r_3-r_1]{r_2+2r_1}\begin{pmatrix}1 & -2 & 1 & -2\\ 0 & -3 & 3 & -3\\ 0 & 3 & -3 & 6\end{pmatrix}\xrightarrow{r_3+r_2}\begin{pmatrix}1 & -2 & 1 & -2\\ 0 & -3 & 3 & -3\\ 0 & 0 & 0 & 3\end{pmatrix},$$

$R(\boldsymbol{A})=2\neq R(\boldsymbol{B})=3$，此时方程组无解；

（3）当 $\lambda=1$ 时，

$$\boldsymbol{B}=\begin{pmatrix}1 & 1 & 1 & 1\\ 1 & 1 & 1 & 1\\ 1 & 1 & 1 & 1\end{pmatrix}\xrightarrow[r_3-r_1]{r_2-r_1}\begin{pmatrix}1 & 1 & 1 & 1\\ 0 & 0 & 0 & 0\\ 0 & 0 & 0 & 0\end{pmatrix},$$

$R(\boldsymbol{A})=R(\boldsymbol{B})=1$，此时方程组有无穷多解.

由同解方程组

$$\begin{cases}x_1=-x_2-x_3+1,\\ x_2=x_2,\\ x_3=x_3,\end{cases}$$

得通解

$$\boldsymbol{x}=\begin{pmatrix}x_1\\ x_2\\ x_3\end{pmatrix}=k_1\begin{pmatrix}-1\\ 1\\ 0\end{pmatrix}+k_2\begin{pmatrix}-1\\ 0\\ 1\end{pmatrix}+\begin{pmatrix}1\\ 0\\ 0\end{pmatrix}\quad（k_1,k_2\in\mathbf{R}）.$$

本章小结

一、线性方程组解的判定

（1）齐次线性方程组 $\boldsymbol{Ax}=\boldsymbol{0}$，

① 一定有解（至少有零解）；

② $R(\boldsymbol{A})=n$，有唯一零解；

③ $R(\boldsymbol{A})=r<n$，有非零解，且有 $n-r$ 个线性无关的解向量.

（2）非齐次线性方程组 $\boldsymbol{Ax}=\boldsymbol{b}$，其增广矩阵 $\boldsymbol{B}=(\boldsymbol{A},\boldsymbol{b})$，

① $R(\boldsymbol{A})\neq R(\boldsymbol{B})$，无解；

② $R(\boldsymbol{A})=R(\boldsymbol{B})\begin{cases}=n，有唯一解，\\<n，有无穷多解.\end{cases}$

注 设 $\boldsymbol{A}$ 为 $m\times n$ 矩阵，若 $R(\boldsymbol{A})=m$，则 $R(\boldsymbol{A})=R(\boldsymbol{B})$，从而 $\boldsymbol{Ax}=\boldsymbol{b}$ 一定有解.

二、非齐次线性方程组 $\boldsymbol{Ax}=\boldsymbol{b}$ 与齐次线性方程组 $\boldsymbol{Ax}=\boldsymbol{0}$ 的解关系

（1）$\boldsymbol{Ax}=\boldsymbol{b}$ 有解 $\Leftrightarrow R(\boldsymbol{A})=R(\boldsymbol{B})=r\begin{cases}=n\Leftrightarrow \boldsymbol{Ax}=\boldsymbol{b}\ 有唯一解，\\<n\Leftrightarrow \boldsymbol{Ax}=\boldsymbol{b}\ 有无穷多解.\end{cases}$

（2）$\boldsymbol{Ax}=\boldsymbol{b}$ 有唯一解 $\underset{\not\Leftarrow}{\Rightarrow}$ $\boldsymbol{Ax}=\boldsymbol{0}$ 只有零解 $\Leftrightarrow R(\boldsymbol{A})=n$；

（3）$\boldsymbol{Ax}=\boldsymbol{b}$ 有无穷多解 $\underset{\not\Leftarrow}{\Rightarrow}$ $\boldsymbol{Ax}=\boldsymbol{0}$ 有非零解 $\Leftrightarrow R(\boldsymbol{A})<n$.

注 非齐次线性方程组 $\boldsymbol{Ax}=\boldsymbol{b}$ 有无穷多解（唯一解），则 $\boldsymbol{Ax}=\boldsymbol{0}$ 有非零解（仅有零解）；反之不成立，即 $\boldsymbol{Ax}=\boldsymbol{0}$ 有非零解（仅有零解），不能推导出 $\boldsymbol{Ax}=\boldsymbol{b}$ 有无穷多解（唯一解），甚至 $\boldsymbol{Ax}=\boldsymbol{b}$ 可能无解. 因为由 $R(\boldsymbol{A})<n$（$=n$），不一定能得到 $R(\boldsymbol{A})=R(\boldsymbol{B})$.

三、线性方程组解的性质

（1）若 $\boldsymbol{\xi}$ 是齐次线性方程组 $\boldsymbol{Ax}=\boldsymbol{0}$ 的解，则对任意实数 k，$k\boldsymbol{\xi}$ 也是它的解.

（2）若 $\boldsymbol{\xi}_1$，$\boldsymbol{\xi}_2$ 是齐次线性方程组 $\boldsymbol{Ax}=\boldsymbol{0}$ 的解，则 $\boldsymbol{\xi}_1+\boldsymbol{\xi}_2$ 也是它的解.

（3）若 $\boldsymbol{\eta}_1$，$\boldsymbol{\eta}_2$ 是非齐次线性方程组 $\boldsymbol{Ax}=\boldsymbol{b}$ 的两个解，则 $\boldsymbol{\eta}_1-\boldsymbol{\eta}_2$ 是其导出组 $\boldsymbol{Ax}=\boldsymbol{0}$ 的解.

（4）若 $\boldsymbol{\eta}$ 是非齐次线性方程组 $\boldsymbol{Ax}=\boldsymbol{b}$ 的一个解，而 $\boldsymbol{\xi}$ 是其导出组 $\boldsymbol{Ax}=\boldsymbol{0}$ 的一个解，则 $\boldsymbol{\xi}+\boldsymbol{\eta}$ 是方程组 $\boldsymbol{Ax}=\boldsymbol{b}$ 的解.

四、线性方程组解的结构

1. 齐次线性方程组解的结构

若 $R(\boldsymbol{A})<n$，则齐次线性方程组 $\boldsymbol{A}_{m\times n}\boldsymbol{x}=\boldsymbol{0}$ 存在基础解系 $\boldsymbol{\xi}_1,\boldsymbol{\xi}_2,\cdots,\boldsymbol{\xi}_{n-r}$，其通解为

$$x = k_1\boldsymbol{\xi}_1 + k_2\boldsymbol{\xi}_2 + \cdots + k_{n-r}\boldsymbol{\xi}_{n-r} \quad (k_1, k_2, \cdots, k_{n-r} \in \mathbf{R}).$$

2. 非齐次线性方程组解的结构

非齐次线性方程组 $\boldsymbol{Ax} = \boldsymbol{b}$ 的通解＝齐次线性方程组（对应的导出组）$\boldsymbol{Ax} = \boldsymbol{0}$ 的通解+ $\boldsymbol{Ax} = \boldsymbol{b}$ 的一个特解.

习题 4

1. 求下列齐次线性方程组的通解：

（1）$\begin{cases} x_1 - 8x_2 + 10x_3 + 2x_4 = 0, \\ 2x_1 + 4x_2 + 5x_3 - x_4 = 0, \\ 3x_1 + 8x_2 + 6x_3 - 2x_4 = 0; \end{cases}$

（2）$\begin{cases} 2x_1 - 3x_2 - 2x_3 + x_4 = 0, \\ 3x_1 + 5x_2 + 4x_3 - 2x_4 = 0, \\ 8x_1 + 7x_2 + 6x_3 - 3x_4 = 0; \end{cases}$

（3）$\begin{cases} x_1 + x_2 + 2x_3 + 3x_4 = 0, \\ x_1 + 3x_2 + 6x_3 + x_4 = 0, \\ 3x_1 - x_2 - 2x_3 + 15x_4 = 0, \\ x_1 - 5x_2 - 10x_3 + 12x_4 = 0; \end{cases}$

（4）$\begin{cases} x_1 - x_2 + 2x_3 + 3x_4 = 0, \\ x_1 - x_2 + x_3 + 2x_4 = 0, \\ x_1 - x_2 + 3x_3 + 4x_4 = 0, \\ x_1 - x_2 + 5x_4 = 0; \end{cases}$

（5）$\begin{cases} 2x_1 + x_2 - x_3 - x_4 + x_5 = 0, \\ x_1 - x_2 + x_3 + x_4 - 2x_5 = 0, \\ 3x_1 + 3x_2 - 3x_3 - 3x_4 + 4x_5 = 0, \\ 4x_1 + 5x_2 - 5x_3 - 5x_4 + 7x_5 = 0; \end{cases}$

（6）$\begin{cases} x_1 + x_2 + x_3 + x_4 + x_5 = 0, \\ 2x_1 + 3x_2 + x_3 + x_4 - 3x_5 = 0, \\ x_1 + 2x_3 + 2x_4 + 6x_5 = 0, \\ 4x_1 + 5x_2 + 3x_3 + 4x_4 - x_5 = 0. \end{cases}$

2. 求下列非齐次线性方程组的通解及其导出组的一个基础解系：

（1）$\begin{cases} x_1 + x_2 = 5, \\ 2x_1 + x_2 + x_3 + 2x_4 = 1, \\ 5x_1 + 3x_2 + 2x_3 + 2x_4 = 3; \end{cases}$

（2）$\begin{cases} x_1 - 5x_2 + 2x_3 - 3x_4 = 11, \\ 5x_1 + 3x_2 + 6x_3 - x_4 = -1, \\ 2x_1 + 4x_2 + 2x_3 + x_4 = -6; \end{cases}$

（3）$\begin{cases} x_1 - x_2 + 3x_3 - x_4 = 1, \\ 2x_1 - x_2 - x_3 + 4x_4 = 2, \\ 3x_1 - 2x_2 + 2x_3 + 3x_4 = 3, \\ x_1 - 4x_3 + 5x_4 = -1; \end{cases}$

（4）$\begin{cases} 2x_1 - x_2 + 4x_3 - 3x_4 = -4, \\ x_1 + x_3 - x_4 = -3, \\ 3x_1 + x_2 + x_3 - 2x_4 = -11, \\ 7x_1 + x_2 + 5x_3 - 6x_4 = -23; \end{cases}$

（5）$\begin{cases} x_1 + x_2 + x_3 + x_4 + x_5 = 7, \\ 3x_1 + 2x_2 + x_3 + x_4 - 3x_5 = -2, \\ x_2 + 2x_3 + 2x_4 + 6x_5 = 23, \\ 5x_1 + 4x_2 + 3x_3 + 3x_4 - x_5 = 12; \end{cases}$

（6）$\begin{cases} x_1 + x_2 + x_3 + x_4 + x_5 = 1, \\ 2x_1 + 2x_2 - 3x_5 = 0, \\ 4x_3 + 4x_4 + 10x_5 = 4, \\ 6x_3 + 6x_4 + 15x_5 = 6. \end{cases}$

3. 求一个齐次线性方程组，使它的基础解系为

$$\boldsymbol{\xi}_1 = (0,1,2,3)^{\mathrm{T}}, \boldsymbol{\xi}_2 = (3,2,1,0)^{\mathrm{T}}.$$

4．非齐次线性方程组

$$\begin{cases}-2x_1+x_2+x_3=-2,\\ x_1-2x_2+x_3=\lambda,\\ x_1+x_2-2x_3=\lambda^2,\end{cases}$$

当λ取何值时有解？并求出它的解.

5．非齐次线性方程组

$$\begin{cases}(2-\lambda)x_1+2x_2-2x_3=1,\\ 2x_1+(5-\lambda)x_2-4x_3=2,\\ -2x_1-4x_2+(5-\lambda)x_3=-\lambda-1,\end{cases}$$

当λ取何值时，有唯一解、无解或有无穷多解？并在有无穷多解时求其通解.

6．非齐次线性方程组

$$\begin{cases}x_1+x_2+x_3+x_4=0,\\ x_2+2x_3+2x_4=1,\\ -x_2+(a-3)x_3-2x_4=b,\\ 3x_1+2x_2+x_3+ax_4=-1,\end{cases}$$

当a，b取何值时，有唯一解、无解或有无穷多解，并在有无穷多解时求其通解.

7．设四元非齐次线性方程组的系数矩阵的秩为3，已知$\boldsymbol{\eta}_1$，$\boldsymbol{\eta}_2$，$\boldsymbol{\eta}_3$是它的三个解向量，且

$$\boldsymbol{\eta}_1=\begin{pmatrix}2\\3\\4\\5\end{pmatrix},\ \boldsymbol{\eta}_2+\boldsymbol{\eta}_3=\begin{pmatrix}1\\2\\3\\4\end{pmatrix},$$

求该方程组的通解.

8．设$\boldsymbol{\eta}^*$是非齐次线性方程组$\boldsymbol{Ax}=\boldsymbol{b}$的一个解，$\boldsymbol{\xi}_1,\boldsymbol{\xi}_2,\cdots,\boldsymbol{\xi}_{n-r}$是对应的齐次线性方程组的一个基础解系．证明：

（1）$\boldsymbol{\eta}^*,\boldsymbol{\xi}_1,\boldsymbol{\xi}_2,\cdots,\boldsymbol{\xi}_{n-r}$线性无关；

（2）$\boldsymbol{\eta}^*,\boldsymbol{\eta}^*+\boldsymbol{\xi}_1,\boldsymbol{\eta}^*+\boldsymbol{\xi}_2,\cdots,\boldsymbol{\eta}^*+\boldsymbol{\xi}_{n-r}$线性无关.

9．设$\boldsymbol{\eta}_1,\boldsymbol{\eta}_2,\cdots,\boldsymbol{\eta}_s$是非齐次线性方程组$\boldsymbol{Ax}=\boldsymbol{b}$的$s$个解，$k_1,k_2,\cdots,k_s$为实数，满足$k_1+k_2+\cdots+k_s=1$．证明：

$$\boldsymbol{x}=k_1\boldsymbol{\eta}_1+k_2\boldsymbol{\eta}_2+\cdots+k_s\boldsymbol{\eta}_s$$

也是它的解.

10．设非齐次线性方程组$\boldsymbol{Ax}=\boldsymbol{b}$的系数矩阵的秩为$r,\boldsymbol{\eta}_1,\boldsymbol{\eta}_2,\cdots,\boldsymbol{\eta}_{n-r+1}$是它的

$n-r+1$个线性无关的解．证明：它的任一解都可表示为

$$\boldsymbol{x}=k_1\boldsymbol{\eta}_1+k_2\boldsymbol{\eta}_2+\cdots+k_{n-r+1}\boldsymbol{\eta}_{n-r+1} \quad （其中 k_1+k_2+\cdots+k_{n-r+1}=1）.$$

同步测试题 4

一、填空题

1．在齐次线性方程组$\boldsymbol{A}_{m\times n}\boldsymbol{x}=\boldsymbol{0}$中，若$R(\boldsymbol{A})=k$且$\boldsymbol{\xi}_1,\boldsymbol{\xi}_2,\cdots,\boldsymbol{\xi}_r$是它的一个基础解系，则$r=$__________；当$k=$__________时，此方程组只有零解．

2．齐次线性方程组$\begin{cases}x_1+kx_2+x_3=0,\\2x_1+x_2+x_3=0,\\kx_2+3x_3=0\end{cases}$只有零解，则$k$应满足的条件是__________．

3．设$\boldsymbol{A}$为$m\times n$矩阵，如果$\boldsymbol{A}=\boldsymbol{O}$，则任何__________都是$\boldsymbol{Ax}=\boldsymbol{0}$的基础解系．

4．设$\boldsymbol{A}=\begin{pmatrix}-1&2&-1\\1&-1&0\\-2&1&1\end{pmatrix}$，则$\boldsymbol{Ax}=\boldsymbol{0}$的通解为__________．

5．如果方程组$\boldsymbol{Ax}=\boldsymbol{b}$有解，则它有唯一解的充要条件是它所对应的齐次线性方程组$\boldsymbol{Ax}=\boldsymbol{0}$__________．

6．设$\boldsymbol{Ax}=\boldsymbol{b}$，其中$\boldsymbol{A}=\begin{pmatrix}1&2&3\\0&1&2\\2&-1&-1\end{pmatrix}$，则使方程组有解的所有$\boldsymbol{b}$是__________．

7．设矩阵$\boldsymbol{A}=\begin{pmatrix}1&1&2\\-1&2&1\\0&1&1\end{pmatrix}$，$\boldsymbol{B}=\begin{pmatrix}4&-1&3\\2&k&0\\2&-1&1\end{pmatrix}$，且已知存在三阶方阵$\boldsymbol{X}$，使$\boldsymbol{AX}=\boldsymbol{B}$，则$k=$__________．

8．设$\boldsymbol{A}$为三阶方阵，$R(\boldsymbol{A})=1$，$\boldsymbol{B}=\begin{pmatrix}1&-1&0\\2&1&1\\3&0&k\end{pmatrix}$，$\boldsymbol{AB}=\boldsymbol{O}$，则$k=$__________．

9．若方程组$\begin{cases}bx+ay=0,\\cx+az=b,\\cy+bz=a\end{cases}$有唯一解，则$abc$应满足__________．

10．方程组$\begin{cases} x_1+x_2=a_1, \\ x_2+x_3=a_2, \\ x_3+x_4=a_3, \\ x_4+x_1=a_4 \end{cases}$有解，则常数$a_1$，$a_2$，$a_3$，$a_4$应满足________.

二、选择题

1．设$\boldsymbol{\xi}_1,\boldsymbol{\xi}_2,\boldsymbol{\xi}_3$是$\boldsymbol{Ax}=\mathbf{0}$的基础解系，则该方程组的基础解系还可以表示成（　　）.

A．$\boldsymbol{\xi}_1,\boldsymbol{\xi}_2,\boldsymbol{\xi}_3$的一个等价向量组　　B．$\boldsymbol{\xi}_1,\boldsymbol{\xi}_2,\boldsymbol{\xi}_3$的一个等秩向量组

C．$\boldsymbol{\xi}_1,\boldsymbol{\xi}_2+\boldsymbol{\xi}_1,\boldsymbol{\xi}_1+\boldsymbol{\xi}_2+\boldsymbol{\xi}_3$　　D．$\boldsymbol{\xi}_1-\boldsymbol{\xi}_2,\boldsymbol{\xi}_2-\boldsymbol{\xi}_3,\boldsymbol{\xi}_3-\boldsymbol{\xi}_1$

2．n阶方阵$\boldsymbol{A}$可逆的充要条件是（　　）.

A．任一行向量都是非零向量

B．任一列向量都是非零向量

C．$\boldsymbol{Ax}=\boldsymbol{b}$有解

D．当$\boldsymbol{x}\neq\mathbf{0}$时，$\boldsymbol{Ax}\neq\mathbf{0}$，其中$\boldsymbol{x}=(x_1,x_2,\cdots,x_n)^{\mathrm{T}}$

3．设$\boldsymbol{A}$是$m\times n$矩阵，$\boldsymbol{Ax}=\mathbf{0}$是非齐次线性方程组$\boldsymbol{Ax}=\boldsymbol{b}$所对应的齐次线性方程组，则下列结论正确的是（　　）.

A．若$\boldsymbol{Ax}=\mathbf{0}$仅有零解，则$\boldsymbol{Ax}=\boldsymbol{b}$有唯一解

B．若$\boldsymbol{Ax}=\mathbf{0}$有非零解，则$\boldsymbol{Ax}=\boldsymbol{b}$有无穷多解

C．若$\boldsymbol{Ax}=\boldsymbol{b}$有无穷多解，则$\boldsymbol{Ax}=\mathbf{0}$仅有零解

D．若$\boldsymbol{Ax}=\boldsymbol{b}$有无穷多解，则$\boldsymbol{Ax}=\mathbf{0}$有非零解

4．设矩阵$\boldsymbol{A}_{m\times n}$的秩为$R(\boldsymbol{A})=m<n$，$\boldsymbol{E}_m$为$m$阶单位矩阵，下述结论中正确的是（　　）.

A．$\boldsymbol{A}$的任意m个列向量必线性无关

B．$\boldsymbol{A}$的任意一个m阶子式不等于零

C．$\boldsymbol{A}$通过初等行变换，必可化为$(\boldsymbol{E}_m,\boldsymbol{O})$的形式

D．非齐次线性方程组$\boldsymbol{Ax}=\boldsymbol{b}$一定有无穷多解

5．已知三阶方阵$\boldsymbol{A}=(a_{ij})$满足条件：

（1）$a_{ij}=A_{ij}$（$i,j=1,2,3$），其中A_{ij}是元素a_{ij}的代数余子式；

（2）$a_{33}=-1$；

（3）$|\boldsymbol{A}|=1$，

则方程组$\boldsymbol{A}\begin{pmatrix} x_1 \\ x_2 \\ x_3 \end{pmatrix}=\begin{pmatrix} 0 \\ 0 \\ 1 \end{pmatrix}$的解是（　　）.

A. $\begin{pmatrix}3\\5\\2\end{pmatrix}$　　B. $\begin{pmatrix}1\\2\\3\end{pmatrix}$　　C. $\begin{pmatrix}0\\0\\-1\end{pmatrix}$　　D. $\begin{pmatrix}1\\0\\-1\end{pmatrix}$

6．要使$\boldsymbol{\xi}_1=\begin{pmatrix}1\\0\\2\end{pmatrix}$，$\boldsymbol{\xi}_2=\begin{pmatrix}0\\1\\-1\end{pmatrix}$都是齐次线性方程组$\boldsymbol{Ax}=\boldsymbol{0}$的解，只需系数矩阵$\boldsymbol{A}$为（　　）.

A．$(-2,1,1)$　　B. $\begin{pmatrix}2&0&-1\\0&1&1\end{pmatrix}$

C. $\begin{pmatrix}-1&0&2\\0&1&-1\end{pmatrix}$　　D. $\begin{pmatrix}0&1&-1\\4&-2&-2\\0&1&1\end{pmatrix}$

7．若齐次线性方程组$\boldsymbol{A}_{m\times n}\boldsymbol{x}=\boldsymbol{0}$的系数矩阵的秩$R(\boldsymbol{A})=r<m<n$，则下列结论中不正确的是（　　）.

A．方程组中独立方程的个数为$n-r$

B．方程组中独立未知数的个数为r

C．基础解系中含有$n-r$个解向量

D．此方程组有无穷多解

8．设$\boldsymbol{A}=(a_{ij})_{n\times n}$且$|\boldsymbol{A}|=0$，但$\boldsymbol{A}$中某元素$a_{kl}$的代数余子式$A_{kl}\neq 0$，则齐次线性方程组$\boldsymbol{Ax}=\boldsymbol{0}$的每个基础解系中解向量的个数都是（　　）.

A．1　　B．k　　C．l　　D．n

9．设$\boldsymbol{A}$为n阶方阵，$R(\boldsymbol{A})=n-3$且$\boldsymbol{\alpha}_1,\boldsymbol{\alpha}_2,\boldsymbol{\alpha}_3$是$\boldsymbol{Ax}=\boldsymbol{0}$的三个线性无关的解向量，则$\boldsymbol{Ax}=\boldsymbol{0}$的基础解系为（　　）.

A．$\boldsymbol{\alpha}_1+\boldsymbol{\alpha}_2,\boldsymbol{\alpha}_2+\boldsymbol{\alpha}_3,\boldsymbol{\alpha}_3+\boldsymbol{\alpha}_1$

B．$\boldsymbol{\alpha}_2-\boldsymbol{\alpha}_1,\boldsymbol{\alpha}_3-\boldsymbol{\alpha}_2,\boldsymbol{\alpha}_1-\boldsymbol{\alpha}_3$

C．$2\boldsymbol{\alpha}_2-\boldsymbol{\alpha}_1,\dfrac{1}{2}\boldsymbol{\alpha}_3-\boldsymbol{\alpha}_2,\boldsymbol{\alpha}_1-\boldsymbol{\alpha}_3$

D．$\boldsymbol{\alpha}_1+\boldsymbol{\alpha}_2+\boldsymbol{\alpha}_3,\boldsymbol{\alpha}_3-\boldsymbol{\alpha}_2,-\boldsymbol{\alpha}_1-2\boldsymbol{\alpha}_3$

10．已知$\boldsymbol{\beta}_1$，$\boldsymbol{\beta}_2$是非齐次线性方程组$\boldsymbol{Ax}=\boldsymbol{b}$的两个不同解，$\boldsymbol{\alpha}_1,\boldsymbol{\alpha}_2$是$\boldsymbol{Ax}=\boldsymbol{0}$的基础解系，$k_1$，$k_2$为任意实数，则$\boldsymbol{Ax}=\boldsymbol{b}$的通解为（　　）.

A．$k_1\boldsymbol{\alpha}_1+k_2(\boldsymbol{\alpha}_1+\boldsymbol{\alpha}_2)+\dfrac{\boldsymbol{\beta}_1-\boldsymbol{\beta}_2}{2}$

B．$k_1\boldsymbol{\alpha}_1+k_2(\boldsymbol{\alpha}_1-\boldsymbol{\alpha}_2)+\dfrac{\boldsymbol{\beta}_1+\boldsymbol{\beta}_2}{2}$

C. $k_1\boldsymbol{\alpha}_1+k_2(\boldsymbol{\beta}_1+\boldsymbol{\beta}_2)+\dfrac{\boldsymbol{\beta}_1-\boldsymbol{\beta}_2}{2}$

D. $k_1\boldsymbol{\alpha}_1+k_2(\boldsymbol{\beta}_1-\boldsymbol{\beta}_2)+\dfrac{\boldsymbol{\beta}_1+\boldsymbol{\beta}_2}{2}$

三、计算题

1．λ取何值时，线性方程组

$$\begin{cases}2x_1-4x_2+5x_3+3x_4=1,\\3x_1-6x_2+4x_3+2x_4=2,\\4x_1-8x_2+3x_3+x_4=\lambda\end{cases}$$

有解？当方程组有解时，试求其通解．

2．对于线性方程组

$$\begin{cases}\lambda x_1+x_2+x_3=\lambda-3,\\x_1+\lambda x_2+x_3=-2,\\x_1+x_2+\lambda x_3=-2,\end{cases}$$

讨论λ取何值时，方程组无解、有唯一解和有无穷多解，在方程组有无穷多解时，试用其导出组的基础解系表示通解．

3．设$\boldsymbol{A}=\begin{pmatrix}1&2&1&2\\0&1&t&t\\1&t&0&1\end{pmatrix}$，且方程组$\boldsymbol{Ax}=\boldsymbol{0}$的解空间的维数为2，求$\boldsymbol{Ax}=\boldsymbol{0}$的通解．

4．设有三维向量

$$\boldsymbol{\alpha}_1=\begin{pmatrix}1+\lambda\\1\\1\end{pmatrix},\ \boldsymbol{\alpha}_2=\begin{pmatrix}1\\1+\lambda\\1\end{pmatrix},\ \boldsymbol{\alpha}_3=\begin{pmatrix}1\\1\\1+\lambda\end{pmatrix},\ \boldsymbol{\beta}=\begin{pmatrix}0\\\lambda\\\lambda^2\end{pmatrix},$$

问λ取何值时，

（1）$\boldsymbol{\beta}$可由$\boldsymbol{\alpha}_1,\boldsymbol{\alpha}_2,\boldsymbol{\alpha}_3$线性表示，且表示式唯一；

（2）$\boldsymbol{\beta}$可由$\boldsymbol{\alpha}_1,\boldsymbol{\alpha}_2,\boldsymbol{\alpha}_3$线性表示，且表示式不唯一；

（3）$\boldsymbol{\beta}$不能由$\boldsymbol{\alpha}_1,\boldsymbol{\alpha}_2,\boldsymbol{\alpha}_3$线性表示．

5．已知四元非齐次线性方程组的系数矩阵的秩为3，$\boldsymbol{\alpha}_1$，$\boldsymbol{\alpha}_2$，$\boldsymbol{\alpha}_3$是它的三个解向量，其中$\boldsymbol{\alpha}_1+\boldsymbol{\alpha}_2=(1,1,0,2)^{\mathrm{T}}$，$\boldsymbol{\alpha}_2+\boldsymbol{\alpha}_3=(1,0,1,3)^{\mathrm{T}}$，试求该非齐次线性方程组的通解．

6．已知三阶方阵$\boldsymbol{B}\neq\boldsymbol{O}$，且$\boldsymbol{B}$的每一个列向量都是以下方程组的解

$$\begin{cases} x_1 + 2x_2 - 2x_2 = 0, \\ 2x_1 - x_2 + \lambda x_2 = 0, \\ 3x_1 + x_2 - x_2 = 0. \end{cases}$$

（1）求 λ 的值；

（2）求 $|\boldsymbol{B}|$.

7．设 $\boldsymbol{A} = \begin{pmatrix} 1 & 1 & 2 \\ 2 & 2 & 4 \\ 3 & 3 & 6 \end{pmatrix}$，求一个秩为 2 的三阶方阵 $\boldsymbol{B}$，使 $\boldsymbol{AB} = \boldsymbol{O}$.

第5章 相似矩阵

本章学习目标

本章介绍矩阵的特征值与特征向量、相似矩阵、向量的内积和正交化方法、对称矩阵的相似矩阵. 通过本章的学习，重点掌握以下内容:

- 矩阵的特征值与特征向量的定义及计算.
- 相似矩阵的定义与性质.
- 矩阵的相似对角化.
- 向量的内积、长度、正交性，以及正交向量组与正交矩阵的概念.
- 施密特正交化方法.
- 用正交矩阵化实对称矩阵为对角矩阵的方法.

在第 2 章中，介绍过利用初等变换将矩阵进行简化. 本章将从矩阵的特征值与特征向量这个角度进一步讨论矩阵的化简问题. 有关结果在许多领域有着重要的应用.

特征值与特征向量是重要的数学概念，具有广泛的应用. 例如，工程技术中的振动问题和稳定性问题往往归结为求一个矩阵的特征值与特征向量问题，数学中诸如线性微分方程组的求解等问题也都要用到特征值与特征向量的理论. 本章介绍特征值与特征向量、相似矩阵、实向量的内积与正交矩阵等概念，讨论矩阵相似于对角矩阵的问题.

5.1 矩阵的特征值与特征向量

5.1.1 矩阵的特征值、特征向量与特征多项式

定义 1 设 $\boldsymbol{A}=(a_{ij})_{n\times n}$ 是一个 n 阶矩阵，如果存在数 λ 及 n 维非零列向量

$$\boldsymbol{x}=\begin{pmatrix} x_1 \\ x_2 \\ \vdots \\ x_n \end{pmatrix}$$

使 $\boldsymbol{Ax}=\lambda\boldsymbol{x}$，那么这样的数 λ 称为矩阵 $\boldsymbol{A}$ 的**特征值**，非零列向量 $\boldsymbol{x}$ 称为矩阵 $\boldsymbol{A}$ 的对应于（或属于）特征值 λ 的**特征向量**.

式子 $\boldsymbol{Ax}=\lambda\boldsymbol{x}$ 也可以写成

$$(\boldsymbol{A}-\lambda\boldsymbol{E})\boldsymbol{x}=\boldsymbol{0},$$

这是具有 n 个未知数、n 个方程的齐次线性方程组，它有非零解的充要条件是系数行列式

$$|\boldsymbol{A}-\lambda\boldsymbol{E}|=0,$$

即

$$\begin{vmatrix} a_{11}-\lambda & a_{12} & \cdots & a_{1n} \\ a_{21} & a_{22}-\lambda & \cdots & a_{2n} \\ \vdots & \vdots & & \vdots \\ a_{n1} & a_{n2} & \cdots & a_{nn}-\lambda \end{vmatrix}=0.$$

上式是以 λ 为未知数的一元 n 次方程，称为矩阵 $\boldsymbol{A}$ 的**特征方程**，其左边 $|\boldsymbol{A}-\lambda\boldsymbol{E}|$ 是 λ 的 n 次多项式，记作 $f(\lambda)$，称为矩阵 $\boldsymbol{A}$ 的**特征多项式**，即

$$f(\lambda)=\begin{vmatrix} a_{11}-\lambda & a_{12} & \cdots & a_{1n} \\ a_{21} & a_{22}-\lambda & \cdots & a_{2n} \\ \vdots & \vdots & & \vdots \\ a_{n1} & a_{n2} & \cdots & a_{nn}-\lambda \end{vmatrix}.$$

显然，$\boldsymbol{A}$ 的特征值就是其特征方程的根，即如果 λ_0 是矩阵 $\boldsymbol{A}$ 的特征值，那么 λ_0 一定是其特征方程的根；反之，如果 λ_0 是特征方程的一个根，那么特征方程必有非零解 $\boldsymbol{x}$，从而 λ_0 便是 $\boldsymbol{A}$ 的一个特征值，$\boldsymbol{x}$ 就是对应于 λ_0 的特征向量.

注 ①根据定义 1，若 $\boldsymbol{x}$ 是 $\boldsymbol{A}$ 的对应于特征值 λ_0 的特征向量，即 $\boldsymbol{Ax}=\lambda_0\boldsymbol{x}$，则 $\boldsymbol{A}(k\boldsymbol{x})=\lambda_0(k\boldsymbol{x})$，从而对任意非零实数 k，$k\boldsymbol{x}$ 也是 $\boldsymbol{A}$ 的对应于 λ_0 的特征向量；②若 $\boldsymbol{x}$，$\boldsymbol{y}$ 都是 $\boldsymbol{A}$ 的对应于特征值 λ_0 的特征向量，即 $\boldsymbol{Ax}=\lambda_0\boldsymbol{x}$，$\boldsymbol{Ay}=\lambda_0\boldsymbol{y}$，则有 $\boldsymbol{A}(k_1\boldsymbol{x}+k_2\boldsymbol{y})=\lambda_0(k_1\boldsymbol{x}+k_2\boldsymbol{y})$，从而 $\boldsymbol{x}$，$\boldsymbol{y}$ 的非零线性组合也是 $\boldsymbol{A}$ 的对应于特征值 λ_0 的特征向量.

结论 1 若 λ_0 是 $\boldsymbol{A}$ 的一个特征值，则对应于 λ_0 的特征向量有无穷多个.

由定义 1 可得求 n 阶矩阵 $\boldsymbol{A}$ 的特征值与特征向量的步骤:

（1）计算 $\boldsymbol{A}$ 的特征多项式 $f(\lambda)=|\boldsymbol{A}-\lambda\boldsymbol{E}|$；

（2）求出特征方程的所有根，特征方程是一元 n 次代数方程，它在复数范围内有 n 个根（重根按重数计算）：$\lambda_1,\lambda_2,\cdots,\lambda_n$，这就是 $\boldsymbol{A}$ 的全部特征值（其中，如果 λ_i 为特征方程的 k 重根，则称 λ_i 为 $\boldsymbol{A}$ 的 k 重特征值，k 称为 λ_i 的重数）；

（3）对每个特征值 λ_i，求出相应的齐次线性方程组 $(\boldsymbol{A}-\lambda_i\boldsymbol{E})\boldsymbol{x}=\boldsymbol{0}$ 的一个基

础解系（设 $\boldsymbol{A}-\lambda_i\boldsymbol{E}$ 的秩为 r）：

$$\boldsymbol{\xi}_1,\boldsymbol{\xi}_2,\cdots,\boldsymbol{\xi}_{n-r},$$

这就是对应于特征值 λ_i 的线性无关的特征向量，而对应于 λ_i 的全部特征向量就是方程组 $(\boldsymbol{A}-\lambda_i\boldsymbol{E})\boldsymbol{x}=\boldsymbol{0}$ 的所有非零解，即

$$k_1\boldsymbol{\xi}_1+k_2\boldsymbol{\xi}_2+\cdots+k_{n-r}\boldsymbol{\xi}_{n-r},$$

其中 $k_1,k_2,\cdots,k_{n-r}$ 是任意不全为零的实数.

例 1 求矩阵 $\boldsymbol{A}=\begin{pmatrix}2&-1\\-1&2\end{pmatrix}$ 的特征值与特征向量.

解 特征多项式为

$$|\boldsymbol{A}-\lambda\boldsymbol{E}|=\begin{vmatrix}2-\lambda&-1\\-1&2-\lambda\end{vmatrix}=(2-\lambda)^2-1=\lambda^2-4\lambda+3=(\lambda-1)(\lambda-3),$$

所以 $\boldsymbol{A}$ 的特征值为 $\lambda_1=1$，$\lambda_2=3$.

对于特征值 $\lambda_1=1$，解方程组 $(\boldsymbol{A}-\boldsymbol{E})\boldsymbol{x}=\boldsymbol{0}$. 由

$$\boldsymbol{A}-\boldsymbol{E}=\begin{pmatrix}1&-1\\-1&1\end{pmatrix}\xrightarrow{r_2+r_1}\begin{pmatrix}1&-1\\0&0\end{pmatrix},$$

得同解方程组

$$\begin{cases}x_1=x_2,\\x_2=x_2,\end{cases}$$

故得通解

$$\begin{pmatrix}x_1\\x_2\end{pmatrix}=k_1\begin{pmatrix}1\\1\end{pmatrix}\quad(k_1\in\mathbf{R}),$$

一个基础解系为

$$\boldsymbol{\xi}_1=\begin{pmatrix}1\\1\end{pmatrix},$$

从而 $\boldsymbol{\xi}_1$ 为对应于 $\lambda_1=1$ 的特征向量，所以对应于 $\lambda_1=1$ 的全部特征向量为 $k_1\boldsymbol{\xi}_1$（$k_1\neq 0$）.

对于特征值 $\lambda_2=3$，解方程组 $(\boldsymbol{A}-3\boldsymbol{E})\boldsymbol{x}=\boldsymbol{0}$.

由

$$\boldsymbol{A}-3\boldsymbol{E}=\begin{pmatrix}-1&-1\\-1&-1\end{pmatrix}\xrightarrow{r_2-r_1}\begin{pmatrix}-1&-1\\0&0\end{pmatrix}\xrightarrow{(-1)r_1}\begin{pmatrix}1&1\\0&0\end{pmatrix},$$

得同解方程组

$$\begin{cases}x_1=-x_2,\\x_2=x_2,\end{cases}$$

故得通解

$$\begin{pmatrix} x_1 \\ x_2 \end{pmatrix} = k_2 \begin{pmatrix} -1 \\ 1 \end{pmatrix} \quad (k_2 \in \mathbf{R}).$$

一个基础解系为

$$\boldsymbol{\xi}_2 = \begin{pmatrix} -1 \\ 1 \end{pmatrix},$$

从而 $\boldsymbol{\xi}_2$ 为对应于 $\lambda_2 = 3$ 的特征向量，所以对应于 $\lambda_2 = 3$ 的全部特征向量为 $k_2\boldsymbol{\xi}_2$（$k_2 \neq 0$）.

例 2 求矩阵 $\boldsymbol{A} = \begin{pmatrix} 1 & -3 & 3 \\ 3 & -5 & 3 \\ 6 & -6 & 4 \end{pmatrix}$ 的特征值与特征向量.

解 特征多项式为

$$|\boldsymbol{A} - \lambda\boldsymbol{E}| = \begin{vmatrix} 1-\lambda & -3 & 3 \\ 3 & -5-\lambda & 3 \\ 6 & -6 & 4-\lambda \end{vmatrix} \xlongequal{c_1 + c_2} \begin{vmatrix} -2-\lambda & -3 & 3 \\ -2-\lambda & -5-\lambda & 3 \\ 0 & -6 & 4-\lambda \end{vmatrix}$$

$$= (-2-\lambda) \begin{vmatrix} 1 & -3 & 3 \\ 1 & -5-\lambda & 3 \\ 0 & -6 & 4-\lambda \end{vmatrix} \xlongequal{c_3 - 3c_1} (-2-\lambda) \begin{vmatrix} 1 & -3 & 0 \\ 1 & -5-\lambda & 0 \\ 0 & -6 & 4-\lambda \end{vmatrix}$$

$$= (-2-\lambda)(4-\lambda) \begin{vmatrix} 1 & -3 & 0 \\ 1 & -5-\lambda & 0 \\ 0 & -6 & 1 \end{vmatrix} = (-2-\lambda)(4-\lambda) \begin{vmatrix} 1 & -3 \\ 1 & -5-\lambda \end{vmatrix}$$

$$= (\lambda+2)^2(4-\lambda),$$

解得 $\boldsymbol{A}$ 有二重特征值 $\lambda_1 = \lambda_2 = -2$，有单特征值 $\lambda_3 = 4$.

对于特征值 $\lambda_1 = \lambda_2 = -2$，解方程组 $(\boldsymbol{A} + 2\boldsymbol{E})\boldsymbol{x} = \boldsymbol{0}$. 由

$$\boldsymbol{A} + 2\boldsymbol{E} = \begin{pmatrix} 3 & -3 & 3 \\ 3 & -3 & 3 \\ 6 & -6 & 6 \end{pmatrix} \xrightarrow[r_3 - 2r_1]{r_2 - r_1} \begin{pmatrix} 3 & -3 & 3 \\ 0 & 0 & 0 \\ 0 & 0 & 0 \end{pmatrix} \xrightarrow{\frac{1}{3}r_1} \begin{pmatrix} 1 & -1 & 1 \\ 0 & 0 & 0 \\ 0 & 0 & 0 \end{pmatrix},$$

得同解方程组

$$\begin{cases} x_1 = x_2 - x_3, \\ x_2 = x_2, \\ x_3 = x_3, \end{cases}$$

故得通解

$$\begin{pmatrix}x_1\\x_2\\x_3\end{pmatrix}=k_1\begin{pmatrix}1\\1\\0\end{pmatrix}+k_2\begin{pmatrix}-1\\0\\1\end{pmatrix}\ （k_1,k_2\in\mathbf{R}）.$$

一个基础解系为

$$\boldsymbol{\xi}_1=\begin{pmatrix}1\\1\\0\end{pmatrix},\ \boldsymbol{\xi}_2=\begin{pmatrix}-1\\0\\1\end{pmatrix},$$

从而$\boldsymbol{\xi}_1$，$\boldsymbol{\xi}_2$为对应于特征值$\lambda_1=\lambda_2=-2$的线性无关的特征向量，所以$\boldsymbol{A}$的对应于特征值$\lambda_1=\lambda_2=-2$的全部特征向量为$k_1\boldsymbol{\xi}_1+k_2\boldsymbol{\xi}_2$（$k_1,k_2$不全为零）.

对于特征值$\lambda_3=4$，解方程组$(\boldsymbol{A}-4\boldsymbol{E})\boldsymbol{x}=\mathbf{0}$，由

$$\boldsymbol{A}-4\boldsymbol{E}=\begin{pmatrix}-3&-3&3\\3&-9&3\\6&-6&0\end{pmatrix}\xrightarrow[r_3+2r_1]{r_2+r_1}\begin{pmatrix}-3&-3&3\\0&-12&6\\0&-12&6\end{pmatrix}$$

$$\xrightarrow[r_3-r_2]{-\frac{1}{3}r_1}\begin{pmatrix}1&1&-1\\0&-12&6\\0&0&0\end{pmatrix}\xrightarrow[r_1-r_2]{-\frac{1}{12}r_2}\begin{pmatrix}1&0&-1/2\\0&1&-1/2\\0&0&0\end{pmatrix},$$

得同解方程组

$$\begin{cases}x_1=\dfrac{1}{2}x_3,\\x_2=\dfrac{1}{2}x_3,\\x_3=x_3,\end{cases}$$

故得通解

$$\begin{pmatrix}x_1\\x_2\\x_3\end{pmatrix}=\frac{1}{2}k_3'\begin{pmatrix}1\\1\\2\end{pmatrix}=k_3\begin{pmatrix}1\\1\\2\end{pmatrix}\ （k_3=\frac{1}{2}k_3',k_3'\in\mathbf{R}）.$$

一个基础解系为

$$\boldsymbol{\xi}_3=\begin{pmatrix}1\\1\\2\end{pmatrix},$$

从而$\boldsymbol{\xi}_3$为$\boldsymbol{A}$的对应于特征值$\lambda_3=4$的线性无关的特征向量，所以$\boldsymbol{A}$的对应于特征值$\lambda_3=4$的全部特征向量为$k_3\boldsymbol{\xi}_3$（$k_3\neq0$）.

例 3 求矩阵 $\boldsymbol{A}=\begin{pmatrix}-1&1&0\\-4&3&0\\1&0&2\end{pmatrix}$ 的特征值与特征向量.

解 特征多项式为

$$|\boldsymbol{A}-\lambda\boldsymbol{E}|=\begin{vmatrix}-1-\lambda&1&0\\-4&3-\lambda&0\\1&0&2-\lambda\end{vmatrix}=(2-\lambda)\begin{vmatrix}-1-\lambda&1\\-4&3-\lambda\end{vmatrix}$$

$$=(2-\lambda)(1-\lambda)^2 .$$

所以 $\boldsymbol{A}$ 有二重特征值 $\lambda_1=\lambda_2=1$，有单特征值 $\lambda_3=2$.

对于特征值 $\lambda_1=\lambda_2=1$，解方程组 $(\boldsymbol{A}-\boldsymbol{E})\boldsymbol{x}=\boldsymbol{0}$. 由

$$\boldsymbol{A}-\boldsymbol{E}=\begin{pmatrix}-2&1&0\\-4&2&0\\1&0&1\end{pmatrix}\xrightarrow{r_1\leftrightarrow r_3}\begin{pmatrix}1&0&1\\-4&2&0\\-2&1&0\end{pmatrix}$$

$$\xrightarrow[r_3+2r_1]{r_2-2r_3}\begin{pmatrix}1&0&1\\0&0&0\\0&1&2\end{pmatrix}\xrightarrow{r_2\leftrightarrow r_3}\begin{pmatrix}1&0&1\\0&1&2\\0&0&0\end{pmatrix},$$

得同解方程组

$$\begin{cases}x_1=-x_3,\\x_2=-2x_3,\\x_3=x_3,\end{cases}$$

故得通解

$$\begin{pmatrix}x_1\\x_2\\x_3\end{pmatrix}=k_1\begin{pmatrix}-1\\-2\\1\end{pmatrix}\quad（k_1\in\mathbf{R}）.$$

一个基础解系为

$$\boldsymbol{\xi}_1=\begin{pmatrix}-1\\-2\\1\end{pmatrix},$$

从而 $\boldsymbol{\xi}_1$ 为 $\boldsymbol{A}$ 的对应于特征值 $\lambda_1=\lambda_2=1$ 的线性无关的特征向量，所以 $\boldsymbol{A}$ 的对应于特征值 $\lambda_1=\lambda_2=1$ 的全部特征向量为 $k_1\boldsymbol{\xi}_1$（$k_1\neq 0$）.

对于特征值 $\lambda_3=2$，解方程组 $(\boldsymbol{A}-2\boldsymbol{E})\boldsymbol{x}=\boldsymbol{0}$，由

$$A-2E=\begin{pmatrix}-3&1&0\\-4&1&0\\1&0&0\end{pmatrix}\xrightarrow{r_1\leftrightarrow r_3}\begin{pmatrix}1&0&0\\-4&1&0\\-3&1&0\end{pmatrix}$$

$$\xrightarrow[r_3+3r_1]{r_2+4r_1}\begin{pmatrix}1&0&0\\0&1&0\\0&1&0\end{pmatrix}\xrightarrow{r_3-r_2}\begin{pmatrix}1&0&0\\0&1&0\\0&0&0\end{pmatrix},$$

得同解方程组

$$\begin{cases}x_1=0,\\x_2=0,\\x_3=x_3,\end{cases}$$

故得通解

$$\begin{pmatrix}x_1\\x_2\\x_3\end{pmatrix}=k_2\begin{pmatrix}0\\0\\1\end{pmatrix}\quad（k_2\in\mathbf{R}）.$$

一个基础解系为

$$\boldsymbol{\xi}_2=\begin{pmatrix}0\\0\\1\end{pmatrix},$$

从而 $\boldsymbol{\xi}_2$ 为 $\boldsymbol{A}$ 的对应于特征值 $\lambda_3=2$ 的线性无关的特征向量，所以 $\boldsymbol{A}$ 的对应于特征值 $\lambda_3=2$ 的全部特征向量为 $k_2\xi_2$（$k_2\neq0$）.

例 4 求矩阵 $A=\begin{pmatrix}2&-2&2\\-2&-1&4\\2&4&-1\end{pmatrix}$ 的特征值与特征向量.

解 特征多项式为

$$|A-\lambda E|=\begin{vmatrix}2-\lambda&-2&2\\-2&-1-\lambda&4\\2&4&-1-\lambda\end{vmatrix}\overset{r_3+r_2}{=\!=\!=}\begin{vmatrix}2-\lambda&-2&2\\-2&-1-\lambda&4\\0&3-\lambda&3-\lambda\end{vmatrix}$$

$$\overset{c_2-c_3}{=\!=\!=}\begin{vmatrix}2-\lambda&-4&2\\-2&-5-\lambda&4\\0&0&3-\lambda\end{vmatrix}=(3-\lambda)\begin{vmatrix}2-\lambda&-4\\-2&-5-\lambda\end{vmatrix}$$

$$=-(\lambda-3)^2(\lambda+6),$$

所以 $\boldsymbol{A}$ 有二重特征值 $\lambda_1=\lambda_2=3$，有单特征值 $\lambda_3=-6$.

对于特征值 $\lambda_1=\lambda_2=3$，解方程组 $(\boldsymbol{A}-3\boldsymbol{E})\boldsymbol{x}=\boldsymbol{0}$. 由

$$A-3E=\begin{pmatrix}-1&-2&2\\-2&-4&4\\2&4&-4\end{pmatrix}\xrightarrow[r_3+2r_1]{r_2-2r_1}\begin{pmatrix}-1&-2&2\\0&0&0\\0&0&0\end{pmatrix}\xrightarrow{-r_1}\begin{pmatrix}1&2&-2\\0&0&0\\0&0&0\end{pmatrix},$$

得同解方程组

$$\begin{cases}x_1=-2x_2+2x_3,\\x_2=x_2,\\x_3=x_3,\end{cases}$$

故得通解

$$\begin{pmatrix}x_1\\x_2\\x_3\end{pmatrix}=k_1\begin{pmatrix}-2\\1\\0\end{pmatrix}+k_2\begin{pmatrix}2\\0\\1\end{pmatrix}\quad（k_1,k_2\in\mathbf{R}）.$$

一个基础解系为

$$\boldsymbol{\xi}_1=\begin{pmatrix}-2\\1\\0\end{pmatrix},\ \boldsymbol{\xi}_2=\begin{pmatrix}2\\0\\1\end{pmatrix},$$

从而$\boldsymbol{\xi}_1$，$\boldsymbol{\xi}_2$为$\boldsymbol{A}$的对应于特征值$\lambda_1=\lambda_2=3$的线性无关的特征向量，所以$\boldsymbol{A}$的对应于特征值$\lambda_1=\lambda_2=3$的全部特征向量为$k_1\boldsymbol{\xi}_1+k_2\boldsymbol{\xi}_2$（$k_1,k_2$不全为零）.

对于特征值$\lambda_3=-6$，解方程组$(\boldsymbol{A}+6\boldsymbol{E})\boldsymbol{x}=\boldsymbol{0}$，由

$$A+6E=\begin{pmatrix}8&-2&2\\-2&5&4\\2&4&5\end{pmatrix}\xrightarrow{r_1\leftrightarrow r_3}\begin{pmatrix}2&4&5\\-2&5&4\\8&-2&2\end{pmatrix}\xrightarrow[r_3-4r_1]{r_2+r_1}\begin{pmatrix}2&4&5\\0&9&9\\0&-18&-18\end{pmatrix}$$

$$\xrightarrow[-\frac{1}{18}r_3]{\frac{1}{2}r_1,\frac{1}{9}r_2}\begin{pmatrix}1&2&5/2\\0&1&1\\0&1&1\end{pmatrix}\xrightarrow[r_1-2r_2]{r_3-r_2}\begin{pmatrix}1&0&1/2\\0&1&1\\0&0&0\end{pmatrix},$$

得同解方程组

$$\begin{cases}x_1=-\dfrac{1}{2}x_3,\\x_2=-x_3,\\x_3=x_3,\end{cases}$$

故得通解

$$\begin{pmatrix}x_1\\x_2\\x_3\end{pmatrix}=k_3\begin{pmatrix}-1/2\\-1\\1\end{pmatrix}\quad（k_3\in\mathbf{R}）.$$

一个基础解系为

$$\boldsymbol{\xi}_3=\begin{pmatrix}-1/2\\-1\\1\end{pmatrix},$$

从而$\boldsymbol{\xi}_3$为$\boldsymbol{A}$的对应于特征值$\lambda_3=-6$的线性无关的特征向量，所以$\boldsymbol{A}$的对应于特征值$\lambda_3=-6$的全部特征向量为$k_3\boldsymbol{\xi}_3$（$k_3\neq 0$）.

例 5 求对角矩阵$\boldsymbol{A}=\boldsymbol{\Lambda}=\begin{pmatrix}a_1&0&0\\0&a_2&0\\0&0&a_3\end{pmatrix}$（$a_1\neq a_2\neq a_3$）的特征值与特征向量.

解 特征多项式为

$$|\boldsymbol{A}-\lambda\boldsymbol{E}|=\begin{vmatrix}a_1-\lambda&0&0\\0&a_2-\lambda&0\\0&0&a_3-\lambda\end{vmatrix}=(a_1-\lambda)(a_2-\lambda)(a_3-\lambda),$$

所以$\boldsymbol{A}$有特征值$\lambda_1=a_1$，$\lambda_2=a_2$，$\lambda_3=a_3$，即特征值为矩阵$\boldsymbol{A}$的主对角元素.

对于特征值$\lambda_1=a_1$，解方程组$(\boldsymbol{A}-a_1\boldsymbol{E})\boldsymbol{x}=\boldsymbol{0}$．由

$$\boldsymbol{A}-a_1\boldsymbol{E}=\begin{pmatrix}0&0&0\\0&a_2-a_1&0\\0&0&a_3-a_1\end{pmatrix}\xrightarrow[\frac{1}{a_3-a_1}r_3]{\frac{1}{a_2-a_1}r_2}\begin{pmatrix}0&0&0\\0&1&0\\0&0&1\end{pmatrix}\xrightarrow[r_2\leftrightarrow r_3]{r_1\leftrightarrow r_2}\begin{pmatrix}0&1&0\\0&0&1\\0&0&0\end{pmatrix},$$

得同解方程组

$$\begin{cases}x_1=x_1,\\x_2=0,\\x_3=0,\end{cases}$$

故得通解

$$\begin{pmatrix}x_1\\x_2\\x_3\end{pmatrix}=k_1\begin{pmatrix}1\\0\\0\end{pmatrix}\ (k_1\in\mathbf{R}).$$

一个基础解系为

$$\xi_1=\begin{pmatrix}1\\0\\0\end{pmatrix},$$

从而ξ_1为$\boldsymbol{A}$的对应于$\lambda_1=a_1$的特征向量，所以$\boldsymbol{A}$的对应于$\lambda_1=a_1$的所有特征向量为$k_1\xi_1$（$k_1\neq 0$）.

对于特征值$\lambda_2=a_2$，解方程组$(\boldsymbol{A}-a_2\boldsymbol{E})\boldsymbol{x}=\boldsymbol{0}$．由

$$A - a_2E = \begin{pmatrix} a_1 - a_2 & 0 & 0 \\ 0 & 0 & 0 \\ 0 & 0 & a_3 - a_2 \end{pmatrix} \xrightarrow[\frac{1}{a_3-a_2}r_3]{\frac{1}{a_1-a_2}r_1} \begin{pmatrix} 1 & 0 & 0 \\ 0 & 0 & 0 \\ 0 & 0 & 1 \end{pmatrix} \xrightarrow{r_2 \leftrightarrow r_3} \begin{pmatrix} 1 & 0 & 0 \\ 0 & 0 & 1 \\ 0 & 0 & 0 \end{pmatrix},$$

得同解方程组

$$\begin{cases} x_1 = 0, \\ x_2 = x_2, \\ x_3 = 0, \end{cases}$$

故得通解

$$\begin{pmatrix} x_1 \\ x_2 \\ x_3 \end{pmatrix} = k_2 \begin{pmatrix} 0 \\ 1 \\ 0 \end{pmatrix} \quad (k_2 \in \mathbf{R}).$$

一个基础解系为

$$\boldsymbol{\xi}_2 = \begin{pmatrix} 0 \\ 1 \\ 0 \end{pmatrix},$$

从而 $\boldsymbol{\xi}_2$ 为 $\boldsymbol{A}$ 的对应于 $\lambda_2 = a_2$ 的特征向量，所以 $\boldsymbol{A}$ 的对应于 $\lambda_2 = a_2$ 的所有特征向量为 $k_2\boldsymbol{\xi}_2$（$k_2 \neq 0$）.

对于特征值 $\lambda_3 = a_3$，解方程组 $(\boldsymbol{A} - a_3\boldsymbol{E})\boldsymbol{x} = \boldsymbol{0}$. 由

$$A - a_3E = \begin{pmatrix} a_1 - a_3 & 0 & 0 \\ 0 & a_2 - a_3 & 0 \\ 0 & 0 & 0 \end{pmatrix} \xrightarrow[\frac{1}{a_2-a_3}r_2]{\frac{1}{a_1-a_3}r_1} \begin{pmatrix} 1 & 0 & 0 \\ 0 & 1 & 0 \\ 0 & 0 & 0 \end{pmatrix},$$

得同解方程组

$$\begin{cases} x_1 = 0, \\ x_2 = 0, \\ x_3 = x_3, \end{cases}$$

故得通解

$$\begin{pmatrix} x_1 \\ x_2 \\ x_3 \end{pmatrix} = k_3 \begin{pmatrix} 0 \\ 0 \\ 1 \end{pmatrix} \quad (k_3 \in \mathbf{R}).$$

一个基础解系为

$$\boldsymbol{\xi}_3 = \begin{pmatrix} 0 \\ 0 \\ 1 \end{pmatrix},$$

从而ξ_3为$\boldsymbol{A}$的对应于$\lambda_3=a_3$的特征向量，所以$\boldsymbol{A}$的对应于$\lambda_3=a_3$的所有特征向量为$k_3\xi_3$（$k_3\neq 0$）.

可以证明：当a_1，a_2，a_3中至少有两个相同时，结论仍然成立.

例 5 可推广到更一般的情况：设$\boldsymbol{A}=\boldsymbol{\Lambda}=\begin{pmatrix} a_1 & & & \\ & a_2 & & \\ & & \ddots & \\ & & & a_n \end{pmatrix}$，则：

（1）对角矩阵$\boldsymbol{A}$的特征值就是它主对角线上的元素$a_1,a_2,\cdots,a_n$；

（2）单位列向量$\boldsymbol{e}_1=\begin{pmatrix}1\\0\\\vdots\\0\end{pmatrix},\boldsymbol{e}_2=\begin{pmatrix}0\\1\\\vdots\\0\end{pmatrix},\boldsymbol{e}_n=\begin{pmatrix}0\\0\\\vdots\\1\end{pmatrix}$分别是其对应于$a_1,a_2,\cdots,a_n$的特征向量.

例 6　证明：$\boldsymbol{A}$与$\boldsymbol{A}^{\mathrm{T}}$有相同的特征值.

证　$\boldsymbol{A}$和$\boldsymbol{A}^{\mathrm{T}}$的特征多项式分别为

$$f(\lambda)=|\boldsymbol{A}-\lambda\boldsymbol{E}|,\quad g(\lambda)=|\boldsymbol{A}^{\mathrm{T}}-\lambda\boldsymbol{E}|.$$

由行列式的性质知，矩阵$\boldsymbol{A}-\lambda\boldsymbol{E}$与它的转置矩阵$(\boldsymbol{A}-\lambda\boldsymbol{E})^{\mathrm{T}}=\boldsymbol{A}^{\mathrm{T}}-\lambda\boldsymbol{E}$的行列式值相等，即$|\boldsymbol{A}-\lambda\boldsymbol{E}|=|\boldsymbol{A}^{\mathrm{T}}-\lambda\boldsymbol{E}|$，从而

$$f(\lambda)\equiv g(\lambda),$$

这表明$\boldsymbol{A}$与$\boldsymbol{A}^{\mathrm{T}}$的特征多项式相同，因此有相同的特征值. 证毕.

注　$\boldsymbol{A}$与$\boldsymbol{A}^{\mathrm{T}}$关于同一特征值的特征向量未必相同.

5.1.2　特征值的性质

下面进一步讨论一个矩阵与它的特征值之间的联系，先来看一个简单的例子.

设$\boldsymbol{A}=\begin{pmatrix} a_{11} & a_{12}\\ a_{21} & a_{22}\end{pmatrix}$，则特征多项式为

$$|\boldsymbol{A}-\lambda\boldsymbol{E}|=\begin{vmatrix} a_{11}-\lambda & a_{12}\\ a_{21} & a_{22}-\lambda\end{vmatrix}=\lambda^2-(a_{11}+a_{22})\lambda+(a_{11}a_{22}-a_{12}a_{21}).$$

如果$\boldsymbol{A}$有两个特征值λ_1，λ_2，则λ_1，λ_2是方程$|\boldsymbol{A}-\lambda\boldsymbol{E}|=0$的根，由一元二次方程根与系数的关系，有

$$\lambda_1+\lambda_2=a_{11}+a_{22},\lambda_1\lambda_2=a_{11}a_{22}-a_{12}a_{21}=|\boldsymbol{A}|.$$

即矩阵$\boldsymbol{A}$的特征值的和是$\boldsymbol{A}$的主对角线上元素的和，特征值的乘积是$\boldsymbol{A}$的行列式，

并且这一结果对一般的n阶矩阵都成立．即有如下的性质．

性质 1　若n阶矩阵$\boldsymbol{A}=(a_{ij})$的全部特征值为$\lambda_1,\lambda_2,\cdots,\lambda_n$（$k$重特征值记作$k$个特征值），则：

（1）$\lambda_1+\lambda_2+\cdots+\lambda_n=a_{11}+a_{22}+\cdots+a_{nn}$；

（2）$\lambda_1\lambda_2\cdots\lambda_n=|\boldsymbol{A}|$．

证　矩阵$\boldsymbol{A}$的特征多项式为

$$f(\lambda)=|\boldsymbol{A}-\lambda\boldsymbol{E}|=\begin{vmatrix} a_{11}-\lambda & a_{12} & \cdots & a_{1n} \\ a_{21} & a_{22}-\lambda & \cdots & a_{2n} \\ \vdots & \vdots & & \vdots \\ a_{n1} & a_{n2} & \cdots & a_{nn}-\lambda \end{vmatrix},$$

其中包含λ的元素只有主对角线上的元素$a_{11}-\lambda,a_{22}-\lambda,\cdots,a_{nn}-\lambda$．由于这些元素位于不同行不同列，根据行列式的定义，$f(\lambda)$的展开式中必含$(a_{11}-\lambda)(a_{22}-\lambda)\cdots(a_{nn}-\lambda)$这一项，其他的项至少包含一个元素$a_{ij}$．但如果包含了$a_{ij}$，就不能包含$a_{ii}-\lambda$，也不能包含$a_{jj}-\lambda$，所以其他的项最多是$\lambda$的$n-2$次，于是$\lambda^n$和$\lambda^{n-1}$的项只能在主对角线元素乘积项中取到．又$f(\lambda)=|\boldsymbol{A}-\lambda\boldsymbol{E}|$的常数项为$f(0)=|\boldsymbol{A}|$，从而有

$$f(\lambda)=(-1)^n\lambda^n+(-1)^{n-1}(a_{11}+a_{22}+\cdots+a_{nn})\lambda^{n-1}+\cdots+|\boldsymbol{A}|.$$

又由于$\lambda_1,\lambda_2,\cdots,\lambda_n$为矩阵$\boldsymbol{A}$的全部特征值，所以特征多项式又可以表示为

$$\begin{aligned} f(\lambda)-|\boldsymbol{A}-\lambda\boldsymbol{E}| &=(-1)^n(\lambda-\lambda_1)(\lambda-\lambda_2)\cdots(\lambda-\lambda_n) \\ &=(-1)^n\lambda^n+(-1)^{n-1}(\lambda_1+\lambda_2+\cdots+\lambda_n)\lambda^{n-1}+\cdots+\lambda_1\lambda_2\cdots\lambda_n. \end{aligned}$$

比较上面两式，可得

（1）$\lambda_1+\lambda_2+\cdots+\lambda_n=a_{11}+a_{22}+\cdots+a_{nn}$；

（2）$\lambda_1\lambda_2\cdots\lambda_n=|\boldsymbol{A}|$．证毕．

$\boldsymbol{A}$的全部特征值的和记为$\operatorname{tr}\boldsymbol{A}$，称为$\boldsymbol{A}$的**迹**，即

$$\operatorname{tr}\boldsymbol{A}=\lambda_1+\lambda_2+\cdots+\lambda_n=a_{11}+a_{22}+\cdots+a_{nn}.$$

由性质 1 知$\boldsymbol{A}$的全部特征值的乘积等于$\boldsymbol{A}$的行列式．因此如果$\boldsymbol{A}$的所有特征值都不为零，则$\boldsymbol{A}$的行列式不为零，即矩阵$\boldsymbol{A}$可逆；反之，若矩阵$\boldsymbol{A}$可逆，则$\boldsymbol{A}$的行列式不为零，从而$\boldsymbol{A}$的所有特征值都不为零．由此有下述推论．

推论 1　矩阵$\boldsymbol{A}$可逆的充要条件是$\boldsymbol{A}$的全部特征值都不为零．

还可以证明特征值的下述性质．

性质 2　设λ是可逆矩阵$\boldsymbol{A}$的一个特征值，$\boldsymbol{x}$为对应的特征向量，则$\lambda\neq0$，

且$\frac{1}{\lambda}$是$\boldsymbol{A}^{-1}$的一个特征值，$\boldsymbol{x}$为对应的特征向量.

证 由性质 1 知$\boldsymbol{A}$的全部特征值的乘积等于$\boldsymbol{A}$的行列式. 因此如果$\boldsymbol{A}$有特征值$\lambda=0$，则$\boldsymbol{A}$的行列式为零，这与$\boldsymbol{A}$可逆矛盾，所以可逆矩阵$\boldsymbol{A}$的所有特征值$\lambda\neq 0$.

因为$\boldsymbol{x}$是$\boldsymbol{A}$的对应于特征值λ的特征向量，所以$\boldsymbol{Ax}=\lambda\boldsymbol{x}$，两边左乘$\boldsymbol{A}^{-1}$，得

$$\boldsymbol{x}=\lambda\boldsymbol{A}^{-1}\boldsymbol{x},$$

两边同乘$\frac{1}{\lambda}$，得

$$\boldsymbol{A}^{-1}\boldsymbol{x}=\frac{1}{\lambda}\boldsymbol{x},$$

因为$\boldsymbol{x}\neq\boldsymbol{0}$，由定义即知$\frac{1}{\lambda}$是$\boldsymbol{A}^{-1}$的特征值，$\boldsymbol{x}$为对应的特征向量. 证毕.

性质 3 设λ是矩阵$\boldsymbol{A}$的一个特征值，$\boldsymbol{x}$为对应的特征向量，n是一个正整数，则λ^n是$\boldsymbol{A}^n$的特征值，$\boldsymbol{x}$为对应的特征向量.

证 由于$\boldsymbol{Ax}=\lambda\boldsymbol{x}$，两边左乘$\boldsymbol{A}$，得

$$\boldsymbol{A}^2\boldsymbol{x}=\boldsymbol{A}\lambda\boldsymbol{x}=\lambda\boldsymbol{Ax}=\lambda^2\boldsymbol{x}.$$

以此类推，可得$\boldsymbol{A}^n\boldsymbol{x}=\lambda^n\boldsymbol{x}$，因为$\boldsymbol{x}\neq\boldsymbol{0}$，所以由定义知，$\lambda^n$是$\boldsymbol{A}^n$的特征值，$\boldsymbol{x}$为对应的特征向量. 证毕.

利用性质 3 不难证明下述性质.

性质 4 设λ是矩阵$\boldsymbol{A}$的一个特征值，$\boldsymbol{x}$为对应λ的特征向量，若

$$\varphi(\boldsymbol{A})=a_0\boldsymbol{E}+a_1\boldsymbol{A}+\cdots+a_n\boldsymbol{A}^n$$

是矩阵$\boldsymbol{A}$的多项式，则$\varphi(\lambda)$是$\varphi(\boldsymbol{A})$的特征值（其中$\varphi(\lambda)=a_0+a_1\lambda+\cdots+a_n\lambda^n$是$\lambda$的多项式），$\boldsymbol{x}$为$\varphi(\boldsymbol{A})$对应于$\varphi(\lambda)$的特征向量.

性质 4 的证明略.

结论 2 设λ是可逆矩阵$\boldsymbol{A}$的特征值，$\varphi(\boldsymbol{A},\boldsymbol{A}^{-1})$是关于$\boldsymbol{A}$，$\boldsymbol{A}^{-1}$的多项式，设$\varphi(\lambda,\lambda^{-1})=g(\lambda)$，则$\varphi(\boldsymbol{A},\boldsymbol{A}^{-1})$的特征值为$g(\lambda)$.

例 7 已知三阶矩阵$\boldsymbol{A}$的特征值为$1,0,3$，求$|\boldsymbol{A}^2|$和$|\boldsymbol{A}^2+\boldsymbol{A}-\boldsymbol{E}|$.

解 因为$\boldsymbol{A}$的特征值为$1,0,3$，所以$|\boldsymbol{A}|=1\times 0\times 3=0$，$|\boldsymbol{A}^2|=|\boldsymbol{A}|^2=0$.

设$\varphi(\boldsymbol{A})=\boldsymbol{A}^2+\boldsymbol{A}-\boldsymbol{E}$，$\varphi(\lambda)=\lambda^2+\lambda-1$，则$\boldsymbol{A}^2+\boldsymbol{A}-\boldsymbol{E}$的特征值为$\varphi(1)$，$\varphi(0)$，$\varphi(3)$，即$1,-1,11$，所以$|\boldsymbol{A}^2+\boldsymbol{A}-\boldsymbol{E}|=1\times(-1)\times 11=-11$.

例 8 设三阶矩阵 $\boldsymbol{A}$ 的特征值为$1,-1,2$，求$|\boldsymbol{A}^*+3\boldsymbol{A}-2\boldsymbol{E}|$.

解 因为 $\boldsymbol{A}$ 的特征值都不为零，知 $\boldsymbol{A}$ 可逆，故 $\boldsymbol{A}^*=|\boldsymbol{A}|\boldsymbol{A}^{-1}$. 而

$$|\boldsymbol{A}|=\lambda_1\lambda_2\lambda_3=1\times(-1)\times 2=-2,$$

所以

$$\boldsymbol{A}^*+3\boldsymbol{A}-2\boldsymbol{E}=-2\boldsymbol{A}^{-1}+3\boldsymbol{A}-2\boldsymbol{E}.$$

把上式记作$\varphi(\boldsymbol{A},\boldsymbol{A}^{-1})$，则$\varphi(\lambda,\lambda^{-1})=-\dfrac{2}{\lambda}+3\lambda-2=g(\lambda)$，故$\varphi(\boldsymbol{A},\boldsymbol{A}^{-1})$的特征值为：

$$g(1)=-1, g(-1)=-3, g(2)=3,$$

于是

$$|\boldsymbol{A}^*+3\boldsymbol{A}-2\boldsymbol{E}|=-1\times(-3)\times 3=9.$$

5.1.3 特征向量的性质

性质 5 设λ是矩阵 $\boldsymbol{A}$ 的一个特征值，$\boldsymbol{x}$为对应于λ的特征向量，若又存在μ，满足$\boldsymbol{Ax}=\mu\boldsymbol{x}$，则$\mu=\lambda$.

证 由于 $\boldsymbol{x}$ 为 $\boldsymbol{A}$ 的对应于λ的特征向量，因此 $\boldsymbol{Ax}=\lambda\boldsymbol{x}$，但又有 $\boldsymbol{Ax}=\mu\boldsymbol{x}$，于是 $\mu\boldsymbol{x}=\lambda\boldsymbol{x}$，即 $(\mu-\lambda)\boldsymbol{x}=\boldsymbol{0}$. 由于 $\boldsymbol{x}$ 是非零向量，因此 $\mu-\lambda=0$，即 $\mu=\lambda$. 证毕.

由性质 5 知，给定 $\boldsymbol{A}$ 的一个特征向量 $\boldsymbol{x}$，则只能有一个特征值与 $\boldsymbol{x}$ 对应.

性质 6 设λ_i（$i=1,2,\cdots,m$）是矩阵 $\boldsymbol{A}$ 的互不相同的特征值，$\boldsymbol{x}_i$ 是对应于λ_i的特征向量，则向量组 $\boldsymbol{x}_1,\boldsymbol{x}_2,\cdots,\boldsymbol{x}_m$ 线性无关，即对应于互不相同特征值的特征向量线性无关.

证 由题设 $\boldsymbol{A}^l\boldsymbol{x}_i=\lambda_i^l\boldsymbol{x}_i$（$i=1,2,\cdots,m$，$l$ 为正整数），设存在实数 $k_1,k_2,\cdots,k_m$，使

$$k_1\boldsymbol{x}_1+k_2\boldsymbol{x}_2+\cdots+k_m\boldsymbol{x}_m=\boldsymbol{0},$$

则

$$\boldsymbol{A}(k_1\boldsymbol{x}_1+k_2\boldsymbol{x}_2+\cdots+k_m\boldsymbol{x}_m)=\boldsymbol{0},$$

即

$$\lambda_1k_1\boldsymbol{x}_1+\lambda_2k_2\boldsymbol{x}_2+\cdots+\lambda_mk_m\boldsymbol{x}_m=\boldsymbol{0}.$$

以此类推，有

$$\lambda_1^lk_1\boldsymbol{x}_1+\lambda_2^lk_2\boldsymbol{x}_2+\cdots+\lambda_m^lk_m\boldsymbol{x}_m=\boldsymbol{0}\ （l=0,1,2,\cdots,m-1）.$$

把上述各式合写成矩阵形式，得

$$\begin{pmatrix} 1 & 1 & \cdots & 1 \\ \lambda_1 & \lambda_2 & \cdots & \lambda_m \\ \vdots & \vdots & & \vdots \\ \lambda_1^{m-1} & \lambda_2^{m-1} & \cdots & \lambda_m^{m-1} \end{pmatrix} \begin{pmatrix} k_1\boldsymbol{x}_1 \\ k_2\boldsymbol{x}_2 \\ \vdots \\ k_m\boldsymbol{x}_m \end{pmatrix} = \begin{pmatrix} 0 \\ 0 \\ \vdots \\ 0 \end{pmatrix},$$

上式等号左边的第一个矩阵$\begin{pmatrix} 1 & 1 & \cdots & 1 \\ \lambda_1 & \lambda_2 & \cdots & \lambda_m \\ \vdots & \vdots & & \vdots \\ \lambda_1^{m-1} & \lambda_2^{m-1} & \cdots & \lambda_m^{m-1} \end{pmatrix}$的行列式为范德蒙德行列式.

当$\lambda_1, \lambda_2, \cdots, \lambda_m$互不相同时，该行列式不等于零，从而其矩阵可逆，于是有

$$\begin{pmatrix} k_1\boldsymbol{x}_1 \\ k_2\boldsymbol{x}_2 \\ \vdots \\ k_m\boldsymbol{x}_m \end{pmatrix} = \begin{pmatrix} 0 \\ 0 \\ \vdots \\ 0 \end{pmatrix},$$

即 $k_i\boldsymbol{x}_i = \boldsymbol{0}$（$i = 1, 2, \cdots, m$），由于 $\boldsymbol{x}_i$ 是特征向量，所以 $\boldsymbol{x}_i \neq \boldsymbol{0}$，故必有 $k_i = 0$（$i = 1, 2, \cdots, m$），所以向量组 $\boldsymbol{x}_1, \boldsymbol{x}_2, \cdots, \boldsymbol{x}_m$ 线性无关．证毕．

注 ①对应于不同特征值的特征向量线性无关，但不能得出对应于同一特征值的特征向量必线性相关；②性质 6 可以推广为：设 $\lambda_1, \lambda_2, \cdots, \lambda_m$ 是矩阵 $\boldsymbol{A}$ 的互不相同的特征值，$\boldsymbol{x}_{i1}, \boldsymbol{x}_{i2}, \cdots, \boldsymbol{x}_{ik_i}$ 是对应于 λ_i 的线性无关的特征向量（$i = 1, 2, \cdots, m$），则向量组

$$\boldsymbol{x}_{11}, \boldsymbol{x}_{12}, \cdots, \boldsymbol{x}_{1k_1}, \cdots, \boldsymbol{x}_{m1}, \boldsymbol{x}_{m2}, \cdots, \boldsymbol{x}_{mk_m}$$

线性无关．即对于互不相同的特征值，取它们各自的线性无关的特征向量，则把这些特征向量合在一起组成的向量组仍是线性无关的.

例 9 设 λ_1，λ_2 是矩阵 $\boldsymbol{A}$ 的两个不同的特征值，对应的特征向量分别为 $\boldsymbol{x}_1$，$\boldsymbol{x}_2$，证明：$\boldsymbol{x}_1 + \boldsymbol{x}_2$ 不是 $\boldsymbol{A}$ 的特征向量.

证 由题设，有 $\boldsymbol{A}\boldsymbol{x}_1 = \lambda_1\boldsymbol{x}_1$，$\boldsymbol{A}\boldsymbol{x}_2 = \lambda_2\boldsymbol{x}_2$，故

$$\boldsymbol{A}(\boldsymbol{x}_1 + \boldsymbol{x}_2) = \boldsymbol{A}\boldsymbol{x}_1 + \boldsymbol{A}\boldsymbol{x}_2 = \lambda_1\boldsymbol{x}_1 + \lambda_2\boldsymbol{x}_2 .$$

用反证法，假设 $\boldsymbol{x}_1 + \boldsymbol{x}_2$ 是 $\boldsymbol{A}$ 的特征向量，则应存在数 λ，使

$$\boldsymbol{A}(\boldsymbol{x}_1 + \boldsymbol{x}_2) = \lambda(\boldsymbol{x}_1 + \boldsymbol{x}_2),$$

于是

$$\lambda(\boldsymbol{x}_1 + \boldsymbol{x}_2) = \lambda_1\boldsymbol{x}_1 + \lambda_2\boldsymbol{x}_2,$$

即

$$(\lambda_1 - \lambda)\boldsymbol{x}_1 + (\lambda_2 - \lambda)\boldsymbol{x}_2 = \boldsymbol{0} .$$

因为 λ_1，λ_2 是矩阵 $\boldsymbol{A}$ 的两个不同的特征值，由性质 2 知 $\boldsymbol{x}_1, \boldsymbol{x}_2$ 线性无关，故由上式得 $\lambda_1 - \lambda = \lambda_2 - \lambda = 0$，即 $\lambda_1 = \lambda_2$，与题设矛盾．因此 $\boldsymbol{x}_1 + \boldsymbol{x}_2$ 不是 $\boldsymbol{A}$ 的特征

向量．证毕．

综上所述，特征向量的重要性质为：

（1）矩阵 $\boldsymbol{A}$ 的对应于同一个特征值的特征向量的非零线性组合还是对应于这个特征值的特征向量；

（2）矩阵 $\boldsymbol{A}$ 的对应于不同特征值的特征向量是线性无关的；

（3）矩阵 $\boldsymbol{A}$ 的对应于不同特征值的特征向量的和不再是其特征向量．

5.2 相似矩阵

对角矩阵是矩阵中最简单的一类矩阵．一个 n 阶矩阵 $\boldsymbol{A}$，如果可以通过某种方式使它化为对角矩阵，并且它的某些性质不会改变，将对矩阵 $\boldsymbol{A}$ 的计算具有重要意义．

5.2.1 相似矩阵的概念

定义 2 设 $\boldsymbol{A}$，$\boldsymbol{B}$ 都是 n 阶矩阵，若存在可逆矩阵 $\boldsymbol{P}$，使

$$\boldsymbol{P}^{-1}\boldsymbol{A}\boldsymbol{P}=\boldsymbol{B},$$

则称矩阵 $\boldsymbol{B}$ 是矩阵 $\boldsymbol{A}$ 的**相似矩阵**，或称矩阵 $\boldsymbol{A}$ 相似于矩阵 $\boldsymbol{B}$，记作 $\boldsymbol{A}\simeq\boldsymbol{B}$．

对矩阵 $\boldsymbol{A}$ 进行运算 $\boldsymbol{P}^{-1}\boldsymbol{A}\boldsymbol{P}$ 称为对矩阵 $\boldsymbol{A}$ 进行**相似变换**，可逆矩阵 $\boldsymbol{P}$ 称为把矩阵 $\boldsymbol{A}$ 变成矩阵 $\boldsymbol{B}$ 的**相似变换矩阵**．

例如，$\boldsymbol{A}=\begin{pmatrix}3&4\\5&2\end{pmatrix}$，$\boldsymbol{B}=\begin{pmatrix}-2&0\\0&7\end{pmatrix}$，$\boldsymbol{P}=\begin{pmatrix}-4&1\\5&1\end{pmatrix}$，有 $\boldsymbol{P}^{-1}\boldsymbol{A}\boldsymbol{P}=\boldsymbol{B}$，从而 $\boldsymbol{A}\simeq\boldsymbol{B}$，

即 $$\begin{pmatrix}3&4\\5&2\end{pmatrix}\simeq\begin{pmatrix}-2&0\\0&7\end{pmatrix}.$$

再如，$\boldsymbol{A}=\begin{pmatrix}3&1\\1&3\end{pmatrix}$，$\boldsymbol{P}=\begin{pmatrix}1&1\\-1&1\end{pmatrix}$，$\boldsymbol{Q}=\begin{pmatrix}1&1\\0&1\end{pmatrix}$，有

$$\boldsymbol{P}^{-1}\boldsymbol{A}\boldsymbol{P}=\begin{pmatrix}1&1\\-1&1\end{pmatrix}^{-1}\begin{pmatrix}3&1\\1&3\end{pmatrix}\begin{pmatrix}1&1\\-1&1\end{pmatrix}=\begin{pmatrix}2&0\\0&4\end{pmatrix},$$

$$\boldsymbol{Q}^{-1}\boldsymbol{A}\boldsymbol{Q}=\begin{pmatrix}1&1\\0&1\end{pmatrix}^{-1}\begin{pmatrix}3&1\\1&3\end{pmatrix}\begin{pmatrix}1&1\\0&1\end{pmatrix}=\begin{pmatrix}2&0\\1&4\end{pmatrix},$$

从而 $\boldsymbol{A}$ 与矩阵 $\begin{pmatrix}2&0\\0&4\end{pmatrix}$ 相似，也与矩阵 $\begin{pmatrix}2&0\\1&4\end{pmatrix}$ 相似．

由此可知，与矩阵 $\boldsymbol{A}$ 相似的矩阵不是唯一的，也未必是对角矩阵．然而，对某些矩阵选取适当的可逆矩阵 $\boldsymbol{P}$，就有可能使 $\boldsymbol{P}^{-1}\boldsymbol{A}\boldsymbol{P}$ 为对角矩阵．

5.2.2 相似矩阵的性质

相似是n阶矩阵的一种重要关系，容易证明相似矩阵有下述性质.

性质 7（反身性） $\boldsymbol{A} \simeq \boldsymbol{A}$.（因为$\boldsymbol{A}=\boldsymbol{E}^{-1}\boldsymbol{A}\boldsymbol{E}$）.

性质 8（对称性） 若$\boldsymbol{A} \simeq \boldsymbol{B}$，则$\boldsymbol{B} \simeq \boldsymbol{A}$，且$|\boldsymbol{B}|=|\boldsymbol{A}|$.

因为若$\boldsymbol{A} \simeq \boldsymbol{B}$，则存在可逆矩阵$P$，使$\boldsymbol{P}^{-1}\boldsymbol{A}\boldsymbol{P}=\boldsymbol{B}$，从而

$$\boldsymbol{A}=\boldsymbol{P}\boldsymbol{B}\boldsymbol{P}^{-1}，\ (\boldsymbol{P}^{-1})^{-1}\boldsymbol{B}(\boldsymbol{P}^{-1})=\boldsymbol{A}，$$

所以$\boldsymbol{B} \simeq \boldsymbol{A}$，即$\boldsymbol{B}$相似于$\boldsymbol{A}$. 又$|\boldsymbol{A}|=|\boldsymbol{P}\boldsymbol{B}\boldsymbol{P}^{-1}|=|\boldsymbol{P}||\boldsymbol{B}||\boldsymbol{P}^{-1}|=|\boldsymbol{B}|$，所以$|\boldsymbol{B}|=|\boldsymbol{A}|$.

由于矩阵的相似有对称性，如果$\boldsymbol{A}$与$\boldsymbol{B}$相似，则$\boldsymbol{B}$与$\boldsymbol{A}$也相似，反之亦然，所以简称$\boldsymbol{A}$与$\boldsymbol{B}$相似或$\boldsymbol{A}$，$\boldsymbol{B}$是**相似矩阵**.

注 若$\boldsymbol{A}$与$\boldsymbol{B}$相似，则$|\boldsymbol{A}|=|\boldsymbol{B}|$，但反之未必.

性质 9（传递性） 若$\boldsymbol{A} \simeq \boldsymbol{B}$，$\boldsymbol{B} \simeq \boldsymbol{C}$，则$\boldsymbol{A} \simeq \boldsymbol{C}$.

因为由$\boldsymbol{P}_1^{-1}\boldsymbol{A}\boldsymbol{P}_1=\boldsymbol{B}$，$\boldsymbol{P}_2^{-1}\boldsymbol{B}\boldsymbol{P}_2=\boldsymbol{C}$，有

$$\boldsymbol{C}=\boldsymbol{P}_2^{-1}\boldsymbol{B}\boldsymbol{P}_2=\boldsymbol{P}_2^{-1}\boldsymbol{P}_1^{-1}\boldsymbol{A}\boldsymbol{P}_1\boldsymbol{P}_2=(\boldsymbol{P}_1\boldsymbol{P}_2)^{-1}\boldsymbol{A}(\boldsymbol{P}_1\boldsymbol{P}_2)，$$

因此$\boldsymbol{A} \simeq \boldsymbol{C}$，即若$\boldsymbol{A}$与$\boldsymbol{B}$相似，$\boldsymbol{B}$与$\boldsymbol{C}$相似，则$\boldsymbol{A}$与$\boldsymbol{C}$相似.

性质 10 相似矩阵有相同的特征多项式，从而所有的特征值都相同.

证 设$\boldsymbol{A} \simeq \boldsymbol{B}$，即存在可逆矩阵$\boldsymbol{P}$，使$\boldsymbol{P}^{-1}\boldsymbol{A}\boldsymbol{P}=\boldsymbol{B}$. $\boldsymbol{A}$的特征多项式为$f(\lambda)=|\boldsymbol{A}-\lambda\boldsymbol{E}|$，$\boldsymbol{B}$的特征多项式为$g(\lambda)=|\boldsymbol{B}-\lambda\boldsymbol{E}|$，因为

$$\begin{aligned}g(\lambda)&=|\boldsymbol{B}-\lambda\boldsymbol{E}|=|\boldsymbol{P}^{-1}\boldsymbol{A}\boldsymbol{P}-\lambda\boldsymbol{E}|=|\boldsymbol{P}^{-1}\boldsymbol{A}\boldsymbol{P}-\boldsymbol{P}^{-1}\lambda\boldsymbol{E}\boldsymbol{P}|\\&=|\boldsymbol{P}^{-1}(\boldsymbol{A}-\lambda\boldsymbol{E})\boldsymbol{P}|=|\boldsymbol{P}^{-1}||\boldsymbol{A}-\lambda\boldsymbol{E}||\boldsymbol{P}|=|\boldsymbol{A}-\lambda\boldsymbol{E}|\\&=f(\lambda)，\end{aligned}$$

所以$\boldsymbol{A}$与$\boldsymbol{B}$有相同的特征多项式，从而所有的特征值都相同. 证毕.

注 这个性质的逆命题不成立，即$\boldsymbol{A}$与$\boldsymbol{B}$有相同的特征多项式，或所有的特征值都相同，$\boldsymbol{A}$与$\boldsymbol{B}$不一定相似.

例如$\boldsymbol{A}=\begin{pmatrix}1&0\\0&1\end{pmatrix}$，$\boldsymbol{B}=\begin{pmatrix}1&1\\0&1\end{pmatrix}$，它们的特征多项式都是$(1-\lambda)^2$. 但可以证明$\boldsymbol{A}$与$\boldsymbol{B}$不相似. 事实上，$\boldsymbol{A}$是一个单位矩阵，对任意的非奇异矩阵$\boldsymbol{P}$，都有$\boldsymbol{P}^{-1}\boldsymbol{A}\boldsymbol{P}=\boldsymbol{P}^{-1}\boldsymbol{E}\boldsymbol{P}=\boldsymbol{E}$. 因此，若$\boldsymbol{B}$与$\boldsymbol{A}$相似，$\boldsymbol{B}$也必须是单位矩阵，而现在$\boldsymbol{B}$不是单位矩阵.

注 虽然相似矩阵有相同的特征值，但特征向量不一定相同；而若两个矩阵的特征多项式或特征值不相同，则两个矩阵必不相似.

性质 11 若 $\boldsymbol{A}\simeq\boldsymbol{B}$，则 $\boldsymbol{A}^k\simeq\boldsymbol{B}^k$（$k\in\mathbf{N}$）.

证 因为 $\boldsymbol{A}\simeq\boldsymbol{B}$，所以存在可逆矩阵 $\boldsymbol{P}$，使 $\boldsymbol{P}^{-1}\boldsymbol{A}\boldsymbol{P}=\boldsymbol{B}$，从而 $(\boldsymbol{P}^{-1}\boldsymbol{A}\boldsymbol{P})^2=\boldsymbol{B}^2$，又

$$(\boldsymbol{P}^{-1}\boldsymbol{A}\boldsymbol{P})^2=(\boldsymbol{P}^{-1}\boldsymbol{A}\boldsymbol{P})(\boldsymbol{P}^{-1}\boldsymbol{A}\boldsymbol{P})=\boldsymbol{P}^{-1}\boldsymbol{A}(\boldsymbol{P}\boldsymbol{P}^{-1})\boldsymbol{A}\boldsymbol{P}=\boldsymbol{P}^{-1}\boldsymbol{A}\boldsymbol{A}\boldsymbol{P}=\boldsymbol{P}^{-1}\boldsymbol{A}^2\boldsymbol{P},$$

于是 $\boldsymbol{P}^{-1}\boldsymbol{A}^2\boldsymbol{P}=\boldsymbol{B}^2$，所以 $\boldsymbol{A}^2\simeq\boldsymbol{B}^2$，以此类推，有 $\boldsymbol{A}^k\simeq\boldsymbol{B}^k$（$k\in\mathbf{N}$）. 证毕.

性质 12 设 $\boldsymbol{P}^{-1}\boldsymbol{A}\boldsymbol{P}=\boldsymbol{B}$，$\lambda$ 是 $\boldsymbol{A}$ 的某个特征值，若 $\boldsymbol{x}$ 是 $\boldsymbol{A}$ 的对应于 λ 的特征向量，则 $\boldsymbol{P}^{-1}\boldsymbol{x}$ 是 $\boldsymbol{B}$ 的对应于 λ 的特征向量.

证 由已知，$\boldsymbol{A}\boldsymbol{x}=\lambda\boldsymbol{x}$，$\boldsymbol{P}^{-1}\boldsymbol{A}\boldsymbol{P}=\boldsymbol{B}$，因此 $\boldsymbol{A}=\boldsymbol{P}\boldsymbol{B}\boldsymbol{P}^{-1}$，于是 $\boldsymbol{P}\boldsymbol{B}\boldsymbol{P}^{-1}\boldsymbol{x}=\lambda\boldsymbol{x}$. 两边左乘 $\boldsymbol{P}^{-1}$，得

$$\boldsymbol{P}^{-1}(\boldsymbol{P}\boldsymbol{B}\boldsymbol{P}^{-1}\boldsymbol{x})=\boldsymbol{P}^{-1}(\lambda\boldsymbol{x}),$$

即 $\boldsymbol{B}(\boldsymbol{P}^{-1}\boldsymbol{x})=\lambda(\boldsymbol{P}^{-1}\boldsymbol{x})$，而 $\boldsymbol{P}^{-1}\boldsymbol{x}\neq\boldsymbol{0}$，所以 $\boldsymbol{P}^{-1}\boldsymbol{x}$ 是 $\boldsymbol{B}$ 的对应于 λ 的特征向量. 证毕.

例 10 若 n 阶矩阵 $\boldsymbol{A}$ 与对角矩阵

$$\boldsymbol{\Lambda}=\begin{pmatrix}\lambda_1 & & & \\ & \lambda_2 & & \\ & & \ddots & \\ & & & \lambda_n\end{pmatrix}$$

相似，证明：$\lambda_1,\lambda_2,\cdots,\lambda_n$ 是 $\boldsymbol{A}$ 的特征值.

证 因为 $\lambda_1,\lambda_2,\cdots,\lambda_n$ 是 $\boldsymbol{\Lambda}$ 的特征值，而 $\boldsymbol{A}\simeq\boldsymbol{\Lambda}$，所以由性质 10 知 $\lambda_1,\lambda_2,\cdots,\lambda_n$ 是 $\boldsymbol{A}$ 的特征值. 证毕.

由前面的知识可知，若 $\boldsymbol{A}=\boldsymbol{P}\boldsymbol{B}\boldsymbol{P}^{-1}$，则 $\boldsymbol{A}^k=\boldsymbol{P}\boldsymbol{B}^k\boldsymbol{P}^{-1}$（$k$ 为正整数）.

特别地，若存在可逆矩阵 $\boldsymbol{P}$，使 $\boldsymbol{P}^{-1}\boldsymbol{A}\boldsymbol{P}=\boldsymbol{\Lambda}$ 为对角矩阵，$\varphi(\boldsymbol{A})$ 为 $\boldsymbol{A}$ 的多项式，则

$$\boldsymbol{A}=\boldsymbol{P}\boldsymbol{\Lambda}\boldsymbol{P}^{-1},\ \boldsymbol{A}^k=\boldsymbol{P}\boldsymbol{\Lambda}^k\boldsymbol{P}^{-1},\ \varphi(\boldsymbol{A})=\boldsymbol{P}\varphi(\boldsymbol{\Lambda})\boldsymbol{P}^{-1}.$$

而对于对角矩阵 $\boldsymbol{\Lambda}$，有

$$\boldsymbol{\Lambda}^k=\begin{pmatrix}\lambda_1^k & & & \\ & \lambda_2^k & & \\ & & \ddots & \\ & & & \lambda_n^k\end{pmatrix},\ \varphi(\boldsymbol{\Lambda})=\begin{pmatrix}\varphi(\lambda_1) & & & \\ & \varphi(\lambda_2) & & \\ & & \ddots & \\ & & & \varphi(\lambda_n)\end{pmatrix},$$

由此可方便地计算 $\boldsymbol{A}^k$ 和 $\boldsymbol{A}$ 的多项式 $\varphi(\boldsymbol{A})$.

一个很有趣的结论：设 $f(\lambda)$ 是矩阵 $\boldsymbol{A}$ 的特征多项式，则 $f(\boldsymbol{A})=\boldsymbol{O}$. 这个结论的证明比较困难，但若 $\boldsymbol{A}$ 与对角矩阵相似，则容易证明此结论，这是因为：若

$\boldsymbol{A}$ 与对角矩阵相似，即存在可逆矩阵 $\boldsymbol{P}$，使 $\boldsymbol{P}^{-1}\boldsymbol{AP}=\boldsymbol{\Lambda}=\begin{pmatrix}\lambda_1 & & & \\ & \lambda_2 & & \\ & & \ddots & \\ & & & \lambda_n\end{pmatrix}$，$\lambda_1,\lambda_2,\cdots,\lambda_n$ 是 $\boldsymbol{A}$ 的特征值，有 $f(\lambda_i)=0$（$i=1,2,\cdots,n$），于是，由 $\boldsymbol{A}=\boldsymbol{P\Lambda P}^{-1}$，有

$$f(\boldsymbol{A})=\boldsymbol{P}f(\boldsymbol{\Lambda})\boldsymbol{P}^{-1}=\boldsymbol{P}\begin{pmatrix}f(\lambda_1) & & & \\ & f(\lambda_2) & & \\ & & \ddots & \\ & & & f(\lambda_n)\end{pmatrix}\boldsymbol{P}^{-1}=\boldsymbol{POP}^{-1}=\boldsymbol{O}.$$

下面讨论的主要问题是：对于给定的 n 阶矩阵 $\boldsymbol{A}$，是否与对角矩阵相似？即是否存在可逆矩阵 $\boldsymbol{P}$，使 $\boldsymbol{P}^{-1}\boldsymbol{AP}=\boldsymbol{\Lambda}$ 为对角矩阵，这称为把**矩阵 $\boldsymbol{A}$ 对角化**．这个问题在许多实际问题中很关键．一般来说，一个矩阵并不一定能与一个对角矩阵相似，但有下述定理．

定理 1　n 阶矩阵 $\boldsymbol{A}$ 与对角矩阵相似（即 $\boldsymbol{A}$ 能对角化）的充要条件是 $\boldsymbol{A}$ 有 n 个线性无关的特征向量．

证　必要性：若 n 阶矩阵 $\boldsymbol{A}$ 与对角矩阵

$$\boldsymbol{\Lambda}=\begin{pmatrix}\lambda_1 & & & \\ & \lambda_2 & & \\ & & \ddots & \\ & & & \lambda_n\end{pmatrix}$$

相似，则存在可逆矩阵 $\boldsymbol{P}$，使 $\boldsymbol{P}^{-1}\boldsymbol{AP}=\boldsymbol{\Lambda}$，从而 $\boldsymbol{AP}=\boldsymbol{P\Lambda}$．

令 $\boldsymbol{P}=(\boldsymbol{p}_1,\boldsymbol{p}_2,\cdots,\boldsymbol{p}_n)$，其中 $\boldsymbol{p}_1,\boldsymbol{p}_2,\cdots,\boldsymbol{p}_n$ 为 $\boldsymbol{P}$ 的 n 个列向量且线性无关，则

$$\boldsymbol{A}(\boldsymbol{p}_1,\boldsymbol{p}_2,\cdots,\boldsymbol{p}_n)=(\boldsymbol{p}_1,\boldsymbol{p}_2,\cdots,\boldsymbol{p}_n)\begin{pmatrix}\lambda_1 & & & \\ & \lambda_2 & & \\ & & \ddots & \\ & & & \lambda_n\end{pmatrix}=(\lambda_1\boldsymbol{p}_1,\lambda_2\boldsymbol{p}_2,\cdots,\lambda_n\boldsymbol{p}_n),$$

于是有 $\boldsymbol{Ap}_i=\lambda_i\boldsymbol{p}_i$（$i=1,2,\cdots,n$）．

可见，λ_i 是 $\boldsymbol{A}$ 的特征值，而 $\boldsymbol{P}$ 的列向量 $\boldsymbol{p}_i$ 就是 $\boldsymbol{A}$ 的对应于 λ_i 的特征向量．从而 $\boldsymbol{p}_1,\boldsymbol{p}_2,\cdots,\boldsymbol{p}_n$ 为 $\boldsymbol{A}$ 的 n 个线性无关的特征向量．

充分性：反之，若 $\boldsymbol{p}_1,\boldsymbol{p}_2,\cdots,\boldsymbol{p}_n$ 为 $\boldsymbol{A}$ 的 n 个分别对应于 $\lambda_1,\lambda_2,\cdots,\lambda_n$ 的线性无关的特征向量，则

$$\boldsymbol{Ap}_i=\lambda_i\boldsymbol{p}_i\quad(i=1,2,\cdots,n),$$

$$A(p_1, p_2, \cdots, p_n) = (\lambda_1 p_1, \lambda_2 p_2, \cdots, \lambda_n p_n) = (p_1, p_2, \cdots, p_n)\begin{pmatrix} \lambda_1 & & & \\ & \lambda_2 & & \\ & & \ddots & \\ & & & \lambda_n \end{pmatrix},$$

令

$$P = (p_1, p_2, \cdots, p_n), \quad \Lambda = \begin{pmatrix} \lambda_1 & & & \\ & \lambda_2 & & \\ & & \ddots & \\ & & & \lambda_n \end{pmatrix},$$

则 P 可逆，且 $AP = P\Lambda$，从而 $P^{-1}AP = \Lambda$，即 A 与对角矩阵相似（即 A 能对角化）．证毕．

推论 2（A 能对角化的充分条件） 如果 n 阶矩阵 A 的 n 个特征值互不相等，则 A 与对角矩阵相似．

注 ①推论 2 的逆命题未必成立；②当 A 有重特征值时，就不一定有 n 个线性无关的特征向量，从而不一定能对角化；③可以证明，对于 A 的每一个 k_i 重特征值 λ_i，若 λ_i 恰好有 k_i 个线性无关的特征向量，即 $R(A - \lambda_i E) = n - k_i$，则 A 必有 n 个线性无关的特征向量，从而一定能对角化.

例 11 判断下列矩阵是否可以对角化，若可以对角化，求可逆矩阵使之对角化：

（1）$A = \begin{pmatrix} 1 & 0 \\ 2 & 3 \end{pmatrix}$；（2）$B = \begin{pmatrix} 1 & 0 & 0 \\ -2 & 5 & -2 \\ -2 & 4 & -1 \end{pmatrix}$；（3）$C = \begin{pmatrix} 4 & 2 & -5 \\ 6 & 4 & -9 \\ 5 & 3 & -7 \end{pmatrix}$.

解 （1）A 的特征多项式为

$$f(\lambda) = |A - \lambda E| = \begin{vmatrix} 1-\lambda & 0 \\ 2 & 3-\lambda \end{vmatrix} = (1-\lambda)(3-\lambda),$$

A 的特征值为 $\lambda_1 = 1$，$\lambda_2 = 3$，是两个不同的特征值，所以 A 可以对角化.

对于 $\lambda_1 = 1$，解方程组 $(A - E)x = 0$．因为

$$A - E = \begin{pmatrix} 0 & 0 \\ 2 & 2 \end{pmatrix} \xrightarrow[\frac{1}{2}r_1]{r_1 \leftrightarrow r_2} \begin{pmatrix} 1 & 1 \\ 0 & 0 \end{pmatrix},$$

所以同解方程组为

$$\begin{cases}x_1=-x_2,\\x_2=x_2.\end{cases}$$

通解为
$$\begin{pmatrix}x_1\\x_2\end{pmatrix}=k_1\begin{pmatrix}-1\\1\end{pmatrix}\ (k_1\in\mathbf{R}),$$

一个基础解系为
$$\boldsymbol{p}_1=\begin{pmatrix}-1\\1\end{pmatrix}.$$

对于 $\lambda_2=3$，解方程组 $(\boldsymbol{A}-3\boldsymbol{E})\boldsymbol{x}=\mathbf{0}$．因为
$$\boldsymbol{A}-3\boldsymbol{E}=\begin{pmatrix}-2&0\\2&0\end{pmatrix}\xrightarrow[-\frac{1}{2}r_1]{r_2+r_1}\begin{pmatrix}1&0\\0&0\end{pmatrix},$$

所以同解方程组为
$$\begin{cases}x_1=0,\\x_2=x_2,\end{cases}$$

通解为
$$\begin{pmatrix}x_1\\x_2\end{pmatrix}=k_2\begin{pmatrix}0\\1\end{pmatrix}\ (k_2\in\mathbf{R}),$$

一个基础解系为
$$\boldsymbol{p}_2=\begin{pmatrix}0\\1\end{pmatrix},$$

令
$$\boldsymbol{P}=(\boldsymbol{p}_1,\boldsymbol{p}_2)=\begin{pmatrix}-1&0\\1&1\end{pmatrix},$$

则
$$\boldsymbol{P}^{-1}\boldsymbol{A}\boldsymbol{P}=\boldsymbol{\Lambda}=\begin{pmatrix}1&0\\0&3\end{pmatrix}.$$

（2）$\boldsymbol{B}$ 的特征多项式为
$$f(\lambda)=|\boldsymbol{B}-\lambda\boldsymbol{E}|=\begin{vmatrix}1-\lambda&0&0\\-2&5-\lambda&-2\\-2&4&-1-\lambda\end{vmatrix}=(1-\lambda)^2(3-\lambda),$$

因此 $\boldsymbol{B}$ 的特征值为 $\lambda_1=\lambda_2=1$，$\lambda_3=3$．

对于 $\lambda_1=\lambda_2=1$，解方程组 $(\boldsymbol{B}-\boldsymbol{E})\boldsymbol{x}=\mathbf{0}$．
$$\boldsymbol{B}-\boldsymbol{E}=\begin{pmatrix}0&0&0\\-2&4&-2\\-2&4&-2\end{pmatrix}\xrightarrow[r_1\leftrightarrow r_2]{r_3-r_2}\begin{pmatrix}-2&4&-2\\0&0&0\\0&0&0\end{pmatrix}\xrightarrow{-\frac{1}{2}r_1}\begin{pmatrix}1&-2&1\\0&0&0\\0&0&0\end{pmatrix},$$

同解方程组为
$$\begin{cases}x_1=2x_2-x_3,\\x_2=x_2,\\x_3=x_3,\end{cases}$$

通解为

$$\begin{pmatrix} x_1 \\ x_2 \\ x_3 \end{pmatrix} = k_1 \begin{pmatrix} 2 \\ 1 \\ 0 \end{pmatrix} + k_2 \begin{pmatrix} -1 \\ 0 \\ 1 \end{pmatrix} \quad (k_1, k_2 \in \mathbf{R}),$$

一个基础解系为 $\boldsymbol{p}_1 = \begin{pmatrix} 2 \\ 1 \\ 0 \end{pmatrix}$，$\boldsymbol{p}_2 = \begin{pmatrix} -1 \\ 0 \\ 1 \end{pmatrix}$.

对于 $\lambda_3 = 3$，解方程组 $(\boldsymbol{B} - 3\boldsymbol{E})\boldsymbol{x} = \boldsymbol{0}$.

$$\boldsymbol{B} - 3\boldsymbol{E} = \begin{pmatrix} -2 & 0 & 0 \\ -2 & 2 & -2 \\ -2 & 4 & -4 \end{pmatrix} \xrightarrow[r_3 - r_1]{r_2 - r_1} \begin{pmatrix} -2 & 0 & 0 \\ 0 & 2 & -2 \\ 0 & 4 & -4 \end{pmatrix} \xrightarrow[\frac{1}{2}r_2,\, -\frac{1}{2}r_1]{r_3 - 2r_2} \begin{pmatrix} 1 & 0 & 0 \\ 0 & 1 & -1 \\ 0 & 0 & 0 \end{pmatrix},$$

同解方程组为

$$\begin{cases} x_1 = 0, \\ x_2 = x_3, \\ x_3 = x_3, \end{cases}$$

通解为

$$\begin{pmatrix} x_1 \\ x_2 \\ x_3 \end{pmatrix} = k_3 \begin{pmatrix} 0 \\ 1 \\ 1 \end{pmatrix} \quad (k_3 \in \mathbf{R}),$$

一个基础解系为 $\boldsymbol{p}_3 = \begin{pmatrix} 0 \\ 1 \\ 1 \end{pmatrix}$.

$\boldsymbol{B}$ 有三个线性无关的特征向量，所以 $\boldsymbol{B}$ 可以对角化．令

$$\boldsymbol{P} = (\boldsymbol{p}_1, \boldsymbol{p}_2, \boldsymbol{p}_3) = \begin{pmatrix} 2 & -1 & 0 \\ 1 & 0 & 1 \\ 0 & 1 & 1 \end{pmatrix},$$

则 $\boldsymbol{P}$ 可逆，且

$$\boldsymbol{P}^{-1}\boldsymbol{B}\boldsymbol{P} = \boldsymbol{\Lambda} = \begin{pmatrix} 1 & 0 & 0 \\ 0 & 1 & 0 \\ 0 & 0 & 3 \end{pmatrix}.$$

（3）$\boldsymbol{C}$ 的特征多项式为

$$f(\lambda)=|\boldsymbol{C}-\lambda\boldsymbol{E}|=\begin{vmatrix}4-\lambda & 2 & -5\\ 6 & 4-\lambda & -9\\ 5 & 3 & -7-\lambda\end{vmatrix}=(1-\lambda)\lambda^2,$$

因此$\boldsymbol{C}$的特征值为$\lambda_1=\lambda_2=0$，$\lambda_3=1$.

对于$\lambda_1=\lambda_2=0$，解方程组$(\boldsymbol{C}-0\boldsymbol{E})\boldsymbol{x}=\boldsymbol{0}$，即$\boldsymbol{Cx}=\boldsymbol{0}$. 由

$$\boldsymbol{C}=\begin{pmatrix}4 & 2 & -5\\ 6 & 4 & -9\\ 5 & 3 & -7\end{pmatrix}\xrightarrow[r_2-r_3]{r_1-r_3,-r_1}\begin{pmatrix}1 & 1 & -2\\ 1 & 1 & -2\\ 5 & 3 & -7\end{pmatrix}\xrightarrow[r_2\leftrightarrow r_3]{r_2-r_1}\begin{pmatrix}1 & 1 & -2\\ 5 & 3 & -7\\ 0 & 0 & 0\end{pmatrix}\xrightarrow{r_2-5r_1}\begin{pmatrix}1 & 1 & -2\\ 0 & -2 & 3\\ 0 & 0 & 0\end{pmatrix},$$

知$R(\boldsymbol{C})=2$，于是方程组$\boldsymbol{Cx}=\boldsymbol{0}$的基础解系只含一个线性无关的解向量，即$\lambda_1=\lambda_2=0$只有一个线性无关的特征向量. 而$\lambda_1=\lambda_2=0$是二重特征值，因此，$\boldsymbol{C}$不能有三个线性无关的特征向量，所以$\boldsymbol{C}$不可以对角化.

例 12 设$\boldsymbol{A}=\begin{pmatrix}0 & 0 & 1\\ 1 & 1 & x\\ 1 & 0 & 0\end{pmatrix}$，问$x$为何值时矩阵$\boldsymbol{A}$可以对角化？

解 $\boldsymbol{A}$的特征多项式$f(\lambda)=|\boldsymbol{A}-\lambda\boldsymbol{E}|=\begin{vmatrix}-\lambda & 0 & 1\\ 1 & 1-\lambda & x\\ 1 & 0 & -\lambda\end{vmatrix}=-(1-\lambda)^2(1+\lambda)$，

所以$\boldsymbol{A}$的特征值为$\lambda_1=-1, \lambda_2=\lambda_3=1$.

对于单特征值$\lambda_1=-1$，

$$\boldsymbol{A}+\boldsymbol{E}=\begin{pmatrix}1 & 0 & 1\\ 1 & 2 & x\\ 1 & 0 & 1\end{pmatrix}\xrightarrow[r_3-r_1]{r_2-r_1}\begin{pmatrix}1 & 0 & 1\\ 0 & 2 & x-1\\ 0 & 0 & 0\end{pmatrix},\quad R(\boldsymbol{A}+\boldsymbol{E})=2,$$

所以$\lambda_1=-1$有一个线性无关的特征向量. 从而矩阵$\boldsymbol{A}$可以对角化的充要条件是二重特征值$\lambda_2=\lambda_3=1$有两个线性无关的特征向量，即$R(\boldsymbol{A}-\boldsymbol{E})=1$.

因为

$$\boldsymbol{A}-\boldsymbol{E}=\begin{pmatrix}-1 & 0 & 1\\ 1 & 0 & x\\ 1 & 0 & -1\end{pmatrix}\xrightarrow[r_3+r_1]{r_1\leftrightarrow r_3}\begin{pmatrix}1 & 0 & -1\\ 1 & 0 & x\\ 0 & 0 & 0\end{pmatrix}\xrightarrow{r_2-r_1}\begin{pmatrix}1 & 0 & -1\\ 0 & 0 & x+1\\ 0 & 0 & 0\end{pmatrix},$$

要使$R(\boldsymbol{A}-\boldsymbol{E})=1$，必有$x+1=0$，即$x=-1$. 因此，当$x=-1$时，矩阵$\boldsymbol{A}$可以对角化.

例 13 设$\boldsymbol{A}$为三阶矩阵，特征值$\lambda_1=1$对应的特征向量为$\boldsymbol{\xi}_1=\begin{pmatrix}0\\ 1\\ 1\end{pmatrix}$；特征值

$\lambda_2=\lambda_3=2$，对应的特征向量为$\boldsymbol{\xi}_2=\begin{pmatrix}0\\1\\0\end{pmatrix}$，$\boldsymbol{\xi}_3=\begin{pmatrix}1\\0\\1\end{pmatrix}$，求矩阵 $\boldsymbol{A}$ 和 $\boldsymbol{A}^{100}$．

解　因为$\boldsymbol{\xi}_1,\boldsymbol{\xi}_2,\boldsymbol{\xi}_3$线性无关，即 $\boldsymbol{A}$ 有三个线性无关的特征向量，所以 $\boldsymbol{A}$ 可以对角化．令

$$\boldsymbol{P}=(\boldsymbol{\xi}_1,\boldsymbol{\xi}_2,\boldsymbol{\xi}_3)=\begin{pmatrix}0&0&1\\1&1&0\\1&0&1\end{pmatrix},$$

则

$$\boldsymbol{P}^{-1}\boldsymbol{A}\boldsymbol{P}=\boldsymbol{\Lambda}=\begin{pmatrix}1&0&0\\0&2&0\\0&0&2\end{pmatrix},$$

从而

$$\boldsymbol{A}=\boldsymbol{P}\boldsymbol{\Lambda}\boldsymbol{P}^{-1}=\begin{pmatrix}0&0&1\\1&1&0\\1&0&1\end{pmatrix}\begin{pmatrix}1&0&0\\0&2&0\\0&0&2\end{pmatrix}\begin{pmatrix}0&0&1\\1&1&0\\1&0&1\end{pmatrix}^{-1}.$$

又

$$\begin{pmatrix}0&0&1\\1&1&0\\1&0&1\end{pmatrix}^{-1}=\begin{pmatrix}-1&0&1\\1&1&-1\\1&0&0\end{pmatrix},$$

所以

$$\boldsymbol{A}=\begin{pmatrix}0&0&1\\1&1&0\\1&0&1\end{pmatrix}\begin{pmatrix}1&0&0\\0&2&0\\0&0&2\end{pmatrix}\begin{pmatrix}-1&0&1\\1&1&-1\\1&0&0\end{pmatrix}=\begin{pmatrix}2&0&0\\1&2&-1\\1&0&1\end{pmatrix},$$

$$\boldsymbol{A}^{100}=(\boldsymbol{P}\boldsymbol{\Lambda}\boldsymbol{P}^{-1})^{100}=\boldsymbol{P}\boldsymbol{\Lambda}^{100}\boldsymbol{P}^{-1}=\begin{pmatrix}0&0&1\\1&1&0\\1&0&1\end{pmatrix}\begin{pmatrix}1&0&0\\0&2&0\\0&0&2\end{pmatrix}^{100}\begin{pmatrix}0&0&1\\1&1&0\\1&0&1\end{pmatrix}^{-1}$$

$$=\begin{pmatrix}0&0&1\\1&1&0\\1&0&1\end{pmatrix}\begin{pmatrix}1&0&0\\0&2^{100}&0\\0&0&2^{100}\end{pmatrix}\begin{pmatrix}-1&0&1\\1&1&-1\\1&0&0\end{pmatrix}$$

$$=\begin{pmatrix} 2^{100} & 0 & 0 \\ 2^{100}-1 & 2^{100} & 1-2^{100} \\ 2^{100}-1 & 0 & 1 \end{pmatrix}.$$

5.3 向量的内积、正交化方法

在解析几何中，引进了向量的内积（即数量积）概念后，向量的长度和夹角这些度量概念都可以用内积表示．如果把内积概念推广到一般向量空间中来，那么一般向量空间就会具有某些度量性质．这样的向量空间在多元分析中有广泛的应用．

5.3.1 向量的内积

定义 3 设有 n 维向量

$$\boldsymbol{\alpha}=\begin{pmatrix} a_1 \\ a_2 \\ \vdots \\ a_n \end{pmatrix},\ \boldsymbol{\beta}=\begin{pmatrix} b_1 \\ b_2 \\ \vdots \\ b_n \end{pmatrix},$$

那么实数 $a_1b_1+a_2b_2+\cdots+a_nb_n$ 称为向量 $\boldsymbol{\alpha}$ 与 $\boldsymbol{\beta}$ 的**内积**，记作

$$[\boldsymbol{\alpha},\boldsymbol{\beta}]=a_1b_1+a_2b_2+\cdots+a_nb_n=\boldsymbol{\alpha}^{\mathrm{T}}\boldsymbol{\beta}=\boldsymbol{\beta}^{\mathrm{T}}\boldsymbol{\alpha}.$$

当 $\boldsymbol{\alpha}$ 与 $\boldsymbol{\beta}$ 都是行向量时，有

$$[\boldsymbol{\alpha},\boldsymbol{\beta}]=a_1b_1+a_2b_2+\cdots+a_nb_n=\boldsymbol{\alpha}\boldsymbol{\beta}^{\mathrm{T}}=\boldsymbol{\beta}\boldsymbol{\alpha}^{\mathrm{T}}.$$

向量的内积具有下列性质（其中 $\boldsymbol{\alpha},\boldsymbol{\beta}$ 与 $\boldsymbol{\gamma}$ 都是 n 维列向量，k 为实数）．

性质 13 $[\boldsymbol{\alpha},\boldsymbol{\beta}]=[\boldsymbol{\beta},\boldsymbol{\alpha}]$.

性质 14 $[k\boldsymbol{\alpha},\boldsymbol{\beta}]=k[\boldsymbol{\alpha},\boldsymbol{\beta}]=[\boldsymbol{\alpha},k\boldsymbol{\beta}]$.

性质 15 $[\boldsymbol{\alpha}+\boldsymbol{\beta},\boldsymbol{\gamma}]=[\boldsymbol{\alpha},\boldsymbol{\gamma}]+[\boldsymbol{\beta},\boldsymbol{\gamma}]$.

性质 16 $[\boldsymbol{\alpha},\boldsymbol{\alpha}]=0$ 的充要条件是 $\boldsymbol{\alpha}=\mathbf{0}$；当 $\boldsymbol{\alpha}\neq\mathbf{0}$ 时，$[\boldsymbol{\alpha},\boldsymbol{\alpha}]>0$.

这些性质利用内积的定义很容易证明，请读者自行证明．

利用这些性质，还可以证明**施瓦茨不等式**：

$$[\boldsymbol{\alpha},\boldsymbol{\beta}]^2\leqslant[\boldsymbol{\alpha},\boldsymbol{\alpha}][\boldsymbol{\beta},\boldsymbol{\beta}].$$

证 对任意实数 λ，恒有

$$[\lambda\boldsymbol{\alpha}+\boldsymbol{\beta},\lambda\boldsymbol{\alpha}+\boldsymbol{\beta}]=[\boldsymbol{\alpha},\boldsymbol{\alpha}]\lambda^2+2[\boldsymbol{\alpha},\boldsymbol{\beta}]\lambda+[\boldsymbol{\beta},\boldsymbol{\beta}]\geqslant 0,$$

从而关于 λ 的一元二次方程

$$[\boldsymbol{\alpha},\boldsymbol{\alpha}]\boldsymbol{\lambda}^2+2[\boldsymbol{\alpha},\boldsymbol{\beta}]\boldsymbol{\lambda}+[\boldsymbol{\beta},\boldsymbol{\beta}]=0$$

没有实根或有两个相等的实根，于是必有

$$\Delta=b^2-4ac=4[\boldsymbol{\alpha},\boldsymbol{\beta}]^2-4[\boldsymbol{\alpha},\boldsymbol{\alpha}][\boldsymbol{\beta},\boldsymbol{\beta}]\leqslant 0,$$

所以$[\boldsymbol{\alpha},\boldsymbol{\beta}]^2\leqslant[\boldsymbol{\alpha},\boldsymbol{\alpha}][\boldsymbol{\beta},\boldsymbol{\beta}]$，或$|[\boldsymbol{\alpha},\boldsymbol{\beta}]|\leqslant\sqrt{[\boldsymbol{\alpha},\boldsymbol{\alpha}][\boldsymbol{\beta},\boldsymbol{\beta}]}$.

在解析几何中，曾经引入向量的数量积

$$\boldsymbol{\alpha}\cdot\boldsymbol{\beta}=|\boldsymbol{\alpha}||\boldsymbol{\beta}|\cos\langle\widehat{\boldsymbol{\alpha},\boldsymbol{\beta}}\rangle,$$

且在空间直角坐标系中，有

$$\boldsymbol{\alpha}\cdot\boldsymbol{\beta}=(a_1,a_2,a_3)\cdot(b_1,b_2,b_3)=a_1b_1+a_2b_2+a_3b_3.$$

n维向量的内积是数量积的推广，但n维向量没有三维向量那样直观的长度和夹角的概念，因此只能按数量积的直角坐标计算公式来推广．反过来，利用内积来定义n维向量的长度和夹角.

5.3.2 向量的长度

定义 4 设有n维向量$\boldsymbol{\alpha}=\begin{pmatrix}a_1\\a_2\\\vdots\\a_n\end{pmatrix}$，称

$$\|\boldsymbol{\alpha}\|=\sqrt{[\boldsymbol{\alpha},\boldsymbol{\alpha}]}=\sqrt{a_1^2+a_2^2+\cdots+a_n^2}$$

为n维向量$\boldsymbol{\alpha}$的**长度**（或**范数**）.

当$\|\boldsymbol{\alpha}\|=1$时，称$\boldsymbol{\alpha}$为**单位向量**.

向量的长度具有下述性质.

性质 17（非负性） 当$\boldsymbol{\alpha}\neq\mathbf{0}$时，$\|\boldsymbol{\alpha}\|>0$；当$\boldsymbol{\alpha}=\mathbf{0}$时，$\|\boldsymbol{\alpha}\|=0$.

性质 18（齐次性） $\|k\boldsymbol{\alpha}\|=|k|\|\boldsymbol{\alpha}\|$（$k$为实数）.

显然，若$\boldsymbol{\alpha}\neq\mathbf{0}$，则$\left\|\dfrac{\boldsymbol{\alpha}}{\|\boldsymbol{\alpha}\|}\right\|=1$，即当$\boldsymbol{\alpha}\neq\mathbf{0}$时，$\dfrac{\boldsymbol{\alpha}}{\|\boldsymbol{\alpha}\|}$为单位向量.

记$\boldsymbol{e}_\alpha=\dfrac{\boldsymbol{\alpha}}{\|\boldsymbol{\alpha}\|}$，称之为**非零向量单位化**.

例如，$\boldsymbol{\alpha}=\begin{pmatrix}1\\-2\\-3\\1\end{pmatrix}$，$\|\boldsymbol{\alpha}\|=\sqrt{15}$，$\boldsymbol{e}_\alpha=\begin{pmatrix}1/\sqrt{15}\\-2/\sqrt{15}\\-3/\sqrt{15}\\1/\sqrt{15}\end{pmatrix}$.

性质 19（三角不等式） $\|\boldsymbol{\alpha}+\boldsymbol{\beta}\| \leqslant \|\boldsymbol{\alpha}\|+\|\boldsymbol{\beta}\|$.

证 $\|\boldsymbol{\alpha}+\boldsymbol{\beta}\|^2=[\boldsymbol{\alpha}+\boldsymbol{\beta},\boldsymbol{\alpha}+\boldsymbol{\beta}]=[\boldsymbol{\alpha},\boldsymbol{\alpha}]+2[\boldsymbol{\alpha},\boldsymbol{\beta}]+[\boldsymbol{\beta},\boldsymbol{\beta}]$，由施瓦茨不等式

$$[\boldsymbol{\alpha},\boldsymbol{\beta}] \leqslant \sqrt{[\boldsymbol{\alpha},\boldsymbol{\alpha}][\boldsymbol{\beta},\boldsymbol{\beta}]},$$

从而

$$\begin{aligned}\|\boldsymbol{\alpha}+\boldsymbol{\beta}\|^2 &\leqslant [\boldsymbol{\alpha},\boldsymbol{\alpha}]+2\sqrt{[\boldsymbol{\alpha},\boldsymbol{\alpha}][\boldsymbol{\beta},\boldsymbol{\beta}]}+[\boldsymbol{\beta},\boldsymbol{\beta}]\\ &=\|\boldsymbol{\alpha}\|^2+2\|\boldsymbol{\alpha}\|\|\boldsymbol{\beta}\|+\|\boldsymbol{\beta}\|^2=(\|\boldsymbol{\alpha}\|+\|\boldsymbol{\beta}\|)^2,\end{aligned}$$

即

$$\|\boldsymbol{\alpha}+\boldsymbol{\beta}\| \leqslant \|\boldsymbol{\alpha}\|+\|\boldsymbol{\beta}\|.$$

证毕.

由施瓦茨不等式$[\boldsymbol{\alpha},\boldsymbol{\beta}]^2 \leqslant [\boldsymbol{\alpha},\boldsymbol{\alpha}][\boldsymbol{\beta},\boldsymbol{\beta}]$，有$|[\boldsymbol{\alpha},\boldsymbol{\beta}]| \leqslant \|\boldsymbol{\alpha}\|\|\boldsymbol{\beta}\|$，当$\|\boldsymbol{\alpha}\|\|\boldsymbol{\beta}\| \neq 0$时，有

$$\left|\frac{[\boldsymbol{\alpha},\boldsymbol{\beta}]}{\|\boldsymbol{\alpha}\|\|\boldsymbol{\beta}\|}\right| \leqslant 1.$$

于是有下面的定义.

定义 5 当$\boldsymbol{\alpha} \neq \mathbf{0}$，$\boldsymbol{\beta} \neq \mathbf{0}$时，$\theta=\arccos\dfrac{[\boldsymbol{\alpha},\boldsymbol{\beta}]}{\|\boldsymbol{\alpha}\|\|\boldsymbol{\beta}\|}$称为$n$维向量$\boldsymbol{\alpha}$与$\boldsymbol{\beta}$的夹角. 当$[\boldsymbol{\alpha},\boldsymbol{\beta}]=0$时，称向量$\boldsymbol{\alpha}$与$\boldsymbol{\beta}$**正交**.

显然，零向量与任何向量都正交.

例如，向量$\boldsymbol{\alpha}=\begin{pmatrix}1\\2\\-3\\1\end{pmatrix}$与向量$\boldsymbol{\beta}=\begin{pmatrix}2\\4\\3\\-1\end{pmatrix}$是正交的.

5.3.3 正交向量组

定义 6 一组两两正交的非零向量组称为**正交向量组**.

设$\boldsymbol{\alpha}_1,\boldsymbol{\alpha}_2,\cdots,\boldsymbol{\alpha}_m$是$n$维正交向量组，则

$$[\boldsymbol{\alpha}_i,\boldsymbol{\alpha}_j]=\begin{cases}0, & i \neq j,\\ \|\boldsymbol{\alpha}_i\|^2, & i=j\end{cases} \quad (i,j=1,2,\cdots,m).$$

若$\boldsymbol{\alpha}_1,\boldsymbol{\alpha}_2,\cdots,\boldsymbol{\alpha}_m$两两正交且都为单位向量，则称$\boldsymbol{\alpha}_1,\boldsymbol{\alpha}_2,\cdots,\boldsymbol{\alpha}_m$为**单位正交向量组**或**标准向量组**，记作$\boldsymbol{e}_1,\boldsymbol{e}_2,\cdots,\boldsymbol{e}_m$.

显然 n 维向量组 $\boldsymbol{e}_1=\begin{pmatrix}1\\0\\\vdots\\0\end{pmatrix},\boldsymbol{e}_2=\begin{pmatrix}0\\1\\\vdots\\0\end{pmatrix},\cdots,\boldsymbol{e}_n=\begin{pmatrix}0\\0\\\vdots\\1\end{pmatrix}$ 为单位正交向量组或标准向量组.

正交向量组有下述性质.

性质 20 若 $\boldsymbol{\alpha}_1,\boldsymbol{\alpha}_2,\cdots,\boldsymbol{\alpha}_m$ 是正交向量组，则 $\boldsymbol{\alpha}_1,\boldsymbol{\alpha}_2,\cdots,\boldsymbol{\alpha}_m$ 线性无关.

证 设存在数 $k_1,k_2,\cdots,k_m$，使

$$k_1\boldsymbol{\alpha}_1+k_2\boldsymbol{\alpha}_2+\cdots+k_m\boldsymbol{\alpha}_m=\mathbf{0}.$$

由正交向量组的定义，当 $i\neq j$ 时，$[\boldsymbol{\alpha}_i,\boldsymbol{\alpha}_j]=0$，上式两边同时与 $\boldsymbol{\alpha}_i$（$i=1,2,\cdots,m$）作内积，得

$$[k_1\boldsymbol{\alpha}_1+k_2\boldsymbol{\alpha}_2+\cdots+k_m\boldsymbol{\alpha}_m,\boldsymbol{\alpha}_i]=[\mathbf{0},\boldsymbol{\alpha}_i]=0.$$

但由内积运算性质，上式的左边等于 $k_i[\boldsymbol{\alpha}_i,\boldsymbol{\alpha}_i]$，所以 $k_i[\boldsymbol{\alpha}_i,\boldsymbol{\alpha}_i]=0$；又 $\boldsymbol{\alpha}_i\neq\mathbf{0}$，从而 $[\boldsymbol{\alpha}_i,\boldsymbol{\alpha}_i]>0$，由上式推知 k_i=0（$i=1,2,\cdots,m$），这就证明了 $\boldsymbol{\alpha}_1,\boldsymbol{\alpha}_2,\cdots,\boldsymbol{\alpha}_m$ 线性无关．证毕.

例 14 设 $\boldsymbol{\alpha}=\begin{pmatrix}1\\1\\1\end{pmatrix}$，试求非零向量 $\boldsymbol{\beta}$，使 $\boldsymbol{\alpha}$ 与 $\boldsymbol{\beta}$ 正交.

解 设 $\boldsymbol{\beta}=\begin{pmatrix}x_1\\x_2\\x_3\end{pmatrix}$ 与 $\boldsymbol{\alpha}=\begin{pmatrix}1\\1\\1\end{pmatrix}$ 正交，则 $\boldsymbol{\alpha}^{\mathrm{T}}\boldsymbol{\beta}=0$，即 $x_1+x_2+x_3=0$，同解方程组为

$$\begin{cases}x_1=-x_2-x_3,\\x_2=x_2,\\x_3=x_3.\end{cases}$$

通解为 $\begin{pmatrix}x_1\\x_2\\x_3\end{pmatrix}=k_1\begin{pmatrix}-1\\1\\0\end{pmatrix}+k_2\begin{pmatrix}-1\\0\\1\end{pmatrix}$．一个基础解系为 $\boldsymbol{\xi}_1=\begin{pmatrix}-1\\1\\0\end{pmatrix}$，$\boldsymbol{\xi}_2=\begin{pmatrix}-1\\0\\1\end{pmatrix}$，从而 $\boldsymbol{\beta}_1=\begin{pmatrix}-1\\1\\0\end{pmatrix}$，$\boldsymbol{\beta}_2=\begin{pmatrix}-1\\0\\1\end{pmatrix}$，即为所求.

例 15 已知两个三维向量$\boldsymbol{\alpha}_1=\begin{pmatrix}1\\1\\1\end{pmatrix}$，$\boldsymbol{\alpha}_2=\begin{pmatrix}1\\-2\\1\end{pmatrix}$正交，求非零向量$\boldsymbol{\alpha}_3$，使$\boldsymbol{\alpha}_1,\boldsymbol{\alpha}_2,\boldsymbol{\alpha}_3$两两正交.

解 记$\boldsymbol{A}=\begin{pmatrix}\boldsymbol{\alpha}_1^{\mathrm{T}}\\\boldsymbol{\alpha}_2^{\mathrm{T}}\end{pmatrix}=\begin{pmatrix}1&1&1\\1&-2&1\end{pmatrix}$，则$\boldsymbol{\alpha}_3$应满足齐次线性方程组$\boldsymbol{Ax}=\boldsymbol{0}$，即

$$\begin{pmatrix}1&1&1\\1&-2&1\end{pmatrix}\begin{pmatrix}x_1\\x_2\\x_3\end{pmatrix}=\begin{pmatrix}0\\0\end{pmatrix}.$$

因为$\boldsymbol{A}=\begin{pmatrix}1&1&1\\1&-2&1\end{pmatrix}\xrightarrow{r_2-r_1}\begin{pmatrix}1&1&1\\0&-3&0\end{pmatrix}\xrightarrow[r_1-r_2]{-\frac{1}{3}r_2}\begin{pmatrix}1&0&1\\0&1&0\end{pmatrix}$，所以同解方程组为

$$\begin{cases}x_1=-x_3,\\x_2=0,\\x_3=x_3.\end{cases}$$

通解为$\begin{pmatrix}x_1\\x_2\\x_3\end{pmatrix}=k_1\begin{pmatrix}-1\\0\\1\end{pmatrix}$，一个基础解系为$\begin{pmatrix}-1\\0\\1\end{pmatrix}$，从而取$\boldsymbol{\alpha}_3=\begin{pmatrix}-1\\0\\1\end{pmatrix}$即可.

性质21 设$\boldsymbol{e}_1,\boldsymbol{e}_2,\cdots,\boldsymbol{e}_m$为标准向量组，$\boldsymbol{\alpha}$为同维数的任一向量，若存在数$k_1,k_2,\cdots,k_m$，使$\boldsymbol{\alpha}=k_1\boldsymbol{e}_1+k_2\boldsymbol{e}_2+\cdots+k_m\boldsymbol{e}_m$，则$k_i=[\boldsymbol{\alpha},\boldsymbol{e}_i]$（$i=1,2,\cdots,m$）.

证 设$\boldsymbol{\alpha}=k_1\boldsymbol{e}_1+k_2\boldsymbol{e}_2+\cdots+k_m\boldsymbol{e}_m$，两边同时与$\boldsymbol{e}_i$作内积，得

$$[\boldsymbol{\alpha},\boldsymbol{e}_i]=[k_1\boldsymbol{e}_1+k_2\boldsymbol{e}_2+\cdots+k_m\boldsymbol{e}_m,\boldsymbol{e}_i]=k_i\,[\boldsymbol{e}_i,\boldsymbol{e}_i]=k_i,$$

从而$k_i=[\boldsymbol{\alpha},\boldsymbol{e}_i]$（$i=1,2,\cdots,m$）. 证毕.

5.3.4 正交化方法

由上述内容可知正交向量组具有很特别的性质，而任何一个线性无关的向量组未必是正交的，一个正交向量组也未必是单位正交向量组，但我们可以采用下述方法找到与线性无关向量组等价的单位正交向量组.

设$\boldsymbol{\alpha}_1,\boldsymbol{\alpha}_2,\cdots,\boldsymbol{\alpha}_m$为线性无关向量组.

（1）正交化：令

$$\boldsymbol{\beta}_1=\boldsymbol{\alpha}_1,$$

$$\boldsymbol{\beta}_2=\boldsymbol{\alpha}_2-\frac{[\boldsymbol{\alpha}_2,\boldsymbol{\beta}_1]}{[\boldsymbol{\beta}_1,\boldsymbol{\beta}_1]}\boldsymbol{\beta}_1,$$

$$\boldsymbol{\beta}_3=\boldsymbol{\alpha}_3-\frac{[\boldsymbol{\alpha}_3,\boldsymbol{\beta}_1]}{[\boldsymbol{\beta}_1,\boldsymbol{\beta}_1]}\boldsymbol{\beta}_1-\frac{[\boldsymbol{\alpha}_3,\boldsymbol{\beta}_2]}{[\boldsymbol{\beta}_2,\boldsymbol{\beta}_2]}\boldsymbol{\beta}_2,$$

以此类推，一般地，有

$$\boldsymbol{\beta}_j=\boldsymbol{\alpha}_j-\frac{[\boldsymbol{\alpha}_j,\boldsymbol{\beta}_1]}{[\boldsymbol{\beta}_1,\boldsymbol{\beta}_1]}\boldsymbol{\beta}_1-\frac{[\boldsymbol{\alpha}_j,\boldsymbol{\beta}_2]}{[\boldsymbol{\beta}_2,\boldsymbol{\beta}_2]}\boldsymbol{\beta}_2-\cdots-\frac{[\boldsymbol{\alpha}_j,\boldsymbol{\beta}_{j-1}]}{[\boldsymbol{\beta}_{j-1},\boldsymbol{\beta}_{j-1}]}\boldsymbol{\beta}_{j-1}\quad(j=1,2,\cdots,m).$$

可以证明，$\boldsymbol{\beta}_1,\boldsymbol{\beta}_2,\cdots,\boldsymbol{\beta}_m$两两正交，且$\boldsymbol{\beta}_1,\boldsymbol{\beta}_2,\cdots,\boldsymbol{\beta}_m$与$\boldsymbol{\alpha}_1,\boldsymbol{\alpha}_2,\cdots,\boldsymbol{\alpha}_m$等价.

（2）单位化：令$\boldsymbol{e}_j=\dfrac{\boldsymbol{\beta}_j}{\|\boldsymbol{\beta}_j\|}$（$j=1,2,\cdots,m$），则$\boldsymbol{e}_1,\boldsymbol{e}_2,\cdots,\boldsymbol{e}_m$为单位正交向量组，且$\boldsymbol{e}_1,\boldsymbol{e}_2,\cdots,\boldsymbol{e}_m$与$\boldsymbol{\alpha}_1,\boldsymbol{\alpha}_2,\cdots,\boldsymbol{\alpha}_m$等价.

上述从线性无关向量组导出等价单位正交向量组的过程称为**施密特正交规范化过程**. 它不仅满足$\boldsymbol{\beta}_1,\boldsymbol{\beta}_2,\cdots,\boldsymbol{\beta}_m$与$\boldsymbol{\alpha}_1,\boldsymbol{\alpha}_2,\cdots,\boldsymbol{\alpha}_m$等价，还满足对任何实数$k$（$1\leqslant k\leqslant m$），向量组$\boldsymbol{\beta}_1,\boldsymbol{\beta}_2,\cdots,\boldsymbol{\beta}_k$与$\boldsymbol{\alpha}_1,\boldsymbol{\alpha}_2,\cdots,\boldsymbol{\alpha}_k$等价.

注 ①与$\boldsymbol{\alpha}_1,\boldsymbol{\alpha}_2,\cdots,\boldsymbol{\alpha}_m$等价的单位正交向量组不唯一，这是因为正交化过程中所取向量次序不同所得结果不同，而计算的难易程度也不同；②线性无关组的向量组单位正交化一般是先正交化再单位化，如果先单位化再正交化，而当向量组正交化后一般不再是单位向量，要再把所得向量组单位化.

例16 用施密特正交方法求与线性无关组$\boldsymbol{\alpha}_1=\begin{pmatrix}1\\0\\0\end{pmatrix},\boldsymbol{\alpha}_2=\begin{pmatrix}1\\1\\0\end{pmatrix},\boldsymbol{\alpha}_3=\begin{pmatrix}1\\1\\1\end{pmatrix}$等价的单位正交向量组.

解 令

$$\boldsymbol{\beta}_1=\boldsymbol{\alpha}_1=\begin{pmatrix}1\\0\\0\end{pmatrix},$$

$$\boldsymbol{\beta}_2=\boldsymbol{\alpha}_2-\frac{[\boldsymbol{\alpha}_2,\boldsymbol{\beta}_1]}{[\boldsymbol{\beta}_1,\boldsymbol{\beta}_1]}\boldsymbol{\beta}_1=\begin{pmatrix}1\\1\\0\end{pmatrix}-\frac{1}{1}\begin{pmatrix}1\\0\\0\end{pmatrix}=\begin{pmatrix}0\\1\\0\end{pmatrix},$$

$$\boldsymbol{\beta}_3=\boldsymbol{\alpha}_3-\frac{[\boldsymbol{\alpha}_3,\boldsymbol{\beta}_1]}{[\boldsymbol{\beta}_1,\boldsymbol{\beta}_1]}\boldsymbol{\beta}_1-\frac{[\boldsymbol{\alpha}_3,\boldsymbol{\beta}_2]}{[\boldsymbol{\beta}_2,\boldsymbol{\beta}_2]}\boldsymbol{\beta}_2=\begin{pmatrix}1\\1\\1\end{pmatrix}-\frac{1}{1}\begin{pmatrix}1\\0\\0\end{pmatrix}-\frac{1}{1}\begin{pmatrix}0\\1\\0\end{pmatrix}=\begin{pmatrix}0\\0\\1\end{pmatrix},$$

而$\boldsymbol{\beta}_1,\boldsymbol{\beta}_2,\boldsymbol{\beta}_3$为单位向量，则$\boldsymbol{\beta}_1,\boldsymbol{\beta}_2,\boldsymbol{\beta}_3$即为所求.

例 17 已知$\boldsymbol{\alpha}_1=\begin{pmatrix}1\\1\\1\end{pmatrix}$，求非零向量$\boldsymbol{\alpha}_2,\boldsymbol{\alpha}_3$，使$\boldsymbol{\alpha}_1,\boldsymbol{\alpha}_2,\boldsymbol{\alpha}_3$两两正交，并求与$\boldsymbol{\alpha}_1,\boldsymbol{\alpha}_2,\boldsymbol{\alpha}_3$等价的单位正交向量组.

解 $\boldsymbol{\alpha}_2,\boldsymbol{\alpha}_3$应该满足$[\boldsymbol{\alpha}_1,\boldsymbol{x}]=0$，即$x_1+x_2+x_3=0$．其同解方程组为

$$\begin{cases}x_1=-x_2-x_3,\\x_2=x_2,\\x_3=x_3.\end{cases}$$

它的通解为
$$\begin{pmatrix}x_1\\x_2\\x_3\end{pmatrix}=k_1\begin{pmatrix}-1\\1\\0\end{pmatrix}+k_2\begin{pmatrix}-1\\0\\1\end{pmatrix}\ （k_1,k_2\in\mathbf{R}），$$

一个基础解系为
$$\boldsymbol{\xi}_1=\begin{pmatrix}-1\\1\\0\end{pmatrix},\boldsymbol{\xi}_2=\begin{pmatrix}-1\\0\\1\end{pmatrix},$$

把基础解系正交化，令

$$\boldsymbol{\alpha}_2=\boldsymbol{\xi}_1=\begin{pmatrix}-1\\1\\0\end{pmatrix},$$

$$\boldsymbol{\alpha}_3=\boldsymbol{\xi}_2-\frac{[\boldsymbol{\alpha}_2,\boldsymbol{\xi}_2]}{[\boldsymbol{\xi}_1,\boldsymbol{\xi}_1]}\boldsymbol{\xi}_1=\begin{pmatrix}-1\\0\\1\end{pmatrix}-\frac{1}{2}\begin{pmatrix}-1\\1\\0\end{pmatrix}=\begin{pmatrix}-1/2\\-1/2\\1\end{pmatrix}=\frac{1}{2}\begin{pmatrix}-1\\-1\\2\end{pmatrix},$$

于是$\boldsymbol{\alpha}_2=\begin{pmatrix}-1\\1\\0\end{pmatrix},\boldsymbol{\alpha}_3=\begin{pmatrix}-1/2\\-1/2\\1\end{pmatrix}$即为所求，即$\boldsymbol{\alpha}_1,\boldsymbol{\alpha}_2,\boldsymbol{\alpha}_3$两两正交.

将$\boldsymbol{\alpha}_1,\boldsymbol{\alpha}_2,\boldsymbol{\alpha}_3$单位化，令

$$\boldsymbol{e}_1=\frac{1}{\sqrt{3}}\begin{pmatrix}1\\1\\1\end{pmatrix},\quad\boldsymbol{e}_2=\frac{1}{\sqrt{2}}\begin{pmatrix}-1\\1\\0\end{pmatrix},\quad\boldsymbol{e}_3=\frac{1}{\sqrt{6}}\begin{pmatrix}-1\\-1\\2\end{pmatrix},$$

则$\boldsymbol{e}_1,\boldsymbol{e}_2,\boldsymbol{e}_3$即为与$\boldsymbol{\alpha}_1,\boldsymbol{\alpha}_2,\boldsymbol{\alpha}_3$等价的单位正交向量组.

5.3.5 正交矩阵

定义 7 如果n阶矩阵$\boldsymbol{A}$满足

$$\boldsymbol{A}^{\mathrm{T}}\boldsymbol{A}=\boldsymbol{E},$$

那么称 $\boldsymbol{A}$ 为**正交矩阵**，简称**正交阵**.

例如$\begin{pmatrix}1 & 0\\ 0 & 1\end{pmatrix}$，$\begin{pmatrix}\cos\theta & -\sin\theta\\ \sin\theta & \cos\theta\end{pmatrix}$，$\begin{pmatrix}1 & 0 & 0\\ 0 & 1/\sqrt{2} & -1/\sqrt{2}\\ 0 & 1/\sqrt{2} & 1/\sqrt{2}\end{pmatrix}$都是正交矩阵.

记 $\boldsymbol{A}=(\boldsymbol{\alpha}_1,\boldsymbol{\alpha}_2,\cdots,\boldsymbol{\alpha}_n)$，则 $\boldsymbol{A}^{\mathrm{T}}\boldsymbol{A}=\boldsymbol{E}$ 用 $\boldsymbol{A}$ 的列向量表示，即

$$\begin{pmatrix}\boldsymbol{\alpha}_1^{\mathrm{T}}\\ \boldsymbol{\alpha}_2^{\mathrm{T}}\\ \vdots\\ \boldsymbol{\alpha}_n^{\mathrm{T}}\end{pmatrix}(\boldsymbol{\alpha}_1,\boldsymbol{\alpha}_2,\cdots,\boldsymbol{\alpha}_n)=\boldsymbol{E},$$

这也就是 n^2 个关系式：

$$\boldsymbol{\alpha}_i^{\mathrm{T}}\boldsymbol{\alpha}_j=\begin{cases}1, & i=j,\\ 0, & i\neq j\end{cases}\quad (i,j=1,2,\cdots,n).$$

又因为 $\boldsymbol{A}^{\mathrm{T}}\boldsymbol{A}=\boldsymbol{E}$ 与 $\boldsymbol{A}\boldsymbol{A}^{\mathrm{T}}=\boldsymbol{E}$ 等价，所以有下述定理.

定理 2　n 阶矩阵 $\boldsymbol{A}$ 为正交矩阵的充要条件是 $\boldsymbol{A}$ 的行向量组和列向量组都是单位正交向量组.

例如矩阵 $\boldsymbol{A}=\begin{pmatrix}1 & -2 & 1\\ 1 & 1 & 1\\ 2 & 1 & -2\end{pmatrix}$，因为 $\boldsymbol{A}$ 的第一行不是单位向量，所以 $\boldsymbol{A}$ 不是正交矩阵.

矩阵 $\boldsymbol{B}=\begin{pmatrix}1/3 & 2/3 & 2/3\\ 2/3 & 1/3 & -2/3\\ 2/3 & -2/3 & 1/3\end{pmatrix}$的列向量两两正交，且每一个列向量都是单位向量，所以 $\boldsymbol{B}$ 是正交矩阵.

正交矩阵具有下述性质.

性质 22　若 $\boldsymbol{A}$ 为正交矩阵，则 $\boldsymbol{A}$ 是可逆矩阵，且 $|\boldsymbol{A}|=\pm 1$.

性质 23　若 $\boldsymbol{A}$ 为正交矩阵，则 $\boldsymbol{A}^{\mathrm{T}}$ 也是正交矩阵.

性质 24　n 阶矩阵 $\boldsymbol{A}$ 为正交矩阵的充要条件是 $\boldsymbol{A}^{-1}=\boldsymbol{A}^{\mathrm{T}}$.

这些性质很容易根据正交矩阵的定义证明.

性质 25　若 $\boldsymbol{A}$，$\boldsymbol{B}$ 为同阶正交矩阵，则 $\boldsymbol{AB}$，$\boldsymbol{BA}$ 也是正交矩阵.

证　因为 $\boldsymbol{A}$，$\boldsymbol{B}$ 为同阶正交矩阵，那么

$$\boldsymbol{A}^{\mathrm{T}}\boldsymbol{A}=\boldsymbol{E},\ \boldsymbol{B}^{\mathrm{T}}\boldsymbol{B}=\boldsymbol{E},$$

推得

$$(\boldsymbol{AB})^{\mathrm{T}}(\boldsymbol{AB})=(\boldsymbol{B}^{\mathrm{T}}\boldsymbol{A}^{\mathrm{T}})(\boldsymbol{AB})=\boldsymbol{B}^{\mathrm{T}}(\boldsymbol{A}^{\mathrm{T}}\boldsymbol{A})\boldsymbol{B}=\boldsymbol{B}^{\mathrm{T}}\boldsymbol{B}=\boldsymbol{E},$$

所以 $\boldsymbol{AB}$ 是正交矩阵；同理 $\boldsymbol{BA}$ 也是正交矩阵．证毕．

定义 8　若 $\boldsymbol{P}$ 为正交矩阵，则对向量 $\boldsymbol{x}$ 所作的运算 $\boldsymbol{Px}=\boldsymbol{y}$ 称为**正交变换**．

正交变换具有下述性质．

性质 26　正交变换保持向量内积不变．

性质 27　正交变换保持向量长度不变．

证　设 $\boldsymbol{y}=\boldsymbol{Px}$ 为正交变换，且 $\boldsymbol{y}_1=\boldsymbol{Px}_1$，$\boldsymbol{y}_2=\boldsymbol{Px}_2$，则

$$[\boldsymbol{y}_1,\boldsymbol{y}_2]=\boldsymbol{y}_1^{\mathrm{T}}\boldsymbol{y}_2=(\boldsymbol{Px}_1)^{\mathrm{T}}(\boldsymbol{Px}_2)=\boldsymbol{x}_1^{\mathrm{T}}(\boldsymbol{P}^{\mathrm{T}}\boldsymbol{P})\boldsymbol{x}_2=\boldsymbol{x}_1^{\mathrm{T}}\boldsymbol{x}_2=[\boldsymbol{x}_1,\boldsymbol{x}_2],$$

$$\|\boldsymbol{y}_1\|=\sqrt{\boldsymbol{y}_1^{\mathrm{T}}\boldsymbol{y}_1}=\sqrt{(\boldsymbol{Px}_1)^{\mathrm{T}}(\boldsymbol{Px}_1)}=\sqrt{\boldsymbol{x}_1^{\mathrm{T}}(\boldsymbol{P}^{\mathrm{T}}\boldsymbol{P})\boldsymbol{x}_1}=\sqrt{\boldsymbol{x}_1^{\mathrm{T}}\boldsymbol{x}_1}=\|\boldsymbol{x}_1\|.$$

证毕．

由于 $\|\boldsymbol{x}\|$ 表示向量的长度，相当于线段的长度，因此 $\|\boldsymbol{y}\|=\|\boldsymbol{x}\|$ 说明经正交变换线段长度保持不变，也就是几何图形的形状不变，这是正交变换的优良特性．

5.4　实对称矩阵的对角化

一个 n 阶矩阵能否对角化，要看它的线性无关特征向量的个数，这是一个较复杂的问题．但是实对称矩阵肯定可以对角化．所谓实对称矩阵，是指既是实矩阵又是对称矩阵的矩阵．

5.4.1　实对称矩阵的性质

性质 28　实对称矩阵的特征值都是实数，特征向量都是实向量．

证　设 $\boldsymbol{A}$ 为实对称矩阵，λ 是 $\boldsymbol{A}$ 的特征值，$\boldsymbol{x}$ 为对应的特征向量，即 $\boldsymbol{Ax}=\lambda\boldsymbol{x}$．我们只需证明 $\lambda=\bar{\lambda}$．

因为 $\boldsymbol{A}$ 为实对称矩阵，因而有 $\boldsymbol{A}=\bar{\boldsymbol{A}}$，$\boldsymbol{A}=\boldsymbol{A}^{\mathrm{T}}$，则

$$\boldsymbol{A}\bar{\boldsymbol{x}}=\bar{\boldsymbol{A}}\bar{\boldsymbol{x}}=\overline{\boldsymbol{Ax}}=\overline{\lambda\boldsymbol{x}}=\bar{\lambda}\bar{\boldsymbol{x}},$$

于是有

$$\bar{\boldsymbol{x}}^{\mathrm{T}}\boldsymbol{Ax}=\bar{\boldsymbol{x}}^{\mathrm{T}}(\boldsymbol{Ax})=\bar{\boldsymbol{x}}^{\mathrm{T}}\lambda\boldsymbol{x}=\lambda\bar{\boldsymbol{x}}^{\mathrm{T}}\boldsymbol{x},$$

$$\bar{\boldsymbol{x}}^{\mathrm{T}}\boldsymbol{Ax}=(\bar{\boldsymbol{x}}^{\mathrm{T}}\boldsymbol{A}^{\mathrm{T}})\boldsymbol{x}=(\boldsymbol{A}\bar{\boldsymbol{x}})^{\mathrm{T}}\boldsymbol{x}=(\bar{\lambda}\bar{\boldsymbol{x}})^{\mathrm{T}}\boldsymbol{x}=\bar{\lambda}\bar{\boldsymbol{x}}^{\mathrm{T}}\boldsymbol{x},$$

从而有

$$\lambda\bar{\boldsymbol{x}}^{\mathrm{T}}\boldsymbol{x}=\bar{\lambda}\bar{\boldsymbol{x}}^{\mathrm{T}}\boldsymbol{x},$$

即

$$(\lambda-\bar{\lambda})\bar{\boldsymbol{x}}^{\mathrm{T}}\boldsymbol{x}=0.$$

因为 $\boldsymbol{x}\neq\boldsymbol{0}$，所以

$$\bar{\boldsymbol{x}}^{\mathrm{T}}\boldsymbol{x}=\sum_{i=1}^{n}\bar{x}_i x_i=\sum_{i=1}^{n}|x_i|^2\neq 0,$$

故$\lambda-\bar{\lambda}=0$，即$\lambda=\bar{\lambda}$，这说明λ为实数.

显然，当特征值λ为实数时，齐次线性方程组$(\boldsymbol{A}-\lambda\boldsymbol{E})\boldsymbol{x}=\boldsymbol{0}$是实系数线性方程组，由$|\boldsymbol{A}-\lambda\boldsymbol{E}|=0$知必有实的基础解系，所以对应的特征向量可以取实向量.证毕.

性质 29 实对称矩阵$\boldsymbol{A}$的对应于不同特征值的特征向量相互正交.

证 设λ_1，λ_2是$\boldsymbol{A}$的不同特征值，$\boldsymbol{x}_1$，$\boldsymbol{x}_2$分别为对应于λ_1，λ_2的特征向量.于是

$$\boldsymbol{A}\boldsymbol{x}_1=\lambda_1\boldsymbol{x}_1，\boldsymbol{A}\boldsymbol{x}_2=\lambda_2\boldsymbol{x}_2，$$

在上面第一式两边左乘$\boldsymbol{x}_2^{\mathrm{T}}$，得

$$\boldsymbol{x}_2^{\mathrm{T}}\boldsymbol{A}\boldsymbol{x}_1=\lambda_1\boldsymbol{x}_2^{\mathrm{T}}\boldsymbol{x}_1 .$$

注意到$\boldsymbol{x}_2^{\mathrm{T}}\boldsymbol{A}\boldsymbol{x}_1=(\boldsymbol{A}^{\mathrm{T}}\boldsymbol{x}_2)^{\mathrm{T}}\boldsymbol{x}_1=(\boldsymbol{A}\boldsymbol{x}_2)^{\mathrm{T}}\boldsymbol{x}_1=\lambda_2\boldsymbol{x}_2^{\mathrm{T}}\boldsymbol{x}_1$，从而有$(\lambda_2-\lambda_1)\boldsymbol{x}_2^{\mathrm{T}}\boldsymbol{x}_1=0$. 由于$\lambda_1\neq\lambda_2$，所以$\boldsymbol{x}_2^{\mathrm{T}}\boldsymbol{x}_1=0$，即$\boldsymbol{x}_1$与$\boldsymbol{x}_2$正交. 证毕.

注 实对称矩阵$\boldsymbol{A}$的对应于同一特征值的特征向量未必正交.

性质30 设$\boldsymbol{A}$是n阶实对称矩阵，λ是$\boldsymbol{A}$的k重特征值，则齐次线性方程组$(\boldsymbol{A}-\lambda\boldsymbol{E})\boldsymbol{x}=\boldsymbol{0}$的系数矩阵的秩$R(\boldsymbol{A}-\lambda\boldsymbol{E})=n-k$，从而$\boldsymbol{A}$的对应于特征值$\lambda$的线性无关的特征向量恰有$k$个（证明略）.

根据上述性质我们可以证明下述定理.

定理 3 设$\boldsymbol{A}$是n阶实对称矩阵,则存在正交矩阵$\boldsymbol{P}$,使$\boldsymbol{P}^{-1}\boldsymbol{A}\boldsymbol{P}=\boldsymbol{P}^{\mathrm{T}}\boldsymbol{A}\boldsymbol{P}=\boldsymbol{\Lambda}$，其中$\boldsymbol{\Lambda}$为对角矩阵，且$\boldsymbol{\Lambda}$的主对角线上的元素是矩阵$\boldsymbol{A}$的$n$个特征值.

证 设$\boldsymbol{A}$的互不相同的特征值为$\lambda_1,\lambda_2,\cdots,\lambda_s$，它们的重数依次为

$$k_1,k_2,\cdots,k_s\ （k_1+k_2+\cdots+k_s=n）.$$

由性质 28 和性质 30 知，对应于特征值λ_i（$i=1,2,\cdots,s$），恰有k_i个线性无关的实特征向量，把它们正交化和单位化，即得k_i个单位正交的特征向量. 由$k_1+k_2+\cdots+k_s=n$知，这样的特征向量共有n个.

由性质 29 知，对应于不同特征值的特征向量正交，故这n个单位特征向量两两正交. 于是，以它们为列向量构成正交矩阵$\boldsymbol{P}$，并有

$$\boldsymbol{P}^{-1}\boldsymbol{A}\boldsymbol{P}=\boldsymbol{\Lambda}，$$

其中$\boldsymbol{\Lambda}$为对角矩阵，且$\boldsymbol{\Lambda}$的主对角线上的元素含k_1个λ_1, k_2个$\lambda_2,\cdots,k_s$个λ_s，恰好是矩阵$\boldsymbol{A}$的n个特征值. 证毕.

5.4.2 实对称矩阵的相似对角化

对于实对称矩阵$\boldsymbol{A}$，一般地，我们希望用正交矩阵使之对角化，即求正交矩阵$\boldsymbol{P}$，使$\boldsymbol{P}^{-1}\boldsymbol{A}\boldsymbol{P}=\boldsymbol{P}^{\mathrm{T}}\boldsymbol{A}\boldsymbol{P}$成为对角矩阵.

根据定理 3，任何一个实对称矩阵都与对角矩阵正交相似．寻找正交矩阵 $\boldsymbol{P}$，使 $\boldsymbol{P}^{-1}\boldsymbol{AP}$ 成为对角矩阵的步骤如下：

（1）根据特征方程 $|\boldsymbol{A}-\lambda\boldsymbol{E}|=0$，求出矩阵 $\boldsymbol{A}$ 的所有不同的特征值 $\lambda_1,\lambda_2,\cdots,\lambda_s$ 及它们的重数 $k_1,k_2,\cdots,k_s$（$k_1+k_2+\cdots+k_s=n$）(这样也求出了与 $\boldsymbol{A}$ 相似的对角矩阵)．

（2）对每一个特征值 λ_i（$i=1,2,\cdots,s$）解齐次线性方程组 $(\boldsymbol{A}-\lambda_i\boldsymbol{E})\boldsymbol{x}=\boldsymbol{0}$，求得它的一个基础解系 $\boldsymbol{\xi}_{i1},\boldsymbol{\xi}_{i2},\cdots,\boldsymbol{\xi}_{ik_i}$（$i=1,2,\cdots,s$）．

（3）利用施密特正交化方法把向量组 $\boldsymbol{\xi}_{i1},\boldsymbol{\xi}_{i2},\cdots,\boldsymbol{\xi}_{ik_i}$ 正交化，得到正交向量组 $\boldsymbol{\zeta}_{i1},\boldsymbol{\zeta}_{i2},\cdots,\boldsymbol{\zeta}_{ik_i}$，再单位化得单位正交向量组 $\boldsymbol{p}_{i1},\boldsymbol{p}_{i2},\cdots,\boldsymbol{p}_{ik_i}$（$i=1,2,\cdots,s$）．这样共得到 n 个两两正交的单位特征向量组：$\boldsymbol{p}_{11},\boldsymbol{p}_{12},\cdots,\boldsymbol{p}_{1k_1},\boldsymbol{p}_{21},\boldsymbol{p}_{22},\cdots,\boldsymbol{p}_{2k_2},\cdots,\boldsymbol{p}_{s1},\boldsymbol{p}_{s2},\cdots,\boldsymbol{p}_{sk_s}$．

（4）令 $\boldsymbol{P}=(\boldsymbol{p}_{11},\boldsymbol{p}_{12},\cdots,\boldsymbol{p}_{1k_1},\boldsymbol{p}_{21},\boldsymbol{p}_{22},\cdots,\boldsymbol{p}_{2k_2},\cdots,\boldsymbol{p}_{s1},\boldsymbol{p}_{s2},\cdots,\boldsymbol{p}_{sk_s})$，则 $\boldsymbol{P}$ 为正交矩阵，且 $\boldsymbol{P}^{-1}\boldsymbol{AP}=\boldsymbol{P}^T\boldsymbol{AP}=\boldsymbol{\Lambda}$，$\boldsymbol{\Lambda}$ 为对角矩阵，$\boldsymbol{\Lambda}$ 的主对角线上的元素含 k_1 个 λ_1, k_2 个 $\lambda_2,\cdots,k_s$ 个 λ_s，恰好是矩阵 $\boldsymbol{A}$ 的 n 个特征值．其中 $\boldsymbol{\Lambda}$ 的主对角线上的元素 λ_i（$i=1,2,\cdots,s$）的重数为 k_i，并且排列顺序与 $\boldsymbol{P}$ 中正交向量组的排列顺序相对应．

根据定理 3 有如下结论：若 $\boldsymbol{A}$ 是 n 阶实对称矩阵，则存在可逆矩阵 $\boldsymbol{Q}$，使 $\boldsymbol{Q}^{-1}\boldsymbol{AQ}=\boldsymbol{\Lambda}$，其中 $\boldsymbol{\Lambda}$ 为对角矩阵，且 $\boldsymbol{\Lambda}$ 的主对角线上的元素是矩阵 $\boldsymbol{A}$ 的 n 个特征值．只需令 $\boldsymbol{Q}=(\boldsymbol{\xi}_{11},\boldsymbol{\xi}_{12},\cdots,\boldsymbol{\xi}_{1k_1},\boldsymbol{\xi}_{21},\boldsymbol{\xi}_{22},\cdots,\boldsymbol{\xi}_{2k_2},\cdots,\boldsymbol{\xi}_{s1},\boldsymbol{\xi}_{s2},\cdots,\boldsymbol{\xi}_{sk_s})$，其中 $\boldsymbol{\xi}_{11},\boldsymbol{\xi}_{12},\cdots,\boldsymbol{\xi}_{1k_1},\boldsymbol{\xi}_{21},\boldsymbol{\xi}_{22},\cdots,\boldsymbol{\xi}_{2k_2},\cdots,\boldsymbol{\xi}_{s1},\boldsymbol{\xi}_{s2},\cdots,\boldsymbol{\xi}_{sk_s}$ 为上述步骤中 $\boldsymbol{A}$ 的特征向量，即齐次线性方程组 $(\boldsymbol{A}-\lambda_i\boldsymbol{E})\boldsymbol{x}=\boldsymbol{0}$（$i=1,2,\cdots,s$）的基础解系构成的线性无关向量组．

例 18 设 $\boldsymbol{A}=\begin{pmatrix}3&-1\\-1&3\end{pmatrix}$，求一个正交矩阵 $\boldsymbol{P}$，使 $\boldsymbol{P}^{-1}\boldsymbol{AP}=\boldsymbol{\Lambda}$ 为对角矩阵．

解 由 $|\boldsymbol{A}-\lambda\boldsymbol{E}|=\begin{vmatrix}3-\lambda&-1\\-1&3-\lambda\end{vmatrix}=(\lambda-4)(\lambda-2)$，得 $\boldsymbol{A}$ 的特征值为 $\lambda_1=2$，$\lambda_2=4$．

对应于 $\lambda_1=2$，解方程组 $(\boldsymbol{A}-2\boldsymbol{E})\boldsymbol{x}=\boldsymbol{0}$，由

$$\boldsymbol{A}-2\boldsymbol{E}=\begin{pmatrix}1&-1\\-1&1\end{pmatrix}\xrightarrow{r_2+r_1}\begin{pmatrix}1&-1\\0&0\end{pmatrix},$$

得同解方程组 $\begin{cases}x_1=x_2,\\x_2=x_2.\end{cases}$ 通解为 $\begin{pmatrix}x_1\\x_2\end{pmatrix}=k_1\begin{pmatrix}1\\1\end{pmatrix}$，一个基础解系为 $\boldsymbol{\xi}_1=\begin{pmatrix}1\\1\end{pmatrix}$，单位化得 $\boldsymbol{p}_1=\dfrac{1}{\sqrt{2}}\begin{pmatrix}1\\1\end{pmatrix}$．

对应于$\lambda_2=4$，解方程组$(\boldsymbol{A}-4\boldsymbol{E})\boldsymbol{x}=\boldsymbol{0}$，由

$$\boldsymbol{A}-4\boldsymbol{E}=\begin{pmatrix}-1&-1\\-1&-1\end{pmatrix}\xrightarrow[-r_1]{r_2-r_1}\begin{pmatrix}1&1\\0&0\end{pmatrix},$$

得同解方程组$\begin{cases}x_1=-x_2,\\x_2=x_2.\end{cases}$ 通解为$\begin{pmatrix}x_1\\x_2\end{pmatrix}=k_2\begin{pmatrix}-1\\1\end{pmatrix}$，一个基础解系为$\boldsymbol{\xi}_2=\begin{pmatrix}-1\\1\end{pmatrix}$，单位化得$\boldsymbol{p}_2=\dfrac{1}{\sqrt{2}}\begin{pmatrix}-1\\1\end{pmatrix}$.

由对称矩阵的特征向量的性质知，$\boldsymbol{p}_1,\boldsymbol{p}_2$必定正交，于是记

$$\boldsymbol{P}=(\boldsymbol{p}_1,\boldsymbol{p}_2)=\begin{pmatrix}1/\sqrt{2}&-1/\sqrt{2}\\1/\sqrt{2}&1/\sqrt{2}\end{pmatrix},$$

则有 $\boldsymbol{P}^{-1}\boldsymbol{A}\boldsymbol{P}=\boldsymbol{P}^{\mathrm{T}}\boldsymbol{A}\boldsymbol{P}=\boldsymbol{\Lambda}=\begin{pmatrix}2&\\&4\end{pmatrix}$.

例 19 设$\boldsymbol{A}=\begin{pmatrix}0&-1&1\\-1&0&1\\1&1&0\end{pmatrix}$，求一个正交矩阵$\boldsymbol{P}$，使$\boldsymbol{P}^{-1}\boldsymbol{A}\boldsymbol{P}=\boldsymbol{\Lambda}$为对角矩阵.

解 由$|\boldsymbol{A}-\lambda\boldsymbol{E}|=\begin{vmatrix}-\lambda&-1&1\\-1&-\lambda&1\\1&1&-\lambda\end{vmatrix}=-(\lambda-1)^2(\lambda+2)$，得$\boldsymbol{A}$的特征值为$\lambda_1=-2$，$\lambda_2=\lambda_3=1$.

对应于$\lambda_1=-2$，解方程组$(\boldsymbol{A}+2\boldsymbol{E})\boldsymbol{x}=\boldsymbol{0}$，由

$$\boldsymbol{A}+2\boldsymbol{E}=\begin{pmatrix}2&-1&1\\-1&2&1\\1&1&2\end{pmatrix}\xrightarrow{r_1\leftrightarrow r_3}\begin{pmatrix}1&1&2\\-1&2&1\\2&-1&1\end{pmatrix}\xrightarrow[r_3-2r_1]{r_2+r_1}\begin{pmatrix}1&1&2\\0&3&3\\0&-3&-3\end{pmatrix}$$

$$\xrightarrow[\frac{1}{3}r_2]{r_3+r_2}\begin{pmatrix}1&1&2\\0&1&1\\0&0&0\end{pmatrix}\xrightarrow{r_1-r_2}\begin{pmatrix}1&0&1\\0&1&1\\0&0&0\end{pmatrix},$$

得同解方程组$\begin{cases}x_1=-x_3,\\x_2=-x_3,\\x_3=x_3.\end{cases}$ 通解为$\begin{pmatrix}x_1\\x_2\\x_3\end{pmatrix}=k_1\begin{pmatrix}-1\\-1\\1\end{pmatrix}$，一个基础解系为$\boldsymbol{\xi}_1=\begin{pmatrix}-1\\-1\\1\end{pmatrix}$，单位化得$\boldsymbol{p}_1=\begin{pmatrix}-1/\sqrt{3}\\-1/\sqrt{3}\\1/\sqrt{3}\end{pmatrix}$.

对应于$\lambda_2=\lambda_3=1$，解方程组$(\boldsymbol{A}-\boldsymbol{E})\boldsymbol{x}=\boldsymbol{0}$，由

$$\boldsymbol{A}-\boldsymbol{E}=\begin{pmatrix}-1&-1&1\\-1&-1&1\\1&1&-1\end{pmatrix}\xrightarrow[r_3+r_1]{r_2-r_1}\begin{pmatrix}-1&-1&1\\0&0&0\\0&0&0\end{pmatrix}\xrightarrow{-r_1}\begin{pmatrix}1&1&-1\\0&0&0\\0&0&0\end{pmatrix},$$

得同解方程组$\begin{cases}x_1=-x_2+x_3,\\x_2=x_2,\\x_3=x_3.\end{cases}$ 通解为$\begin{pmatrix}x_1\\x_2\\x_3\end{pmatrix}=k_2\begin{pmatrix}-1\\1\\0\end{pmatrix}+k_3\begin{pmatrix}1\\0\\1\end{pmatrix}$，一个基础解系为

$$\boldsymbol{\xi}_2=\begin{pmatrix}-1\\1\\0\end{pmatrix},\ \boldsymbol{\xi}_3=\begin{pmatrix}1\\0\\1\end{pmatrix}.$$

取

$$\boldsymbol{\zeta}_2=\boldsymbol{\xi}_2=\begin{pmatrix}-1\\1\\0\end{pmatrix},$$

$$\boldsymbol{\zeta}_3=\boldsymbol{\xi}_3-\frac{[\boldsymbol{\zeta}_2,\boldsymbol{\xi}_3]}{[\boldsymbol{\zeta}_2,\boldsymbol{\zeta}_2]}\boldsymbol{\zeta}_2=\begin{pmatrix}1\\0\\1\end{pmatrix}+\frac{1}{2}\begin{pmatrix}-1\\1\\0\end{pmatrix}=\frac{1}{2}\begin{pmatrix}1\\1\\2\end{pmatrix},$$

再单位化，得$\boldsymbol{p}_2=\begin{pmatrix}-1/\sqrt{2}\\1/\sqrt{2}\\0\end{pmatrix}$，$\boldsymbol{p}_3=\begin{pmatrix}1/\sqrt{6}\\1/\sqrt{6}\\2/\sqrt{6}\end{pmatrix}$.

将$\boldsymbol{p}_1,\boldsymbol{p}_2,\boldsymbol{p}_3$构成正交矩阵：

$$\boldsymbol{P}=(\boldsymbol{p}_1,\boldsymbol{p}_2,\boldsymbol{p}_3)=\begin{pmatrix}-1/\sqrt{3}&-1/\sqrt{2}&1/\sqrt{6}\\-1/\sqrt{3}&1/\sqrt{2}&1/\sqrt{6}\\1/\sqrt{3}&0&2/\sqrt{6}\end{pmatrix},$$

则有$\boldsymbol{P}^{-1}\boldsymbol{A}\boldsymbol{P}=\boldsymbol{P}^{\mathrm{T}}\boldsymbol{A}\boldsymbol{P}=\boldsymbol{\Lambda}=\begin{pmatrix}-2&&\\&1&\\&&1\end{pmatrix}$.

注 若令可逆矩阵$\boldsymbol{Q}=(\xi_1,\xi_2,\xi_3)=\begin{pmatrix}-1&-1&1\\-1&1&0\\1&1&1\end{pmatrix}$，则$\boldsymbol{Q}^{-1}\boldsymbol{A}\boldsymbol{Q}=\begin{pmatrix}-2&&\\&1&\\&&1\end{pmatrix}$.

例 20 设 $\boldsymbol{A}=\begin{pmatrix}0&1&1&-1\\1&0&-1&1\\1&-1&0&1\\-1&1&1&0\end{pmatrix}$，求一个正交矩阵 $\boldsymbol{P}$，使 $\boldsymbol{P}^{-1}\boldsymbol{A}\boldsymbol{P}=\boldsymbol{\Lambda}$ 为对角矩阵.

解 由 $|\boldsymbol{A}-\lambda\boldsymbol{E}|=\begin{vmatrix}-\lambda&1&1&-1\\1&-\lambda&-1&1\\1&-1&-\lambda&1\\-1&1&1&-\lambda\end{vmatrix}=(\lambda-1)^3(\lambda+3)$，得 $\boldsymbol{A}$ 的特征值 $\lambda_1=-3$，$\lambda_2=\lambda_3=\lambda_4=1$.

对应于 $\lambda_1=-3$，解方程组 $(\boldsymbol{A}+3\boldsymbol{E})\boldsymbol{x}=\boldsymbol{0}$，由

$$\boldsymbol{A}+3\boldsymbol{E}=\begin{pmatrix}3&1&1&-1\\1&3&-1&1\\1&-1&3&1\\-1&1&1&3\end{pmatrix}\xrightarrow{r_1+r_2+r_3+r_4}\begin{pmatrix}4&4&4&4\\1&3&-1&1\\1&-1&3&1\\-1&1&1&3\end{pmatrix}\xrightarrow[\substack{r_3-r_2\\r_4+r_2}]{\frac{1}{4}r_1}\begin{pmatrix}1&1&1&1\\1&3&-1&1\\0&-4&4&0\\0&4&0&4\end{pmatrix}$$

$$\xrightarrow[-\frac{1}{4}r_2,\frac{1}{4}r_4]{r_2-r_1}\begin{pmatrix}1&1&1&1\\0&2&-2&0\\0&1&-1&0\\0&1&0&1\end{pmatrix}\xrightarrow[r_3-r_2]{\frac{1}{2}r_2}\begin{pmatrix}1&1&1&1\\0&1&-1&0\\0&0&0&0\\0&1&0&1\end{pmatrix}$$

$$\xrightarrow[r_3-r_2]{r_3\leftrightarrow r_4}\begin{pmatrix}1&1&1&1\\0&1&-1&0\\0&0&1&1\\0&0&0&0\end{pmatrix}\xrightarrow[\substack{r_1-r_3\\r_1-r_2}]{r_2+r_3}\begin{pmatrix}1&0&0&-1\\0&1&0&1\\0&0&1&1\\0&0&0&0\end{pmatrix},$$

得同解方程组 $\begin{cases}x_1=x_4,\\x_2=-x_4,\\x_3=-x_4,\\x_4=x_4.\end{cases}$ 通解为 $\begin{pmatrix}x_1\\x_2\\x_3\\x_4\end{pmatrix}=k_1\begin{pmatrix}1\\-1\\-1\\1\end{pmatrix}$. 一个基础解系为 $\boldsymbol{\xi}_1=\begin{pmatrix}1\\-1\\-1\\1\end{pmatrix}$，单位化得 $\boldsymbol{p}_1=\frac{1}{2}\begin{pmatrix}1\\-1\\-1\\1\end{pmatrix}=\begin{pmatrix}1/2\\-1/2\\-1/2\\1/2\end{pmatrix}$.

对应于 $\lambda_2=\lambda_3=\lambda_4=1$，解方程组 $(\boldsymbol{A}-\boldsymbol{E})\boldsymbol{x}=\boldsymbol{0}$，由

$$\boldsymbol{A}-\boldsymbol{E}=\begin{pmatrix}-1&1&1&-1\\1&-1&-1&1\\1&-1&-1&1\\-1&1&1&-1\end{pmatrix}\xrightarrow{r_1\leftrightarrow r_2}\begin{pmatrix}1&-1&-1&1\\-1&1&1&-1\\1&-1&-1&1\\-1&1&1&-1\end{pmatrix}\xrightarrow[\substack{r_3-r_1\\r_4+r_1}]{r_2+r_1}\begin{pmatrix}1&-1&-1&1\\0&0&0&0\\0&0&0&0\\0&0&0&0\end{pmatrix},$$

得同解方程组$\begin{cases}x_1=x_2+x_3-x_4,\\x_2=x_2,\\x_3=x_3,\\x_4=x_4.\end{cases}$ 通解为$\begin{pmatrix}x_1\\x_2\\x_3\\x_4\end{pmatrix}=k_2\begin{pmatrix}1\\1\\0\\0\end{pmatrix}+k_3\begin{pmatrix}1\\0\\1\\0\end{pmatrix}+k_4\begin{pmatrix}-1\\0\\0\\1\end{pmatrix}$，一个基础解系为$\boldsymbol{\xi}_2=\begin{pmatrix}1\\1\\0\\0\end{pmatrix}$，$\boldsymbol{\xi}_3=\begin{pmatrix}1\\0\\1\\0\end{pmatrix}$，$\boldsymbol{\xi}_4=\begin{pmatrix}-1\\0\\0\\1\end{pmatrix}$.

取

$$\boldsymbol{\zeta}_2=\boldsymbol{\xi}_2=\begin{pmatrix}1\\1\\0\\0\end{pmatrix},$$

$$\boldsymbol{\zeta}_3=\boldsymbol{\xi}_3-\frac{[\boldsymbol{\zeta}_2,\boldsymbol{\xi}_3]}{[\boldsymbol{\zeta}_2,\boldsymbol{\zeta}_2]}\boldsymbol{\zeta}_2=\begin{pmatrix}1\\0\\1\\0\end{pmatrix}-\frac{1}{2}\begin{pmatrix}1\\1\\0\\0\end{pmatrix}=\begin{pmatrix}1/2\\-1/2\\1\\0\end{pmatrix},$$

$$\boldsymbol{\zeta}_4=\boldsymbol{\xi}_4-\frac{[\boldsymbol{\zeta}_2,\boldsymbol{\xi}_4]}{[\boldsymbol{\zeta}_2,\boldsymbol{\zeta}_2]}\boldsymbol{\zeta}_2-\frac{[\boldsymbol{\zeta}_3,\boldsymbol{\xi}_4]}{[\boldsymbol{\zeta}_3,\boldsymbol{\zeta}_3]}\boldsymbol{\zeta}_3=\begin{pmatrix}-1\\0\\0\\1\end{pmatrix}+\frac{1}{2}\begin{pmatrix}1\\1\\0\\0\end{pmatrix}+\frac{1}{3}\begin{pmatrix}1/2\\-1/2\\1\\0\end{pmatrix}=\frac{1}{3}\begin{pmatrix}-1\\1\\1\\3\end{pmatrix}=\begin{pmatrix}-1/3\\1/3\\1/3\\1\end{pmatrix},$$

再单位化，得 $\boldsymbol{p}_2=\begin{pmatrix}1/\sqrt{2}\\1/\sqrt{2}\\0\\0\end{pmatrix}$，$\boldsymbol{p}_3=\begin{pmatrix}1/\sqrt{6}\\-1/\sqrt{6}\\2/\sqrt{6}\\0\end{pmatrix}$，$\boldsymbol{p}_4=\begin{pmatrix}-1/\sqrt{12}\\1/\sqrt{12}\\1/\sqrt{12}\\3/\sqrt{12}\end{pmatrix}$.

将 $\boldsymbol{p}_1,\boldsymbol{p}_2,\boldsymbol{p}_3$ 构成正交矩阵

$$P=(p_1,p_2,p_3)=\begin{pmatrix}1/2 & 1/\sqrt{2} & 1/\sqrt{6} & -1/\sqrt{12}\\ -1/2 & 1/\sqrt{2} & -1/\sqrt{6} & 1/\sqrt{12}\\ -1/2 & 0 & 2/\sqrt{6} & 1/\sqrt{12}\\ 1/2 & 0 & 0 & 3/\sqrt{12}\end{pmatrix},$$

则有 $P^{-1}AP=P^{\mathrm{T}}AP=\Lambda=\begin{pmatrix}-3 & & & \\ & 1 & & \\ & & 1 & \\ & & & 1\end{pmatrix}$.

例 21 $A=\begin{pmatrix}1 & -1\\ -1 & 1\end{pmatrix}$，求 A^{10}.

解 A 为实对称矩阵，所以 A 可以对角化，即存在可逆矩阵 Q，使 $Q^{-1}AQ=\Lambda$ 为对角矩阵.

于是 $A=Q\Lambda Q^{-1}$，从而 $A^n=Q\Lambda^nQ^{-1}$.

由 $|A-\lambda E|=\begin{vmatrix}1-\lambda & -1\\ -1 & 1-\lambda\end{vmatrix}=\lambda(\lambda-2)$，得 A 的特征值为 $\lambda_1=0$，$\lambda_2=2$．于是

$$\Lambda=\begin{pmatrix}0 & \\ & 2\end{pmatrix},\ \Lambda^{10}=\begin{pmatrix}0 & \\ & 2^{10}\end{pmatrix}.$$

对应于 $\lambda_1=0$，由 $A-0E=\begin{pmatrix}1 & -1\\ -1 & 1\end{pmatrix}\xrightarrow{r_2+r_1}\begin{pmatrix}1 & -1\\ 0 & 0\end{pmatrix}$，得 $\xi_1=\begin{pmatrix}1\\ 1\end{pmatrix}$.

对应于 $\lambda_2=2$，由 $A-2E=\begin{pmatrix}-1 & -1\\ -1 & -1\end{pmatrix}\xrightarrow[r_2+r_1]{-r_1}\begin{pmatrix}1 & 1\\ 0 & 0\end{pmatrix}$，得 $\xi_2=\begin{pmatrix}1\\ -1\end{pmatrix}$.

令 $Q=(\xi_1,\xi_2)=\begin{pmatrix}1 & 1\\ 1 & -1\end{pmatrix}$，再求出 $Q^{-1}=\frac{1}{2}\begin{pmatrix}1 & 1\\ 1 & -1\end{pmatrix}$，于是

$$A^{10}=Q\Lambda^{10}Q^{-1}=\begin{pmatrix}1 & 1\\ 1 & -1\end{pmatrix}\begin{pmatrix}0 & \\ & 2^{10}\end{pmatrix}\frac{1}{2}\begin{pmatrix}1 & 1\\ 1 & -1\end{pmatrix}=\frac{1}{2}\begin{pmatrix}0 & -2^{10}\\ -2^{10} & 2^{10}\end{pmatrix}.$$

一般地，$A^n=Q\Lambda^nQ^{-1}=\frac{1}{2}\begin{pmatrix}0 & -2^n\\ -2^n & 2^n\end{pmatrix}$（$n$ 为正整数).

注 上述找正交矩阵使矩阵对角化的方法并不适应于非对称矩阵. 因为非对称矩阵即使存在 n 个线性无关的实特征向量，也不能得到一组正交标准的实特征向量组. 因此，虽然这样的矩阵能找到可逆矩阵通过相似而化为对角矩阵，但却不一定能通过正交矩阵相似于对角矩阵.

例 22 设 $\boldsymbol{A}=\begin{pmatrix}1 & -1\\ 2 & 4\end{pmatrix}$，问：

（1）是否存在可逆矩阵，使 $\boldsymbol{A}$ 对角化？若有，求可逆矩阵 $\boldsymbol{Q}$，使 $\boldsymbol{A}$ 对角化；

（2）是否存在正交矩阵，使 $\boldsymbol{A}$ 对角化？

解 由 $|\boldsymbol{A}-\lambda\boldsymbol{E}|=\begin{vmatrix}1-\lambda & -1\\ 2 & 4-\lambda\end{vmatrix}=(\lambda-2)(\lambda-3)$，得 $\boldsymbol{A}$ 的特征值为 $\lambda_1=2$，$\lambda_2=3$.

因为 $\boldsymbol{A}$ 有两个不同的特征值，所以 $\boldsymbol{A}$ 可以对角化.

对于 $\lambda_1=2$，由 $\boldsymbol{A}-2\boldsymbol{E}=\begin{pmatrix}-1 & -1\\ 2 & 2\end{pmatrix}\xrightarrow[-r_1]{r_2+2r_1}\begin{pmatrix}1 & 1\\ 0 & 0\end{pmatrix}$，得 $\boldsymbol{\xi}_1=\begin{pmatrix}-1\\ 1\end{pmatrix}$，

对于 $\lambda_2=3$，由 $\boldsymbol{A}-3\boldsymbol{E}=\begin{pmatrix}-2 & -1\\ 2 & 1\end{pmatrix}\xrightarrow[-\frac{1}{2}r_1]{r_2+r_1}\begin{pmatrix}1 & 1/2\\ 0 & 0\end{pmatrix}$，得 $\boldsymbol{\xi}_2=\begin{pmatrix}-1/2\\ 1\end{pmatrix}$，

令 $\boldsymbol{Q}=(\boldsymbol{\xi}_1,\boldsymbol{\xi}_2)=\begin{pmatrix}-1 & -1/2\\ 1 & 1\end{pmatrix}$，则可逆矩阵 $\boldsymbol{Q}=\begin{pmatrix}-1 & -1/2\\ 1 & 1\end{pmatrix}$ 使 $\boldsymbol{A}$ 对角化，且 $\boldsymbol{Q}^{-1}\boldsymbol{A}\boldsymbol{Q}=\begin{pmatrix}2 & \\ & 3\end{pmatrix}$.

因为 $[\boldsymbol{\xi}_1,\boldsymbol{\xi}_2]=\dfrac{3}{2}\neq 0$，所以 $\boldsymbol{\xi}_1,\boldsymbol{\xi}_2$ 不正交，从而不存在正交矩阵使 $\boldsymbol{A}$ 对角化.

本章小结

一、矩阵的特征值与特征向量

1. 特征值与特征向量

设 $\boldsymbol{A}=(a_{ij})$ 是一个 n 阶矩阵，如果存在数 λ 及 n 维非零列向量 $\boldsymbol{x}=(x_1,x_2,\cdots,x_n)^{\mathrm{T}}$，使 $\boldsymbol{A}\boldsymbol{x}=\lambda\boldsymbol{x}$，那么这样的数 λ 称为矩阵 $\boldsymbol{A}$ 的**特征值**，非零列向量 $\boldsymbol{x}$ 称为矩阵 $\boldsymbol{A}$ 对应于（或属于）特征值 λ 的**特征向量**.

2. 求 n 阶矩阵 $\boldsymbol{A}$ 的特征值与特征向量的步骤

（1）计算 $\boldsymbol{A}$ 的**特征多项式** $f(\lambda)=|\boldsymbol{A}-\lambda\boldsymbol{E}|$；

（2）求出特征方程的所有根. 特征方程是一元 n 次代数方程，它在复数范围内有 n 个根（重根按重数计算）：$\lambda_1,\lambda_2,\cdots,\lambda_n$，这就是 $\boldsymbol{A}$ 的全部特征值（其中，如果 λ_i 为特征方程的 k 重根，则称 λ_i 为 $\boldsymbol{A}$ 的 k 重特征值，k 称为 λ_i 的重数)；

（3）对每个特征值 λ_i，求出相应齐次线性方程组 $(\boldsymbol{A}-\lambda_i\boldsymbol{E})\boldsymbol{x}=\boldsymbol{0}$ 的一个基础

解系（设$\boldsymbol{A}-\lambda_i\boldsymbol{E}$的秩为$r$）：$\boldsymbol{\xi}_1,\boldsymbol{\xi}_2,\cdots,\boldsymbol{\xi}_{n-r}$，这就是对应于特征值$\lambda_i$的线性无关的特征向量，而对应于$\lambda_i$的全部特征向量就是方程组$(\boldsymbol{A}-\lambda_i\boldsymbol{E})\boldsymbol{x}=\boldsymbol{0}$的所有非零解，即

$$k_1\boldsymbol{\xi}_1+k_2\boldsymbol{\xi}_2+\cdots+k_{n-r}\boldsymbol{\xi}_{n-r},$$

其中$k_1,k_2,\cdots,k_{n-r}$是任意不全为零的实数.

3. 特征值的性质

性质1 若n阶矩阵$\boldsymbol{A}=(a_{ij})$的全部特征值为$\lambda_1,\lambda_2,\cdots,\lambda_n$（$k$重特征值算作$k$个特征值），则：

（1）$\lambda_1+\lambda_2+\cdots+\lambda_n=a_{11}+a_{22}+\cdots+a_{nn}$；

（2）$\lambda_1\lambda_2\cdots\lambda_n=|\boldsymbol{A}|$.

性质2 设λ是可逆矩阵$\boldsymbol{A}$的一个特征值，$\boldsymbol{x}$为对应的特征向量，则$\lambda\neq 0$，且$\dfrac{1}{\lambda}$是$\boldsymbol{A}^{-1}$的一个特征值，$\boldsymbol{x}$为对应的特征向量.

性质3 设λ是矩阵$\boldsymbol{A}$的一个特征值，$\boldsymbol{x}$为对应的特征向量，n是一个正整数，则λ^n是$\boldsymbol{A}^n$的特征值，$\boldsymbol{x}$为对应的特征向量.

性质4 设λ是矩阵$\boldsymbol{A}$的一个特征值，$\boldsymbol{x}$为对应的特征向量，若

$$\varphi(\boldsymbol{A})=a_0\boldsymbol{E}+a_1\boldsymbol{A}+\cdots+a_n\boldsymbol{A}^n$$

是矩阵$\boldsymbol{A}$的多项式，则$\varphi(\lambda)$是$\varphi(\boldsymbol{A})$的特征值（其中$\varphi(\lambda)=a_0+a_1\lambda+\cdots+a_n\lambda^n$是$\lambda$的多项式），$\boldsymbol{x}$为$\varphi(\boldsymbol{A})$对应于$\varphi(\lambda)$的特征向量.

结论 矩阵$\boldsymbol{A}$可逆的充要条件是$\boldsymbol{A}$的所有的特征值都不为零.

若λ是可逆矩阵$\boldsymbol{A}$的特征值，$\varphi(\boldsymbol{A},\boldsymbol{A}^{-1})$是关于$\boldsymbol{A}$，$\boldsymbol{A}^{-1}$的多项式，设$\varphi(\lambda,\lambda^{-1})=g(\lambda)$，则$\varphi(\boldsymbol{A},\boldsymbol{A}^{-1})$的特征值为$g(\lambda)$.

4. 特征向量的性质

性质5 设λ是矩阵$\boldsymbol{A}$的一个特征值，$\boldsymbol{x}$为对应的特征向量，若又存在μ，满足$\boldsymbol{A}\boldsymbol{x}=\mu\boldsymbol{x}$，则$\mu=\lambda$.

性质6 设$\lambda_1,\lambda_2,\cdots,\lambda_m$是矩阵$\boldsymbol{A}$的互不相同的特征值，$\boldsymbol{x}_i$是对应于$\lambda_i$（$i=1,2,\cdots,m$）的特征向量，则向量组$\boldsymbol{x}_1,\boldsymbol{x}_2,\cdots,\boldsymbol{x}_m$线性无关. 即对应于互不相同特征值的特征向量线性无关.

二、相似矩阵

1. 相似矩阵的定义

设$\boldsymbol{A}$，$\boldsymbol{B}$都是n阶矩阵，若存在可逆矩阵$\boldsymbol{P}$，使$\boldsymbol{P}^{-1}\boldsymbol{A}\boldsymbol{P}=\boldsymbol{B}$，则称$\boldsymbol{B}$是$\boldsymbol{A}$的相似矩阵，或称矩阵$\boldsymbol{A}$与$\boldsymbol{B}$相似，记作$\boldsymbol{A}\simeq\boldsymbol{B}$.

2. 相似矩阵的性质

性质 7 $\boldsymbol{A} \simeq \boldsymbol{A}$.

性质 8 若 $\boldsymbol{A} \simeq \boldsymbol{B}$，则 $\boldsymbol{B} \simeq \boldsymbol{A}$，且 $|\boldsymbol{A}| = |\boldsymbol{B}|$.

性质 9 若 $\boldsymbol{A} \simeq \boldsymbol{B}$，$\boldsymbol{B} \simeq \boldsymbol{C}$，则 $\boldsymbol{A} \simeq \boldsymbol{C}$.

性质 10 相似矩阵有相同的特征多项式，从而所有的特征值都相同.

性质 11 设 $\boldsymbol{P}^{-1}\boldsymbol{A}\boldsymbol{P} = \boldsymbol{B}$，$\lambda$ 是 $\boldsymbol{A}$ 与 $\boldsymbol{B}$ 的某个特征值，若 $\boldsymbol{x}$ 是 $\boldsymbol{A}$ 的对应于 λ 的特征向量，则 $\boldsymbol{P}^{-1}\boldsymbol{x}$ 是 $\boldsymbol{B}$ 的对应于 λ 的特征向量.

3. n 阶矩阵 $\boldsymbol{A}$ 与对角矩阵相似

定理 1 n 阶矩阵 $\boldsymbol{A}$ 与对角矩阵相似（即 $\boldsymbol{A}$ 能对角化）的充要条件是 $\boldsymbol{A}$ 有 n 个线性无关的特征向量.

推论 2（$\boldsymbol{A}$ 能对角化的充分条件） 如果 n 阶矩阵 $\boldsymbol{A}$ 的 n 个特征值互不相等，则 $\boldsymbol{A}$ 与对角矩阵相似.

注 ①推论的逆命题未必成立；②当 $\boldsymbol{A}$ 有重特征值时，就不一定有 n 个线性无关的特征向量，从而不一定能对角化；③可以证明，对应于 $\boldsymbol{A}$ 的每一个 k_i 重特征值 λ_i，若 λ_i 正好有 k_i 个线性无关的特征向量，即 $R(\boldsymbol{A} - \lambda_i\boldsymbol{E}) = n - k_i$，则 $\boldsymbol{A}$ 必有 n 个线性无关的特征向量，从而一定可以对角化.

三、向量的内积、正交化方法

1. 向量的内积

设有 n 维向量

$$\boldsymbol{\alpha} = \begin{pmatrix} a_1 \\ a_2 \\ \vdots \\ a_n \end{pmatrix}, \quad \boldsymbol{\beta} = \begin{pmatrix} b_1 \\ b_2 \\ \vdots \\ b_n \end{pmatrix},$$

那么实数 $a_1b_1 + a_2b_2 + \cdots + a_nb_n$ 称为向量 $\boldsymbol{\alpha}$ 与 $\boldsymbol{\beta}$ 的**内积**，记作

$$[\boldsymbol{\alpha}, \boldsymbol{\beta}] = a_1b_1 + a_2b_2 + \cdots + a_nb_n = \boldsymbol{\alpha}^{\mathrm{T}}\boldsymbol{\beta} = \boldsymbol{\beta}^{\mathrm{T}}\boldsymbol{\alpha}.$$

当 $\boldsymbol{\alpha}$ 与 $\boldsymbol{\beta}$ 都是行向量时，有

$$[\boldsymbol{\alpha}, \boldsymbol{\beta}] = a_1b_1 + a_2b_2 + \cdots + a_nb_n = \boldsymbol{\alpha}\boldsymbol{\beta}^{\mathrm{T}} = \boldsymbol{\beta}\boldsymbol{\alpha}^{\mathrm{T}}.$$

2. 向量的内积的性质（其中 $\boldsymbol{\alpha}$，$\boldsymbol{\beta}$，$\boldsymbol{\gamma}$ 都是列向量，k 为实数）

性质 12 $[\boldsymbol{\alpha}, \boldsymbol{\beta}] = [\boldsymbol{\beta}, \boldsymbol{\alpha}]$.

性质 13 $[k\boldsymbol{\alpha}, \boldsymbol{\beta}] = k[\boldsymbol{\alpha}, \boldsymbol{\beta}] = [\boldsymbol{\alpha}, k\boldsymbol{\beta}]$.

性质 14 $[\boldsymbol{\alpha} + \boldsymbol{\beta}, \boldsymbol{\gamma}] = [\boldsymbol{\alpha}, \boldsymbol{\gamma}] + [\boldsymbol{\beta}, \boldsymbol{\gamma}]$.

性质 15 $[\boldsymbol{\alpha}, \boldsymbol{\alpha}] = 0$ 的充要条件是 $\boldsymbol{\alpha} = \boldsymbol{0}$；当 $\boldsymbol{\alpha} \neq \boldsymbol{0}$ 时，$[\boldsymbol{\alpha}, \boldsymbol{\alpha}] > 0$.

3. 向量的长度

设有n维向量$\boldsymbol{\alpha}=\begin{pmatrix}a_1\\a_2\\\vdots\\a_n\end{pmatrix}$，称$\|\boldsymbol{\alpha}\|=\sqrt{[\boldsymbol{\alpha},\boldsymbol{\alpha}]}=\sqrt{a_1^2+a_2^2+\cdots+a_n^2}$为$n$维向量$\boldsymbol{\alpha}$的**长度（或范数）**. 向量的长度具有下述性质.

性质 16（非负性） 当$\boldsymbol{\alpha}\neq\mathbf{0}$时，$\|\boldsymbol{\alpha}\|>0$；当$\boldsymbol{\alpha}=\mathbf{0}$时，$\|\boldsymbol{\alpha}\|=0$.

性质 17（齐次性） $\|k\boldsymbol{\alpha}\|=|k|\|\boldsymbol{\alpha}\|$ （k为实数）.

性质 18（三角不等式） $\|\boldsymbol{\alpha}+\boldsymbol{\beta}\|\leqslant\|\boldsymbol{\alpha}\|+\|\boldsymbol{\beta}\|$，当$\boldsymbol{\alpha}\neq\mathbf{0}$，$\boldsymbol{\beta}\neq\mathbf{0}$时，

$$\theta=\arccos\frac{[\boldsymbol{\alpha},\boldsymbol{\beta}]}{\|\boldsymbol{\alpha}\|\ \|\boldsymbol{\beta}\|}$$

称为n维向量$\boldsymbol{\alpha}$与$\boldsymbol{\beta}$的夹角.

4. 向量的正交与正交向量组

向量的正交：当$[\boldsymbol{\alpha},\boldsymbol{\beta}]=0$时，称向量$\boldsymbol{\alpha}$与$\boldsymbol{\beta}$**正交**. 零向量与任何向量都正交.

正交向量组：一组两两正交的非零向量，称为**正交向量组**. 设$\boldsymbol{\alpha}_1,\boldsymbol{\alpha}_2,\cdots,\boldsymbol{\alpha}_m$是正交向量组，则

$$[\boldsymbol{\alpha}_i,\boldsymbol{\alpha}_j]=\begin{cases}0, & i\neq j,\\ \|\boldsymbol{\alpha}_i\|^2, & i=j\end{cases}\quad (i,j=1,2,\cdots,m).$$

若$\boldsymbol{\alpha}_1,\boldsymbol{\alpha}_2,\cdots,\boldsymbol{\alpha}_m$两两正交且都为单位向量，则称$\boldsymbol{\alpha}_1,\boldsymbol{\alpha}_2,\cdots,\boldsymbol{\alpha}_m$为**单位正交向量组**或**标准向量组**，记作$\boldsymbol{e}_1,\boldsymbol{e}_2,\cdots,\boldsymbol{e}_m$.

正交向量组具有下述性质.

性质 19 若$\boldsymbol{\alpha}_1,\boldsymbol{\alpha}_2,\cdots,\boldsymbol{\alpha}_m$是正交向量组，则$\boldsymbol{\alpha}_1,\boldsymbol{\alpha}_2,\cdots,\boldsymbol{\alpha}_m$线性无关.

性质 20 设$\boldsymbol{e}_1,\boldsymbol{e}_2,\cdots,\boldsymbol{e}_m$为单位正交向量组，$\boldsymbol{\alpha}$为同维数的任一向量，若存在数$k_1,k_2,\cdots,k_m$，使$\boldsymbol{\alpha}=k_1\boldsymbol{e}_1+k_2\boldsymbol{e}_2+\cdots+k_m\boldsymbol{e}_m$，则$k_i=[\boldsymbol{\alpha},\boldsymbol{e}_i]$（$i=1,2,\cdots,m$）.

施密特正交化方法：设$\boldsymbol{\alpha}_1,\boldsymbol{\alpha}_2,\cdots,\boldsymbol{\alpha}_m$为一线性无关向量组.

（1）正交化：令

$$\boldsymbol{\beta}_1=\boldsymbol{\alpha}_1,$$

$$\boldsymbol{\beta}_2=\boldsymbol{\alpha}_2-\frac{[\boldsymbol{\alpha}_2,\boldsymbol{\beta}_1]}{[\boldsymbol{\beta}_1,\boldsymbol{\beta}_1]}\boldsymbol{\beta}_1,$$

$$\boldsymbol{\beta}_3=\boldsymbol{\alpha}_3-\frac{[\boldsymbol{\alpha}_3,\boldsymbol{\beta}_1]}{[\boldsymbol{\beta}_1,\boldsymbol{\beta}_1]}\boldsymbol{\beta}_1-\frac{[\boldsymbol{\alpha}_3,\boldsymbol{\beta}_2]}{[\boldsymbol{\beta}_2,\boldsymbol{\beta}_2]}\boldsymbol{\beta}_2,$$

以此类推，一般地，有

$$\boldsymbol{\beta}_j=\boldsymbol{\alpha}_j-\frac{[\boldsymbol{\alpha}_j,\boldsymbol{\beta}_1]}{[\boldsymbol{\beta}_1,\boldsymbol{\beta}_1]}\boldsymbol{\beta}_1-\frac{[\boldsymbol{\alpha}_j,\boldsymbol{\beta}_2]}{[\boldsymbol{\beta}_2,\boldsymbol{\beta}_2]}\boldsymbol{\beta}_2-\cdots-\frac{[\boldsymbol{\alpha}_j,\boldsymbol{\beta}_{j-1}]}{[\boldsymbol{\beta}_{j-1},\boldsymbol{\beta}_{j-1}]}\boldsymbol{\beta}_{j-1}\quad(j=1,2,\cdots,m),$$

可以证明，$\boldsymbol{\beta}_1,\boldsymbol{\beta}_2,\cdots,\boldsymbol{\beta}_m$ 两两正交，且 $\boldsymbol{\beta}_1,\boldsymbol{\beta}_2,\cdots,\boldsymbol{\beta}_m$ 与 $\boldsymbol{\alpha}_1,\boldsymbol{\alpha}_2,\cdots,\boldsymbol{\alpha}_m$ 等价.

（2）单位化：令 $\boldsymbol{e}_j=\dfrac{\boldsymbol{\beta}_j}{\|\boldsymbol{\beta}_j\|}$ （$j=1,2,\cdots,m$），则 $\boldsymbol{e}_1,\boldsymbol{e}_2,\cdots,\boldsymbol{e}_m$ 为单位正交向量组，且 $\boldsymbol{e}_1,\boldsymbol{e}_2,\cdots,$ $\boldsymbol{e}_m$ 与 $\boldsymbol{\alpha}_1,\boldsymbol{\alpha}_2,\cdots,\boldsymbol{\alpha}_m$ 等价.

5. 正交矩阵

（1）正交矩阵：如果 n 阶矩阵 $\boldsymbol{A}$ 满足 $\boldsymbol{A}^{\mathrm{T}}\boldsymbol{A}=\boldsymbol{E}$，那么称 $\boldsymbol{A}$ 为正交矩阵，简称正交阵.

n 阶矩阵 $\boldsymbol{A}$ 为正交矩阵 $\Leftrightarrow$ $\boldsymbol{A}$ 的行（列）向量都是单位向量，且两两正交.

（2）正交矩阵的性质.

性质 21 若 $\boldsymbol{A}$ 为正交矩阵，那么 $\boldsymbol{A}$ 是可逆矩阵，且 $|\boldsymbol{A}|=\pm1$.

性质 22 若 $\boldsymbol{A}$ 为正交矩阵，那么 $\boldsymbol{A}^{\mathrm{T}}$ 也是正交矩阵.

性质 23 n 阶矩阵 $\boldsymbol{A}$ 为正交矩阵 $\Leftrightarrow$ $\boldsymbol{A}^{-1}=\boldsymbol{A}^{\mathrm{T}}$.

性质 24 若 $\boldsymbol{A}$，$\boldsymbol{B}$ 是同阶正交矩阵，则 $\boldsymbol{AB}$，$\boldsymbol{BA}$ 也是正交矩阵.

四、实对称矩阵的相似矩阵

1. 实对称矩阵的性质

性质 25 实对称矩阵的特征值都是实数，特征向量都是实向量.

性质 26 实对称矩阵 $\boldsymbol{A}$ 的对应于不同特征值的特征向量相互正交.

性质 27 设 $\boldsymbol{A}$ 是 n 阶实对称矩阵，λ 是 $\boldsymbol{A}$ 的 k 重特征值，则齐次线性方程组 $(\boldsymbol{A}-\lambda\boldsymbol{E})\boldsymbol{x}=\boldsymbol{0}$ 的系数矩阵的秩 $R(\boldsymbol{A}-\lambda\boldsymbol{E})=n-k$，从而 $\boldsymbol{A}$ 的对应于特征值 λ 的线性无关的特征向量恰有 k 个.

定理 3 设 $\boldsymbol{A}$ 是 n 阶实对称矩阵，则存在正交矩阵 $\boldsymbol{P}$，使 $\boldsymbol{P}^{-1}\boldsymbol{AP}=\boldsymbol{\Lambda}$，其中 $\boldsymbol{\Lambda}$ 为对角矩阵，且 $\boldsymbol{\Lambda}$ 的主对角线上的元素是矩阵 $\boldsymbol{A}$ 的 n 个特征值.

2. 实对称矩阵的相似对角矩阵

任何一个实对称矩阵都与对角矩阵正交相似.

寻找正交矩阵 $\boldsymbol{P}$，使 $\boldsymbol{P}^{-1}\boldsymbol{AP}$ 成为对角矩阵的步骤如下：

（1）根据特征方程 $|\boldsymbol{A}-\lambda\boldsymbol{E}|=0$，求出矩阵 $\boldsymbol{A}$ 的所有不同的特征值 $\lambda_1,\lambda_2,\cdots,\lambda_s$ 及它们的重数 $k_1,k_2,\cdots,k_s$；

（2）对每一个特征值 λ_i（$i=1,2,\cdots,s$），解齐次线性方程组 $(\boldsymbol{A}-\lambda_i\boldsymbol{E})\boldsymbol{x}=\boldsymbol{0}$，求得它的一个基础解系 $\boldsymbol{\xi}_{i1},\boldsymbol{\xi}_{i2},\cdots,\boldsymbol{\xi}_{ik_i}$ （$i=1,2,\cdots,s$）；

（3）利用施密特正交化方法把向量组 $\boldsymbol{\xi}_{i1},\boldsymbol{\xi}_{i2},\cdots,\boldsymbol{\xi}_{ik_i}$ 正交化，得到正交向量

组$\boldsymbol{\zeta}_{i1},\boldsymbol{\zeta}_{i2},\cdots,\boldsymbol{\zeta}_{ik_i}$，再单位化得到单位正交向量组$\boldsymbol{p}_{i1},\boldsymbol{p}_{i2},\cdots,\boldsymbol{p}_{ik_i}$（$i=1,2,\cdots,s$），这样共得到$n$个两两正交的单位特征向量组：$\boldsymbol{p}_{11},\boldsymbol{p}_{12},\cdots,\boldsymbol{p}_{1k_1},\boldsymbol{p}_{21},\boldsymbol{p}_{22},\cdots,\boldsymbol{p}_{2k_2},\cdots,\boldsymbol{p}_{s1},\boldsymbol{p}_{s2},\cdots,\boldsymbol{p}_{sk_s}$；

（4）令$\boldsymbol{P}=(\boldsymbol{p}_{11},\boldsymbol{p}_{12},\cdots,\boldsymbol{p}_{1k_1},\boldsymbol{p}_{21},\boldsymbol{p}_{22},\cdots,\boldsymbol{p}_{2k_2},\cdots,\boldsymbol{p}_{s1},\boldsymbol{p}_{s2},\cdots,\boldsymbol{p}_{sk_s})$，则$\boldsymbol{P}$为正交矩阵，且$\boldsymbol{P}^{-1}\boldsymbol{AP}=\boldsymbol{\Lambda}$，$\boldsymbol{\Lambda}$为对角矩阵，$\boldsymbol{\Lambda}$的主对角线上的元素含$k_1$个$\lambda_1$, k_2个λ_2, $\cdots$, k_s个λ_s，恰好是矩阵$\boldsymbol{A}$的n个特征值，其中$\boldsymbol{\Lambda}$的主对角元素λ_i（$i=1,2,\cdots,s$）的重数为k_i，并且排列顺序与$\boldsymbol{P}$中正交向量组的排列顺序相对应.

习题 5

1．求下列矩阵的特征值和特征向量：

（1）$\begin{pmatrix}1 & -1\\ 2 & 4\end{pmatrix}$；　　（2）$\begin{pmatrix}1 & 2 & 3\\ 2 & 1 & 3\\ 3 & 3 & 6\end{pmatrix}$；

（3）$\begin{pmatrix}2 & 0 & -2\\ 0 & 3 & 0\\ 0 & 0 & 3\end{pmatrix}$；　　（4）$\begin{pmatrix}2 & -1 & 2\\ 5 & -3 & 3\\ -1 & 0 & -2\end{pmatrix}$；

（5）$\begin{pmatrix}0 & 0 & 1\\ 0 & 1 & 0\\ 1 & 0 & 0\end{pmatrix}$；　　（6）$\begin{pmatrix}0 & 0 & 0 & 1\\ 0 & 0 & 1 & 0\\ 0 & 1 & 0 & 0\\ 1 & 0 & 0 & 0\end{pmatrix}$.

2．设λ是n阶矩阵$\boldsymbol{A}$的一个特征值，求矩阵$\boldsymbol{A}^2$，$\boldsymbol{A}^2+5\boldsymbol{A}-3\boldsymbol{E}$的一个特征值.

3．设λ是n阶矩阵$\boldsymbol{A}$的一个特征值，若$\boldsymbol{A}$可逆，且$|\boldsymbol{A}|=2$，求$2\boldsymbol{E}-\boldsymbol{A}^{-1}$，$(\boldsymbol{A}^*)^2+\boldsymbol{E}$的一个特征值.

4．设矩阵$\boldsymbol{A}$满足$\boldsymbol{A}^2=\boldsymbol{A}$，证明：$\boldsymbol{A}$的特征值只能是0或1.

5．已知三阶矩阵$\boldsymbol{A}$的特征值为1，2，3，求$|\boldsymbol{A}^3-5\boldsymbol{A}^2+7\boldsymbol{A}|$.

6．已知三阶矩阵$\boldsymbol{A}$的特征值为1，2，-3，求$|\boldsymbol{A}^*+3\boldsymbol{A}+2\boldsymbol{E}|$.

7．设$\boldsymbol{A}$为三阶矩阵，已知$\boldsymbol{E}-\boldsymbol{A}$，$\boldsymbol{E}+\boldsymbol{A}$，$3\boldsymbol{E}-\boldsymbol{A}$都不可逆，问$\boldsymbol{A}$是否相似于对角矩阵？为什么？

8．设矩阵$\boldsymbol{A}$满足$\boldsymbol{A}\boldsymbol{\alpha}_1=\boldsymbol{\alpha}_1$，$\boldsymbol{A}\boldsymbol{\alpha}_2=\boldsymbol{0}$，$\boldsymbol{A}\boldsymbol{\alpha}_3=-\boldsymbol{\alpha}_3$，其中

$$\boldsymbol{\alpha}_1=\begin{pmatrix}1\\2\\2\end{pmatrix},\ \boldsymbol{\alpha}_2=\begin{pmatrix}0\\-1\\1\end{pmatrix},\ \boldsymbol{\alpha}_3=\begin{pmatrix}0\\0\\1\end{pmatrix},$$

求 $\boldsymbol{A}$ 和 $\boldsymbol{A}^5$.

9．设 $\boldsymbol{A}$，$\boldsymbol{B}$ 都是 n 阶矩阵，且 $|\boldsymbol{A}|\neq 0$，证明：

（1）$\boldsymbol{AB}$ 与 $\boldsymbol{BA}$ 相似；

（2）若 $\boldsymbol{A}$ 与 $\boldsymbol{B}$ 相似，则 $\boldsymbol{B}$ 可逆，且 $\boldsymbol{A}^{-1}$ 与 $\boldsymbol{B}^{-1}$ 相似.

10．设 $\boldsymbol{A}=\begin{pmatrix}1&0&0\\0&-3&4\\0&4&3\end{pmatrix}$，求 $\boldsymbol{A}^{100}$.

11．设已知向量 $\boldsymbol{p}=\begin{pmatrix}1\\1\\-1\end{pmatrix}$ 是矩阵 $\boldsymbol{A}=\begin{pmatrix}2&-1&2\\5&a&3\\-1&b&-2\end{pmatrix}$ 的一个特征向量，

（1）确定参数 a，b 及向量 $\boldsymbol{p}$ 所对应的特征值；

（2）问 $\boldsymbol{A}$ 能不能相似对角化，并说明理由.

12．设矩阵 $\boldsymbol{A}=\begin{pmatrix}2&0&1\\3&1&x\\4&0&5\end{pmatrix}$ 可相似对角化，求 x.

13．试用施密特正交方法把下列向量组正交化：

（1）$(\boldsymbol{\alpha}_1,\boldsymbol{\alpha}_2,\boldsymbol{\alpha}_3)=\begin{pmatrix}1&1&1\\1&2&4\\1&3&9\end{pmatrix}$；　　（2）$(\boldsymbol{\alpha}_1,\boldsymbol{\alpha}_2,\boldsymbol{\alpha}_3)=\begin{pmatrix}1&1&-1\\0&-1&1\\-1&0&1\\1&1&0\end{pmatrix}$.

14．求一个与 $\boldsymbol{\alpha}_1=\begin{pmatrix}1\\2\\2\end{pmatrix},\boldsymbol{\alpha}_2=\begin{pmatrix}2\\2\\0\end{pmatrix}$ 都正交的单位向量.

15．判别下列矩阵是不是正交矩阵：

（1）$\begin{pmatrix}1&-1/2&1/3\\-1/2&1&-1/2\\1/3&-1/2&-1\end{pmatrix}$；　　（2）$\begin{pmatrix}1/9&-8/9&-4/9\\-8/9&1/9&-4/9\\-4/9&-4/9&7/9\end{pmatrix}$；

（3）$\begin{pmatrix}1&0&0\\0&\sqrt{2}/\sqrt{3}&1/\sqrt{3}\\0&-1/\sqrt{3}&2/\sqrt{3}\end{pmatrix}$.

16．设 $\boldsymbol{A}$ 为正交矩阵，证明：$\boldsymbol{A}$ 的伴随矩阵 $\boldsymbol{A}^*$ 也是正交矩阵.

17．设三阶对称矩阵 $\boldsymbol{A}$ 的特征值为 6，3，3，与特征值 6 对应的特征向量为 $\boldsymbol{\xi}_1=\begin{pmatrix}1\\1\\1\end{pmatrix}$，求 $\boldsymbol{A}$.

18．设矩阵 $\boldsymbol{A}=\begin{pmatrix}1&-2&-4\\-2&\boldsymbol{x}&-2\\-4&-2&1\end{pmatrix}$ 与 $\boldsymbol{\Lambda}=\begin{pmatrix}5&&\\&-4&\\&&y\end{pmatrix}$ 相似，求 x，y，并求一个正交矩阵 $\boldsymbol{P}$ ，使 $\boldsymbol{P}^{-1}\boldsymbol{AP}=\boldsymbol{\Lambda}$.

19．试求一个正交矩阵，将下列矩阵化为对角矩阵：

（1）$\begin{pmatrix}2&-2&0\\-2&1&-2\\0&-2&0\end{pmatrix}$；　（2）$\begin{pmatrix}2&2&-2\\2&5&-4\\-2&-4&5\end{pmatrix}$；　（3）$\begin{pmatrix}3&1&0&-1\\1&3&-1&0\\0&-1&3&1\\-1&0&1&3\end{pmatrix}$.

20．设 $\boldsymbol{A}=\begin{pmatrix}3&-2\\-2&3\end{pmatrix}$，求 $\varphi(\boldsymbol{A})=\boldsymbol{A}^{10}-5\boldsymbol{A}^9$.

21．设 $\boldsymbol{A}=\begin{pmatrix}2&1&2\\1&2&2\\2&2&1\end{pmatrix}$，求 $\varphi(\boldsymbol{A})=\boldsymbol{A}^{10}-6\boldsymbol{A}^9+5\boldsymbol{A}^8$.

同步测试题 5

一、填空题

1．若 $\lambda=0$ 是矩阵 $\boldsymbol{A}$ 的一个特征值，则 $|\boldsymbol{A}|=$__________.

2．若 $\lambda=2$ 是可逆矩阵 $\boldsymbol{A}$ 的一个特征值，则矩阵 $\left(\dfrac{1}{2}\boldsymbol{A}^2\right)^{-1}$ 必有一个特征值为__________.

3．若矩阵 $\boldsymbol{A}$ 与矩阵 $\boldsymbol{B}=\begin{pmatrix}1&3&0\\3&-1&0\\0&0&2\end{pmatrix}$ 相似，则 $\boldsymbol{A}$ 的特征值为__________.

4．若$\begin{pmatrix} 2 & 0 & 0 \\ 0 & 0 & 1 \\ 0 & 1 & x \end{pmatrix}$与$\begin{pmatrix} 2 & & \\ & y & \\ & & -1 \end{pmatrix}$相似，则 $x=$__________，$y=$__________.

5．设$\boldsymbol{A}$为实对称矩阵，$\boldsymbol{\alpha}_1=(1,1,3)^{\mathrm{T}}$与$\boldsymbol{\alpha}_2=(4,5,a)^{\mathrm{T}}$分别是对应于$\boldsymbol{A}$的相异特征值的特征向量，则 $a=$__________.

二、选择题

1．设$\boldsymbol{A}$为n阶矩阵，则（　　）.

A．$\boldsymbol{A}$的特征值一定都是实数

B．$\boldsymbol{A}$必有n个线性无关的特征向量

C．$\boldsymbol{A}$可能有$n+1$个线性无关的特征向量

D．$\boldsymbol{A}$最多有n个互不相同的特征值

2．n阶矩阵$\boldsymbol{A}$与对角矩阵相似的充要条件是（　　）.

A．$\boldsymbol{A}$有n个互不相同的特征值

B．$\boldsymbol{A}$有n个互不相同的特征向量

C．$\boldsymbol{A}$有n个线性无关的特征向量

D．$\boldsymbol{A}$有n个两两正交的特征向量

3．同阶矩阵$\boldsymbol{A}$与$\boldsymbol{B}$相似的充要条件是（　　）.

A．存在可逆矩阵$\boldsymbol{P}$与$\boldsymbol{Q}$，使$\boldsymbol{PAQ}=\boldsymbol{B}$

B．存在可逆矩阵$\boldsymbol{P}$，使$\boldsymbol{A}=\boldsymbol{P}^{-1}\boldsymbol{BP}$

C．存在可逆矩阵$\boldsymbol{P}$，使$\boldsymbol{P}^{\mathrm{T}}\boldsymbol{AP}=\boldsymbol{B}$

D．$R(\boldsymbol{A})=R(\boldsymbol{B})$

4．下列矩阵不是正交矩阵的是（　　）.

A．$\begin{pmatrix} 0 & -1 \\ 1 & 0 \end{pmatrix}$　　B．$\begin{pmatrix} \cos\theta & \sin\theta & 0 \\ -\sin\theta & \cos\theta & 0 \\ 0 & 0 & -1 \end{pmatrix}$

C．$\dfrac{1}{6}\begin{pmatrix} 1 & 5 & \sqrt{10} \\ 5 & 1 & -\sqrt{10} \\ \sqrt{10} & -\sqrt{10} & 4 \end{pmatrix}$　　D．$\dfrac{1}{2}\begin{pmatrix} \sqrt{3}+1 & \sqrt{3}-1 \\ \sqrt{3}-1 & -\sqrt{3}-1 \end{pmatrix}$

5．如果矩阵$\boldsymbol{A}$与对角矩阵$\boldsymbol{\Lambda}=\begin{pmatrix} 1 & & \\ & 1 & \\ & & -1 \end{pmatrix}$相似，则$\boldsymbol{A}^{10}=$（　　）.

A．$\boldsymbol{E}$　　B．$\boldsymbol{A}$　　C．$-\boldsymbol{E}$　　D．$10\boldsymbol{E}$

6．设 $A=\begin{pmatrix} a & b \\ c & d \end{pmatrix}$ 的特征值为 λ_1，λ_2，则 $\lambda_1+\lambda_2=$（　　）.

A．$ad-bc$　　　B．$ad+bc$

C．$a+d$　　　D．$b+c$

7．可逆矩阵 $\boldsymbol{A}$ 有特征值 2，则 $\boldsymbol{E}+\left(\frac{1}{2}\boldsymbol{A}^3\right)^{-1}$ 有特征值（　　）.

A．$\frac{1}{4}$　　　B．$\frac{5}{4}$　　　C．5　　　D．$\frac{4}{5}$

8．设 $\boldsymbol{A}$，$\boldsymbol{B}$ 为 n 阶矩阵，且 $\boldsymbol{A}$ 与 $\boldsymbol{B}$ 相似，$\boldsymbol{E}$ 为单位矩阵，则（　　）.

A．$\lambda\boldsymbol{E}-\boldsymbol{A}=\lambda\boldsymbol{E}-\boldsymbol{B}$　　　B．$\boldsymbol{A}$ 与 $\boldsymbol{B}$ 有相同的特征向量

C．$\boldsymbol{A}$，$\boldsymbol{B}$ 均可对角化　　　D．$k\boldsymbol{E}-\boldsymbol{A}$ 与 $k\boldsymbol{E}-\boldsymbol{B}$ 相似

9．与矩阵 $\boldsymbol{A}=\begin{pmatrix} 1 & 0 & 0 \\ 0 & 1 & 0 \\ 0 & 0 & 2 \end{pmatrix}$ 相似的矩阵是（　　）.

A．$\begin{pmatrix} 1 & 1 & 0 \\ 0 & 2 & 1 \\ 0 & 0 & 1 \end{pmatrix}$　　　B．$\begin{pmatrix} 1 & 1 & 0 \\ 0 & 1 & 0 \\ 0 & 0 & 2 \end{pmatrix}$

C．$\begin{pmatrix} 1 & 0 & 1 \\ 0 & 1 & 0 \\ 0 & 0 & 2 \end{pmatrix}$　　　D．$\begin{pmatrix} 1 & 0 & 1 \\ 0 & 2 & 1 \\ 0 & 0 & 1 \end{pmatrix}$

10．n 阶矩阵 $\boldsymbol{A}$ 的每行元素之和均为 3，则 $\boldsymbol{A}$ 有特征值（　　）

A．n　　　B．0　　　C．3　　　D．1

三、计算题

1．求矩阵 $\boldsymbol{A}=\begin{pmatrix} 2 & -1 & 2 \\ 5 & -3 & 3 \\ -1 & 0 & -2 \end{pmatrix}$ 的特征值与特征向量，并判断 $\boldsymbol{A}$ 是否相似于对角矩阵.

2. 试用施密特正交化方法将向量组 $\boldsymbol{\alpha}_1=(1,1,2,3)^{\mathrm{T}}$，$\boldsymbol{\alpha}_2=(-1,1,4,-1)^{\mathrm{T}}$ 化成单位正交向量组.

3．设 $\boldsymbol{A}=\begin{pmatrix} 1 & 1 & 1 \\ 1 & 1 & 1 \\ 1 & 1 & 1 \end{pmatrix}$，求一个正交矩阵 $\boldsymbol{P}$，使 $\boldsymbol{P}^{-1}\boldsymbol{A}\boldsymbol{P}$ 成为对角矩阵，并写出相

应的对角矩阵.

4．设二阶矩阵 $\boldsymbol{A}$ 的特征值为 $\lambda_1=-1$，$\lambda_2=2$，对应的特征向量分别为 $\boldsymbol{\xi}_1=(1,2)^{\mathrm{T}}$，$\boldsymbol{\xi}_2=(2,5)^{\mathrm{T}}$，求矩阵 $\boldsymbol{A}$.

5．设 $\boldsymbol{A}=(a_{ij})_{3\times3}$ 为正交矩阵，且 $a_{33}=-1$，$\boldsymbol{b}=(0,0,1)^{\mathrm{T}}$，求矩阵方程 $\boldsymbol{Ax}=\boldsymbol{b}$ 的解 $\boldsymbol{x}$.

6．设 $\boldsymbol{A}$ 为实对称矩阵，$\boldsymbol{A}=\begin{pmatrix} a & 1 & 1 \\ 1 & a & -1 \\ 1 & -1 & a \end{pmatrix}$，求可逆矩阵 $\boldsymbol{P}$，使 $\boldsymbol{P}^{-1}\boldsymbol{AP}$ 成为对角矩阵，并计算行列式 $|\boldsymbol{A}-\boldsymbol{E}|$.

7．设矩阵 $\boldsymbol{A}=\begin{pmatrix} 2 & 1 & 1 \\ 1 & 2 & 1 \\ 1 & 1 & a \end{pmatrix}$ 可逆，向量 $\boldsymbol{\alpha}=(1,b,1)^{\mathrm{T}}$ 是矩阵 $\boldsymbol{A}^*$ 的一个特征向量，λ 是 $\boldsymbol{\alpha}$ 对应的特征值，其中 $\boldsymbol{A}^*$ 是 $\boldsymbol{A}$ 的伴随矩阵，求 a，b 和 λ.

四、证明题

1．设矩阵 $\boldsymbol{A}$ 有一个特征值为 $\lambda=2$，证明：矩阵 $\boldsymbol{B}=\boldsymbol{A}^2-\boldsymbol{A}+2\boldsymbol{E}$ 有一个特征值为 4.

2．设矩阵 $\boldsymbol{A}$ 满足 $\boldsymbol{A}^2=\boldsymbol{E}$，且 $\boldsymbol{A}$ 与 $\boldsymbol{B}$ 相似，证明：$\boldsymbol{B}^2=\boldsymbol{E}$.

3．设 $\boldsymbol{A}$，$\boldsymbol{B}$ 为同阶矩阵，满足 $\boldsymbol{AB}+\boldsymbol{BA}=\boldsymbol{E}$，$\boldsymbol{A}^2=\boldsymbol{B}^2=\boldsymbol{O}$，令 $\boldsymbol{C}=\boldsymbol{AB}$，

（1）证明：$\boldsymbol{C}$ 的特征值为 0 或 1；

（2）设 $\boldsymbol{\xi}_0$，$\boldsymbol{\xi}_1$ 分别为 $\boldsymbol{C}$ 的对应于特征值 0，1 的特征向量，证明：$\boldsymbol{B\xi}_0$，$\boldsymbol{A\xi}_1$ 分别为 $\boldsymbol{C}$ 的对应于特征值 0，1 的特征向量.

4．设矩阵 $\boldsymbol{A}$ 为正交矩阵，且 $|\boldsymbol{A}|=-1$，证明：$\lambda=-1$ 是 $\boldsymbol{A}$ 的特征值.

5．设 n 阶矩阵 $\boldsymbol{A}$，$\boldsymbol{B}$ 满足 $R(\boldsymbol{A})+R(\boldsymbol{B})<n$，证明：$\boldsymbol{A}$，$\boldsymbol{B}$ 有公共的特征值，有公共的特征向量.

第6章 二 次 型

本章学习目标

本章介绍二次型，包括把二次型化为标准形及其二次型的正定性. 通过本章的学习，重点掌握以下内容:

- 二次型及其矩阵表示、二次型的秩.
- 用正交变换把二次型化为标准形的方法.
- 用配方法化二次型为规范形、惯性定理.
- 二次型的正定性及其判别法.

在平面解析几何中，以原点为中心的二次曲线的一般方程为

$$ax^2+bxy+cy^2=d,$$

为了研究这个二次曲线的几何性质，可以选择适当的坐标变换把该方程化为标准形

$$a'x'^2+b'y'^2=d',$$

由此可以方便地判别曲线的形状. 在空间解析几何中对二次曲面的研究也有类似的情况.

第一式的左边是一个二次齐次多项式. 从代数学的观点看，所谓化标准方程的过程，就是通过变量的线性变换化简一个二次齐次多项式，使它只含有平方项. 二次齐次多项式不但在几何中出现，而且在数学的其他分支以及物理、力学中也常常会出现. 我们就把这类问题一般化，讨论 n 个变量的二次齐次多项式的化简问题.

6.1 二次型及其矩阵表示

下面介绍与二次型密切相关的矩阵——合同矩阵.

6.1.1 合同矩阵

定义 1 设有两个 n 阶矩阵 $\boldsymbol{A}$, $\boldsymbol{B}$，如果存在一个可逆矩阵 $\boldsymbol{C}$，使

$$\boldsymbol{C}^{\mathrm{T}}\boldsymbol{A}\boldsymbol{C}=\boldsymbol{B},$$

则称矩阵 $\boldsymbol{B}$ 与 $\boldsymbol{A}$ **合同**.

对 $\boldsymbol{A}$ 进行运算 $\boldsymbol{C}^{\mathrm{T}}\boldsymbol{AC}$ 称为对 $\boldsymbol{A}$ 进行**合同变换**，可逆矩阵 $\boldsymbol{C}$ 称为把 $\boldsymbol{A}$ 变成 $\boldsymbol{B}$ 的**合同变换矩阵**.

合同关系是矩阵之间的又一重要关系，它是研究二次型的主要工具．合同关系具有下述性质．

性质 1 $\boldsymbol{A}$ 与 $\boldsymbol{A}$ 自身合同．事实上，$\boldsymbol{A}=\boldsymbol{E}^{\mathrm{T}}\boldsymbol{AE}$.

性质 2 若 $\boldsymbol{B}$ 与 $\boldsymbol{A}$ 合同，则 $\boldsymbol{A}$ 与 $\boldsymbol{B}$ 合同.

这是因为 $\boldsymbol{B}=\boldsymbol{C}^{\mathrm{T}}\boldsymbol{AC}$，则 $\boldsymbol{A}=(\boldsymbol{C}^{\mathrm{T}})^{-1}\boldsymbol{BC}^{-1}=(\boldsymbol{C}^{-1})^{\mathrm{T}}\boldsymbol{BC}^{-1}$.

性质 3 $\boldsymbol{A}$ 与 $\boldsymbol{B}$ 合同，$\boldsymbol{B}$ 与 $\boldsymbol{C}$ 合同，则 $\boldsymbol{A}$ 与 $\boldsymbol{C}$ 合同.

由于 $\boldsymbol{B}=\boldsymbol{C}_1^{\mathrm{T}}\boldsymbol{AC}_1$，$\boldsymbol{C}=\boldsymbol{C}_2^{\mathrm{T}}\boldsymbol{BC}_2$，所以 $\boldsymbol{C}=\boldsymbol{C}_2^{\mathrm{T}}(\boldsymbol{C}_1^{\mathrm{T}}\boldsymbol{AC}_1)\boldsymbol{C}_2=(\boldsymbol{C}_1\boldsymbol{C}_2)^{\mathrm{T}}\boldsymbol{A}(\boldsymbol{C}_1\boldsymbol{C}_2)$，且 $\boldsymbol{C}_1\boldsymbol{C}_2$ 可逆.

性质 1、性质 2、性质 3 表明合同关系满足反身性、对称性和传递性.

另外，我们还可以证明如下结论：

（1）若 $\boldsymbol{A}$ 与 $\boldsymbol{B}$ 合同，则 $k\boldsymbol{A}$ 与 $k\boldsymbol{A}$ 合同（$k\in\mathbf{R}$）.

（2）若 $\boldsymbol{A}$ 与 $\boldsymbol{B}$ 合同，则 $R(\boldsymbol{A})=R(\boldsymbol{B})$；反之未必.

（3）若 $\boldsymbol{A}$ 与 $\boldsymbol{B}$ 合同，且 $\boldsymbol{A}$ 为对称矩阵，则 $\boldsymbol{B}$ 也为对称矩阵（请读者自证）.

若 $\boldsymbol{B}=\boldsymbol{C}^{\mathrm{T}}\boldsymbol{AC}$，且 $\boldsymbol{C}$ 为正交矩阵，则称 $\boldsymbol{B}$ 与 $\boldsymbol{A}$ **正交合同**.

因为若 $\boldsymbol{C}$ 为正交矩阵，则 $\boldsymbol{B}=\boldsymbol{C}^{-1}\boldsymbol{AC}\Leftrightarrow\boldsymbol{B}=\boldsymbol{C}^{\mathrm{T}}\boldsymbol{AC}$，所以有：

（4）$\boldsymbol{A}$ 与 $\boldsymbol{B}$ 正交相似 $\Leftrightarrow$ $\boldsymbol{A}$ 与 $\boldsymbol{B}$ 正交合同.

6.1.2　二次型及其矩阵表示

定义 2 含有 n 个变量 $x_1,x_2,\cdots,x_n$ 的二次齐次函数

$$f(x_1,x_2,\cdots,x_n)=a_{11}x_1^2+a_{22}x_2^2+\cdots+a_{nn}x_n^2+2a_{12}x_1x_2+2a_{13}x_1x_3+\cdots+2a_{n-1,n}x_{n-1}x_n$$

称为**二次型**.

二次型分为实二次型和复二次型．当 a_{ij} 为复数时，f 称为复二次型；当 a_{ij} 为实数时，f 称为实二次型．我们只讨论实二次型.

取 $a_{ji}=a_{ij}$，则 $2a_{ij}x_ix_j=a_{ij}x_ix_j+a_{ji}x_jx_i$，于是实二次型可以写成：

$$\begin{aligned}f(x_1,x_2,\cdots,x_n)=&a_{11}x_1^2+a_{12}x_1x_2+\cdots+a_{1n}x_1x_n\\&+a_{21}x_2x_1+a_{22}x_2^2+\cdots+a_{2n}x_2x_n+\cdots\\&+a_{n1}x_nx_1+a_{n2}x_nx_2+\cdots+a_{nn}x_n^2\end{aligned}$$

$$=(x_1,x_2,\cdots,x_n)\begin{pmatrix} a_{11} & a_{12} & \cdots & a_{1n} \\ a_{21} & a_{22} & \cdots & a_{2n} \\ \vdots & \vdots & & \vdots \\ a_{n1} & a_{n2} & \cdots & a_{nn} \end{pmatrix}\begin{pmatrix} x_1 \\ x_2 \\ \vdots \\ x_n \end{pmatrix},$$

记

$$\boldsymbol{A}=\begin{pmatrix} a_{11} & a_{12} & \cdots & a_{1n} \\ a_{21} & a_{22} & \cdots & a_{2n} \\ \vdots & \vdots & & \vdots \\ a_{n1} & a_{n2} & \cdots & a_{nn} \end{pmatrix}, \quad \boldsymbol{x}=\begin{pmatrix} x_1 \\ x_2 \\ \vdots \\ x_n \end{pmatrix},$$

则二次型可记作

$$f=\boldsymbol{x}^{\mathrm{T}}\boldsymbol{A}\boldsymbol{x},$$

其中 $\boldsymbol{A}$ 为实对称矩阵.

任给一个二次型，就唯一确定一个对称矩阵；反之，任给一个对称矩阵，也可唯一确定一个二次型．这样，实二次型与实对称矩阵之间存在一一对应关系.因此,把对称矩阵 $\boldsymbol{A}$ 叫作**二次型 f 的矩阵**,也把 f 叫作**对称矩阵 $\boldsymbol{A}$ 的二次型**.对称矩阵 $\boldsymbol{A}$ 的秩就叫作**二次型 f 的秩**.

例如二次型 $f=-x_1^2+2x_1x_2-4x_2x_3+3x_3^2$，用矩阵表示为

$$f=(x_1,x_2,x_3)\begin{pmatrix} -1 & 1 & 0 \\ 1 & 0 & -2 \\ 0 & -2 & 3 \end{pmatrix}\begin{pmatrix} x_1 \\ x_2 \\ x_3 \end{pmatrix}.$$

现在研究矩阵的合同与实二次型理论的关系.

在将实二次型变化的过程中，常常需要作变换，这种变换可以用如下关系描述：

$$\begin{cases} x_1=c_{11}y_1+c_{12}y_2+\cdots+c_{1n}y_n, \\ x_2=c_{21}y_1+c_{22}y_2+\cdots+c_{2n}y_n, \\ \qquad\vdots \\ x_n=c_{n1}y_1+c_{n2}y_2+\cdots+c_{nn}y_n, \end{cases}$$

称为由变量 $y_1,y_2,\cdots,y_n$ 到变量 $x_1,x_2,\cdots,x_n$ 的**线性变换**.

写成矩阵形式 $\boldsymbol{x}=\boldsymbol{C}\boldsymbol{y}$，

$$\boldsymbol{C}=\begin{pmatrix} c_{11} & c_{12} & \cdots & c_{1n} \\ c_{21} & c_{22} & \cdots & c_{2n} \\ \vdots & \vdots & & \vdots \\ c_{n1} & c_{n2} & \cdots & c_{nn} \end{pmatrix}, \quad \boldsymbol{x}=\begin{pmatrix} x_1 \\ x_2 \\ \vdots \\ x_n \end{pmatrix}, \quad \boldsymbol{y}=\begin{pmatrix} y_1 \\ y_2 \\ \vdots \\ y_n \end{pmatrix}.$$

$\boldsymbol{C}$ 称为线性变换矩阵．若 $\boldsymbol{C}$ 为可逆矩阵，则称上述线性变换为可逆变换；若 $\boldsymbol{C}$ 为正交矩阵，则称上述线性变换为正交变换．

设实二次型 $f(x_1,x_2,\cdots,x_n)=\boldsymbol{x}^{\mathrm{T}}\boldsymbol{A}\boldsymbol{x}$，$\boldsymbol{A}$ 为其对应的矩阵．对 $\boldsymbol{x}$ 作可逆变换 $\boldsymbol{x}=\boldsymbol{C}\boldsymbol{y}$，则 $\boldsymbol{x}^{\mathrm{T}}\boldsymbol{A}\boldsymbol{x}=(\boldsymbol{C}\boldsymbol{y})^{\mathrm{T}}\boldsymbol{A}(\boldsymbol{C}\boldsymbol{y})=\boldsymbol{y}^{\mathrm{T}}(\boldsymbol{C}^{\mathrm{T}}\boldsymbol{A}\boldsymbol{C})\boldsymbol{y}$．于是 $\boldsymbol{y}^{\mathrm{T}}(\boldsymbol{C}^{\mathrm{T}}\boldsymbol{A}\boldsymbol{C})\boldsymbol{y}$ 是一个以 $y_1,y_2,\cdots,y_n$ 为未知数的实二次型，其对应的矩阵为 $\boldsymbol{B}=\boldsymbol{C}^{\mathrm{T}}\boldsymbol{A}\boldsymbol{C}$．很明显，$\boldsymbol{B}$ 与 $\boldsymbol{A}$ 合同．

由此可知，经可逆变换 $\boldsymbol{x}=\boldsymbol{C}\boldsymbol{y}$ 后，二次型 f 的矩阵由 $\boldsymbol{A}$ 变为与 $\boldsymbol{A}$ 合同的矩阵 $\boldsymbol{B}=\boldsymbol{C}^{\mathrm{T}}\boldsymbol{A}\boldsymbol{C}$，且二次型的秩不变．

例 1　设二次型 $f(x_1,x_2,x_3)=2x_1x_2-4x_1x_3+10x_2x_3$，现有变换

$$\begin{cases}x_1=y_1-y_2-5y_3,\\x_2=y_1+y_2+2y_3,\\x_3=y_3,\end{cases}$$

求经过上述可逆变换后的新二次型．

解

f 所对应的矩阵为 $\boldsymbol{A}=\begin{pmatrix}0&1&-2\\1&0&5\\-2&5&0\end{pmatrix}$，变换所决定的矩阵为 $\boldsymbol{C}=\begin{pmatrix}1&-1&-5\\1&1&2\\0&0&1\end{pmatrix}$，

$$\boldsymbol{B}=\boldsymbol{C}^{\mathrm{T}}\boldsymbol{A}\boldsymbol{C}=\begin{pmatrix}1&1&0\\-1&1&0\\-5&2&1\end{pmatrix}\begin{pmatrix}0&1&-2\\1&0&5\\-2&5&0\end{pmatrix}\begin{pmatrix}1&-1&-5\\1&1&2\\0&0&1\end{pmatrix}=\begin{pmatrix}2&0&0\\0&-2&0\\0&0&20\end{pmatrix},$$

于是新的二次型为 $2y_1^2-2y_2^2+20y_3^2$．

6.2　化二次型为标准形

6.2.1　二次型的标准形

定义 3　如果二次型 $f(x_1,x_2,\cdots,x_n)=\boldsymbol{x}^{\mathrm{T}}\boldsymbol{A}\boldsymbol{x}$ 通过可逆线性变换 $\boldsymbol{x}=\boldsymbol{C}\boldsymbol{y}$ 化成二次型 $\boldsymbol{y}^{\mathrm{T}}\boldsymbol{B}\boldsymbol{y}$，且仅含平方项，即

$$f=\boldsymbol{y}^{\mathrm{T}}\boldsymbol{B}\boldsymbol{y}=k_1y_1^2+k_2y_2^2+\cdots+k_ny_n^2,$$

则称上式为二次型 $\boldsymbol{x}^{\mathrm{T}}\boldsymbol{A}\boldsymbol{x}$ 的**标准形**．

一般地，二次型的标准形不唯一．

标准形所对应的矩阵为对角矩阵，即

$$\boldsymbol{B}=\boldsymbol{C}^{\mathrm{T}}\boldsymbol{A}\boldsymbol{C}=\begin{pmatrix}k_1 & & & \\ & k_2 & & \\ & & \ddots & \\ & & & k_n\end{pmatrix}.$$

由此可知：一个二次型能否化为标准形，等价于该二次型的矩阵是否与一个对角矩阵合同.

6.2.2 用正交变换法化二次型为标准形

根据实对称矩阵必与对角矩阵正交相似，我们有下述定理.

定理 1 任给一个二次型 $f(x_1,x_2,\cdots,x_n)=\boldsymbol{x}^{\mathrm{T}}\boldsymbol{A}\boldsymbol{x}$，总存在正交变换 $\boldsymbol{x}=\boldsymbol{P}\boldsymbol{y}$，使 f 化为标准形

$$f=\lambda_1 y_1^2+\lambda_2 y_2^2+\cdots+\lambda_n y_n^2=\boldsymbol{y}^{\mathrm{T}}\boldsymbol{\Lambda}\boldsymbol{y},$$

其中 $\lambda_1,\lambda_2,\cdots,\lambda_n$ 是矩阵 $\boldsymbol{A}$ 的特征值，正交矩阵 $\boldsymbol{P}$ 的 n 个列向量 $\boldsymbol{p}_1,\boldsymbol{p}_2,\cdots,\boldsymbol{p}_n$ 是对应于 $\lambda_1,\lambda_2,\cdots,\lambda_n$ 的特征向量，$\boldsymbol{\Lambda}=\mathrm{diag}(\lambda_1,\lambda_2,\cdots,\lambda_n)$ 为对角矩阵.

例 2 求一个正交变换 $\boldsymbol{x}=\boldsymbol{P}\boldsymbol{y}$，化二次型

$$f(x_1,x_2,x_3)=x_1^2+4x_2^2+x_3^2-4x_1x_2-8x_1x_3-4x_2x_3$$

为标准形.

解 二次型的矩阵

$$\boldsymbol{A}=\begin{pmatrix}1 & -2 & -4\\ -2 & 4 & -2\\ -4 & -2 & 1\end{pmatrix},$$

$$|\boldsymbol{A}-\lambda\boldsymbol{E}|=\begin{vmatrix}1-\lambda & -2 & -4\\ -2 & 4-\lambda & -2\\ -4 & -2 & 1-\lambda\end{vmatrix}=-(\lambda-5)^2(\lambda+4),$$

所以 $\boldsymbol{A}$ 的特征值为 $\lambda_1=-4$，$\lambda_2=\lambda_3=5$.

对应于 $\lambda_1=-4$，解方程组 $(\boldsymbol{A}+4\boldsymbol{E})\boldsymbol{x}=\boldsymbol{0}$. 由于

$$\boldsymbol{A}+4\boldsymbol{E}=\begin{pmatrix}5 & -2 & -4\\ -2 & 8 & -2\\ -4 & -2 & 5\end{pmatrix}\xrightarrow[\substack{r_2+2r_1\\ r_3+4r_1}]{\frac{1}{5}r_1}\begin{pmatrix}1 & -2/5 & -4/5\\ 0 & 36/5 & -18/5\\ 0 & -18/5 & 9/5\end{pmatrix}$$

$$\xrightarrow[r_3+\frac{18}{5}r_2]{\frac{5}{36}r_2}\begin{pmatrix}1 & -2/5 & -4/5\\ 0 & 1 & -1/2\\ 0 & 0 & 0\end{pmatrix}\xrightarrow[2r_2]{r_1+\frac{2}{5}r_2}\begin{pmatrix}1 & 0 & -1\\ 0 & 2 & -1\\ 0 & 0 & 0\end{pmatrix},$$

同解方程组为$\begin{cases} x_1 = x_3, \\ x_2 = \dfrac{1}{2}x_3, \\ x_3 = x_3, \end{cases}$ 一个基础解系为$\boldsymbol{\xi}_1 = \begin{pmatrix} 2 \\ 1 \\ 2 \end{pmatrix}$，单位化得 $\boldsymbol{p}_1 = \begin{pmatrix} 2/3 \\ 1/3 \\ 2/3 \end{pmatrix}$.

对应于$\lambda_2 = \lambda_3 = 5$，解方程组$(\boldsymbol{A} - 5\boldsymbol{E})\boldsymbol{x} = \boldsymbol{0}$. 由于

$$\boldsymbol{A} - 5\boldsymbol{E} = \begin{pmatrix} -4 & -2 & -4 \\ -2 & -1 & -2 \\ -4 & -2 & -4 \end{pmatrix} \xrightarrow{-\frac{1}{4}r_1} \begin{pmatrix} 1 & 1/2 & 1 \\ -2 & -1 & -2 \\ -4 & -2 & -4 \end{pmatrix} \xrightarrow[r_3+4r_1]{r_2+2r_1} \begin{pmatrix} 1 & 1/2 & 1 \\ 0 & 0 & 0 \\ 0 & 0 & 0 \end{pmatrix},$$

同解方程组为$\begin{cases} x_1 = -\dfrac{1}{2}x_2 - x_3, \\ x_2 = x_2, \\ x_3 = x_3, \end{cases}$ 一个基础解系为$\boldsymbol{\xi}_2 = \begin{pmatrix} 1 \\ -2 \\ 0 \end{pmatrix}, \boldsymbol{\xi}_3 = \begin{pmatrix} 1 \\ 0 \\ -1 \end{pmatrix}$，

将$\boldsymbol{\xi}_2, \boldsymbol{\xi}_3$正交化，得

$$\boldsymbol{\zeta}_2 = \boldsymbol{\xi}_2 = \begin{pmatrix} 1 \\ -2 \\ 0 \end{pmatrix},$$

$$\boldsymbol{\zeta}_3 = \boldsymbol{\xi}_3 - \frac{[\boldsymbol{\xi}_3, \boldsymbol{\zeta}_2]}{[\boldsymbol{\zeta}_2, \boldsymbol{\zeta}_2]}\boldsymbol{\zeta}_2 = \begin{pmatrix} 1 \\ 0 \\ -1 \end{pmatrix} - \frac{1}{5}\begin{pmatrix} 1 \\ -2 \\ 0 \end{pmatrix} = \begin{pmatrix} 4/5 \\ 2/5 \\ -1 \end{pmatrix},$$

再单位化，得

$$\boldsymbol{p}_2 = \begin{pmatrix} 1/\sqrt{5} \\ -2/\sqrt{5} \\ 0 \end{pmatrix}, \boldsymbol{p}_3 = \begin{pmatrix} 4/3\sqrt{5} \\ 2/3\sqrt{5} \\ -5/3\sqrt{5} \end{pmatrix},$$

令

$$\boldsymbol{P} = (\boldsymbol{p}_1, \boldsymbol{p}_2, \boldsymbol{p}_3) = \begin{pmatrix} 2/3 & 1/\sqrt{5} & 4/3\sqrt{5} \\ 1/3 & -2/\sqrt{5} & 2/3\sqrt{5} \\ 2/3 & 0 & -5/3\sqrt{5} \end{pmatrix},$$

则作正交变换$\boldsymbol{x} = \boldsymbol{P}\boldsymbol{y}$，二次型可化为标准形

$$f = -4y_1^2 + 5y_2^2 + 5y_3^2.$$

6.2.3 用配方法化二次型为标准形

用正交变换法化二次型成标准形具有保持几何形状不变的优点. 如果不限于正交变换，那么还可以有多个可逆的线性变换把二次型化成标准形，其中最常用的方法是拉格朗日配方法（简称配方法）. 下面举例说明.

例 3　用配方法化二次型

$$f(x_1,x_2,x_3)=x_1^2+2x_1x_2+2x_1x_3+2x_2^2+8x_2x_3+5x_3^2$$

为标准形，并求所用的变换矩阵.

解　先将含有 x_1 的项配方：

$$\begin{aligned}f(x_1,x_2,x_3)&=x_1^2+2x_1(x_2+x_3)+(x_2+x_3)^2-(x_2+x_3)^2+2x_2^2+8x_2x_3+5x_3^2\\&=(x_1+x_2+x_3)^2+x_2^2+6x_2x_3+4x_3^2,\end{aligned}$$

再将后三项中含有 x_2 的项配方：

$$\begin{aligned}f(x_1,x_2,x_3)&=(x_1+x_2+x_3)^2+x_2^2+6x_2x_3+9x_3^2-5x_3^2\\&=(x_1+x_2+x_3)^2+(x_2+3x_3)^2-5x_3^2,\end{aligned}$$

令

$$\begin{cases}y_1=x_1+x_2+x_3,\\y_2=x_2+3x_3,\\y_3=x_3,\end{cases}$$

写出矩阵形式，令

$$\boldsymbol{y}=\begin{pmatrix}y_1\\y_2\\y_3\end{pmatrix},\ \boldsymbol{x}=\begin{pmatrix}x_1\\x_2\\x_3\end{pmatrix},\ \boldsymbol{B}=\begin{pmatrix}1&1&1\\0&1&3\\0&0&1\end{pmatrix},$$

则 $\boldsymbol{y}=\boldsymbol{B}\boldsymbol{x}$，其中 $\boldsymbol{B}$ 为可逆矩阵，故 $\boldsymbol{x}=\boldsymbol{B}^{-1}\boldsymbol{y}$，即经过可逆变换 $\boldsymbol{x}=\boldsymbol{B}^{-1}\boldsymbol{y}$ 可将二次型化为标准形

$$f=y_1^2+y_2^2-5y_3^2,$$

变换矩阵 $\boldsymbol{C}=\boldsymbol{B}^{-1}=\begin{pmatrix}1&-1&2\\0&1&-3\\0&0&1\end{pmatrix}$.

例 4　用配方法化二次型

$$f(x_1,x_2,x_3)=2x_1x_2+2x_1x_3-6x_2x_3$$

为标准形，并求所用的变换矩阵.

解　与例 3 不同的是，这个二次型只含交叉项，没有平方项．因此，先作一个辅助变换使其出现平方项，然后可按例 3 的方式配方.

令

$$\begin{cases}x_1=y_1+y_2,\\x_2=y_1-y_2,\\x_3=\ y_3,\end{cases}\ \text{即}\ \begin{pmatrix}x_1\\x_2\\x_3\end{pmatrix}=\begin{pmatrix}1&1&0\\1&-1&0\\0&0&1\end{pmatrix}\begin{pmatrix}y_1\\y_2\\y_3\end{pmatrix},$$

则原二次型化为

$$\begin{aligned} f(x_1,x_2,x_3) &= 2(y_1+y_2)(y_1-y_2)+2(y_1+y_2)y_3-6(y_1-y_2)y_3 \\ &= 2y_1^2-4y_1y_3-2y_2^2+8y_2y_3 \\ &= 2(y_1-y_3)^2-2y_2^2-2y_3^2+8y_2y_3 \\ &= 2(y_1-y_3)^2-2(y_2-2y_3)^2+6y_3^2, \end{aligned}$$

再令

$$\begin{cases} z_1=y_1-y_3, \\ z_2=y_2-2y_3, \\ z_3=y_3, \end{cases} \text{即} \begin{pmatrix} z_1 \\ z_2 \\ z_3 \end{pmatrix} = \begin{pmatrix} 1 & 0 & -1 \\ 0 & 1 & -2 \\ 0 & 0 & 1 \end{pmatrix} \begin{pmatrix} y_1 \\ y_2 \\ y_3 \end{pmatrix}$$

或

$$\begin{pmatrix} y_1 \\ y_2 \\ y_3 \end{pmatrix} = \begin{pmatrix} 1 & 0 & 1 \\ 0 & 1 & 2 \\ 0 & 0 & 1 \end{pmatrix} \begin{pmatrix} z_1 \\ z_2 \\ z_3 \end{pmatrix},$$

则二次型化为标准形

$$f(x_1,x_2,x_3)=2z_1^2-2z_2^2+6z_3^2.$$

所作的可逆变换为

$$\begin{aligned} \begin{pmatrix} x_1 \\ x_2 \\ x_3 \end{pmatrix} &= \begin{pmatrix} 1 & 1 & 0 \\ 1 & -1 & 0 \\ 0 & 0 & 1 \end{pmatrix} \begin{pmatrix} y_1 \\ y_2 \\ y_3 \end{pmatrix} \\ &= \begin{pmatrix} 1 & 1 & 0 \\ 1 & -1 & 0 \\ 0 & 0 & 1 \end{pmatrix} \begin{pmatrix} 1 & 0 & 1 \\ 0 & 1 & 2 \\ 0 & 0 & 1 \end{pmatrix} \begin{pmatrix} z_1 \\ z_2 \\ z_3 \end{pmatrix} \\ &= \begin{pmatrix} 1 & 1 & 3 \\ 1 & -1 & -1 \\ 0 & 0 & 1 \end{pmatrix} \begin{pmatrix} z_1 \\ z_2 \\ z_3 \end{pmatrix}, \end{aligned}$$

变换矩阵

$$\boldsymbol{C} = \begin{pmatrix} 1 & 1 & 3 \\ 1 & -1 & -1 \\ 0 & 0 & 1 \end{pmatrix}.$$

一般地，利用上面的配方法可以证明下述定理.

定理 2　任何一个二次型都可以通过可逆线性变换化为标准形（证明略）.

二次型的标准形不是唯一的，但标准形中所含项数是确定的（即二次型的秩）. 不仅如此，标准形中正系数的个数是不变的（从而负系数的个数也是不变的），也就有下述定理.

定理 3 设二次型 $f = \boldsymbol{x}^{\mathrm{T}}\boldsymbol{A}\boldsymbol{x}$，它的秩为 r，有两个可逆线性变换

$$\boldsymbol{x} = \boldsymbol{C}\boldsymbol{y}，\boldsymbol{x} = \boldsymbol{P}\boldsymbol{z},$$

使
$$f = k_1 y_1^2 + k_2 y_2^2 + \cdots + k_r y_r^2 \quad (k_i \neq 0;\ i = 1, 2, \cdots, r)$$
和
$$f = \lambda_1 z_1^2 + \lambda_2 z_2^2 + \cdots + \lambda_r z_r^2 \quad (\lambda_i \neq 0;\ i = 1, 2, \cdots, r),$$
则 $k_1, k_2, \cdots, k_r$ 中正数的个数与 $\lambda_1, \lambda_2, \cdots, \lambda_r$ 中正数的个数相等.

这个定理称为**惯性定理**（证明略）.

另外，我们还有如下结论：

（1）标准形所含项数 r 等于二次型对应的矩阵的非零特征值的个数（重特征值按重数计算）；

（2）标准形中正系数的个数等于正特征值的个数（重特征值按重数计算）；

（3）标准形中负系数的个数等于负特征值的个数（重特征值按重数计算），也等于项数 r 减去正特征值的个数.

二次型的标准形中正系数的个数称为二次型的**正惯性指数**，负系数的个数称为二次型的**负惯性指数**.

为了深入讨论这一问题，我们引入二次型的规范形的概念.

定义 4 如果二次型 $f = (x_1, x_2, \cdots, x_n) = \boldsymbol{x}^{\mathrm{T}}\boldsymbol{A}\boldsymbol{x}$ 通过可逆线性变换可以化为

$$f = y_1^2 + \cdots + y_p^2 - y_{p+1}^2 - \cdots - y_r^2 \quad (p \leqslant r \leqslant n),$$

则称上式为该二次型的**规范形**.

定理 4 任给一个二次型 $f = (x_1, x_2, \cdots, x_n) = \boldsymbol{x}^{\mathrm{T}}\boldsymbol{A}\boldsymbol{x}$，总存在可逆线性变换 $\boldsymbol{x} = \boldsymbol{C}\boldsymbol{z}$，使 f 化为规范形.

证 任何一个二次型都可通过可逆线性变换 $\boldsymbol{x} = \boldsymbol{C}\boldsymbol{y}$ 化为标准形

$$f = d_1 y_1^2 + \cdots + d_p y_p^2 - d_{p+1} y_{p+1}^2 - \cdots - d_r y_r^2,$$

其中 $d_i > 0$（$i = 1, 2, \cdots, r$），二次型的秩为 r，令

$$\begin{cases} y_1 = \dfrac{1}{\sqrt{d_1}} z_1, \\ \quad\vdots \\ y_r = \dfrac{1}{\sqrt{d_r}} z_r, \\ y_{r+1} = z_{r+1}, \\ \quad\vdots \\ y_n = z_n, \end{cases}$$

则二次型化为规范形

$$f(x_1, x_2, \cdots, x_n) = z_1^2 + \cdots + z_p^2 - z_{p+1}^2 - \cdots - z_r^2 \quad (r \leqslant n).$$

证毕.

很明显，此规范形是唯一的. 规范形中系数取+1 的个数等于正特征值的个数，也等于正惯性指数 p；系数取 -1 的个数必为 $r-p$，等于负惯性指数，其中 r 为非零特征值的个数，等于二次型的秩. 因此根据特征值的情况或者根据惯性指数和秩，我们可以很容易地写出二次型的规范形.

例如若二次型 f 的矩阵 $\boldsymbol{A}$ 的特征值为 1，2，2，-3，-4，0，则

$$y_1^2 + y_2^2 + y_3^2 - y_4^2 - y_5^2$$

是 f 的规范形.

若二次型 f 的正惯性指数为 p，秩为 r，则 f 的规范形可确定为

$$f = y_1^2 + \cdots + y_p^2 - y_{p+1}^2 - \cdots - y_r^2 .$$

推论 1 两个实对称矩阵合同的充要条件是它们所对应的实二次型具有相同的正惯性指数和秩.

6.3 正定二次型

常用的二次型是标准形的系数全为正或全为负的情形，我们给出下述定义.

定义 5 设实二次型 $f(x_1, x_2, \cdots, x_n) = f(\boldsymbol{x}) = \boldsymbol{x}^{\mathrm{T}}\boldsymbol{A}\boldsymbol{x}$，如果对任意 $\boldsymbol{x} \neq \boldsymbol{0}$ 都有 $f(\boldsymbol{x}) > 0$（显然 $f(\boldsymbol{0}) = 0$），则称 f 为**正定二次型**，并称对称矩阵 $\boldsymbol{A}$ 是正定的；如果对任意 $\boldsymbol{x} \neq \boldsymbol{0}$ 都有 $f(\boldsymbol{x}) < 0$，则称 f 为**负定二次型**，并称对称矩阵 $\boldsymbol{A}$ 是负定的.

例如，二次型 $f(x_1, x_2, \cdots, x_n) = x_1^2 + x_2^2 + \cdots + x_n^2$ 是正定二次型；

二次型 $f(x_1, x_2, \cdots, x_n) = x_1^2 + x_2^2 + \cdots + x_r^2$（$r < n$）不是正定的，也不是负定的；

二次型 $f(x_1, x_2, \cdots, x_n) = -x_1^2 - 2x_2^2 - \cdots - 5x_n^2$ 是负定的.

由此可见，利用二次型的标准形或规范形很容易判断二次型的正定性和负定性.

定理 5 可逆变换不改变二次型的正定性.

任何一个二次型都可以通过可逆变换化为标准形，由此可得下述定理.

定理 6 二次型 $f(x_1, x_2, \cdots, x_n)$ 正定的充要条件是它的正惯性指数等于 n.

推论 2 二次型 $f(x_1, x_2, \cdots, x_n)$ 正定的充要条件是它的规范形为

$$f(x_1, x_2, \cdots, x_n) = x_1^2 + x_2^2 + \cdots + x_n^2 .$$

推论 3 实对称矩阵 $\boldsymbol{A}$ 正定的充要条件是 $\boldsymbol{A}$ 与单位矩阵 $\boldsymbol{E}$ 合同，即存在可逆矩阵 $\boldsymbol{C}$，使 $\boldsymbol{A} = \boldsymbol{C}^{\mathrm{T}}\boldsymbol{E}\boldsymbol{C} = \boldsymbol{C}^{\mathrm{T}}\boldsymbol{C}$.

推论 4 实对称矩阵 $\boldsymbol{A}$ 正定的充要条件是 $\boldsymbol{A}$ 的所有特征值都大于零.

推论 5 如果实对称矩阵 $\boldsymbol{A}$ 正定，则 $\boldsymbol{A}$ 的行列式大于零；反之未必.

为了利用行列式给出 $\boldsymbol{A}$ 正定的充要条件，我们先引入下述定义.

定义 6 设 n 阶矩阵 $\boldsymbol{A}=(a_{ij})$，$\boldsymbol{A}$ 的子式

$$\boldsymbol{A}_k=\begin{vmatrix} a_{11} & a_{12} & \cdots & a_{1k} \\ a_{21} & a_{22} & \cdots & a_{2k} \\ \vdots & \vdots & & \vdots \\ a_{k1} & a_{k2} & \cdots & a_{kk} \end{vmatrix} \quad (k=1,2,\cdots,n),$$

称为矩阵 $\boldsymbol{A}$ 的 k 阶**顺序主子式**.

定理 7 实对称矩阵 $\boldsymbol{A}$ 正定的充要条件是 $\boldsymbol{A}$ 的所有顺序主子式都大于零，即

$$\boldsymbol{A}_1=a_{11}>0，\boldsymbol{A}_2=\begin{vmatrix} a_{11} & a_{12} \\ a_{21} & a_{22} \end{vmatrix}>0,\cdots,\boldsymbol{A}_n=|\boldsymbol{A}|>0.$$

例 5 证明二次型

$$f(x_1,x_2,x_3)=5x_1^2+5x_2^2+5x_3^2+4x_1x_2-4x_1x_3-2x_2x_3$$

是正定二次型.

证 这个二次型对应的实对称矩阵为

$$\boldsymbol{A}=\begin{pmatrix} 5 & 2 & -2 \\ 2 & 5 & -1 \\ -2 & -1 & 5 \end{pmatrix},$$

它的顺序主子式

$$A_1=5>0,$$

$$A_2=\begin{vmatrix} 5 & 2 \\ 2 & 5 \end{vmatrix}=21>0,$$

$$A_3=\begin{vmatrix} 5 & 2 & -2 \\ 2 & 5 & -1 \\ -2 & -1 & 5 \end{vmatrix}=88>0,$$

所以 A 是正定矩阵，即 f 为正定型. 证毕.

例 6 设二次型对应的矩阵为

$$\boldsymbol{A}=\begin{pmatrix} 1 & a & -1 \\ a & 1 & 2 \\ -1 & 2 & 5 \end{pmatrix},$$

试问 a 为何值时，该二次型为正定二次型?

解 当 $\boldsymbol{A}$ 的顺序主子式都大于零时，$\boldsymbol{A}$ 为正定矩阵，对应的二次型为正定二次型.

令

$$A_1 = 1 > 0,$$

$$A_2 = \begin{vmatrix} 1 & a \\ a & 1 \end{vmatrix} = 1 - a^2 > 0,$$

$$A_3 = \begin{vmatrix} 1 & a & -1 \\ a & 1 & 2 \\ -1 & 2 & 5 \end{vmatrix} = -5a^2 - 4a > 0,$$

解之得$-\dfrac{4}{5} < a < 0$．即当$-\dfrac{4}{5} < a < 0$时，对应的二次型为正定二次型．

对于负定二次型，我们有下述定理．

定理 8 设二次型$f(x_1, x_2, \cdots, x_n) = \boldsymbol{x}^{\mathrm{T}}\boldsymbol{A}\boldsymbol{x}$，则下列各条件等价：

（1）$f(x_1, x_2, \cdots, x_n)$为负定二次型；

（2）$f(x_1, x_2, \cdots, x_n)$的负惯性指数等于n；

（3）实对称矩阵$\boldsymbol{A}$与$-\boldsymbol{E}$合同；

（4）实对称矩阵$\boldsymbol{A}$的特征值都小于零；

（5）实对称矩阵$\boldsymbol{A}$的奇数阶顺序主子式小于零，偶数阶顺序主子式大于零．

例 7 判断二次型

$$f(x_1, x_2, x_3) = -5x_1^2 + 4x_1x_2 + 4x_1x_3 - 6x_2^2 - 4x_3^2$$

是否是正定二次型．

解 这个二次型对应的实对称矩阵为

$$\boldsymbol{A} = \begin{pmatrix} -5 & 2 & 2 \\ 2 & -6 & 0 \\ 2 & 0 & -4 \end{pmatrix},$$

它的顺序主子式

$$A_1 = -5 < 0,$$

$$A_2 = \begin{vmatrix} -5 & 2 \\ 2 & -6 \end{vmatrix} = 26 > 0,$$

$$A_3 = \begin{vmatrix} -5 & 2 & 2 \\ 2 & -6 & 0 \\ 2 & 0 & -4 \end{vmatrix} = -80 < 0,$$

所以$\boldsymbol{A}$不是正定矩阵，而是负定矩阵，即f不是正定二次型，而是负定二次型．

例 8 判断对称矩阵

$$\boldsymbol{A}=\begin{pmatrix}1 & 1 & 0\\ 1 & -2 & 0\\ 0 & 0 & 3\end{pmatrix}$$

的正定性.

解 $\boldsymbol{A}$ 的顺序主子式

$$A_1=1>0,$$

$$A_2=\begin{vmatrix}1 & 1\\ 1 & -2\end{vmatrix}=-3<0,$$

$$A_3=\begin{vmatrix}1 & 1 & 0\\ 1 & -2 & 0\\ 0 & 0 & 3\end{vmatrix}=-9<0,$$

所以 $\boldsymbol{A}$ 既不是正定矩阵也不是负定矩阵（实际上只计算一、二阶顺序主子式即可）.

本章小结

一、二次型与矩阵

1．合同矩阵

对于两个 n 阶矩阵 $\boldsymbol{A}$，$\boldsymbol{B}$，如果存在一个可逆矩阵 $\boldsymbol{C}$，使 $\boldsymbol{B}=\boldsymbol{C}^{\mathrm{T}}\boldsymbol{A}\boldsymbol{C}$，则称矩阵 $\boldsymbol{B}$ 与 $\boldsymbol{A}$ 合同.

矩阵的合同是一个等价关系，它满足：反身性、对称性和传递性.

2．二次型与对称矩阵

含有 n 个未知数的二次齐次函数

$$\begin{aligned}f(x_1,x_2,\cdots,x_n)=&a_{11}x_1^2+a_{22}x_2^2+\cdots+a_{nn}x_n^2\\ &+2a_{12}x_1x_2+2a_{13}x_1x_3+\cdots+2a_{n-1,n}x_{n-1}x_n\end{aligned}$$

称为二次型.

令 $\boldsymbol{x}=\begin{pmatrix}x_1\\ x_2\\ \vdots\\ x_n\end{pmatrix}$，$a_{ji}=a_{ij}$，$\boldsymbol{A}=\begin{pmatrix}a_{11} & a_{12} & \cdots & a_{1n}\\ a_{21} & a_{22} & \cdots & a_{2n}\\ \vdots & \vdots & & \vdots\\ a_{n1} & a_{n2} & \cdots & a_{nn}\end{pmatrix}$ 为实对称矩阵，则实二次型可以写成

$$f(x_1, x_2, \cdots, x_n) = (x_1, x_2, \cdots, x_n)\begin{pmatrix} a_{11} & a_{12} & \cdots & a_{1n} \\ a_{21} & a_{22} & \cdots & a_{2n} \\ \vdots & \vdots & & \vdots \\ a_{n1} & a_{n2} & \cdots & a_{nn} \end{pmatrix}\begin{pmatrix} x_1 \\ x_2 \\ \vdots \\ x_n \end{pmatrix} = \boldsymbol{x}^{\mathrm{T}}\boldsymbol{A}\boldsymbol{x} .$$

任给一个二次型，就唯一确定一个对称矩阵；反之，任给一个对称矩阵，也可唯一确定一个二次型．这样，实二次型与实对称矩阵之间存在一一对应关系．对称矩阵 $\boldsymbol{A}$ 叫作二次型 f 的矩阵，f 叫作对称矩阵 $\boldsymbol{A}$ 的二次型．对称矩阵 $\boldsymbol{A}$ 的秩叫作二次型 f 的秩．

对 $\boldsymbol{x}$ 作可逆变换 $\boldsymbol{x}=\boldsymbol{C}\boldsymbol{y}$，则 $\boldsymbol{x}^{\mathrm{T}}\boldsymbol{A}\boldsymbol{x}=(\boldsymbol{C}\boldsymbol{y})^{\mathrm{T}}\boldsymbol{A}(\boldsymbol{C}\boldsymbol{y})=\boldsymbol{y}^{\mathrm{T}}(\boldsymbol{C}^{\mathrm{T}}\boldsymbol{A}\boldsymbol{C})\boldsymbol{y}$．于是 $\boldsymbol{y}^{\mathrm{T}}(\boldsymbol{C}^{\mathrm{T}}\boldsymbol{A}\boldsymbol{C})\boldsymbol{y}$ 是一个以 $y_1, y_2, \cdots, y_n$ 为未知数的实二次型，其对应的矩阵为 $\boldsymbol{B}=\boldsymbol{C}^{\mathrm{T}}\boldsymbol{A}\boldsymbol{C}$．即经可逆变换 $\boldsymbol{x}=\boldsymbol{C}\boldsymbol{y}$ 后，二次型 f 的矩阵由 $\boldsymbol{A}$ 变为与 $\boldsymbol{A}$ 合同的矩阵 $\boldsymbol{B}=\boldsymbol{C}^{\mathrm{T}}\boldsymbol{A}\boldsymbol{C}$，且二次型的秩不变．

二、二次型的标准形

1. 二次型的标准形

（1）二次型的标准形：如果二次型 $f(x_1, x_2, \cdots, x_n)=\boldsymbol{x}^{\mathrm{T}}\boldsymbol{A}\boldsymbol{x}$ 通过可逆线性变换 $\boldsymbol{x}=\boldsymbol{C}\boldsymbol{y}$ 化成二次型 $\boldsymbol{y}^{\mathrm{T}}\boldsymbol{B}\boldsymbol{y}$，且仅含平方项，即

$$f=\boldsymbol{y}^{\mathrm{T}}\boldsymbol{B}\boldsymbol{y}=k_1 y_1^2+k_2 y_2^2+\cdots+k_n y_n^2 ,$$

则称上式为二次型 $\boldsymbol{x}^{\mathrm{T}}\boldsymbol{A}\boldsymbol{x}$ 的标准形．一般地，二次型的标准形不唯一．

标准形所对应的矩阵为对角矩阵，即

$$\boldsymbol{B}=\boldsymbol{C}^{\mathrm{T}}\boldsymbol{A}\boldsymbol{C}=\begin{pmatrix} k_1 & & & \\ & k_2 & & \\ & & \ddots & \\ & & & k_n \end{pmatrix}.$$

一个二次型能否化为标准形，等价于该二次型的矩阵是否与一个对角矩阵合同．根据实对称矩阵必与对角矩阵正交相似，我们有下述定理．

（2）任给一个二次型 $f(x_1, x_2, \cdots, x_n)=\boldsymbol{x}^{\mathrm{T}}\boldsymbol{A}\boldsymbol{x}$，总存在正交变换 $\boldsymbol{x}=\boldsymbol{P}\boldsymbol{y}$，使 f 化为标准形

$$f=\lambda_1 y_1^2+\lambda_2 y_2^2+\cdots+\lambda_n y_n^2=\boldsymbol{y}^{\mathrm{T}}\boldsymbol{\Lambda}\boldsymbol{y} ,$$

其中 $\lambda_1, \lambda_2, \cdots, \lambda_n$ 是矩阵 $\boldsymbol{A}$ 的特征值，正交矩阵 $\boldsymbol{P}$ 的 n 个列向量 $\boldsymbol{p}_1, \boldsymbol{p}_2, \cdots, \boldsymbol{p}_n$ 是对应于 $\lambda_1, \lambda_2, \cdots, \lambda_n$ 的特征向量．

（3）二次型的规范形：如果二次型 $f=(x_1, x_2, \cdots, x_n)=\boldsymbol{x}^{\mathrm{T}}\boldsymbol{A}\boldsymbol{x}$ 通过可逆线性

变换可以化为

$$f = y_1^2 + \cdots + y_p^2 - y_{p+1}^2 - \cdots - y_r^2 \quad (p \leqslant r \leqslant n),$$

则称之为该二次型的规范形.

2. 惯性定理

惯性定理 设二次型 $f = \boldsymbol{x}^{\mathrm{T}}\boldsymbol{A}\boldsymbol{x}$，它的秩为 r，有两个可逆线性变换

$$\boldsymbol{x} = \boldsymbol{C}\boldsymbol{y},\ \boldsymbol{x} = \boldsymbol{P}\boldsymbol{z},$$

使

$$f = k_1 y_1^2 + k_2 y_2^2 + \cdots + k_r y_r^2 \quad (k_i \neq 0;\ i = 1, 2, \cdots, r),$$

$$f = \lambda_1 z_1^2 + \lambda_2 z_2^2 + \cdots + \lambda_r z_r^2 \quad (\lambda_i \neq 0;\ i = 1, 2, \cdots, r),$$

则 $k_1, k_2, \cdots, k_r$ 中正数的个数与 $\lambda_1, \lambda_2, \cdots, \lambda_r$ 中正数的个数相等.

二次型的标准形中正系数的个数称为二次型的正惯性指数，负系数的个数称为二次型的负惯性指数.

我们有如下结论：

（1）标准形所含项数等于二次型对应的矩阵的非零特征值的个数（重特征值按重数计算），也等于二次型的秩；

（2）正惯性指数等于标准形中正系数的个数，也等于正特征值的个数（重特征值按重数计算）；

（3）负惯性指数等于标准形中负系数的个数，也等于负特征值的个数（重特征值按重数计算）.

二次型的标准形所含项数=二次型的秩=非零特征值的个数=正惯性指数的个数+负惯性指数的个数=正特征值的个数（重特征值按重数计算）+负特征值的个数（重特征值按重数计算）.

根据特征值的情况，或者根据惯性指数和秩，我们可以很容易地写出二次型的规范形.

3. 化二次型为标准形的方法

（1）用正交变换法化二次型为标准形.

①写出二次型 $f = \boldsymbol{x}^{\mathrm{T}}\boldsymbol{A}\boldsymbol{x}$ 的矩阵 $\boldsymbol{A}$，并求出 $\boldsymbol{A}$ 的全部特征值 λ_i（$i = 1, 2, \cdots, n$）；

②对每个特征值 λ_i 求出相应的特征向量，并将它们标准正交化，得到 n 个两两正交的单位正交向量组 $\boldsymbol{\xi}_1, \boldsymbol{\xi}_2, \cdots, \boldsymbol{\xi}_n$；

③以 $\boldsymbol{\xi}_1, \boldsymbol{\xi}_2, \cdots, \boldsymbol{\xi}_n$ 为列向量构成矩阵 $\boldsymbol{P} = (\boldsymbol{\xi}_1, \boldsymbol{\xi}_2, \cdots, \boldsymbol{\xi}_n)$，则二次型 $f = \boldsymbol{x}^{\mathrm{T}}\boldsymbol{A}\boldsymbol{x}$ 通过正交变换 $\boldsymbol{x} = \boldsymbol{P}\boldsymbol{y}$ 化为标准形 $f = \lambda_1 y_1^2 + \lambda_2 y_2^2 + \cdots + \lambda_n y_n^2$.

（2）用配方法化二次型为标准形.

如果二次型 $f = \boldsymbol{x}^{\mathrm{T}}\boldsymbol{A}\boldsymbol{x}$ 中含有某个变量 x_i 的平方项，则先把含有 x_i 的各项集中，

按 x_i 配成完全平方项，然后按此方法对其他变量配方，直至都配成完全平方项；

如果二次型 $f=\boldsymbol{x}^{\mathrm{T}}\boldsymbol{A}\boldsymbol{x}$ 中不含平方项，但有某个 $a_{ij}\neq 0$（$i\neq j$），则先作一个可逆线性变换

$$\begin{cases}x_i=y_i+y_j,\\x_j=y_i-y_j,\\x_k=y_k,\end{cases}$$

使二次型出现平方项，再按上面的方法配方.

三、正定二次型

1. 正定二次型与负定二次型

设实二次型 $f(x_1,x_2,\cdots,x_n)=f=\boldsymbol{x}^{\mathrm{T}}\boldsymbol{A}\boldsymbol{x}$，如果对任意 $\boldsymbol{x}\neq\boldsymbol{0}$，都有 $f(\boldsymbol{x})>0$（显然 $f(\boldsymbol{0})=0$），则称 f 为正定二次型，并称对称矩阵 $\boldsymbol{A}$ 是正定的；如果对任意 $\boldsymbol{x}\neq\boldsymbol{0}$，都有 $f(\boldsymbol{x})<0$，则称 f 为负定二次型，并称对称矩阵 $\boldsymbol{A}$ 是负定的.

2. 实二次型正定与负定的充要条件

任一实二次型都可以通过可逆变换化为标准形.

（1）实二次型 $f(x_1,x_2,\cdots,x_n)=\boldsymbol{x}^{\mathrm{T}}\boldsymbol{A}\boldsymbol{x}$ 正定

$\Leftrightarrow$ $f(x_1,x_2,\cdots,x_n)=\boldsymbol{x}^{\mathrm{T}}\boldsymbol{A}\boldsymbol{x}>0$

$\Leftrightarrow$ 它的正惯性指数等于 n

$\Leftrightarrow$ 它的规范形为 $f(x_1,x_2,\cdots,x_n)=x_1^2+x_2^2+\cdots+x_n^2$

$\Leftrightarrow$ 对应的 $\boldsymbol{A}$ 与单位矩阵 $\boldsymbol{E}$ 合同

$\Leftrightarrow$ 存在可逆矩阵 $\boldsymbol{C}$，使 $\boldsymbol{A}=\boldsymbol{C}^{\mathrm{T}}\boldsymbol{C}$

$\Leftrightarrow$ $\boldsymbol{A}$ 的所有特征值都大于零

$\Leftrightarrow$ $\boldsymbol{A}$ 的所有顺序主子式都大于零.

（2）矩阵的顺序主子式．设 n 阶矩阵 $\boldsymbol{A}=(a_{ij})$，$\boldsymbol{A}$ 的子式

$$A_k=\begin{vmatrix}a_{11}&a_{12}&\cdots&a_{1k}\\a_{21}&a_{22}&\cdots&a_{2k}\\\vdots&\vdots&&\vdots\\a_{k1}&a_{k2}&\cdots&a_{kk}\end{vmatrix}\quad(k=1,2,\cdots,n),$$

称之为矩阵 $\boldsymbol{A}$ 的 k 阶顺序主子式.

实对称矩阵 $\boldsymbol{A}$ 正定的充要条件是 $\boldsymbol{A}$ 的所有顺序主子式都大于零，即

$$A_1=a_{11}>0,A_2=\begin{vmatrix}a_{11}&a_{12}\\a_{21}&a_{22}\end{vmatrix}>0,\cdots,A_n=|A|>0.$$

（3）实二次型 $f(x_1, x_2, \cdots, x_n) = \boldsymbol{x}^{\mathrm{T}} \boldsymbol{A} \boldsymbol{x}$ 负定

$\Leftrightarrow$ 对任意 $\boldsymbol{x} \neq \boldsymbol{0}$，都有 $f(x_1, x_2, \cdots, x_n) = f(\boldsymbol{x}) < 0$

$\Leftrightarrow$ $f(x_1, x_2, \cdots, x_n)$ 的负惯性指数等于 n

$\Leftrightarrow$ $\boldsymbol{A}$ 与 $-\boldsymbol{E}$ 合同

$\Leftrightarrow$ $\boldsymbol{A}$ 的特征值都小于零

$\Leftrightarrow$ $\boldsymbol{A}$ 的奇数阶顺序主子式小于零，偶数阶顺序主子式大于零.

习题 6

1．用矩阵记号表示下列二次型：

（1）$f = x^2 + 4xy + 4y^2 + 2xz + z^2 + 4yz$；

（2）$f = x^2 + y^2 - 7z^2 - 2xy - 4xz - 4yz$；

（3）$f = x_1^2 + 2x_2^2 + 3x_3^2 - x_4^2 + 6x_2x_3 - x_2x_4 + 10x_3x_4$.

2．写出下列二次型的矩阵：

（1）$f(\boldsymbol{x}) = \boldsymbol{x}^{\mathrm{T}} \begin{pmatrix} 2 & 3 \\ 1 & 1 \end{pmatrix} \boldsymbol{x}$；　　（2）$f(\boldsymbol{x}) = \boldsymbol{x}^{\mathrm{T}} \begin{pmatrix} 1 & 2 & 3 \\ 4 & 5 & 6 \\ 7 & 8 & 9 \end{pmatrix} \boldsymbol{x}$.

3．求一个正交变换化下列二次型为标准形，并写出规范形：

（1）$f = 2x_1^2 + 3x_2^2 + 3x_3^2 + 4x_2x_3$；

（2）$f = x_1^2 + 4x_2^2 + x_3^2 - 4x_1x_2 - 8x_1x_3 - 4x_2x_3$.

4．求一个正交变换把二次曲面的方程

$$3x^2 + 5y^2 + 5z^2 + 4xy - 4xz - 10yz = 1$$

化成标准方程.

5．用配方法化下列二次型为标准形，并写出所用变换的矩阵：

（1）$f = x_1^2 + 3x_2^2 + 5x_3^2 + 2x_1x_2 - 4x_1x_3$；

（2）$f = x_1^2 + 2x_3^2 + 2x_1x_3 + 2x_2x_3$；

（3）$f = 2x_1^2 + x_2^2 + 4x_3^2 + 2x_1x_2 - 2x_2x_3$.

6．判别下列二次型的正定性：

（1）$f = 5x_1^2 + 6x_2^2 + 4x_3^2 - 4x_1x_2 - 4x_1x_3$；

（2）$f = -2x_1^2 - 6x_2^2 - 4x_3^2 + 2x_1x_2 + 2x_1x_3$；

（3）$f = x_1^2 + 3x_2^2 + 9x_3^2 + 19x_4^2 - 2x_1x_2 + 4x_1x_3 + 2x_1x_4 - 2x_2x_4 - 12x_3x_4$.

7．设 $f=x_1^2+x_2^2+5x_3^2+2ax_1x_2-2x_1x_3+4x_2x_3$ 为正定二次型，求 a．

8．判断下列实对称矩阵是否为正定矩阵：

（1）$\begin{pmatrix}1&1&1\\1&2&1\\1&1&1\end{pmatrix}$；（2）$\begin{pmatrix}2&-1&-1\\-1&2&-1\\-1&-1&2\end{pmatrix}$；（3）$\begin{pmatrix}1&-1/2&-1\\-1/2&1&2\\-1&2&5\end{pmatrix}$．

9．如果 $\boldsymbol{A}$，$\boldsymbol{B}$ 为同阶正定矩阵，证明：$\boldsymbol{A}+\boldsymbol{B}$ 为正定矩阵．

10．证明实对称矩阵 $\boldsymbol{A}$ 为正定矩阵的充要条件是：存在可逆矩阵 $\boldsymbol{U}$，使 $\boldsymbol{A}=\boldsymbol{U}^{\mathrm{T}}\boldsymbol{U}$，即 $\boldsymbol{A}$ 与单位矩阵合同．

同步测试题 6

一、填空题

1．$f=x_1^2-2x_2^2+3x_3^2-4x_1x_2-x_1x_3+4x_2x_3$ 的矩阵为__________．

2．变换 $\begin{cases}x_1=y_1+y_2-2y_3,\\x_2=y_1-y_2,\\x_3=y_3\end{cases}$ 可用矩阵表示为__________．

3．$f=x_1x_2+x_1x_3+x_2x_3$ 的秩等于__________．

4．二次型 $f=2x_1^2+2x_2^2-2x_1x_2$ 经正交变换化成的标准形为__________．

5．若实对称矩阵 $\boldsymbol{A}_{2\times2}$ 与矩阵 $\begin{pmatrix}-1&0\\0&2\end{pmatrix}$ 合同，则二次型 $\boldsymbol{x}^{\mathrm{T}}\boldsymbol{A}\boldsymbol{x}$ 的标准形为__________．

二、选择题

1．若矩阵 $\boldsymbol{C}$ 可逆，且 $\boldsymbol{C}^{\mathrm{T}}\boldsymbol{A}\boldsymbol{C}=\boldsymbol{B}$，则（　　）必成立．

A．$\boldsymbol{A}$ 与 $\boldsymbol{B}$ 有相同的特征值

B．$\boldsymbol{A}$ 与 $\boldsymbol{B}$ 相似

C．当 $\boldsymbol{B}^{\mathrm{T}}=\boldsymbol{B}$ 时，二次型 $\boldsymbol{x}^{\mathrm{T}}\boldsymbol{A}\boldsymbol{x}$ 与 $\boldsymbol{x}^{\mathrm{T}}\boldsymbol{B}\boldsymbol{x}$ 有相同的规范形

D．当 $\boldsymbol{B}^{\mathrm{T}}=\boldsymbol{B}$ 时，有 $\boldsymbol{A}^{\mathrm{T}}=\boldsymbol{A}^{-1}$

2．二次型 $f=\boldsymbol{x}^{\mathrm{T}}\boldsymbol{A}\boldsymbol{x}$（$\boldsymbol{A}$ 为实对称矩阵）正定的充要条件是（　　）．

A．$|\boldsymbol{A}|>0$

B．存在可逆矩阵 $\boldsymbol{C}$，使 $\boldsymbol{C}^{\mathrm{T}}\boldsymbol{A}\boldsymbol{C}$ 成为对角矩阵

C. $\boldsymbol{C}$ 可逆

D. 存在可逆矩阵 $\boldsymbol{M}$，使 $\boldsymbol{A}=\boldsymbol{M}^{\mathrm{T}}\boldsymbol{M}$

3. 二次型 $f=x_1^2+x_2^2+x_3^2+2x_1x_2+2x_1x_3+2x_2x_3$（　　）.

A. 是正定的　　B. 是负定的

C. 的秩等于 1　　D. 的秩等于 2

4. 二次型 $f=2x_1^2+x_2^2-4x_3^2-4x_1x_2-2x_2x_3$ 的标准形为（　　）.

A. $f=2y_1^2-y_2^2-3y_3^2$　　B. $f=-2y_1^2$

C. $f=2y_1^2-y_2^2$　　D. $f=2y_1^2+y_2^2+3y_3^2$

5. 已知矩阵 $\boldsymbol{A}=\begin{pmatrix} a & b \\ c & d \end{pmatrix}$ 正定，k_1，k_2 都是正常数，则矩阵 $\boldsymbol{B}=\begin{pmatrix} k_1^2a & k_1k_2b \\ k_2k_1c & k_2^2d \end{pmatrix}$（　　）.

A. 不是对称矩阵　　B. 是正定矩阵

C. 必是正交矩阵　　D. 是奇异矩阵

6. 若矩阵 $\boldsymbol{A}=\begin{pmatrix} 1 & 0 & 0 \\ 0 & 2 & a \\ 0 & a & 8 \end{pmatrix}$ 正定，则实数 a 的取值范围为（　　）.

A. $a<8$　　B. $a>4$

C. $a<4$　　D. $-4<a<4$

7. 下列说法中不正确的是（　　）.

A. 正定矩阵的行列式大于零　　B. 正定矩阵的元素大于零

C. 正定矩阵的顺序主子式大于零　　D. 正定矩阵的特征值大于零

8. 设二次型 $f(x_1,x_2,x_3)$ 的秩为 3，正惯性指数为 1，则 f 的规范形为（　　）.

A. $y_1^2+y_2^2+y_3^2$　　B. $-y_1^2-y_2^2-y_3^2$

C. $y_1^2-y_2^2-y_3^2$　　D. $y_1^2+y_2^2-y_3^2$

9. 两个 n 阶实对称矩阵 $\boldsymbol{A}$，$\boldsymbol{B}$ 合同的充要条件是（　　）.

A. $|\boldsymbol{A}-\lambda\boldsymbol{E}|=|\boldsymbol{B}-\lambda\boldsymbol{E}|$　　B. $\boldsymbol{A}$，$\boldsymbol{B}$ 均正定

C. 秩和正惯性指数都相等　　D. $R(\boldsymbol{A})=R(\boldsymbol{B})$

10. 设 $ax^2+2bxy+cy^2=1$（$a>0$）为椭圆的方程，则必有（　　）.

A. $b^2<4ac$　　B. $b^2>4ac$

C. $b^2<ac$　　D. $b^2>ac$

三、计算题

1．求一个正交变换，把二次型

$$f(x_1,\ x_2,x_3)=x_1^2+x_2^2+2x_3^2+4x_1x_2+2x_2x_3$$

化成标准形.

2．用配方法将上题中的二次型化成标准形，并写出所用的变换.

3．若二次型 $f(x_1,x_2,x_3)=2x_1^2+6x_2^2+tx_3^2-2x_1x_2-2x_1x_3$ 正定，求实数 t 的范围.

4．设矩阵 $\boldsymbol{A}=\begin{pmatrix}1 & -10 & 10\\ 0 & -2 & 8\\ 0 & 0 & 3\end{pmatrix}$，试判断二次型 $f=\boldsymbol{x}^{\mathrm{T}}(\boldsymbol{A}^{\mathrm{T}}\boldsymbol{A})\boldsymbol{x}$ 是否正定（其中 $\boldsymbol{x}=(x_1,x_2,x_3)^{\mathrm{T}}$）.

5．二次型 $f(x_1,x_2,x_3)=ax_1^2+2x_2^2-2x_3^2+2bx_1x_3$（$b>0$），其中二次型的矩阵 $\boldsymbol{A}$ 的特征值之和为 1，特征值之积为 -12.

（1）求 a，b 的值；

（2）利用正交变换将二次型化为标准形，并给出正交矩阵 $\boldsymbol{P}$.

第 7 章　线性空间与线性变换

本章学习目标

本章介绍线性空间的基本概念与基本运算、线性变换的基本概念和线性变换的矩阵. 通过本章的学习，重点掌握以下内容:

- 线性空间的概念、基、维数与坐标.
- 基变换与坐标变换公式.
- 线性变换的概念、简单性质与运算.
- 线性变换的矩阵表示和线性变换在不同基下的矩阵之间的关系.
- 线性变换运算所对应的矩阵.
- 线性变换的矩阵为对角矩阵的充要条件.

向量空间又称线性空间，是线性代数最基本的概念之一. 在前面我们把有序数组叫作向量，并介绍过向量空间的概念. 在这一章中，我们要把这些概念推广，使向量及向量空间的概念更具有一般性. 当然，推广后的向量概念也就更加抽象化了.

7.1　*n* 维线性空间

7.1.1　*n* 维线性空间的概念

定义1　设 V 是一个非空集合，$\mathbf{R}$ 是一个实数域，在 V 中定义了两种代数运算：

（1）加法. 对于 V 中任意两个元素 $\boldsymbol{\alpha}$ 和 $\boldsymbol{\beta}$ ，按某一法则，在 V 中都有唯一的一个元素 $\boldsymbol{\gamma}$ 与它们对应，称为 $\boldsymbol{\alpha}$ 与 $\boldsymbol{\beta}$ 的和，记作 $\boldsymbol{\gamma}=\boldsymbol{\alpha}+\boldsymbol{\beta}$ ；

（2）数量乘法. 对于 V 中任意元素 $\boldsymbol{\alpha}$ 和数域 $\boldsymbol{P}$ 中的任意数 k ，按某一法则，在 V 中都有唯一的一个元素 $\boldsymbol{\delta}$ 与之对应，称为 k 与 $\boldsymbol{\alpha}$ 的数量乘积，记作 $\boldsymbol{\delta}=k\boldsymbol{\alpha}$.

一般称集合 V 对于加法和数量乘法这两种运算封闭.

如果加法和数量乘法满足下述八条运算规律，则称 V 是实数域 $\mathbf{R}$ 上的一个**线性空间**. 其中:

加法满足下列四条运算规律：

（1）$\boldsymbol{\alpha}+\boldsymbol{\beta}=\boldsymbol{\beta}+\boldsymbol{\alpha}$；

（2）$(\boldsymbol{\alpha}+\boldsymbol{\beta})+\boldsymbol{\gamma}=\boldsymbol{\alpha}+(\boldsymbol{\beta}+\boldsymbol{\gamma})$；

（3）在 V 中有一个元素 $\mathbf{0}$，对于 V 中的任一元素 $\boldsymbol{\alpha}$ 都有 $\boldsymbol{\alpha}+\mathbf{0}=\boldsymbol{\alpha}$，称元素 $\mathbf{0}$ 为 V 的零元素；

（4）对于 V 中的每一个元素 $\boldsymbol{\alpha}$，V 中都存在元素 $\boldsymbol{\beta}$，使 $\boldsymbol{\alpha}+\boldsymbol{\beta}=\mathbf{0}$，称 $\boldsymbol{\beta}$ 为 $\boldsymbol{\alpha}$ 的负元素，记作 $-\boldsymbol{\alpha}$，即 $\boldsymbol{\alpha}+(-\boldsymbol{\alpha})=\mathbf{0}$；

数量乘法满足下列两条运算规律：

（5）对数域 $\boldsymbol{P}$ 中的数 1 和 V 中的任一元素 $\boldsymbol{\alpha}$，都有 $1\cdot\boldsymbol{\alpha}=\boldsymbol{\alpha}$；

（6）$k(l\boldsymbol{\alpha})=(kl)\boldsymbol{\alpha}$；

数量乘法与加法满足下列两条运算规律：

（7）$(k+l)\boldsymbol{\alpha}=k\boldsymbol{\alpha}+l\boldsymbol{\alpha}$；

（8）$k(\boldsymbol{\alpha}+\boldsymbol{\beta})=k\boldsymbol{\alpha}+k\boldsymbol{\beta}$.

其中，$\boldsymbol{\alpha}$，$\boldsymbol{\beta}$，$\boldsymbol{\gamma}$ 是 V 中的任意元素；k，l 是任意实数.

注 要区分是数的加法还是元素的加法，是数的乘法还是数量乘法. 有时为了区分，用 $\oplus$ 来表示元素的加法，用 $\otimes$ 或 $\circ$ 等来表示数量乘法.

简言之，凡满足八条运算规律的加法及数量乘法，就称为**线性运算**；凡定义了线性运算的集合，就称为**线性空间**.

在前面，我们把有序数组称为向量，并对它定义了加法及数量乘法，容易验证这些运算满足上面八条运算规律，并将对于运算封闭的有序数组的集合称为向量空间，从而是线性空间.

线性空间的元素一般也称为向量，从而线性空间也称为向量空间. 显然，这里所说的向量（即线性空间的元素），其涵义要比 $\mathbf{R}^n$ 中的向量广泛得多. 比较起来，现在的定义有了很大的推广：

（1）线性空间中的元素不一定是有序数组；

（2）线性空间中的运算只要求满足上面八条运算规律，当然也就不一定是有序数组的加法及数量乘法.

例 1 次数不超过 n 的多项式的全体记作 $P[x]_n$，即

$$P[x]_n=\{\boldsymbol{p}=a_nx^n+a_{n-1}x^{n-1}+\cdots+a_1x+a_0\,|\,a_n,a_{n-1},\cdots,a_1,a_0\in\mathbf{R}\},$$

对于通常的多项式加法、数乘多项式的乘法构成一个线性空间.

例 2 n 次多项式的全体记作 $Q[x]_n$，即

$$Q[x]_n=\{\boldsymbol{p}=a_nx^n+a_{n-1}x^{n-1}+\cdots+a_1x+a_0\,|\,a_n,a_{n-1},\cdots,a_1,a_0\in\mathbf{R}\text{且}a_n\neq 0\},$$

对于通常的多项式加法、数乘多项式的数量乘法不构成一个线性空间. 这是因为

$$0\boldsymbol{p}=0x^n+0x^{n-1}+\cdots+0x+0\notin Q[x]_n,$$

即 $Q[x]_n$ 对数量乘法运算不封闭.

例 3 正弦函数的集合 $S[x]=\{\boldsymbol{s}=A\sin(x+B)\mid A,B\in\mathbf{R}\}$ 对于通常的函数加法及数量乘法构成一个线性空间. 请读者自己验证.

验证一个集合是不是线性空间，当然不能只验证对运算的封闭性. 若所定义的加法和数量乘法运算不是通常的实数间的加乘运算，则应仔细验证是否满足八条运算规律.

例 4 n 个有序数组成的数组的全体 $S^n=\{\boldsymbol{x}=(x_1,x_2,\cdots,x_n)\mid x_1,x_2,\cdots,x_n\in\mathbf{R}\}$ 对于通常的有序数组的加法及下述定义的数量乘法

$$k\circ(x_1,x_2,\cdots,x_n)^{\mathrm{T}}=(0,0,\cdots,0)^{\mathrm{T}}\quad(k\in\mathbf{R})$$

不构成线性空间.

可以验证 S^n 对运算封闭. 但因 $1\circ\boldsymbol{x}=\boldsymbol{0}$ 不满足性质 $1\boldsymbol{\alpha}=\boldsymbol{\alpha}$，即所定义的运算不是线性运算，所以 S^n 不是线性空间.

比较 S^n 与 $\mathbf{R}^n$，作为集合，它们是一样的，但由于在其中所定义的运算不同，以至于 $\mathbf{R}^n$ 构成线性空间，而 S^n 不构成线性空间. 由此，线性空间的概念是集合与运算二者的结合. 一般来说，同一个集合，若定义两种不同的线性运算，则构成不同的线性空间. 若定义的运算不是线性运算，则不能构成线性空间. 所以，所定义的线性运算是线性空间的本质，而其中的元素是什么不重要.

为了对线性运算的了解更具有一般性，请看下例.

例 5 正实数的全体记作 $\mathbf{R}^+$，在其中定义如下的加法和数量乘法

$$a\oplus b=ab\quad(a,b\in\mathbf{R}^+),$$

$$k\circ\boldsymbol{a}=\boldsymbol{a}^k\quad(k\in\mathbf{R},\ \boldsymbol{a}\in\mathbf{R}^+),$$

验证 $\mathbf{R}^+$ 对上述加法与数量乘法运算封闭，从而构成一个线性空间.

证 实际上需要验证十条:

（1）对加法封闭：对任意的 $\boldsymbol{a},\boldsymbol{b}\in\mathbf{R}^+$，有 $\boldsymbol{a}\oplus\boldsymbol{b}=\boldsymbol{ab}\in\mathbf{R}^+$；

（2）对数量乘法封闭：对任意的 $\lambda\in\mathbf{R}$，$\boldsymbol{a}\in\mathbf{R}^+$，有 $\lambda\circ\boldsymbol{a}=\boldsymbol{a}^\lambda\in\mathbf{R}^+$；

（3）$\boldsymbol{a}\oplus\boldsymbol{b}=\boldsymbol{ab}=\boldsymbol{ba}=\boldsymbol{b}\oplus\boldsymbol{a}$；

（4）$(\boldsymbol{a}\oplus\boldsymbol{b})\oplus\boldsymbol{c}=(\boldsymbol{ab})\oplus\boldsymbol{c}=(\boldsymbol{ab})\boldsymbol{c}=\boldsymbol{a}(\boldsymbol{bc})=\boldsymbol{a}\oplus(\boldsymbol{b}\oplus\boldsymbol{c})$；

（5）$\mathbf{R}^+$ 中存在零元素 $\mathbf{1}$，对任何 $\boldsymbol{a}\in\mathbf{R}^+$，有 $\boldsymbol{a}\oplus\mathbf{1}=\boldsymbol{a}$；

（6）对任何 $\boldsymbol{a}\in\mathbf{R}^+$，存在负元素 $\boldsymbol{a}^{-1}\in\mathbf{R}^+$，使 $\boldsymbol{a}\oplus\boldsymbol{a}^{-1}=\boldsymbol{aa}^{-1}=\mathbf{1}$；

（7）$1\circ\boldsymbol{a}=\boldsymbol{a}^1=\boldsymbol{a}$；

（8）$k\circ(l\circ\boldsymbol{a})=k\circ\boldsymbol{a}^l=(\boldsymbol{a}^l)^k=\boldsymbol{a}^{kl}=(kl)\circ\boldsymbol{a}$；

（9）$(k+l)\circ \boldsymbol{a}=\boldsymbol{a}^{k+l}=\boldsymbol{a}^k\boldsymbol{a}^l=\boldsymbol{a}^k\oplus \boldsymbol{a}^l=(k\circ \boldsymbol{a})\oplus(l\circ \boldsymbol{a})$；

（10）$\boldsymbol{k}\circ(\boldsymbol{a}\oplus \boldsymbol{b})=k\circ(\boldsymbol{ab})=(\boldsymbol{ab})^k=\boldsymbol{a}^k\boldsymbol{b}^k=\boldsymbol{a}^k\oplus \boldsymbol{b}^k=(k\circ \boldsymbol{a})\oplus(k\circ \boldsymbol{b})$.

因此，$\mathbf{R}^+$ 对所定义的运算构成一个线性空间．证毕．

线性空间具有下述性质．

性质 1　线性空间的零元素是唯一的．

证　假设 $\mathbf{0}_1,\mathbf{0}_2$ 都是 V 的零向量，考虑 $\mathbf{0}_1+\mathbf{0}_2$．由于 $\mathbf{0}_1$ 是零向量，则 $\mathbf{0}_1+\mathbf{0}_2=\mathbf{0}_2$，又由于 $\mathbf{0}_2$ 也是零向量，故 $\mathbf{0}_1+\mathbf{0}_2=\mathbf{0}_1$，从而 $\mathbf{0}_2=\mathbf{0}_1+\mathbf{0}_2=\mathbf{0}_1$．证毕．

性质 2　线性空间 V 中每个向量的负向量是唯一的．

证　假设 $\boldsymbol{\beta}$，$\boldsymbol{\gamma}$ 均为 $\boldsymbol{\alpha}$ 的负向量，则有

$$\boldsymbol{\beta}=\boldsymbol{\beta}+\mathbf{0}=\boldsymbol{\beta}+(\boldsymbol{\alpha}+\boldsymbol{\gamma})=(\boldsymbol{\beta}+\boldsymbol{\alpha})+\boldsymbol{\gamma}=\mathbf{0}+\boldsymbol{\gamma}=\boldsymbol{\gamma}.$$

这个性质表明：满足 $\boldsymbol{\alpha}+\boldsymbol{\beta}=\mathbf{0}$ 的向量 $\boldsymbol{\beta}$ 是由 $\boldsymbol{\alpha}$ 唯一决定的．证毕．

此外，利用负向量可以定义向量的减法：

$$\boldsymbol{\alpha}-\boldsymbol{\beta}=\boldsymbol{\alpha}+(-\boldsymbol{\beta}).$$

性质 3　$0\boldsymbol{\alpha}=\mathbf{0}$；$(-1)\boldsymbol{\alpha}=-\boldsymbol{\alpha}$；$k\mathbf{0}=\mathbf{0}$.

证　先证 $0\boldsymbol{\alpha}=\mathbf{0}$（注意等式两边的“0”含义不同）．

由于
$$\boldsymbol{\alpha}+0\boldsymbol{\alpha}=1\boldsymbol{\alpha}+0\boldsymbol{\alpha}=(1+0)\boldsymbol{\alpha}=1\boldsymbol{\alpha}=\boldsymbol{\alpha},$$
所以 $0\boldsymbol{\alpha}=\mathbf{0}$；

由于
$$\boldsymbol{\alpha}+(-1)\boldsymbol{\alpha}=1\boldsymbol{\alpha}+(-1)\boldsymbol{\alpha}=[1+(-1)]\boldsymbol{\alpha}=0\boldsymbol{\alpha}=\mathbf{0},$$
所以 $(-1)\boldsymbol{\alpha}=-\boldsymbol{\alpha}$；

由于
$$k\mathbf{0}=k[\boldsymbol{\alpha}+(-\boldsymbol{\alpha})]=k\boldsymbol{\alpha}+(-k)\boldsymbol{\alpha}=[k+(-k)]\boldsymbol{\alpha}=0\boldsymbol{\alpha}=\mathbf{0},$$
所以 $k\mathbf{0}=\mathbf{0}$．证毕．

性质 4　如果 $k\boldsymbol{\alpha}=\mathbf{0}$，则 $k=0$ 或 $\boldsymbol{\alpha}=\mathbf{0}$.

证　显然，若 $k=0$，则由性质 3 知 $k\boldsymbol{\alpha}=\mathbf{0}$.

若 $k\neq 0$，而 $k\boldsymbol{\alpha}=\mathbf{0}$，同时有

$$\frac{1}{k}(k\boldsymbol{\alpha})=\frac{1}{k}\mathbf{0}=\mathbf{0},\ \frac{1}{k}(k\boldsymbol{\alpha})=\left(\frac{1}{k}k\right)\boldsymbol{\alpha}=1\boldsymbol{\alpha}=\boldsymbol{\alpha},$$

所以 $\boldsymbol{\alpha}=\mathbf{0}$．证毕．

7.1.2　基、维数与坐标

在前面我们用线性运算来讨论 n 维数组之间的关系，介绍了一些重要概念，如线性组合、线性相关与线性无关等．这些概念以及有关的性质只涉及线性运算，因此对于一般的线性空间中的元素仍然适用．以后直接引用这些概念与性质．

在前面我们已经提出了基与维数的概念，这当然也适用于一般的线性空间．这是线性空间的主要特征，在此特再叙述如下．

定义 2 在线性空间V中，如果存在n个元素$\boldsymbol{\alpha}_1, \boldsymbol{\alpha}_2, \cdots, \boldsymbol{\alpha}_n$，满足：

（1）$\boldsymbol{\alpha}_1, \boldsymbol{\alpha}_2, \cdots, \boldsymbol{\alpha}_n$ 线性无关；

（2）V 中任一元素$\boldsymbol{\alpha}$总可以由$\boldsymbol{\alpha}_1, \boldsymbol{\alpha}_2, \cdots, \boldsymbol{\alpha}_n$线性表示，

那么$\boldsymbol{\alpha}_1, \boldsymbol{\alpha}_2, \cdots, \boldsymbol{\alpha}_n$称为线性空间$V$的一个基，$n$称为线性空间$V$的**维数**.

维数为n的线性空间称为n**维线性空间**，记作V_n．当一个线性空间V中存在任意多个线性无关的元素时，就称V是无限维的．我们主要讨论有限维的线性空间.

若知$\boldsymbol{\alpha}_1, \boldsymbol{\alpha}_2, \cdots, \boldsymbol{\alpha}_n$为$V_n$的一个基，则

（1）V_n 可以表示为

$$V_n = \{\boldsymbol{\alpha} = x_1\boldsymbol{\alpha}_1 + x_2\boldsymbol{\alpha}_2 + \cdots + x_n\boldsymbol{\alpha}_n \,|\, x_1, x_2, \cdots, x_n \in \mathbf{R}\},$$

这就较清楚地显示出了线性空间V_n的构造.

（2）$\boldsymbol{\alpha}_1, \boldsymbol{\alpha}_2, \cdots, \boldsymbol{\alpha}_n$ 线性无关，并且对于任意$\boldsymbol{\alpha} \in V_n$，$\boldsymbol{\alpha}_1, \boldsymbol{\alpha}_2, \cdots, \boldsymbol{\alpha}_n, \boldsymbol{\alpha}$线性相关．从而$\boldsymbol{\alpha}$可由$\boldsymbol{\alpha}_1, \boldsymbol{\alpha}_2, \cdots, \boldsymbol{\alpha}_n$线性表出，且表示法唯一．于是可以引入坐标的概念.

定义 3 设$\boldsymbol{\alpha}_1, \boldsymbol{\alpha}_2, \cdots, \boldsymbol{\alpha}_n$是$n$维线性空间$V_n$的一个基，$\boldsymbol{\alpha}$是$V_n$中的任一元素，如果

$$\boldsymbol{\alpha} = x_1\boldsymbol{\alpha}_1 + x_2\boldsymbol{\alpha}_2 + \cdots + x_n\boldsymbol{\alpha}_n,$$

$x_1, x_2, \cdots, x_n$这组有序数组就称为元素$\boldsymbol{\alpha}$在$\boldsymbol{\alpha}_1, \boldsymbol{\alpha}_2, \cdots, \boldsymbol{\alpha}_n$这个基下的**坐标**，并记作

$$\boldsymbol{\alpha} = (x_1, x_2, \cdots, x_n)^{\mathrm{T}}.$$

例6 在线性空间$P[x]_4$中，$\boldsymbol{p}_1 = 1, \boldsymbol{p}_2 = x, \boldsymbol{p}_3 = x^2, \boldsymbol{p}_4 = x^3, \boldsymbol{p}_5 = x^4$就是它的一个基．任一不超过 4 次的多项式

$$\boldsymbol{p} = a_4x^4 + a_3x^3 + a_2x^2 + a_1x + a_0$$

都可表示为

$$\boldsymbol{p} = a_0\boldsymbol{p}_1 + a_1\boldsymbol{p}_2 + a_2\boldsymbol{p}_3 + a_3\boldsymbol{p}_4 + a_4\boldsymbol{p}_5.$$

因此$\boldsymbol{p}$在这个基下的坐标为$(a_0, a_1, a_2, a_3, a_4)^{\mathrm{T}}$.

若取另一个基，$\boldsymbol{q}_1 = 1, \boldsymbol{q}_2 = 1 + x, \boldsymbol{q}_3 = 2x^2, \boldsymbol{q}_4 = x^3, \boldsymbol{q}_5 = x^4$，则

$$\boldsymbol{p} = (a_0 - a_1)\boldsymbol{q}_1 + a_1\boldsymbol{q}_2 + \frac{1}{2}a_2\boldsymbol{q}_3 + a_3\boldsymbol{q}_4 + a_4\boldsymbol{q}_5,$$

因此$\boldsymbol{p}$在这个基下的坐标为$\left(a_0 - a_1, a_1, \dfrac{1}{2}a_2, a_3, a_4\right)^{\mathrm{T}}$.

例 7 所有二阶实矩阵组成的集合V对于矩阵的加法和数量乘法构成一个线性空间．对于V中的矩阵

$$\boldsymbol{E}_{11} = \begin{pmatrix} 1 & 0 \\ 0 & 0 \end{pmatrix},\ \boldsymbol{E}_{12} = \begin{pmatrix} 0 & 1 \\ 0 & 0 \end{pmatrix},\ \boldsymbol{E}_{21} = \begin{pmatrix} 0 & 0 \\ 1 & 0 \end{pmatrix},\ \boldsymbol{E}_{22} = \begin{pmatrix} 0 & 0 \\ 0 & 1 \end{pmatrix},$$

有：（1）它们线性无关；

（2）对于任意二阶实矩阵 $\boldsymbol{A}=\begin{pmatrix} a_{11} & a_{12} \\ a_{21} & a_{22} \end{pmatrix}\in V$ ，有

$$\boldsymbol{A}=a_{11}\boldsymbol{E}_{11}+a_{12}\boldsymbol{E}_{12}+a_{21}\boldsymbol{E}_{21}+a_{22}\boldsymbol{E}_{22}\text{，}$$

从而 $\boldsymbol{E}_{11},\boldsymbol{E}_{12},\boldsymbol{E}_{21},\boldsymbol{E}_{22}$ 为 V 的一个基，而矩阵 $\boldsymbol{A}$ 在这个基下的坐标为 $(a_{11},a_{12},a_{21},a_{22})^{\mathrm{T}}$.

建立了坐标后，就把抽象的向量（元素）与具体的数组向量 $(x_1,x_2,\cdots,x_n)^{\mathrm{T}}$ 联系起来了，并且还可把抽象的线性运算与数组向量的元素联系起来.

设 $\boldsymbol{\alpha},\boldsymbol{\beta}\in V_n$ ，在基 $\boldsymbol{\alpha}_1,\boldsymbol{\alpha}_2,\cdots,\boldsymbol{\alpha}_n$ 下：

$$\boldsymbol{\alpha}=x_1\boldsymbol{\alpha}_1+x_2\boldsymbol{\alpha}_2+\cdots+x_n\boldsymbol{\alpha}_n\text{，}$$

$$\boldsymbol{\beta}=y_1\boldsymbol{\alpha}_1+y_2\boldsymbol{\alpha}_2+\cdots+y_n\boldsymbol{\alpha}_n\text{，}$$

于是

$$\boldsymbol{\alpha}+\boldsymbol{\beta}=(x_1+y_1)\boldsymbol{\alpha}_1+(x_2+y_2)\boldsymbol{\alpha}_2+\cdots+(x_n+y_n)\boldsymbol{\alpha}_n\text{；}$$

$$k\boldsymbol{\alpha}=kx_1\boldsymbol{\alpha}_1+kx_2\boldsymbol{\alpha}_2+\cdots+kx_n\boldsymbol{\alpha}_n\text{.}$$

即 $\boldsymbol{\alpha}+\boldsymbol{\beta}$ 的坐标为

$$(x_1+y_1,x_2+y_2,\cdots,x_n+y_n)^{\mathrm{T}}=(x_1,x_2,\cdots,x_n)^{\mathrm{T}}+(y_1,y_2,\cdots,y_n)^{\mathrm{T}}\text{，}$$

$k\boldsymbol{\alpha}$ 的坐标为

$$(kx_1,kx_2,\cdots,kx_n)^{\mathrm{T}}=k(x_1,x_2,\cdots,x_n)^{\mathrm{T}}\text{.}$$

总之，在 n 维线性空间 V_n 中取定一个基 $\boldsymbol{\alpha}_1,\boldsymbol{\alpha}_2,\cdots,\boldsymbol{\alpha}_n$ ，则 V_n 中的向量 $\boldsymbol{\alpha}$ 与 n 维数组构成的向量空间 $\mathbf{R}^n$ 中的向量 $(x_1,x_2,\cdots,x_n)^{\mathrm{T}}$ 之间就有一个一一对应的关系，且这个对应关系保持线性组合的对应.

7.1.3 基变换与坐标变换公式

由例 6 可知，同一元素在不同的基下有不同的坐标. 那么不同的基与不同的坐标之间有怎样的关系呢？

设 $\boldsymbol{\alpha}_1,\boldsymbol{\alpha}_2,\cdots,\boldsymbol{\alpha}_n$ 和 $\boldsymbol{\beta}_1,\boldsymbol{\beta}_2,\cdots,\boldsymbol{\beta}_n$ 是线性空间 V_n 中的两个基：

$$\begin{cases}\boldsymbol{\beta}_1=a_{11}\boldsymbol{\alpha}_1+a_{21}\boldsymbol{\alpha}_2+\cdots+a_{n1}\boldsymbol{\alpha}_n,\\ \boldsymbol{\beta}_2=a_{12}\boldsymbol{\alpha}_1+a_{22}\boldsymbol{\alpha}_2+\cdots+a_{n2}\boldsymbol{\alpha}_n,\\ \qquad\qquad\vdots\\ \boldsymbol{\beta}_n=a_{1n}\boldsymbol{\alpha}_1+a_{2n}\boldsymbol{\alpha}_2+\cdots+a_{nn}\boldsymbol{\alpha}_n.\end{cases}$$

利用分块矩阵的乘法形式，可将上式记作

$$(\boldsymbol{\beta}_1,\boldsymbol{\beta}_2,\cdots,\boldsymbol{\beta}_n)=(\boldsymbol{\alpha}_1,\boldsymbol{\alpha}_2,\cdots,\boldsymbol{\alpha}_n)\begin{pmatrix} a_{11} & a_{12} & \cdots & a_{1n} \\ a_{21} & a_{22} & \cdots & a_{2n} \\ \vdots & \vdots & & \vdots \\ a_{n1} & a_{n2} & \cdots & a_{nn} \end{pmatrix},$$

或

$$(\boldsymbol{\beta}_1,\boldsymbol{\beta}_2,\cdots,\boldsymbol{\beta}_n)=(\boldsymbol{\alpha}_1,\boldsymbol{\alpha}_2,\cdots,\boldsymbol{\alpha}_n)\boldsymbol{A}, \tag{7.1.1}$$

其中

$$\boldsymbol{A}=\begin{pmatrix} a_{11} & a_{12} & \cdots & a_{1n} \\ a_{21} & a_{22} & \cdots & a_{2n} \\ \vdots & \vdots & & \vdots \\ a_{n1} & a_{n2} & \cdots & a_{nn} \end{pmatrix}$$

称为由基$\boldsymbol{\alpha}_1,\boldsymbol{\alpha}_2,\cdots,\boldsymbol{\alpha}_n$到$\boldsymbol{\beta}_1,\boldsymbol{\beta}_2,\cdots,\boldsymbol{\beta}_n$的**过渡矩阵**．$\boldsymbol{A}$中的每一列元素分别是基$\boldsymbol{\beta}_1,\boldsymbol{\beta}_2,\cdots,\boldsymbol{\beta}_n$在基$\boldsymbol{\alpha}_1,\boldsymbol{\alpha}_2,\cdots,\boldsymbol{\alpha}_n$下的坐标；由于$\boldsymbol{\beta}_1,\boldsymbol{\beta}_2,\cdots,\boldsymbol{\beta}_n$线性无关，所以过渡矩阵$\boldsymbol{A}$可逆．

$(\boldsymbol{\beta}_1,\boldsymbol{\beta}_2,\cdots,\boldsymbol{\beta}_n)=(\boldsymbol{\alpha}_1,\boldsymbol{\alpha}_2,\cdots,\boldsymbol{\alpha}_n)\boldsymbol{A}$称为**基变换公式**．

定理1　设V_n中的元素$\boldsymbol{\alpha}$在基$\boldsymbol{\alpha}_1,\boldsymbol{\alpha}_2,\cdots,\boldsymbol{\alpha}_n$下的坐标为$(x_1,x_2,\cdots,x_n)^{\mathrm{T}}$，在基$\boldsymbol{\beta}_1,\boldsymbol{\beta}_2,\cdots,\boldsymbol{\beta}_n$下的坐标为$(y_1,y_2,\cdots,y_n)^{\mathrm{T}}$．若两个基满足式（7.1.1），则有坐标变换公式

$$\begin{pmatrix} x_1 \\ x_2 \\ \vdots \\ x_n \end{pmatrix}=\boldsymbol{A}\begin{pmatrix} y_1 \\ y_2 \\ \vdots \\ y_n \end{pmatrix} \text{或} \begin{pmatrix} y_1 \\ y_2 \\ \vdots \\ y_n \end{pmatrix}=\boldsymbol{A}^{-1}\begin{pmatrix} x_1 \\ x_2 \\ \vdots \\ x_n \end{pmatrix}. \tag{7.1.2}$$

证　由已知

$$\boldsymbol{\alpha}=(\boldsymbol{\alpha}_1,\boldsymbol{\alpha}_2,\cdots,\boldsymbol{\alpha}_n)\begin{pmatrix} x_1 \\ x_2 \\ \vdots \\ x_n \end{pmatrix}=(\boldsymbol{\beta}_1,\boldsymbol{\beta}_2,\cdots,\boldsymbol{\beta}_n)\begin{pmatrix} y_1 \\ y_2 \\ \vdots \\ y_n \end{pmatrix},$$

而

$$(\boldsymbol{\beta}_1,\boldsymbol{\beta}_2,\cdots,\boldsymbol{\beta}_n)=(\boldsymbol{\alpha}_1,\boldsymbol{\alpha}_2,\cdots,\boldsymbol{\alpha}_n)\boldsymbol{A},$$

所以

$$(\boldsymbol{\beta}_1,\boldsymbol{\beta}_2,\cdots,\boldsymbol{\beta}_n)\begin{pmatrix} y_1 \\ y_2 \\ \vdots \\ y_n \end{pmatrix}=(\boldsymbol{\alpha}_1,\boldsymbol{\alpha}_2,\cdots,\boldsymbol{\alpha}_n)\boldsymbol{A}\begin{pmatrix} y_1 \\ y_2 \\ \vdots \\ y_n \end{pmatrix}.$$

因此

$$(\boldsymbol{\alpha}_1,\boldsymbol{\alpha}_2,\cdots,\boldsymbol{\alpha}_n)\begin{pmatrix}x_1\\x_2\\\vdots\\x_n\end{pmatrix}=(\boldsymbol{\alpha}_1,\boldsymbol{\alpha}_2,\cdots,\boldsymbol{\alpha}_n)\boldsymbol{A}\begin{pmatrix}y_1\\y_2\\\vdots\\y_n\end{pmatrix}.$$

由于$\boldsymbol{\alpha}_1,\boldsymbol{\alpha}_2,\cdots,\boldsymbol{\alpha}_n$线性无关，所以$\begin{pmatrix}x_1\\x_2\\\vdots\\x_n\end{pmatrix}=\boldsymbol{A}\begin{pmatrix}y_1\\y_2\\\vdots\\y_n\end{pmatrix}$或$\begin{pmatrix}y_1\\y_2\\\vdots\\y_n\end{pmatrix}=\boldsymbol{A}^{-1}\begin{pmatrix}x_1\\x_2\\\vdots\\x_n\end{pmatrix}$．证毕.

这个定理的逆命题也成立．即若任一元素的两种坐标满足坐标变换公式（7.1.2），则两个基满足基变换公式（7.1.1）.

利用两个基之间过渡矩阵$\boldsymbol{A}$可逆这个性质，如果已知V的一个基$\boldsymbol{\alpha}_1,\boldsymbol{\alpha}_2,\cdots,\boldsymbol{\alpha}_n$，由基变换公式就可以构造出$V$的另一个基$\boldsymbol{\beta}_1,\boldsymbol{\beta}_2,\cdots,\boldsymbol{\beta}_n$，并且使已知的可逆矩阵$\boldsymbol{A}$成为这两个基之间的过渡矩阵.

例 8　设$\boldsymbol{\alpha}_1=\begin{pmatrix}1\\0\end{pmatrix},\boldsymbol{\alpha}_2=\begin{pmatrix}-1\\1\end{pmatrix}$是线性空间$V_2=\mathbf{R}^2$的一个基，$\boldsymbol{A}=\begin{pmatrix}2&-1\\1&3\end{pmatrix}$是一个二阶可逆矩阵，令

$$\boldsymbol{\beta}_1=2\boldsymbol{\alpha}_1+\boldsymbol{\alpha}_2=2\begin{pmatrix}1\\0\end{pmatrix}+\begin{pmatrix}-1\\1\end{pmatrix}=\begin{pmatrix}1\\1\end{pmatrix},$$

$$\boldsymbol{\beta}_2=-\boldsymbol{\alpha}_1+3\boldsymbol{\alpha}_2=-\begin{pmatrix}1\\0\end{pmatrix}+3\begin{pmatrix}-1\\1\end{pmatrix}=\begin{pmatrix}-4\\3\end{pmatrix}.$$

显然，$\boldsymbol{\beta}_1,\boldsymbol{\beta}_2$也线性无关，因此$\boldsymbol{\beta}_1,\boldsymbol{\beta}_2$也是$V_2=\mathbf{R}^2$一个基，并且满足

$$(\boldsymbol{\beta}_1,\boldsymbol{\beta}_2)=(\boldsymbol{\alpha}_1,\boldsymbol{\alpha}_2)\begin{pmatrix}2&-1\\1&3\end{pmatrix},$$

则$\boldsymbol{A}=\begin{pmatrix}2&-1\\1&3\end{pmatrix}$是由基$\boldsymbol{\alpha}_1,\boldsymbol{\alpha}_2$到$\boldsymbol{\beta}_1,\boldsymbol{\beta}_2$的过渡矩阵.

例 9　设由所有二阶矩阵按矩阵的加法与数乘矩阵组成的线性空间M_2的两个基为

$$S_1:\ \boldsymbol{E}_{11}=\begin{pmatrix}1&0\\0&0\end{pmatrix},\boldsymbol{E}_{12}=\begin{pmatrix}0&1\\0&0\end{pmatrix},\boldsymbol{E}_{21}=\begin{pmatrix}0&0\\1&0\end{pmatrix},\boldsymbol{E}_{22}=\begin{pmatrix}0&0\\0&1\end{pmatrix},$$

$$S_2:\ \boldsymbol{B}_1=\begin{pmatrix}1&0\\0&0\end{pmatrix},\boldsymbol{B}_2=\begin{pmatrix}1&1\\0&0\end{pmatrix},\boldsymbol{B}_3=\begin{pmatrix}1&1\\1&0\end{pmatrix},\boldsymbol{B}_4=\begin{pmatrix}1&1\\1&1\end{pmatrix},$$

（1）求由基S_1到基S_2的过渡矩阵；

（2）分别求 $\boldsymbol{P}=\begin{pmatrix} a & b \\ c & d \end{pmatrix}$ 在上述两个基下的坐标；

（3）求一个非零矩阵 $\boldsymbol{X}$，使 $\boldsymbol{X}$ 在上述两个基下的坐标相同.

解 （1）因为

$\boldsymbol{B}_1=\boldsymbol{E}_{11}, \boldsymbol{B}_2=\boldsymbol{E}_{11}+\boldsymbol{E}_{12}, \boldsymbol{B}_3=\boldsymbol{E}_{11}+\boldsymbol{E}_{12}+\boldsymbol{E}_{21}, \boldsymbol{B}_4=\boldsymbol{E}_{11}+\boldsymbol{E}_{12}+\boldsymbol{E}_{21}+\boldsymbol{E}_{22}$，写成矩阵形式，就有

$$(\boldsymbol{B}_1, \boldsymbol{B}_2, \boldsymbol{B}_3, \boldsymbol{B}_4)=(\boldsymbol{E}_{11}, \boldsymbol{E}_{12}, \boldsymbol{E}_{21}, \boldsymbol{E}_{22})\begin{pmatrix} 1 & 1 & 1 & 1 \\ 0 & 1 & 1 & 1 \\ 0 & 0 & 1 & 1 \\ 0 & 0 & 0 & 1 \end{pmatrix},$$

于是，矩阵 $\boldsymbol{A}=\begin{pmatrix} 1 & 1 & 1 & 1 \\ 0 & 1 & 1 & 1 \\ 0 & 0 & 1 & 1 \\ 0 & 0 & 0 & 1 \end{pmatrix}$ 就是由基 S_1 到基 S_2 的过渡矩阵.

（2）由 $\boldsymbol{P}=\begin{pmatrix} a & b \\ c & d \end{pmatrix}=a\boldsymbol{E}_{11}+b\boldsymbol{E}_{12}+c\boldsymbol{E}_{21}+d\boldsymbol{E}_{22}$

$$=(\boldsymbol{E}_{11}, \boldsymbol{E}_{12}, \boldsymbol{E}_{21}, \boldsymbol{E}_{22})\begin{pmatrix} a \\ b \\ c \\ d \end{pmatrix}$$

$$=(\boldsymbol{B}_1, \boldsymbol{B}_2, \boldsymbol{B}_3, \boldsymbol{B}_4)\boldsymbol{A}^{-1}\begin{pmatrix} a \\ b \\ c \\ d \end{pmatrix},$$

于是，$\boldsymbol{P}$ 在基 S_1 下的坐标为 $(a, b, c, d)^{\mathrm{T}}$；在基 S_2 下的坐标为

$$\boldsymbol{A}^{-1}\begin{pmatrix} a \\ b \\ c \\ d \end{pmatrix}=\begin{pmatrix} 1 & -1 & 0 & 0 \\ 0 & 1 & -1 & 0 \\ 0 & 0 & 1 & -1 \\ 0 & 0 & 0 & 1 \end{pmatrix}\begin{pmatrix} a \\ b \\ c \\ d \end{pmatrix}=\begin{pmatrix} a-b \\ b-c \\ c-d \\ d \end{pmatrix}.$$

（3）设 $\boldsymbol{X}=\begin{pmatrix} x_1 & x_2 \\ x_3 & x_4 \end{pmatrix}$ 在上述两个基下的坐标相同，由（2）知，应有

$$\begin{pmatrix} x_1 \\ x_2 \\ x_3 \\ x_4 \end{pmatrix} = \begin{pmatrix} x_1 - x_2 \\ x_2 - x_3 \\ x_3 - x_4 \\ x_4 \end{pmatrix} \Rightarrow x_2 = x_3 = x_4 = 0\text{，}$$

故 $\boldsymbol{X} = x_1\begin{pmatrix} 1 & 0 \\ 0 & 0 \end{pmatrix}$，$x_1 \in \mathbf{R}$ 且 $x_1 \neq 0$，为在给定的两个基下坐标相同的非零的二阶矩阵.

例 10 设 $\boldsymbol{\alpha}_1 = \begin{pmatrix} 1 \\ 0 \end{pmatrix}$，$\boldsymbol{\alpha}_2 = \begin{pmatrix} 0 \\ 1 \end{pmatrix}$ 与 $\boldsymbol{\beta}_1 = \begin{pmatrix} 1 \\ 1 \end{pmatrix}$，$\boldsymbol{\beta}_2 = \begin{pmatrix} 1 \\ -1/2 \end{pmatrix}$ 为线性空间 $V_2 = \mathbf{R}^2$ 的两个基，则有 $(\boldsymbol{\beta}_1, \boldsymbol{\beta}_2) = (\boldsymbol{\alpha}_1, \boldsymbol{\alpha}_2)\begin{pmatrix} 1 & 1 \\ 1 & -1/2 \end{pmatrix}$，又设 $\boldsymbol{\alpha} = -\frac{1}{2}\boldsymbol{\alpha}_1 + \boldsymbol{\alpha}_2$，故 $\boldsymbol{\alpha}$ 在基 $\boldsymbol{\alpha}_1, \boldsymbol{\alpha}_2$ 下的坐标为 $\begin{pmatrix} -1/2 \\ 1 \end{pmatrix}$，由坐标变换公式，$\boldsymbol{\alpha}$ 在基 $\boldsymbol{\beta}_1, \boldsymbol{\beta}_2$ 下的坐标为 $\begin{pmatrix} 1 & 1 \\ 1 & -1/2 \end{pmatrix}^{-1}\begin{pmatrix} -1/2 \\ 1 \end{pmatrix} = \begin{pmatrix} 1/2 \\ -1 \end{pmatrix}$，即 $\boldsymbol{\alpha} = \frac{1}{2}\boldsymbol{\beta}_1 - \boldsymbol{\beta}_2$.

例 11 在 $P[x]_3$ 中取两个基：

$$\boldsymbol{\alpha}_1 = x^3 + 2x^2 - x\text{，}\boldsymbol{\alpha}_2 = x^3 - x^2 + x + 1\text{，}$$

$$\boldsymbol{\alpha}_3 = -x^3 + 2x^2 + x + 1\text{，}\boldsymbol{\alpha}_4 = -x^3 - x^2 + 1\text{，}$$

和

$$\boldsymbol{\beta}_1 = 2x^3 + x^2 + 1\text{，}\boldsymbol{\beta}_2 = x^2 + 2x + 2\text{，}$$

$$\boldsymbol{\beta}_3 = -2x^3 + x^2 + x + 2\text{，}\boldsymbol{\beta}_4 = x^3 + 3x^2 + x + 2\text{，}$$

求坐标变换公式.

解 将 $\boldsymbol{\beta}_1, \boldsymbol{\beta}_2, \boldsymbol{\beta}_3, \boldsymbol{\beta}_4$ 用 $\boldsymbol{\alpha}_1, \boldsymbol{\alpha}_2, \boldsymbol{\alpha}_3, \boldsymbol{\alpha}_4$ 表示. 由

$$(\boldsymbol{\alpha}_1, \boldsymbol{\alpha}_2, \boldsymbol{\alpha}_3, \boldsymbol{\alpha}_4) = (x^3, x^2, x, 1)\boldsymbol{A}\text{，}$$

$$(\boldsymbol{\beta}_1, \boldsymbol{\beta}_2, \boldsymbol{\beta}_3, \boldsymbol{\beta}_4) = (x^3, x^2, x, 1)\boldsymbol{B}\text{，}$$

其中，$\boldsymbol{A} = \begin{pmatrix} 1 & 1 & -1 & -1 \\ 2 & -1 & 2 & -1 \\ -1 & 1 & 1 & 0 \\ 0 & 1 & 1 & 1 \end{pmatrix}$，$\boldsymbol{B} = \begin{pmatrix} 2 & 0 & -2 & 1 \\ 1 & 1 & 1 & 3 \\ 0 & 2 & 1 & 1 \\ 1 & 2 & 2 & 2 \end{pmatrix}$，

得 $(\boldsymbol{\beta}_1, \boldsymbol{\beta}_2, \boldsymbol{\beta}_3, \boldsymbol{\beta}_4) = (\boldsymbol{\alpha}_1, \boldsymbol{\alpha}_2, \boldsymbol{\alpha}_3, \boldsymbol{\alpha}_4)\boldsymbol{A}^{-1}\boldsymbol{B}$.

故坐标变换公式为$\begin{pmatrix} y_1 \\ y_2 \\ y_3 \\ y_4 \end{pmatrix} = \boldsymbol{B}^{-1}\boldsymbol{A}\begin{pmatrix} x_1 \\ x_2 \\ x_3 \\ x_4 \end{pmatrix}$.

用矩阵的初等行变换求 $\boldsymbol{B}^{-1}\boldsymbol{A}$：把矩阵 $(\boldsymbol{B} \vdots \boldsymbol{A})$ 中的 $\boldsymbol{B}$ 变成 $\boldsymbol{E}$，则 $\boldsymbol{A}$ 变成 $\boldsymbol{B}^{-1}\boldsymbol{A}$. 计算如下：

$$
(\boldsymbol{B} \vdots \boldsymbol{A}) = \left(\begin{array}{cccc:cccc} 2 & 0 & -2 & 1 & 1 & 1 & -1 & -1 \\ 1 & 1 & 1 & 3 & 2 & -1 & 2 & -1 \\ 0 & 2 & 1 & 1 & -1 & 1 & 1 & 0 \\ 1 & 2 & 2 & 2 & 0 & 1 & 1 & 1 \end{array}\right)
$$

$$
\xrightarrow[r_4-r_2]{r_1-2r_2} \left(\begin{array}{cccc:cccc} 0 & -2 & -4 & -5 & -3 & 3 & -5 & 1 \\ 1 & 1 & 1 & 3 & 2 & -1 & 2 & -1 \\ 0 & 2 & 1 & 1 & -1 & 1 & 1 & 0 \\ 0 & 1 & 1 & -1 & -2 & 2 & -1 & 2 \end{array}\right)
$$

$$
\xrightarrow[\substack{r_2-r_4 \\ r_3-2r_4}]{r_1+2r_4} \left(\begin{array}{cccc:cccc} 0 & 0 & -2 & -7 & -7 & 7 & -7 & 5 \\ 1 & 0 & 0 & 4 & 4 & -3 & 3 & -3 \\ 0 & 0 & -1 & 3 & 3 & -3 & 3 & -4 \\ 0 & 1 & 1 & -1 & -2 & 2 & -1 & 2 \end{array}\right)
$$

$$
\xrightarrow[r_4+r_3]{r_1-2r_3} \left(\begin{array}{cccc:cccc} 0 & 0 & 0 & -13 & -13 & 13 & -13 & 13 \\ 1 & 0 & 0 & 4 & 4 & -3 & 3 & -3 \\ 0 & 0 & -1 & 3 & 3 & -3 & 3 & -4 \\ 0 & 1 & 0 & 2 & 1 & -1 & 2 & -2 \end{array}\right)
$$

$$
\xrightarrow[\substack{r_2-4r_1 \\ r_3-3r_1 \\ r_4-2r_1}]{-\frac{1}{13}r_1} \left(\begin{array}{cccc:cccc} 0 & 0 & 0 & 1 & 1 & -1 & 1 & -1 \\ 1 & 0 & 0 & 0 & 0 & 1 & -1 & 1 \\ 0 & 0 & -1 & 0 & 0 & 0 & 0 & -1 \\ 0 & 1 & 0 & 0 & -1 & 1 & 0 & 0 \end{array}\right)
$$

$$
\xrightarrow[\substack{r_2 \leftrightarrow r_4 \\ -r_3}]{r_1 \leftrightarrow r_2} \left(\begin{array}{cccc:cccc} 1 & 0 & 0 & 0 & 0 & 1 & -1 & 1 \\ 0 & 1 & 0 & 0 & -1 & 1 & 0 & 0 \\ 0 & 0 & 1 & 0 & 0 & 0 & 0 & 1 \\ 0 & 0 & 0 & 1 & -1 & 1 & 1 & -1 \end{array}\right),
$$

即得
$$\begin{pmatrix} y_1 \\ y_2 \\ y_3 \\ y_4 \end{pmatrix} = \begin{pmatrix} 0 & 1 & -1 & 1 \\ -1 & 1 & 0 & 0 \\ 0 & 0 & 0 & 1 \\ 1 & -1 & 1 & -1 \end{pmatrix} \begin{pmatrix} x_1 \\ x_2 \\ x_3 \\ x_4 \end{pmatrix}.$$

7.2 线性变换

在这一节中，我们将研究线性空间中元素之间的联系，这种联系是通过线性空间到线性空间的变换（或映射）来实现的．为此，先介绍变换的概念．

7.2.1 线性变换的定义

定义 4 设有两个非空集合 V 和 U，如果对于 V 中的任一元素 $\boldsymbol{\alpha}$，按照一定的规则，总有 U 中一个确定的元素 $\boldsymbol{\beta}$ 与它对应，那么这个对应规则就称为从集合 V 到集合 U 的**变换**（或**映射**）．

我们常用字母来表示一个变换，如把上述变换记作 $\boldsymbol{A}$，并记
$$\boldsymbol{\beta} = \boldsymbol{A}(\boldsymbol{\alpha}) \qquad (\boldsymbol{\alpha} \in V).$$
称 $\boldsymbol{\beta}$ 为 $\boldsymbol{\alpha}$ 在变换 $\boldsymbol{A}$ 下的像，而 $\boldsymbol{\alpha}$ 为 $\boldsymbol{\beta}$ 在变换 $\boldsymbol{A}$ 下的原像；V 称为变换的源集，像的全体所构成的集合称为像集，记作 $\boldsymbol{A}(V)$，即
$$\boldsymbol{A}(V) = \{\boldsymbol{\beta} = \boldsymbol{A}(\boldsymbol{\alpha}) | \boldsymbol{\alpha} \in V\}.$$

显然，$\boldsymbol{A}(V) \subset U$.

变换的概念是函数概念的推广．

定义 5 设 V_n，U_m 分别是实数域上的 n 维和 m 维线性空间，$\boldsymbol{A}$ 是一个从 V_n 到 U_m 的变换，如果变换满足：

（1）任给 $\boldsymbol{\alpha}_1, \boldsymbol{\alpha}_2 \in V_n$（从而 $\boldsymbol{\alpha}_1 + \boldsymbol{\alpha}_2 \in V_n$），有 $\boldsymbol{A}(\boldsymbol{\alpha}_1 + \boldsymbol{\alpha}_2) = \boldsymbol{A}(\boldsymbol{\alpha}_1) + \boldsymbol{A}(\boldsymbol{\alpha}_2)$；

（2）任给 $\boldsymbol{\alpha} \in V_n$，$k \in \mathbf{R}$（从而 $k\boldsymbol{\alpha} \in V_n$），有 $\boldsymbol{A}(k\boldsymbol{\alpha}) = k\boldsymbol{A}(\boldsymbol{\alpha})$，

那么，$\boldsymbol{A}$ 就称为从 V_n 到 U_m 的**线性变换**．

简言之，线性变换就是保持线性组合的变换．

例如关系式
$$\begin{pmatrix} y_1 \\ y_2 \\ \vdots \\ y_m \end{pmatrix} = \begin{pmatrix} a_{11} & a_{12} & \cdots & a_{1n} \\ a_{21} & a_{22} & \cdots & a_{2n} \\ \vdots & \vdots & & \vdots \\ a_{m1} & a_{m2} & \cdots & a_{mn} \end{pmatrix} \begin{pmatrix} x_1 \\ x_2 \\ \vdots \\ x_n \end{pmatrix},$$
就确定了一个从 $\mathbf{R}^n$ 到 $\mathbf{R}^m$ 的变换，而且是一个线性变换．

如果$V_n = U_m$，那么称$\boldsymbol{A}$为线性空间V_n中的线性变换．下面主要讨论V_n中的变换．

例 12 线性空间V_n中的恒等变换$\boldsymbol{A}(\boldsymbol{\alpha}) = \boldsymbol{\alpha}$（记作$\boldsymbol{E}$）和零变换$\boldsymbol{A}(\boldsymbol{\alpha}) = \boldsymbol{0}$（记作$\boldsymbol{0}$）均为$V_n$中的线性变换．

例 13 在线性空间V_n中变换$\boldsymbol{A}(\boldsymbol{\alpha}) = k\boldsymbol{\alpha}$是$V_n$的一个线性变换，称为由数$k$决定的数乘变换（记作$\boldsymbol{k}$）．

例 14 在线性空间$\mathbf{R}^3$中，变换$\boldsymbol{A}(\boldsymbol{\alpha}) = \boldsymbol{A}\begin{pmatrix} a_1 \\ a_2 \\ a_3 \end{pmatrix} = \begin{pmatrix} a_1 \\ a_2 \\ 0 \end{pmatrix}$是$\mathbf{R}^3$的一个线性变换．其几何意义是将空间的向量投影到$xOy$平面上．因此，这个线性变换为投影变换．

例 15 在线性空间$P[x]_n$中，定义变换$\boldsymbol{D}[p(x)] = \dfrac{\mathrm{d}}{\mathrm{d}x}p(x)$，$p(x) \in P[x]_n$，则由导数性质知$\boldsymbol{D}$是$P[x]_n$中的一个线性变换，这个变换也称为微分变换．变换$\boldsymbol{J}(p(x)) = \int_0^x p(x)\mathrm{d}x$不是$P[x]_n$中的线性变换（因$x^n \in P[x]_n$，但$\boldsymbol{J}(x^n) = \int_0^x x^n \mathrm{d}x = \dfrac{1}{n+1}x^{n+1} \notin P[x]_n$）．但$\boldsymbol{D}$，$\boldsymbol{J}$都是无限维线性空间$P[x]$的线性变换．

例 16 给定一个n阶实矩阵$\boldsymbol{A}$，在线性空间$\mathbf{R}^n$中，令

$$\boldsymbol{A}(\boldsymbol{\alpha}) = \boldsymbol{A}\boldsymbol{\alpha}, \quad \boldsymbol{\alpha} = (a_1, a_2, \cdots, a_n)^{\mathrm{T}} \in \mathbf{R}^n,$$

由矩阵的加法和数量乘法可以证明$\boldsymbol{A}$是$\mathbf{R}^n$中的一个线性变换，称为矩阵变换．

7.2.2 线性变换的简单性质

线性变换具有下述性质．

性质 5 $\boldsymbol{A}(\boldsymbol{0}) = \boldsymbol{0}$，$\boldsymbol{A}(-\boldsymbol{\alpha}) = -\boldsymbol{A}(\boldsymbol{\alpha})$．

性质 6 若$\boldsymbol{\beta} = k_1\boldsymbol{\alpha}_1 + k_2\boldsymbol{\alpha}_2 + \cdots + k_n\boldsymbol{\alpha}_n$，则

$$\boldsymbol{A}(\boldsymbol{\beta}) = k_1\boldsymbol{A}(\boldsymbol{\alpha}_1) + k_2\boldsymbol{A}(\boldsymbol{\alpha}_2) + \cdots + k_n\boldsymbol{A}(\boldsymbol{\alpha}_n).$$

性质 7 若$\boldsymbol{\alpha}_1, \boldsymbol{\alpha}_2, \cdots, \boldsymbol{\alpha}_n$线性相关，则$\boldsymbol{A}(\boldsymbol{\alpha}_1), \boldsymbol{A}(\boldsymbol{\alpha}_2), \cdots, \boldsymbol{A}(\boldsymbol{\alpha}_n)$也线性相关．

这些性质请读者自己证明．

注 性质 7 的逆命题是不成立的，即若$\boldsymbol{\alpha}_1, \boldsymbol{\alpha}_2, \cdots, \boldsymbol{\alpha}_n$线性无关，则$\boldsymbol{A}(\boldsymbol{\alpha}_1), \boldsymbol{A}(\boldsymbol{\alpha}_2), \cdots, \boldsymbol{A}(\boldsymbol{\alpha}_n)$未必线性无关．

性质 8 线性变换$\boldsymbol{A}$的像集$\boldsymbol{A}(V_n)$是一个线性空间，称为线性变换的像空间．

证 设$\boldsymbol{\beta}_1, \boldsymbol{\beta}_2 \in \boldsymbol{A}(V_n)$，则有$\boldsymbol{\alpha}_1, \boldsymbol{\alpha}_2 \in V_n$，使$\boldsymbol{A}(\boldsymbol{\alpha}_1) = \boldsymbol{\beta}_1$，$\boldsymbol{A}(\boldsymbol{\alpha}_2) = \boldsymbol{\beta}_2$，从而

$$\boldsymbol{\beta}_1 + \boldsymbol{\beta}_2 = \boldsymbol{A}(\boldsymbol{\alpha}_1) + \boldsymbol{A}(\boldsymbol{\alpha}_2) = \boldsymbol{A}(\boldsymbol{\alpha}_1 + \boldsymbol{\alpha}_2) \in \boldsymbol{A}(V_n)\ (\text{因为}\ \boldsymbol{\alpha}_1 + \boldsymbol{\alpha}_2 \in V_n);$$

$$k\boldsymbol{\beta}_1 = k\boldsymbol{A}(\boldsymbol{\alpha}_1) = \boldsymbol{A}(k\boldsymbol{\alpha}_1) \in \boldsymbol{A}(V_n) \quad（因为 k\boldsymbol{\alpha}_1 \in V_n），$$

由于 $\boldsymbol{A}(V_n) \subset V_n$，而由上述公式知它对 V_n 中的线性运算封闭，故它是一个线性空间．证毕．

性质 9 使 $\boldsymbol{A}(\boldsymbol{\alpha}) = \boldsymbol{0}$ 的 $\boldsymbol{\alpha}$ 的全体 $S_A = \{\boldsymbol{\alpha} | \boldsymbol{\alpha} \in V_n, \boldsymbol{A}(\boldsymbol{\alpha}) = \boldsymbol{0}\}$ 也是一个线性空间，S_A 称为线性变换 $\boldsymbol{A}$ 的核．

证 $S_A \subset V_n$，且：

若 $\boldsymbol{\alpha}_1, \boldsymbol{\alpha}_2 \in S_A$，即 $\boldsymbol{A}(\boldsymbol{\alpha}_1) = \boldsymbol{0}$，$\boldsymbol{A}(\boldsymbol{\alpha}_2) = \boldsymbol{0}$，则 $\boldsymbol{A}(\boldsymbol{\alpha}_1 + \boldsymbol{\alpha}_2) = \boldsymbol{A}(\boldsymbol{\alpha}_1) + \boldsymbol{A}(\boldsymbol{\alpha}_2) = \boldsymbol{0}$，所以 $\boldsymbol{\alpha}_1 + \boldsymbol{\alpha}_2 \in S_A$；

若 $\boldsymbol{\alpha}_1 \in S_A$，$k \in \mathbf{R}$，则 $\boldsymbol{A}(k\boldsymbol{\alpha}_1) = k\boldsymbol{A}(\boldsymbol{\alpha}_1) = k\boldsymbol{0} = \boldsymbol{0}$，所以 $k\boldsymbol{\alpha}_1 \in S_A$．

以上表明 S_A 对线性运算封闭，所以 S_A 是一个线性空间．证毕．

例 17 设有 n 阶矩阵

$$\boldsymbol{A} = \begin{pmatrix} a_{11} & a_{12} & \cdots & a_{1n} \\ a_{21} & a_{22} & \cdots & a_{2n} \\ \vdots & \vdots & & \vdots \\ a_{n1} & a_{n2} & \cdots & a_{nn} \end{pmatrix} = (\boldsymbol{\alpha}_1, \boldsymbol{\alpha}_2, \cdots, \boldsymbol{\alpha}_n),$$

其中

$$\boldsymbol{\alpha}_i = \begin{pmatrix} a_{1i} \\ a_{2i} \\ \vdots \\ a_{ni} \end{pmatrix} \quad (i = 1, 2, \cdots, n),$$

$\mathbf{R}^n$ 中的变换 $\boldsymbol{A}(\boldsymbol{x}) = \boldsymbol{A}\boldsymbol{x}$ 为线性变换，$\boldsymbol{A}$ 的像空间为

$$\boldsymbol{A}(\mathbf{R}^n) = \{k_1\boldsymbol{\alpha}_1 + k_2\boldsymbol{\alpha}_2 + \cdots + k_n\boldsymbol{\alpha}_n \,|\, k_1, k_2, \cdots, k_n \in \mathbf{R}\},$$

$\boldsymbol{A}$ 的核 S_A 就是齐次线性方程组 $\boldsymbol{A}\boldsymbol{x} = \boldsymbol{0}$ 的解空间．

7.2.3 线性变换的运算

线性变换作为映射的特殊情形当然也可以定义运算．

1．线性变换的加法

定义 6 设 $\boldsymbol{A}$，$\boldsymbol{B}$ 是线性空间 V_n 的两个线性变换，定义它们的和 $\boldsymbol{A} + \boldsymbol{B}$ 为

$$(\boldsymbol{A} + \boldsymbol{B})(\boldsymbol{\alpha}) = \boldsymbol{A}(\boldsymbol{\alpha}) + \boldsymbol{B}(\boldsymbol{\alpha}) \quad (\boldsymbol{\alpha} \in V_n).$$

容易证明，线性变换的和还是线性变换．事实上，有

$$\begin{aligned}(\boldsymbol{A} + \boldsymbol{B})(\boldsymbol{\alpha} + \boldsymbol{\beta}) &= \boldsymbol{A}(\boldsymbol{\alpha} + \boldsymbol{\beta}) + \boldsymbol{B}(\boldsymbol{\alpha} + \boldsymbol{\beta}) \\ &= \boldsymbol{A}(\boldsymbol{\alpha}) + \boldsymbol{A}(\boldsymbol{\beta}) + \boldsymbol{B}(\boldsymbol{\alpha}) + \boldsymbol{B}(\boldsymbol{\beta}) \\ &= (\boldsymbol{A} + \boldsymbol{B})(\boldsymbol{\alpha}) + (\boldsymbol{A} + \boldsymbol{B})(\boldsymbol{\beta});\end{aligned}$$

$$
\begin{aligned}
(\boldsymbol{A}+\boldsymbol{B})(k\boldsymbol{\alpha}) &= \boldsymbol{A}(k\boldsymbol{\alpha})+\boldsymbol{B}(k\boldsymbol{\alpha}) \\
&= k\boldsymbol{A}(\boldsymbol{\alpha})+k\boldsymbol{B}(\boldsymbol{\alpha}) \\
&= k(\boldsymbol{A}(\boldsymbol{\alpha})+\boldsymbol{B}(\boldsymbol{\alpha})) \\
&= k(\boldsymbol{A}+\boldsymbol{B})(\boldsymbol{\alpha}),
\end{aligned}
$$

这就说明 $\boldsymbol{A}+\boldsymbol{B}$ 是线性变换.

不难证明，线性变换的加法满足结合律与交换律，即

$$\boldsymbol{A}+(\boldsymbol{B}+\boldsymbol{C})=(\boldsymbol{A}+\boldsymbol{B})+\boldsymbol{C};$$

$$\boldsymbol{A}+\boldsymbol{B}=\boldsymbol{B}+\boldsymbol{A}.$$

此外，零变换 $\boldsymbol{0}$ 有着特殊的地位. 对于任何线性变换 $\boldsymbol{A}$，$\boldsymbol{A}+\boldsymbol{0}=\boldsymbol{A}$.

2. 线性变换的数量乘法

定义 7 设 $\boldsymbol{A}$ 是线性空间 V_n 的线性变换，k 为实数，定义它们的数量乘法 $k\boldsymbol{A}$ 为

$$(k\boldsymbol{A})(\boldsymbol{\alpha})=k\boldsymbol{A}(\boldsymbol{\alpha}) \quad (\boldsymbol{\alpha}\in V_n).$$

显然，$k\boldsymbol{A}$ 仍然是线性变换.

容易证明，线性变换的数量乘法满足以下运算规律：

$$(kl)\boldsymbol{A}=k(l\boldsymbol{A});$$

$$(k+l)\boldsymbol{A}=k\boldsymbol{A}+l\boldsymbol{A};$$

$$k(\boldsymbol{A}+\boldsymbol{B})=k\boldsymbol{A}+k\boldsymbol{B};$$

$$1\boldsymbol{A}=\boldsymbol{A},\ 0\boldsymbol{A}=\boldsymbol{0}.$$

特别地，称 $(-1)\boldsymbol{A}=-\boldsymbol{A}$ 为 $\boldsymbol{A}$ 的负变换，则 $\boldsymbol{A}+(-\boldsymbol{A})=\boldsymbol{0}$.

利用负变换可以定义线性变换的减法为

$$\boldsymbol{A}-\boldsymbol{B}=\boldsymbol{A}+(-\boldsymbol{B}).$$

3. 线性变换的乘法

定义 8 设 $\boldsymbol{A}$，$\boldsymbol{B}$ 是线性空间 V_n 的两个线性变换，定义它们的乘积 $\boldsymbol{AB}$ 为

$$(\boldsymbol{AB})(\boldsymbol{\alpha})=\boldsymbol{A}(\boldsymbol{B}(\boldsymbol{\alpha})) \quad (\boldsymbol{\alpha}\in V_n).$$

容易证明线性变换的乘积也是线性变换. 这是因为

$$
\begin{aligned}
(\boldsymbol{AB})(\boldsymbol{\alpha}+\boldsymbol{\beta}) &= \boldsymbol{A}(\boldsymbol{B}(\boldsymbol{\alpha}+\boldsymbol{\beta}))=\boldsymbol{A}(\boldsymbol{B}(\boldsymbol{\alpha})+\boldsymbol{B}(\boldsymbol{\beta})) \\
&= \boldsymbol{A}(\boldsymbol{B}(\boldsymbol{\alpha}))+\boldsymbol{A}(\boldsymbol{B}(\boldsymbol{\beta})) \\
&= (\boldsymbol{AB})(\boldsymbol{\alpha})+(\boldsymbol{AB})(\boldsymbol{\beta});
\end{aligned}
$$

$$
\begin{aligned}
(\boldsymbol{AB})(k\boldsymbol{\alpha}) &= \boldsymbol{A}(\boldsymbol{B}(k\boldsymbol{\alpha})) \\
&= \boldsymbol{A}(\boldsymbol{B}k(\boldsymbol{\alpha})) \\
&= k\boldsymbol{A}(\boldsymbol{B}(\boldsymbol{\alpha})) \\
&= k(\boldsymbol{AB})(\boldsymbol{\alpha}).
\end{aligned}
$$

线性变换的乘法满足：$(\boldsymbol{AB})\boldsymbol{C}=\boldsymbol{A}(\boldsymbol{BC})$.

由定义还可知，线性变换的数量乘法 $k\boldsymbol{A}$ 实际上就是数乘变换 $\boldsymbol{k}$ 与线性变换

$\boldsymbol{A}$ 的乘积，即 $k\boldsymbol{A}=\boldsymbol{kA}$.

注 线性变换的乘法一般不满足交换律.

例如，在无限维线性空间 $R[x]$ 中，线性变换

$$\boldsymbol{D}(f(x))=f'(x),$$

$$\boldsymbol{J}(f(x))=\int_0^x f(x)\mathrm{d}x.$$

由于 $$(\boldsymbol{DJ})(f(x))=\boldsymbol{D}(\boldsymbol{J}(f(x)))=\boldsymbol{D}\left(\int_0^x f(x)\mathrm{d}x\right)'=f(x),$$

而 $$(\boldsymbol{JD})(f(x))=\boldsymbol{J}(\boldsymbol{D}(f(x)))=\boldsymbol{J}(f'(x))=\int_0^x f'(x)\mathrm{d}x=f(x)-f(0),$$

当 $f(0)\neq 0$ 时，$\boldsymbol{DJ}\neq\boldsymbol{JD}$.

对于乘法，单位变换 $\boldsymbol{E}$ 有特殊的地位．对于任意线性变换 $\boldsymbol{A}$，都有

$$\boldsymbol{AE}=\boldsymbol{EA}=\boldsymbol{A}.$$

还可以证明，线性变换的加法与乘法满足乘法对加法的左右分配律：

$$\boldsymbol{A}(\boldsymbol{B}+\boldsymbol{C})=\boldsymbol{AB}+\boldsymbol{AC};$$

$$(\boldsymbol{B}+\boldsymbol{C})\boldsymbol{A}=\boldsymbol{BA}+\boldsymbol{CA}.$$

请读者自己证明.

4. 线性变换的逆变换

定义 9 设 $\boldsymbol{A}$ 是线性空间 V_n 的线性变换，如果有 V_n 的线性变换 $\boldsymbol{B}$ 存在，使

$$\boldsymbol{AB}=\boldsymbol{BA}=\boldsymbol{E},$$

则称线性变换 $\boldsymbol{A}$ 可逆，并称 $\boldsymbol{B}$ 是 $\boldsymbol{A}$ 的**逆变换**.

可以证明可逆变换的逆变换是唯一的．事实上，设 $\boldsymbol{B}$，$\boldsymbol{C}$ 都是 $\boldsymbol{A}$ 的逆变换，即

$$\boldsymbol{AB}=\boldsymbol{BA}=\boldsymbol{E},\quad \boldsymbol{AC}=\boldsymbol{CA}=\boldsymbol{E},$$

则

$$\boldsymbol{B}=\boldsymbol{BE}=\boldsymbol{B}(\boldsymbol{AC})=(\boldsymbol{BA})\boldsymbol{C}=\boldsymbol{EC}=\boldsymbol{C}.$$

把可逆变换 $\boldsymbol{A}$ 的逆变换记作 $\boldsymbol{A}^{-1}$，即 $\boldsymbol{AA}^{-1}=\boldsymbol{A}^{-1}\boldsymbol{A}=\boldsymbol{E}$.

可以证明，线性变换 $\boldsymbol{A}$ 的逆变换 $\boldsymbol{A}^{-1}$ 也是线性变换．证明如下：

$$\begin{aligned}\boldsymbol{A}^{-1}(\boldsymbol{\alpha}+\boldsymbol{\beta})&=\boldsymbol{A}^{-1}(\boldsymbol{AA}^{-1}(\boldsymbol{\alpha}+\boldsymbol{\beta}))\\&=\boldsymbol{A}^{-1}(\boldsymbol{AA}^{-1}(\boldsymbol{\alpha})+\boldsymbol{AA}^{-1}(\boldsymbol{\beta}))\\&=\boldsymbol{A}^{-1}[\boldsymbol{A}(\boldsymbol{A}^{-1}(\boldsymbol{\alpha}))+\boldsymbol{A}(\boldsymbol{A}^{-1}(\boldsymbol{\beta}))]\\&=(\boldsymbol{A}^{-1}\boldsymbol{A})(\boldsymbol{A}^{-1}(\boldsymbol{\alpha})+\boldsymbol{A}^{-1}(\boldsymbol{\beta}))\\&=\boldsymbol{A}^{-1}(\boldsymbol{\alpha})+\boldsymbol{A}^{-1}(\boldsymbol{\beta});\end{aligned}$$

$$
\begin{aligned}
\boldsymbol{A}^{-1}(k\boldsymbol{\alpha}) &= \boldsymbol{A}^{-1}(k\boldsymbol{A}\boldsymbol{A}^{-1}(\boldsymbol{\alpha})) \\
&= \boldsymbol{A}^{-1}(\boldsymbol{A}(k\boldsymbol{A}^{-1}(\boldsymbol{\alpha}))) \\
&= (\boldsymbol{A}^{-1}\boldsymbol{A})(k\boldsymbol{A}^{-1}(\boldsymbol{\alpha})) \\
&= k\boldsymbol{A}^{-1}(\boldsymbol{\alpha}),
\end{aligned}
$$

这就说明 $\boldsymbol{A}^{-1}$ 是线性变换.

7.3 线性变换的矩阵表示

这一节来建立线性变换与矩阵的关系.

7.3.1 线性变换在一个基下的矩阵

定义 10 设 $\boldsymbol{A}$ 是 n 维线性空间 V_n 的线性变换，在 V_n 中取定一个基 $\boldsymbol{\alpha}_1, \boldsymbol{\alpha}_2, \cdots, \boldsymbol{\alpha}_n$，如果这个基在线性变换 $\boldsymbol{A}$ 下的像（用这个基线性表示）为

$$
\begin{cases}
\boldsymbol{A}(\boldsymbol{\alpha}_1) = a_{11}\boldsymbol{\alpha}_1 + a_{21}\boldsymbol{\alpha}_2 + \cdots + a_{n1}\boldsymbol{\alpha}_n, \\
\boldsymbol{A}(\boldsymbol{\alpha}_2) = a_{12}\boldsymbol{\alpha}_1 + a_{22}\boldsymbol{\alpha}_2 + \cdots + a_{n2}\boldsymbol{\alpha}_n, \\
\qquad\qquad\vdots \\
\boldsymbol{A}(\boldsymbol{\alpha}_n) = a_{1n}\boldsymbol{\alpha}_1 + a_{2n}\boldsymbol{\alpha}_2 + \cdots + a_{nn}\boldsymbol{\alpha}_n.
\end{cases}
$$

记 $(\boldsymbol{A}(\boldsymbol{\alpha}_1), \boldsymbol{A}(\boldsymbol{\alpha}_2), \cdots, \boldsymbol{A}(\boldsymbol{\alpha}_n)) = \boldsymbol{A}(\boldsymbol{\alpha}_1, \boldsymbol{\alpha}_2, \cdots, \boldsymbol{\alpha}_n)$，则上式可以表示为

$$
\boldsymbol{A}(\boldsymbol{\alpha}_1, \boldsymbol{\alpha}_2, \cdots, \boldsymbol{\alpha}_n) = (\boldsymbol{\alpha}_1, \boldsymbol{\alpha}_2, \cdots, \boldsymbol{\alpha}_n)\boldsymbol{A},
$$

其中

$$
\boldsymbol{A} = \begin{pmatrix} a_{11} & a_{12} & \cdots & a_{1n} \\ a_{21} & a_{22} & \cdots & a_{2n} \\ \vdots & \vdots & & \vdots \\ a_{n1} & a_{n2} & \cdots & a_{nn} \end{pmatrix},
$$

那么 $\boldsymbol{A}$ 就称为线性变换 $\boldsymbol{A}$ 在基 $\boldsymbol{\alpha}_1, \boldsymbol{\alpha}_2, \cdots, \boldsymbol{\alpha}_n$ 下的矩阵.

显然，矩阵 $\boldsymbol{A}$ 由基的像 $\boldsymbol{A}(\boldsymbol{\alpha}_1), \boldsymbol{A}(\boldsymbol{\alpha}_2), \cdots, \boldsymbol{A}(\boldsymbol{\alpha}_n)$ 唯一确定.

如果给出一个矩阵 $\boldsymbol{A}$ 作为线性变换 $\boldsymbol{A}$ 在基 $\boldsymbol{\alpha}_1, \boldsymbol{\alpha}_2, \cdots, \boldsymbol{\alpha}_n$ 下的矩阵，也就是给出了这个基在变换 $\boldsymbol{A}$ 下的像，那么根据变换 $\boldsymbol{A}$ 保持线性关系的特性来推导线性变换 $\boldsymbol{A}$ 必须满足的关系式：设 $\boldsymbol{\alpha}$ 是 V_n 中的任意元素，可表示为

$$
\boldsymbol{\alpha} = x_1\boldsymbol{\alpha}_1 + x_2\boldsymbol{\alpha}_2 + \cdots + x_n\boldsymbol{\alpha}_n = (\boldsymbol{\alpha}_1, \boldsymbol{\alpha}_2, \cdots, \boldsymbol{\alpha}_n)\begin{pmatrix} x_1 \\ x_2 \\ \vdots \\ x_n \end{pmatrix},
$$

有

$$\begin{aligned}\boldsymbol{A}(\boldsymbol{\alpha}) &= x_1\boldsymbol{A}(\boldsymbol{\alpha}_1)+x_2\boldsymbol{A}(\boldsymbol{\alpha}_2)+\cdots+x_n\boldsymbol{A}(\boldsymbol{\alpha}_n)\\ &=(\boldsymbol{A}(\boldsymbol{\alpha}_1),\boldsymbol{A}(\boldsymbol{\alpha}_2),\cdots,\boldsymbol{A}(\boldsymbol{\alpha}_n))\begin{pmatrix}x_1\\x_2\\\vdots\\x_n\end{pmatrix}\\ &=(\boldsymbol{\alpha}_1,\boldsymbol{\alpha}_2,\cdots,\boldsymbol{\alpha}_n)\boldsymbol{A}\begin{pmatrix}x_1\\x_2\\\vdots\\x_n\end{pmatrix},\end{aligned}$$

即

$$\boldsymbol{A}(\boldsymbol{\alpha}_1,\boldsymbol{\alpha}_2,\cdots,\boldsymbol{\alpha}_n)\begin{pmatrix}x_1\\x_2\\\vdots\\x_n\end{pmatrix}=(\boldsymbol{\alpha}_1,\boldsymbol{\alpha}_2,\cdots,\boldsymbol{\alpha}_n)\boldsymbol{A}\begin{pmatrix}x_1\\x_2\\\vdots\\x_n\end{pmatrix}.$$

这个关系式唯一地确定了一个变换 $\boldsymbol{A}$，可以验证所确定的变换 $\boldsymbol{A}$ 是以 $\boldsymbol{A}$ 为矩阵的变换. 总之，以 $\boldsymbol{A}$ 为矩阵的线性变换 $\boldsymbol{A}$ 由上述关系式唯一确定.

定义和上面的讨论表明，在 V_n 中取定一个基以后，由线性变换 $\boldsymbol{A}$ 可唯一地确定一个矩阵 $\boldsymbol{A}$，由一个矩阵 $\boldsymbol{A}$ 也可唯一地确定一个线性变换 $\boldsymbol{A}$. 这样，在线性变换与矩阵之间就有一一对应的关系.

例 18 求 $\mathbf{R}^3$ 中的线性变换 $\boldsymbol{A}(\boldsymbol{\alpha})=\boldsymbol{A}\begin{pmatrix}a_1\\a_2\\a_3\end{pmatrix}=\begin{pmatrix}a_1\\a_2\\0\end{pmatrix}$ 在下列基下的矩阵：

（1）基 $\boldsymbol{\alpha}_1=\begin{pmatrix}1\\0\\0\end{pmatrix}$，$\boldsymbol{\alpha}_2=\begin{pmatrix}0\\1\\0\end{pmatrix}$，$\boldsymbol{\alpha}_3=\begin{pmatrix}0\\0\\1\end{pmatrix}$；

（2）基 $\boldsymbol{\beta}_1=\begin{pmatrix}1\\0\\0\end{pmatrix}$，$\boldsymbol{\beta}_2=\begin{pmatrix}1\\1\\0\end{pmatrix}$，$\boldsymbol{\beta}_3=\begin{pmatrix}1\\1\\1\end{pmatrix}$.

解 （1）因为

$$\boldsymbol{A}(\boldsymbol{\alpha}_1)=\begin{pmatrix}1\\0\\0\end{pmatrix}=\boldsymbol{\alpha}_1+0\cdot\boldsymbol{\alpha}_2+0\cdot\boldsymbol{\alpha}_3,$$

$$\boldsymbol{A}(\boldsymbol{\alpha}_2)=\begin{pmatrix}0\\1\\0\end{pmatrix}=0\cdot\boldsymbol{\alpha}_1+\boldsymbol{\alpha}_2+0\cdot\boldsymbol{\alpha}_3,$$

$$\boldsymbol{A}(\boldsymbol{\alpha}_3)=\begin{pmatrix}0\\0\\0\end{pmatrix}=0\cdot\boldsymbol{\alpha}_1+0\cdot\boldsymbol{\alpha}_2+0\cdot\boldsymbol{\alpha}_3,$$

所以在基$\boldsymbol{\alpha}_1,\boldsymbol{\alpha}_2,\boldsymbol{\alpha}_3$下线性变换$\boldsymbol{A}$的矩阵$\boldsymbol{A}=\begin{pmatrix}1&0&0\\0&1&0\\0&0&0\end{pmatrix}$.

（2）因为

$$\boldsymbol{A}(\boldsymbol{\beta}_1)=\begin{pmatrix}1\\0\\0\end{pmatrix}=\boldsymbol{\beta}_1+0\cdot\boldsymbol{\beta}_2+0\cdot\boldsymbol{\beta}_3,$$

$$\boldsymbol{A}(\boldsymbol{\beta}_2)=\begin{pmatrix}1\\1\\0\end{pmatrix}=0\cdot\boldsymbol{\beta}_1+\boldsymbol{\beta}_2+0\cdot\boldsymbol{\beta}_3,$$

$$\boldsymbol{A}(\boldsymbol{\beta}_3)=\begin{pmatrix}1\\1\\0\end{pmatrix}=0\cdot\boldsymbol{\beta}_1+\boldsymbol{\beta}_2+0\cdot\boldsymbol{\beta}_3,$$

所以在基$\boldsymbol{\beta}_1,\boldsymbol{\beta}_2,\boldsymbol{\beta}_3$下线性变换$\boldsymbol{A}$的矩阵$\boldsymbol{B}=\begin{pmatrix}1&0&0\\0&1&1\\0&0&0\end{pmatrix}$.

例19 求$R[x]_5$中的微分变换$\boldsymbol{D}$在基$1,x,x^2,\cdots,x^{n-1},x^n$下的矩阵.

解 因为

$$\boldsymbol{D}(1)=0=0\cdot1+0\cdot x+0\cdot x^2+0\cdot x^3+0\cdot x^4+0\cdot x^5,$$
$$\boldsymbol{D}(x)=1=1\cdot1+0\cdot x+0\cdot x^2+0\cdot x^3+0\cdot x^4+0\cdot x^5,$$
$$\boldsymbol{D}(x^2)=2x=0\cdot1+2\cdot x+0\cdot x^2+0\cdot x^3+0\cdot x^4+0\cdot x^5,$$
$$\boldsymbol{D}(x^3)=3x^2=0\cdot1+0\cdot x+3\cdot x^2+0\cdot x^3+0\cdot x^4+0\cdot x^5,$$
$$\boldsymbol{D}(x^4)=4x^3=0\cdot1+0\cdot x+0\cdot x^2+4\cdot x^3+0\cdot x^4+0\cdot x^5,$$
$$\boldsymbol{D}(x^5)=5x^4=0\cdot1+0\cdot x+0\cdot x^2+0\cdot x^3+5\cdot x^4+0\cdot x^5,$$

所以微分变换在基$1, x, x^2, x^3, x^4, x^5$下的矩阵$\boldsymbol{A}=\begin{pmatrix}0&1&0&0&0&0\\0&0&2&0&0&0\\0&0&0&3&0&0\\0&0&0&0&4&0\\0&0&0&0&0&5\\0&0&0&0&0&0\end{pmatrix}$.

例 20 设$\boldsymbol{B}=\begin{pmatrix}1&2\\3&4\end{pmatrix}$，$\mathbf{R}^2$的线性变换为$\boldsymbol{A}(\boldsymbol{\alpha})=\boldsymbol{B}\boldsymbol{\alpha}$，求其在基$\boldsymbol{\alpha}_1=\begin{pmatrix}1\\1\end{pmatrix}$，$\boldsymbol{\alpha}_2=\begin{pmatrix}-1\\0\end{pmatrix}$下的矩阵.

解 因为

$$\boldsymbol{A}(\boldsymbol{\alpha}_1)=\boldsymbol{B}\boldsymbol{\alpha}_1=\begin{pmatrix}1&2\\3&4\end{pmatrix}\begin{pmatrix}1\\1\end{pmatrix}=\begin{pmatrix}3\\7\end{pmatrix}=7\boldsymbol{\alpha}_1+4\boldsymbol{\alpha}_2,$$

$$\boldsymbol{A}(\boldsymbol{\alpha}_2)=\boldsymbol{B}\boldsymbol{\alpha}_2=\begin{pmatrix}1&2\\3&4\end{pmatrix}\begin{pmatrix}-1\\0\end{pmatrix}=\begin{pmatrix}-1\\-3\end{pmatrix}=-3\boldsymbol{\alpha}_1-2\boldsymbol{\alpha}_2,$$

所以线性变换$\boldsymbol{A}$在基$\boldsymbol{\alpha}_1,\boldsymbol{\alpha}_2$下的矩阵$\boldsymbol{A}=\begin{pmatrix}7&-3\\4&-2\end{pmatrix}$.

下面讨论利用线性变换$\boldsymbol{A}$在一个基下的矩阵表示线性变换的像$\boldsymbol{A}(\boldsymbol{\alpha})$与$\boldsymbol{\alpha}$的坐标之间的关系. 有下述定理.

定理 2 设$\boldsymbol{\alpha}_1,\boldsymbol{\alpha}_2,\cdots,\boldsymbol{\alpha}_n$是$n$维线性空间$V_n$的一个基，$V_n$的线性变换$\boldsymbol{A}$在这个基下的矩阵为$\boldsymbol{A}$，向量$\boldsymbol{\alpha}$，$\boldsymbol{A}(\boldsymbol{\alpha})$在基$\boldsymbol{\alpha}_1,\boldsymbol{\alpha}_2,\cdots,\boldsymbol{\alpha}_n$下的坐标为$\boldsymbol{x}$，$\boldsymbol{y}$，

其中
$$\boldsymbol{A}=\begin{pmatrix}a_{11}&a_{12}&\cdots&a_{1n}\\a_{21}&a_{22}&\cdots&a_{2n}\\\vdots&\vdots&&\vdots\\a_{n1}&a_{n2}&\cdots&a_{nn}\end{pmatrix},\quad \boldsymbol{x}=\begin{pmatrix}x_1\\x_2\\\vdots\\x_n\end{pmatrix},\quad \boldsymbol{y}=\begin{pmatrix}y_1\\y_2\\\vdots\\y_n\end{pmatrix},$$

则
$$\boldsymbol{y}=\boldsymbol{A}\boldsymbol{x}.$$

即
$$\begin{pmatrix}y_1\\y_2\\\vdots\\y_n\end{pmatrix}=\boldsymbol{A}\begin{pmatrix}x_1\\x_2\\\vdots\\x_n\end{pmatrix}.$$

证 按定理的假设

$$\boldsymbol{\alpha}=x_1\boldsymbol{\alpha}_1+x_2\boldsymbol{\alpha}_2+\cdots+x_n\boldsymbol{\alpha}_n=(\boldsymbol{\alpha}_1,\boldsymbol{\alpha}_2,\cdots,\boldsymbol{\alpha}_n)\begin{pmatrix}x_1\\x_2\\\vdots\\x_n\end{pmatrix},$$

$$\boldsymbol{A}(\boldsymbol{\alpha})=y_1\boldsymbol{\alpha}_1+y_2\boldsymbol{\alpha}_2+\cdots+y_n\boldsymbol{\alpha}_n=(\boldsymbol{\alpha}_1,\boldsymbol{\alpha}_2,\cdots,\boldsymbol{\alpha}_n)\begin{pmatrix}y_1\\y_2\\\vdots\\y_n\end{pmatrix},$$

$$\boldsymbol{A}(\boldsymbol{\alpha}_1,\ \boldsymbol{\alpha}_2,\ \cdots,\ \boldsymbol{\alpha}_n)=(\boldsymbol{\alpha}_1,\ \boldsymbol{\alpha}_2,\ \cdots,\ \boldsymbol{\alpha}_n)\boldsymbol{A},$$

所以
$$\boldsymbol{A}(\boldsymbol{\alpha})=\boldsymbol{A}(\boldsymbol{\alpha}_1,\boldsymbol{\alpha}_2,\cdots,\boldsymbol{\alpha}_n)\begin{pmatrix}x_1\\x_2\\\vdots\\x_n\end{pmatrix}=(\boldsymbol{\alpha}_1,\boldsymbol{\alpha}_2,\cdots,\boldsymbol{\alpha}_n)\boldsymbol{A}\begin{pmatrix}x_1\\x_2\\\vdots\\x_n\end{pmatrix},$$

于是
$$(\boldsymbol{\alpha}_1,\boldsymbol{\alpha}_2,\cdots,\boldsymbol{\alpha}_n)\begin{pmatrix}y_1\\y_2\\\vdots\\y_n\end{pmatrix}=(\boldsymbol{\alpha}_1,\boldsymbol{\alpha}_2,\cdots,\boldsymbol{\alpha}_n)\boldsymbol{A}\begin{pmatrix}x_1\\x_2\\\vdots\\x_n\end{pmatrix},$$

而向量在同一个基下的坐标唯一，从而必有

$$\begin{pmatrix}y_1\\y_2\\\vdots\\y_n\end{pmatrix}=\boldsymbol{A}\begin{pmatrix}x_1\\x_2\\\vdots\\x_n\end{pmatrix}.$$

证毕.

7.3.2 线性变换在不同基下的矩阵之间的关系

同一线性变换在不同基下的矩阵一般不相同，有下述定理.

定理 3 设$\boldsymbol{\alpha}_1,\boldsymbol{\alpha}_2,\cdots,\boldsymbol{\alpha}_n$与$\boldsymbol{\beta}_1,\boldsymbol{\beta}_2,\cdots,\boldsymbol{\beta}_n$是线性空间$V_n$的两个不同的基，由基$\boldsymbol{\alpha}_1,\boldsymbol{\alpha}_2,\cdots,\boldsymbol{\alpha}_n$到$\boldsymbol{\beta}_1,\boldsymbol{\beta}_2,\cdots,\boldsymbol{\beta}_n$的过渡矩阵为$\boldsymbol{P}$，$V_n$中的线性变换$\boldsymbol{A}$在这两个基下的矩阵分别为$\boldsymbol{A}$和$\boldsymbol{B}$，那么$\boldsymbol{B}=\boldsymbol{P}^{-1}\boldsymbol{A}\boldsymbol{P}$.

证 按定理的假设，有

$$(\boldsymbol{\beta}_1,\boldsymbol{\beta}_2,\cdots,\boldsymbol{\beta}_n)=(\boldsymbol{\alpha}_1,\boldsymbol{\alpha}_2,\cdots,\boldsymbol{\alpha}_n)\boldsymbol{P},$$

$\boldsymbol{P}$可逆，从而

$$(\boldsymbol{\alpha}_1,\boldsymbol{\alpha}_2,\cdots,\boldsymbol{\alpha}_n)=(\boldsymbol{\beta}_1,\boldsymbol{\beta}_2,\cdots,\boldsymbol{\beta}_n)\boldsymbol{P}^{-1},$$

$$\boldsymbol{A}(\boldsymbol{\alpha}_1,\boldsymbol{\alpha}_2,\cdots,\boldsymbol{\alpha}_n)=(\boldsymbol{\alpha}_1,\boldsymbol{\alpha}_2,\cdots,\boldsymbol{\alpha}_n)\boldsymbol{A},$$
$$\boldsymbol{A}(\boldsymbol{\beta}_1,\boldsymbol{\beta}_2,\cdots,\boldsymbol{\beta}_n)=(\boldsymbol{\beta}_1,\boldsymbol{\beta}_2,\cdots,\boldsymbol{\beta}_n)\boldsymbol{B},$$

于是

$$\begin{aligned}(\boldsymbol{\beta}_1,\boldsymbol{\beta}_2,\cdots,\boldsymbol{\beta}_n)\boldsymbol{B}&=\boldsymbol{A}(\boldsymbol{\beta}_1,\boldsymbol{\beta}_2,\cdots,\boldsymbol{\beta}_n)=\boldsymbol{A}[(\boldsymbol{\alpha}_1,\boldsymbol{\alpha}_2,\cdots,\boldsymbol{\alpha}_n)\boldsymbol{P}]\\&=[\boldsymbol{A}(\boldsymbol{\alpha}_1,\boldsymbol{\alpha}_2,\cdots,\boldsymbol{\alpha}_n)]\boldsymbol{P}=(\boldsymbol{\alpha}_1,\boldsymbol{\alpha}_2,\cdots,\boldsymbol{\alpha}_n)\boldsymbol{AP}\\&=(\boldsymbol{\beta}_1,\boldsymbol{\beta}_2,\cdots,\boldsymbol{\beta}_n)\boldsymbol{P}^{-1}\boldsymbol{AP}.\end{aligned}$$

因为$\boldsymbol{\beta}_1,\boldsymbol{\beta}_2,\cdots,\boldsymbol{\beta}_n$线性无关，所以$\boldsymbol{B}=\boldsymbol{P}^{-1}\boldsymbol{AP}$．证毕.

这个定理表明，$\boldsymbol{B}$ 与 $\boldsymbol{A}$ 相似，且两个基之间的过渡矩阵 $\boldsymbol{P}$ 就是相似变换矩阵.

例21　设V_2中的线性变换 $\boldsymbol{A}$ 在基$\boldsymbol{\alpha}_1,\boldsymbol{\alpha}_2$下的矩阵$\boldsymbol{A}=\begin{pmatrix}a_{11}&a_{12}\\a_{21}&a_{22}\end{pmatrix}$，求 $\boldsymbol{A}$ 在基$\boldsymbol{\alpha}_2,\boldsymbol{\alpha}_1$下的矩阵.

解　$(\boldsymbol{\alpha}_2,\boldsymbol{\alpha}_1)=(\boldsymbol{\alpha}_1,\boldsymbol{\alpha}_2)\begin{pmatrix}0&1\\1&0\end{pmatrix}$，即由$\boldsymbol{\alpha}_1,\boldsymbol{\alpha}_2$到$\boldsymbol{\alpha}_2,\boldsymbol{\alpha}_1$的过渡矩阵$\boldsymbol{P}=\begin{pmatrix}0&1\\1&0\end{pmatrix}$，求得$\boldsymbol{P}^{-1}=\begin{pmatrix}0&1\\1&0\end{pmatrix}$，于是 $\boldsymbol{A}$ 在基$\boldsymbol{\alpha}_2,\boldsymbol{\alpha}_1$下的矩阵为

$$\begin{aligned}\boldsymbol{B}=\boldsymbol{P}^{-1}\boldsymbol{AP}&=\begin{pmatrix}0&1\\1&0\end{pmatrix}\begin{pmatrix}a_{11}&a_{12}\\a_{21}&a_{22}\end{pmatrix}\begin{pmatrix}0&1\\1&0\end{pmatrix}\\&=\begin{pmatrix}a_{21}&a_{22}\\a_{11}&a_{12}\end{pmatrix}\begin{pmatrix}0&1\\1&0\end{pmatrix}=\begin{pmatrix}a_{22}&a_{21}\\a_{12}&a_{11}\end{pmatrix}.\end{aligned}$$

7.3.3　线性变换运算所对应的矩阵

利用取定一个基后线性变换与矩阵一一对应，对于线性变换的运算，有下述定理.

定理4　设$\boldsymbol{\alpha}_1,\boldsymbol{\alpha}_2,\cdots,\boldsymbol{\alpha}_n$是$n$维线性空间$V_n$的一个基，在这个基下，线性变换 $\boldsymbol{A}$, $\boldsymbol{B}$ 的矩阵分别为 $\boldsymbol{A}$，$\boldsymbol{B}$，则在基$\boldsymbol{\alpha}_1,\boldsymbol{\alpha}_2,\cdots,\boldsymbol{\alpha}_n$下：

（1）线性变换 $\boldsymbol{A}$，$\boldsymbol{B}$ 的和 $\boldsymbol{A}+\boldsymbol{B}$ 的矩阵为 $\boldsymbol{A}$，$\boldsymbol{B}$ 的和 $\boldsymbol{A}+\boldsymbol{B}$；

（2）线性变换 $\boldsymbol{A}$ 的数量乘法 $k\boldsymbol{A}$ 的矩阵为矩阵 $\boldsymbol{A}$ 的数量乘法 $k\boldsymbol{A}$；

（3）线性变换 $\boldsymbol{A}$，$\boldsymbol{B}$ 的乘积 $\boldsymbol{AB}$ 的矩阵为矩阵 $\boldsymbol{A}$，$\boldsymbol{B}$ 的乘积 $\boldsymbol{AB}$；

（4）若线性变换 $\boldsymbol{A}$ 可逆，则矩阵 $\boldsymbol{A}$ 可逆，反之亦然.

证　因为
$$\boldsymbol{A}(\boldsymbol{\alpha}_1,\boldsymbol{\alpha}_2,\cdots,\boldsymbol{\alpha}_n)=(\boldsymbol{\alpha}_1,\boldsymbol{\alpha}_2,\cdots,\boldsymbol{\alpha}_n)\boldsymbol{A},$$
$$\boldsymbol{B}(\boldsymbol{\alpha}_1,\boldsymbol{\alpha}_2,\cdots,\boldsymbol{\alpha}_n)=(\boldsymbol{\alpha}_1,\boldsymbol{\alpha}_2,\cdots,\boldsymbol{\alpha}_n)\boldsymbol{B},$$

所以，

（1）由
$$(\boldsymbol{A}+\boldsymbol{B})(\boldsymbol{\alpha}_1,\boldsymbol{\alpha}_2,\cdots,\boldsymbol{\alpha}_n)=\boldsymbol{A}(\boldsymbol{\alpha}_1,\boldsymbol{\alpha}_2,\cdots,\boldsymbol{\alpha}_n)+\boldsymbol{B}(\boldsymbol{\alpha}_1,\boldsymbol{\alpha}_2,\cdots,\boldsymbol{\alpha}_n)$$

$$=(\boldsymbol{\alpha}_1,\boldsymbol{\alpha}_2,\cdots,\boldsymbol{\alpha}_n)\boldsymbol{A}+(\boldsymbol{\alpha}_1,\boldsymbol{\alpha}_2,\cdots,\boldsymbol{\alpha}_n)\boldsymbol{B}$$
$$=(\boldsymbol{\alpha}_1,\boldsymbol{\alpha}_2,\cdots,\boldsymbol{\alpha}_n)(\boldsymbol{A}+\boldsymbol{B})$$

可知，在基$\boldsymbol{\alpha}_1,\boldsymbol{\alpha}_2,\cdots,\boldsymbol{\alpha}_n$下线性变换$\boldsymbol{A}$，$\boldsymbol{B}$的和$\boldsymbol{A}+\boldsymbol{B}$的矩阵为矩阵$\boldsymbol{A}$，$\boldsymbol{B}$的和$\boldsymbol{A}+\boldsymbol{B}$；

（2）
$$\begin{aligned}(k\boldsymbol{A})(\boldsymbol{\alpha}_1,\boldsymbol{\alpha}_2,\cdots,\boldsymbol{\alpha}_n)&=k(\boldsymbol{A}(\boldsymbol{\alpha}_1,\boldsymbol{\alpha}_2,\cdots,\boldsymbol{\alpha}_n))\\&=k((\boldsymbol{\alpha}_1,\boldsymbol{\alpha}_2,\cdots,\boldsymbol{\alpha}_n)\boldsymbol{A})\\&=(\boldsymbol{\alpha}_1,\boldsymbol{\alpha}_2,\cdots,\boldsymbol{\alpha}_n)(k\boldsymbol{A}),\end{aligned}$$

由此可知，在基$\boldsymbol{\alpha}_1,\boldsymbol{\alpha}_2,\cdots,\boldsymbol{\alpha}_n$下线性变换$\boldsymbol{A}$的数量乘法$k\boldsymbol{A}$的矩阵为矩阵$\boldsymbol{A}$的数量乘法$k\boldsymbol{A}$；

（3）同理，

$$\begin{aligned}(\boldsymbol{AB})(\boldsymbol{\alpha}_1,\boldsymbol{\alpha}_2,\cdots,\boldsymbol{\alpha}_n)&=\boldsymbol{A}[\boldsymbol{B}(\boldsymbol{\alpha}_1,\boldsymbol{\alpha}_2,\cdots,\boldsymbol{\alpha}_n)]\\&=\boldsymbol{A}[(\boldsymbol{\alpha}_1,\boldsymbol{\alpha}_2,\cdots,\boldsymbol{\alpha}_n)\boldsymbol{B}]\\&=[\boldsymbol{A}(\boldsymbol{\alpha}_1,\boldsymbol{\alpha}_2,\cdots,\boldsymbol{\alpha}_n)]\boldsymbol{B}\\&=(\boldsymbol{\alpha}_1,\boldsymbol{\alpha}_2,\cdots,\boldsymbol{\alpha}_n)\boldsymbol{AB},\end{aligned}$$

因此，在基$\boldsymbol{\alpha}_1,\boldsymbol{\alpha}_2,\cdots,\boldsymbol{\alpha}_n$下线性变换$\boldsymbol{A}$，$\boldsymbol{B}$的乘积$\boldsymbol{AB}$的矩阵为$\boldsymbol{A}$，$\boldsymbol{B}$的乘积$\boldsymbol{AB}$；

（4）单位变换$\boldsymbol{E}$对应于单位矩阵，因此等式$\boldsymbol{AB}=\boldsymbol{BA}=\boldsymbol{E}$与等式$\boldsymbol{AB}=\boldsymbol{BA}=\boldsymbol{E}$相对应，从而可逆线性变换与可逆矩阵对应，而且逆变换与逆矩阵对应．证毕．

定理 5　线性变换在不同基下所对应的矩阵是相似的；反过来，如果两个矩阵相似，那么它们可以看作同一线性变换在两个基下所对应的矩阵．

证　前一部分已经由前面的定理证明．

现在证明后一部分．设n阶矩阵$\boldsymbol{A}$和$\boldsymbol{B}$相似．$\boldsymbol{A}$可以看作是n维线性空间V_n中的一个线性变换$\boldsymbol{A}$在基$\boldsymbol{\alpha}_1,\boldsymbol{\alpha}_2,\cdots,\boldsymbol{\alpha}_n$下的矩阵．因为$\boldsymbol{B}=\boldsymbol{P}^{-1}\boldsymbol{AP}$，令$(\boldsymbol{\beta}_1,\boldsymbol{\beta}_2,\cdots,\boldsymbol{\beta}_n)=(\boldsymbol{\alpha}_1,\boldsymbol{\alpha}_2,\cdots,\boldsymbol{\alpha}_n)\boldsymbol{P}$，显然，$\boldsymbol{\beta}_1,\boldsymbol{\beta}_2,\cdots,\boldsymbol{\beta}_n$也是$V_n$的一个基，$\boldsymbol{A}$在这个基下的矩阵就是$\boldsymbol{B}$．证毕．

定理 5 表明，线性变换在不同基下的矩阵是相似的，而相似矩阵有相同的秩，由此给出下述定义．

定义 11　设$\boldsymbol{A}$是n维线性空间V_n的线性变换，$\boldsymbol{\alpha}_1,\boldsymbol{\alpha}_2,\cdots,\boldsymbol{\alpha}_n$是$V_n$的一个基，$\boldsymbol{A}$是线性变换$\boldsymbol{A}$在这个基下的矩阵，则矩阵$\boldsymbol{A}$的秩称为**线性变换$\boldsymbol{A}$的秩**．特别地，当$\boldsymbol{A}$为满秩矩阵时，也称$\boldsymbol{A}$为**满秩线性变换**．

因此，若$\boldsymbol{A}$是线性变换$\boldsymbol{A}$的矩阵，则$\boldsymbol{A}$的秩为$R(\boldsymbol{A})$，$\boldsymbol{A}$的核$S_{\boldsymbol{A}}$的维数为$n-R(\boldsymbol{A})$．

7.3.4 线性变换 A 的矩阵为对角矩阵的充要条件

设 A 是 n 维线性空间 V_n 的一个线性变换，如果在 V_n 内存在一个基 $\boldsymbol{\alpha}_1,\boldsymbol{\alpha}_2,\cdots,\boldsymbol{\alpha}_n$，使 A 在这个基下与对角矩阵对应，我们称 A 所对应的矩阵可以对角化.

利用前面的结论，有：

（1）线性变换所对应的矩阵可以对角化的充要条件是矩阵 A 有 n 个线性无关的特征向量；

（2）如果 A 有 n 个相异的特征值，则 A 可以对角化；

（3）A 可以对角化的充要条件是 A 的每一个 k_i（$k_1+k_2+\cdots+k_r=n,1\leqslant r\leqslant n$）重特征值都有 k_i 个线性无关的特征向量.

本章小结

一、线性空间

凡满足八条运算规律的加法及数量乘法，就称为线性运算；凡定义了线性运算的集合，就称为线性空间．线性空间也称为向量空间.

线性空间具有以下性质：

（1）线性空间的零元素是唯一的；

（2）线性空间 V 中每个向量的负向量是唯一的；

（3）$0\boldsymbol{\alpha}=\mathbf{0}$，$(-1)\boldsymbol{\alpha}=-\boldsymbol{\alpha}$，$k\mathbf{0}=\mathbf{0}$；

（4）如果 $k\boldsymbol{\alpha}=\mathbf{0}$，则 $k=0$ 或 $\boldsymbol{\alpha}=\mathbf{0}$.

二、线性空间的基、维数与坐标

1. 线性空间的基

在线性空间 V 中，如果存在 n 个元素 $\boldsymbol{\alpha}_1,\boldsymbol{\alpha}_2,\cdots,\boldsymbol{\alpha}_n$，满足：

（1）$\boldsymbol{\alpha}_1,\boldsymbol{\alpha}_2,\cdots,\boldsymbol{\alpha}_n$ 线性无关；

（2）V 中任一元素 $\boldsymbol{\alpha}$ 总可以由 $\boldsymbol{\alpha}_1,\boldsymbol{\alpha}_2,\cdots,\boldsymbol{\alpha}_n$ 线性表示，那么 $\boldsymbol{\alpha}_1,\boldsymbol{\alpha}_2,\cdots,\boldsymbol{\alpha}_n$ 称为线性空间 V 的一个基，n 称为线性空间 V 的维数.

2. 坐标

设 $\boldsymbol{\alpha}_1,\boldsymbol{\alpha}_2,\cdots,\boldsymbol{\alpha}_n$ 是 n 维线性空间 V_n 的一个基，$\boldsymbol{\alpha}$ 是 V_n 中的任一元素，如果

$$\boldsymbol{\alpha}=x_1\boldsymbol{\alpha}_1+x_2\boldsymbol{\alpha}_2+\cdots+x_n\boldsymbol{\alpha}_n,$$

$x_1,x_2,\cdots,x_n$ 这组有序数组就称为元素 $\boldsymbol{\alpha}$ 在 $\boldsymbol{\alpha}_1,\boldsymbol{\alpha}_2,\cdots,\boldsymbol{\alpha}_n$ 这个基下的坐标.

3. 基变换公式

若$(\boldsymbol{\beta}_1,\boldsymbol{\beta}_2,\cdots,\boldsymbol{\beta}_n)=(\boldsymbol{\alpha}_1,\boldsymbol{\alpha}_2,\cdots,\boldsymbol{\alpha}_n)\boldsymbol{A}$，其中

$$\boldsymbol{A}=\begin{pmatrix} a_{11} & a_{12} & \cdots & a_{1n} \\ a_{21} & a_{22} & \cdots & a_{2n} \\ \vdots & \vdots & & \vdots \\ a_{n1} & a_{n2} & \cdots & a_{nn} \end{pmatrix}$$

称为由基$\boldsymbol{\alpha}_1,\boldsymbol{\alpha}_2,\cdots,\boldsymbol{\alpha}_n$到$\boldsymbol{\beta}_1,\boldsymbol{\beta}_2,\cdots,\boldsymbol{\beta}_n$的过渡矩阵．$\boldsymbol{A}$中的每一列元素分别是基$\boldsymbol{\beta}_1,\boldsymbol{\beta}_2,\cdots,\boldsymbol{\beta}_n$在基$\boldsymbol{\alpha}_1,\boldsymbol{\alpha}_2,\cdots,\boldsymbol{\alpha}_n$下的坐标；由于$\boldsymbol{\beta}_1,\boldsymbol{\beta}_2,\cdots,\boldsymbol{\beta}_n$线性无关，所以过渡矩阵$\boldsymbol{A}$可逆．

$(\boldsymbol{\beta}_1,\boldsymbol{\beta}_2,\cdots,\boldsymbol{\beta}_n)=(\boldsymbol{\alpha}_1,\boldsymbol{\alpha}_2,\cdots,\boldsymbol{\alpha}_n)\boldsymbol{A}$，称为基变换公式．

4. 坐标变换公式

定理1 设V_n中的元素$\boldsymbol{\alpha}$在基$\boldsymbol{\alpha}_1,\boldsymbol{\alpha}_2,\cdots,\boldsymbol{\alpha}_n$下的坐标为$(x_1,x_2,\cdots,x_n)^{\mathrm{T}}$，在基$\boldsymbol{\beta}_1,\boldsymbol{\beta}_2,\cdots,\boldsymbol{\beta}_n$下的坐标为$(y_1,y_2,\cdots,y_n)^{\mathrm{T}}$．若两个基满足：

$$(\boldsymbol{\beta}_1,\boldsymbol{\beta}_2,\cdots,\boldsymbol{\beta}_n)=(\boldsymbol{\alpha}_1,\boldsymbol{\alpha}_2,\cdots,\boldsymbol{\alpha}_n)\boldsymbol{A},$$

则有坐标变换公式

$$\begin{pmatrix} x_1 \\ x_2 \\ \vdots \\ x_n \end{pmatrix}=\boldsymbol{A}\begin{pmatrix} y_1 \\ y_2 \\ \vdots \\ y_n \end{pmatrix} \text{或} \begin{pmatrix} y_1 \\ y_2 \\ \vdots \\ y_n \end{pmatrix}=\boldsymbol{A}^{-1}\begin{pmatrix} x_1 \\ x_2 \\ \vdots \\ x_n \end{pmatrix}.$$

三、线性变换

1. 线性变换

设V_n，U_m分别是实数域上的n维和m维线性空间，$\boldsymbol{A}$是一个从V_n到U_m的变换，如果变换满足：

（1）任给$\boldsymbol{\alpha}_1,\boldsymbol{\alpha}_2\in V_n$（从而$\boldsymbol{\alpha}_1+\boldsymbol{\alpha}_2\in V_n$），有$\boldsymbol{A}(\boldsymbol{\alpha}_1+\boldsymbol{\alpha}_2)=\boldsymbol{A}(\boldsymbol{\alpha}_1)+\boldsymbol{A}(\boldsymbol{\alpha}_2)$；

（2）任给$\boldsymbol{\alpha}\in V_n$，$k\in\mathbf{R}$（从而$k\boldsymbol{\alpha}\in V_n$），有$\boldsymbol{A}(k\boldsymbol{\alpha})=k\boldsymbol{A}(\boldsymbol{\alpha})$，那么$\boldsymbol{A}$就称为从$V_n$到$U_m$的线性变换．如果$V_n=U_m$，那么称$\boldsymbol{A}$为线性空间$V_n$中的线性变换．

2. 线性变换的简单性质

性质5 $\boldsymbol{A}(\boldsymbol{0})=\boldsymbol{0}$，$\boldsymbol{A}(-\boldsymbol{\alpha})=-\boldsymbol{A}(\boldsymbol{\alpha})$．

性质6 若$\boldsymbol{\beta}=k_1\boldsymbol{\alpha}_1+k_2\boldsymbol{\alpha}_2+\cdots+k_n\boldsymbol{\alpha}_n$，则

$$\boldsymbol{A}(\boldsymbol{\beta})=k_1\boldsymbol{A}(\boldsymbol{\alpha}_1)+k_2\boldsymbol{A}(\boldsymbol{\alpha}_2)+\cdots+k_n\boldsymbol{A}(\boldsymbol{\alpha}_n).$$

性质7 若$\boldsymbol{\alpha}_1,\boldsymbol{\alpha}_2,\cdots,\boldsymbol{\alpha}_n$线性相关，则$\boldsymbol{A}(\boldsymbol{\alpha}_1),\boldsymbol{A}(\boldsymbol{\alpha}_2),\cdots,\boldsymbol{A}(\boldsymbol{\alpha}_n)$也线性相关．

3. 线性变换的核

使 $\boldsymbol{A}(\boldsymbol{\alpha})=\mathbf{0}$ 的 $\boldsymbol{\alpha}$ 的全体 $S_A=\{\boldsymbol{\alpha}|\boldsymbol{\alpha}\in V_n, \boldsymbol{A}(\boldsymbol{\alpha})=\mathbf{0}\}$ 也是一个线性空间，S_A 称为线性变换 $\boldsymbol{A}$ 的核.

四、线性变换的运算

1. 线性变换的加法

设 $\boldsymbol{A}$，$\boldsymbol{B}$ 是线性空间 V_n 的两个线性变换，定义它们的和 $\boldsymbol{A}+\boldsymbol{B}$ 为

$$(\boldsymbol{A}+\boldsymbol{B})(\boldsymbol{\alpha})=\boldsymbol{A}(\boldsymbol{\alpha})+\boldsymbol{B}(\boldsymbol{\alpha}) \quad (\boldsymbol{\alpha}\in V_n).$$

2. 线性变换的数量乘法

设 $\boldsymbol{A}$ 是线性空间 V_n 的线性变换，k 为实数，定义它们的数量乘法 $k\boldsymbol{A}$ 为

$$(k\boldsymbol{A})(\boldsymbol{\alpha})=k\boldsymbol{A}(\boldsymbol{\alpha}) \quad (\boldsymbol{\alpha}\in V_n).$$

3. 线性变换的乘法

设 $\boldsymbol{A}$，$\boldsymbol{B}$ 是线性空间 V_n 的两个线性变换，定义它们的乘积 $\boldsymbol{AB}$ 为

$$(\boldsymbol{AB})(\boldsymbol{\alpha})=\boldsymbol{A}(\boldsymbol{B}(\boldsymbol{\alpha})) \quad (\boldsymbol{\alpha}\in V_n).$$

线性变换的逆变换

设 $\boldsymbol{A}$ 是线性空间 V_n 的线性变换，如果存在 V_n 的线性变换 $\boldsymbol{B}$，使

$$\boldsymbol{AB}=\boldsymbol{BA}=\boldsymbol{E},$$

则称线性变换 $\boldsymbol{A}$ 可逆，并称 $\boldsymbol{B}$ 是 $\boldsymbol{A}$ 的逆变换.

五、线性变换在一个基下的矩阵

设 $\boldsymbol{A}$ 是 n 维线性空间 V_n 的线性变换，在 V_n 中取定一个基 $\boldsymbol{\alpha}_1,\boldsymbol{\alpha}_2,\cdots,\boldsymbol{\alpha}_n$，如果这个基在线性变换 $\boldsymbol{A}$ 下的像（用这个基线性表示）为

$$\begin{cases}\boldsymbol{A}(\boldsymbol{\alpha}_1)=a_{11}\boldsymbol{\alpha}_1+a_{21}\boldsymbol{\alpha}_2+\cdots+a_{n1}\boldsymbol{\alpha}_n,\\ \boldsymbol{A}(\boldsymbol{\alpha}_2)=a_{12}\boldsymbol{\alpha}_1+a_{22}\boldsymbol{\alpha}_2+\cdots+a_{n2}\boldsymbol{\alpha}_n,\\ \qquad\vdots\\ \boldsymbol{A}(\boldsymbol{\alpha}_n)=a_{1n}\boldsymbol{\alpha}_1+a_{2n}\boldsymbol{\alpha}_2+\cdots+a_{nn}\boldsymbol{\alpha}_n,\end{cases}$$

记 $(\boldsymbol{A}(\boldsymbol{\alpha}_1),\boldsymbol{A}(\boldsymbol{\alpha}_2),\cdots,\boldsymbol{A}(\boldsymbol{\alpha}_n))=\boldsymbol{A}(\boldsymbol{\alpha}_1,\boldsymbol{\alpha}_2,\cdots,\boldsymbol{\alpha}_n)$，上式可以表示为

$$\boldsymbol{A}(\boldsymbol{\alpha}_1,\boldsymbol{\alpha}_2,\cdots,\boldsymbol{\alpha}_n)=(\boldsymbol{\alpha}_1,\boldsymbol{\alpha}_2,\cdots,\boldsymbol{\alpha}_n)\boldsymbol{A},$$

其中

$$\boldsymbol{A}=\begin{pmatrix}a_{11} & a_{12} & \cdots & a_{1n}\\ a_{21} & a_{22} & \cdots & a_{2n}\\ \vdots & \vdots & & \vdots\\ a_{n1} & a_{n2} & \cdots & a_{nn}\end{pmatrix},$$

那么 $\boldsymbol{A}$ 就称为线性变换 $\boldsymbol{A}$ 在基 $\boldsymbol{\alpha}_1,\boldsymbol{\alpha}_2,\cdots,\boldsymbol{\alpha}_n$ 下的矩阵.

定理 2 设$\boldsymbol{\alpha}_1,\boldsymbol{\alpha}_2,\cdots,\boldsymbol{\alpha}_n$是$n$维线性空间$V_n$的一个基，$V_n$的线性变换$\boldsymbol{A}$在这个基下的矩阵为$\boldsymbol{A}$，向量$\boldsymbol{\alpha}$，$\boldsymbol{A}(\boldsymbol{\alpha})$在基$\boldsymbol{\alpha}_1,\boldsymbol{\alpha}_2,\cdots,\boldsymbol{\alpha}_n$下的坐标为$\boldsymbol{x}$，$\boldsymbol{y}$，其中

$$\boldsymbol{A}=\begin{pmatrix} a_{11} & a_{12} & \cdots & a_{1n} \\ a_{21} & a_{22} & \cdots & a_{2n} \\ \vdots & \vdots & & \vdots \\ a_{n1} & a_{n2} & \cdots & a_{nn} \end{pmatrix},\ \boldsymbol{x}=\begin{pmatrix} x_1 \\ x_2 \\ \vdots \\ x_n \end{pmatrix},\ \boldsymbol{y}=\begin{pmatrix} y_1 \\ y_2 \\ \vdots \\ y_n \end{pmatrix},$$

则

$$\boldsymbol{y}=\boldsymbol{A}\boldsymbol{x},$$

即

$$\begin{pmatrix} y_1 \\ y_2 \\ \vdots \\ y_n \end{pmatrix}=\boldsymbol{A}\begin{pmatrix} x_1 \\ x_2 \\ \vdots \\ x_n \end{pmatrix}.$$

定理 3 设$\boldsymbol{\alpha}_1,\boldsymbol{\alpha}_2,\cdots,\boldsymbol{\alpha}_n$与$\boldsymbol{\beta}_1,\boldsymbol{\beta}_2,\cdots,\boldsymbol{\beta}_n$是线性空间$V_n$的两个不同的基，由基$\boldsymbol{\alpha}_1,\boldsymbol{\alpha}_2,\cdots,\boldsymbol{\alpha}_n$到$\boldsymbol{\beta}_1,\boldsymbol{\beta}_2,\cdots,\boldsymbol{\beta}_n$的过渡矩阵为$\boldsymbol{P}$，$V_n$中的线性变换$\boldsymbol{A}$在这两个基下的矩阵分别为$\boldsymbol{A}$和$\boldsymbol{B}$，那么$\boldsymbol{B}=\boldsymbol{P}^{-1}\boldsymbol{A}\boldsymbol{P}$. 两个基之间的过渡矩阵$\boldsymbol{P}$就是相似变换矩阵.

定理 4 设$\boldsymbol{\alpha}_1,\boldsymbol{\alpha}_2,\cdots,\boldsymbol{\alpha}_n$是$n$维线性空间$V_n$的一个基，在这个基下，线性变换$\boldsymbol{A}$，$\boldsymbol{B}$的矩阵分别为矩阵$\boldsymbol{A}$，$\boldsymbol{B}$，则在基$\boldsymbol{\alpha}_1,\boldsymbol{\alpha}_2,\cdots,\boldsymbol{\alpha}_n$下：

（1）线性变换$\boldsymbol{A}$，$\boldsymbol{B}$的和$\boldsymbol{A}+\boldsymbol{B}$的矩阵为矩阵$\boldsymbol{A}$，$\boldsymbol{B}$的和$\boldsymbol{A}+\boldsymbol{B}$；

（2）线性变换$\boldsymbol{A}$的数量乘法$k\boldsymbol{A}$的矩阵为矩阵$\boldsymbol{A}$的数量乘法$k\boldsymbol{A}$；

（3）线性变换$\boldsymbol{A}$，$\boldsymbol{B}$的乘积$\boldsymbol{A}\boldsymbol{B}$的矩阵为矩阵$\boldsymbol{A}$，$\boldsymbol{B}$的乘积$\boldsymbol{A}\boldsymbol{B}$；

（4）若线性变换$\boldsymbol{A}$可逆，则矩阵$\boldsymbol{A}$可逆，反之亦然.

定理 5 线性变换在不同基下所对应的矩阵是相似的；反过来，如果两个矩阵相似，那么它们可以看作同一线性变换在两个基下所对应的矩阵.

习题 7

1. 验证：

（1）二阶矩阵的全体S_1；

（2）主对角线上的元素之和等于 0 的二阶矩阵的全体S_2；

（3）二阶对称矩阵的全体S_3，对于矩阵的加法和数乘运算构成线性空间，并写出各个空间的一个基.

2. 验证：与向量$(1,0,0)^{\mathrm{T}}$不平行的全体三维数组向量，对于数组向量的加法和数量乘法运算不构成线性空间.

3．判断下列集合是否构成线性空间：

（1）$V_1=\{\boldsymbol{x}=(x_1,x_2,\cdots,x_n)\mid x_1+x_2+\cdots+x_n=0, x_i\in\mathbf{R}\}$；

（2）$V_2=\{\boldsymbol{x}=(x_1,x_2,\cdots,x_n)\mid x_1+2x_2+\cdots+nx_n=1, x_i\in\mathbf{R}\}$；

（3）$V_3=\{\boldsymbol{x}=(x_1, 0, \cdots, 0, x_n)\mid x_1,x_n\in\mathbf{R}\}$；

（4）$V_4=\{\boldsymbol{x}=(x_1,x_2,\cdots,x_n)\mid x_1^2+x_2^2+\cdots+x_n^2=1, x_i\in\mathbf{R}\}$；

（5）$V_5=\{\boldsymbol{x}=(x_1,x_2,\cdots,x_n)\mid x_1\cdot x_2\cdot\cdots\cdot x_n=0, x_i\in\mathbf{R}\}$.

4．检验平面上的全体向量，对于通常的加法和如下定义的数量乘法

$$k\circ\boldsymbol{\alpha}=\boldsymbol{\alpha}$$

是否构成线性空间.

5．在$\mathbf{R}^3$中求向量$\boldsymbol{\alpha}=(3,7,1)^{\mathrm{T}}$在基

$$\boldsymbol{\alpha}_1=(1,3,5)^{\mathrm{T}},\ \boldsymbol{\alpha}_2=(6,3,2)^{\mathrm{T}},\ \boldsymbol{\alpha}_3=(3,1,0)^{\mathrm{T}}$$

下的坐标.

6．在$\mathbf{R}^3$中取两个基：

$$\boldsymbol{\alpha}_1=(1,2,1)^{\mathrm{T}},\ \boldsymbol{\alpha}_2=(2,3,3)^{\mathrm{T}},\ \boldsymbol{\alpha}_3=(3,7,1)^{\mathrm{T}};$$
$$\boldsymbol{\beta}_1=(3,1,4)^{\mathrm{T}},\ \boldsymbol{\beta}_2=(5,2,1)^{\mathrm{T}},\ \boldsymbol{\beta}_3=(1,1,-6)^{\mathrm{T}},$$

试求坐标变换公式.

7．在$\mathbf{R}^4$中取两个基：

$$\boldsymbol{\alpha}_1=(1,0,0,0)^{\mathrm{T}},\ \boldsymbol{\alpha}_2=(0,1,0,0)^{\mathrm{T}},\ \boldsymbol{\alpha}_3=(0,0,1,0)^{\mathrm{T}},\ \boldsymbol{\alpha}_4=(0,0,0,1)^{\mathrm{T}};$$
$$\boldsymbol{\beta}_1=(2,1,-1,1)^{\mathrm{T}},\ \boldsymbol{\beta}_2=(0,3,1,0)^{\mathrm{T}},\ \boldsymbol{\beta}_3=(5,3,2,1)^{\mathrm{T}},\ \boldsymbol{\beta}_4=(6,6,1,3)^{\mathrm{T}},$$

（1）求由前一个基到后一个基的过渡矩阵；

（2）求向量$(x_1,x_2,x_3,x_4)^{\mathrm{T}}$在后一个基下的坐标；

（3）求在这两个基下有相同坐标的向量.

8．设$\boldsymbol{\alpha}_1,\boldsymbol{\alpha}_2,\cdots,\boldsymbol{\alpha}_n$是$n$维线性空间的一个基，求：

（1）由这个基到基$\boldsymbol{\alpha}_2,\boldsymbol{\alpha}_3,\cdots,\boldsymbol{\alpha}_n,\boldsymbol{\alpha}_1$的过渡矩阵；

（2）若$\boldsymbol{\alpha}$在基$\boldsymbol{\alpha}_2,\boldsymbol{\alpha}_3,\cdots,\boldsymbol{\alpha}_n,\boldsymbol{\alpha}_1$下的坐标为$(a_1,a_2,\cdots,a_n)^{\mathrm{T}}$，求$\boldsymbol{\alpha}$在基$\boldsymbol{\alpha}_1,\boldsymbol{\alpha}_2,\cdots,\boldsymbol{\alpha}_n$下的坐标.

9．说明xOy平面上变换$\boldsymbol{A}\begin{pmatrix}x\\y\end{pmatrix}=\boldsymbol{A}\begin{pmatrix}x\\y\end{pmatrix}$的几何意义，其中：

（1）$\boldsymbol{A}=\begin{pmatrix}-1&0\\0&1\end{pmatrix}$；　　（2）$\boldsymbol{A}=\begin{pmatrix}0&0\\0&1\end{pmatrix}$；

（3）$\boldsymbol{A}=\begin{pmatrix}0&1\\1&0\end{pmatrix}$；　　（4）$\boldsymbol{A}=\begin{pmatrix}0&1\\-1&0\end{pmatrix}$.

10. n 阶对称矩阵的全体 V 对于矩阵的线性运算构成一个 $\dfrac{n(n+1)}{2}$ 维线性空间. 给出 n 阶矩阵 $\boldsymbol{P}$，以 $\boldsymbol{A}$ 表示 V 中的任一元素，变换

$$\mathcal{A}(\boldsymbol{A}) = \boldsymbol{P}^{\mathrm{T}}\boldsymbol{A}\boldsymbol{P}$$

称为合同变换. 试证合同变换 $\mathcal{A}$ 是 V 中的线性变换.

11. 判断下列变换是否为 $\mathbf{R}^3$ 上的线性变换：

（1）$\mathcal{A}(a_1, a_2, a_3)^{\mathrm{T}} = (1, a_2, a_3)^{\mathrm{T}}$；

（2）$\mathcal{A}(a_1, a_2, a_3)^{\mathrm{T}} = (0, a_3, a_2)^{\mathrm{T}}$；

（3）$\mathcal{A}(a_1, a_2, a_3)^{\mathrm{T}} = (2a_1 - a_2, a_2 + a_3, a_1)^{\mathrm{T}}$；

（4）$\mathcal{A}(a_1, a_2, a_3)^{\mathrm{T}} = (a_1, a_2^2, 3a_3)^{\mathrm{T}}$.

12. 函数集合

$$V_3 = \{\boldsymbol{\alpha} = (a_2x^2 + a_1x + a_0)\mathrm{e}^x \,|\, a_2, a_1, a_0 \in \mathbf{R}\}$$

对于函数的线性运算构成三维线性空间. 在 V_3 中取一个基

$$\boldsymbol{\alpha}_1 = x^2\mathrm{e}^x, \boldsymbol{\alpha}_2 = x\mathrm{e}^x, \boldsymbol{\alpha}_3 = \mathrm{e}^x,$$

求微分运算 $\boldsymbol{D}$ 在这个基下的矩阵.

13. 二阶对称矩阵的全体

$$V_3 - \left\{\boldsymbol{A} = \begin{pmatrix} x_1 & x_2 \\ x_2 & x_3 \end{pmatrix} \middle| x_1, x_2, x_3 \in \mathbf{R}\right\}$$

对于矩阵的线性运算构成三维线性空间. 在 V_3 中取一个基

$$\boldsymbol{A}_1 = \begin{pmatrix} 1 & 0 \\ 0 & 0 \end{pmatrix}, \boldsymbol{A}_2 = \begin{pmatrix} 0 & 1 \\ 1 & 0 \end{pmatrix}, \boldsymbol{A}_3 = \begin{pmatrix} 0 & 0 \\ 0 & 1 \end{pmatrix},$$

在 V_3 中定义合同变换

$$\mathcal{A}(\boldsymbol{A}) = \begin{pmatrix} 1 & 0 \\ 1 & 1 \end{pmatrix} \boldsymbol{A} \begin{pmatrix} 1 & 1 \\ 0 & 1 \end{pmatrix},$$

求 $\mathcal{A}$ 在基 $\boldsymbol{A}_1, \boldsymbol{A}_2, \boldsymbol{A}_3$ 下的矩阵.

14. 设三维线性空间 V_3 的线性变换 $\mathcal{A}$ 在基 $\boldsymbol{\alpha}_1, \boldsymbol{\alpha}_2, \boldsymbol{\alpha}_3$ 下的矩阵为

$$\boldsymbol{A} = \begin{pmatrix} a_{11} & a_{12} & a_{13} \\ a_{21} & a_{22} & a_{23} \\ a_{31} & a_{32} & a_{33} \end{pmatrix},$$

求：（1）$\mathcal{A}$ 在 $\boldsymbol{\alpha}_3, \boldsymbol{\alpha}_2, \boldsymbol{\alpha}_1$ 下的矩阵；

（2）$\mathcal{A}$ 在基 $\boldsymbol{\alpha}_1, k\boldsymbol{\alpha}_2, \boldsymbol{\alpha}_3$（$k \neq 0$）下的矩阵；

（3）$\mathcal{A}$ 在基 $\boldsymbol{\alpha}_1 + \boldsymbol{\alpha}_2, \boldsymbol{\alpha}_2, \boldsymbol{\alpha}_3$ 下的矩阵.

15．已知线性变换 $\boldsymbol{A}$ 在基 $\boldsymbol{\alpha}_1=(-1,1,1)^{\mathrm{T}},\boldsymbol{\alpha}_2=(1,0,-1)^{\mathrm{T}},\boldsymbol{\alpha}_3=(0,1,1)^{\mathrm{T}}$ 下的矩阵为

$$\boldsymbol{A}=\begin{pmatrix}1&0&1\\1&1&0\\-1&2&1\end{pmatrix},$$

求 $\boldsymbol{A}$ 在基 $\boldsymbol{\beta}_1=(1,0,0)^{\mathrm{T}},\boldsymbol{\beta}_2=(0,1,0)^{\mathrm{T}},\boldsymbol{\beta}_3=(0,0,1)^{\mathrm{T}}$ 下的矩阵.

16．设 $\boldsymbol{\alpha}_1=(1,2)^{\mathrm{T}},\boldsymbol{\alpha}_2=(0,1)^{\mathrm{T}}$ 为 $\mathbf{R}^2$ 的一个基，且 $\boldsymbol{\beta}_1=(2,3)^{\mathrm{T}}$，$\boldsymbol{\beta}_2=(1,4)^{\mathrm{T}}$. 证明：在 $\mathbf{R}^2$ 中存在唯一的线性变换 $\boldsymbol{A}$，使 $\boldsymbol{A}(\boldsymbol{\alpha}_i)=\boldsymbol{\beta}_i$（$i=1,2$）. 并且对于 $\boldsymbol{\alpha}=(3,4)^{\mathrm{T}}$，求 $\boldsymbol{A}(\boldsymbol{\alpha})$.

同步测试题 7

1．设三维线性空间的一个基为 $\boldsymbol{\alpha}_1=(1,1,0)^{\mathrm{T}},\boldsymbol{\alpha}_2=(1,0,1)^{\mathrm{T}},\boldsymbol{\alpha}_3=(0,1,1)^{\mathrm{T}}$，求向量 $\boldsymbol{\beta}=(2,0,0)^{\mathrm{T}}$ 在此基下的坐标.

2．已知 $\mathbf{R}^3$ 的两个基 $\boldsymbol{e}_1=\begin{pmatrix}1\\0\\0\end{pmatrix},\boldsymbol{e}_2=\begin{pmatrix}0\\1\\0\end{pmatrix},\boldsymbol{e}_3=\begin{pmatrix}0\\0\\1\end{pmatrix}$ 和 $\boldsymbol{\alpha}_1=\begin{pmatrix}1\\0\\0\end{pmatrix},\boldsymbol{\alpha}_2=\begin{pmatrix}1\\1\\0\end{pmatrix},\boldsymbol{\alpha}_3=\begin{pmatrix}1\\1\\1\end{pmatrix}$,

（1）求由基 $\boldsymbol{e}_1,\boldsymbol{e}_2,\boldsymbol{e}_3$ 到基 $\boldsymbol{\alpha}_1,\boldsymbol{\alpha}_2,\boldsymbol{\alpha}_3$ 的过渡矩阵；

（2）若由基 $\boldsymbol{\alpha}_1,\boldsymbol{\alpha}_2,\boldsymbol{\alpha}_3$ 到基 $\boldsymbol{\beta}_1,\boldsymbol{\beta}_2,\boldsymbol{\beta}_3$ 的过渡矩阵 $\boldsymbol{P}=\begin{pmatrix}1&1&0\\0&1&1\\0&0&1\end{pmatrix}$，求 $\boldsymbol{\beta}_1,\boldsymbol{\beta}_2,\boldsymbol{\beta}_3$.

3．设 V 是所有二阶矩阵在矩阵的线性运算下所构成的线性空间，它的两个基为

$$\text{Ⅰ}：\boldsymbol{E}_{11}=\begin{pmatrix}1&0\\0&0\end{pmatrix},\boldsymbol{E}_{12}=\begin{pmatrix}0&1\\0&0\end{pmatrix},\boldsymbol{E}_{21}=\begin{pmatrix}0&0\\1&0\end{pmatrix},\boldsymbol{E}_{22}=\begin{pmatrix}0&0\\0&1\end{pmatrix}$$

$$\text{Ⅱ}：\boldsymbol{F}_1=\begin{pmatrix}2&1\\-1&1\end{pmatrix},\boldsymbol{F}_2=\begin{pmatrix}0&3\\1&0\end{pmatrix},\boldsymbol{F}_3=\begin{pmatrix}5&3\\2&1\end{pmatrix},\boldsymbol{F}_4=\begin{pmatrix}6&6\\1&3\end{pmatrix}$$

（1）求由基Ⅰ到基Ⅱ的过渡矩阵；

（2）求矩阵 $\boldsymbol{A}=\begin{pmatrix}4&0\\2&-1\end{pmatrix}$ 在基Ⅰ和基Ⅱ下的坐标.

4．设 $\mathbf{R}^3$ 中的变换 $\boldsymbol{A}$ 定义为

$$A\begin{pmatrix}x_1\\x_2\\x_3\end{pmatrix}=\begin{pmatrix}2x_1-x_2\\x_1+x_2\\x_1\end{pmatrix}.$$

（1）证明 $\boldsymbol{A}$ 是 $\mathbf{R}^3$ 中的线性变换；

（2）求 $\boldsymbol{A}$ 在 $\boldsymbol{e}_1=\begin{pmatrix}1\\0\\0\end{pmatrix},\boldsymbol{e}_2=\begin{pmatrix}0\\1\\0\end{pmatrix},\boldsymbol{e}_3=\begin{pmatrix}0\\0\\1\end{pmatrix}$ 下的矩阵.

5．已知 $\mathbf{R}^3$ 的两个基为 $\boldsymbol{\alpha}_1,\boldsymbol{\alpha}_2,\boldsymbol{\alpha}_3$ 和 $\boldsymbol{\beta}_1,\boldsymbol{\beta}_2,\boldsymbol{\beta}_3$，且

$$\boldsymbol{\beta}_1=2\boldsymbol{\alpha}_1+\boldsymbol{\alpha}_2+3\boldsymbol{\alpha}_3,\ \boldsymbol{\beta}_2=\boldsymbol{\alpha}_1+\boldsymbol{\alpha}_2+2\boldsymbol{\alpha}_3,\ \boldsymbol{\beta}_3=\boldsymbol{\alpha}_1+\boldsymbol{\alpha}_2+\boldsymbol{\alpha}_3.$$

又线性变换 $\boldsymbol{A}$ 在基 $\boldsymbol{\alpha}_1,\boldsymbol{\alpha}_2,\boldsymbol{\alpha}_3$ 下的矩阵为 $\begin{pmatrix}5&7&-5\\0&4&-1\\2&8&3\end{pmatrix}$.

（1）求向量 $\boldsymbol{\gamma}=4\boldsymbol{\alpha}_1-5\boldsymbol{\alpha}_2-\boldsymbol{\alpha}_3$ 在基 $\boldsymbol{\beta}_1,\boldsymbol{\beta}_2,\boldsymbol{\beta}_3$ 下的坐标；

（2）求 $\boldsymbol{A}$ 在基 $\boldsymbol{\beta}_1,\boldsymbol{\beta}_2,\boldsymbol{\beta}_3$ 下的矩阵.

6．在 $\mathbf{R}^4$ 中，对任一向量 $\boldsymbol{\alpha}$，设 $\boldsymbol{\alpha}$ 在基 $\boldsymbol{\alpha}_1,\boldsymbol{\alpha}_2,\cdots,\boldsymbol{\alpha}_n$ 下的坐标为 $(x_1,x_2,\cdots,x_n)^{\mathrm{T}}$，在基 $\boldsymbol{\beta}_1,\boldsymbol{\beta}_2,\cdots,\boldsymbol{\beta}_n$ 下的坐标为 $(y_1,y_2,\cdots,y_n)^{\mathrm{T}}$，且两个基下的坐标有关系

$$y_1-x_1,\ y_2=x_2-x_1,\ y_3=x_3-x_2,\cdots,\ y_n=x_n-x_{n-1},$$

求 $\mathbf{R}^4$ 的基变换公式.

7．设 n 阶矩阵全体在矩阵的线性运算下所构成的线性空间为 M_n．取定可逆矩阵 $\boldsymbol{P}\in M_n$，对于任意的 $\boldsymbol{A}\in M_n$，作相似变换 $\boldsymbol{A}(\boldsymbol{A})=\boldsymbol{P}^{-1}\boldsymbol{AP}$．证明：矩阵的相似变换 $\boldsymbol{A}$ 是 M_n 上的一个线性变换.

*第 8 章　MATLAB 软件应用

8.1　行列式与矩阵的运算

8.1.1　实验目的

掌握行列式计算、矩阵基本运算、逆矩阵及矩阵秩的 MATLAB 命令.

8.1.2　内容与步骤

1. 计算行列式的值

在 MATLAB 中，计算方阵 A 行列式的命令：

$$\det(\boldsymbol{A})$$

例 1　计算行列式

$$\begin{vmatrix} 2 & 8 & -5 & 1 \\ 1 & 9 & 0 & -6 \\ 0 & -5 & -1 & 2 \\ 1 & 0 & -7 & 6 \end{vmatrix}.$$

解　输入：

```
A=[2, 8, -5, 1;1, 9, 0, -6; 0, -5, -1, 2;1, 0, -7, 6];
% 加分号表示不显示矩阵的表达式，不加分号将显示矩阵的表达式
det(A)
% 按小键盘上的Enter键显示运算（执行）的结果
```

输出：

```
ans=
    –108
```

例 2　计算行列式

$$\begin{vmatrix} 1 & 1 & 1 & 1 \\ a & b & c & d \\ a^2 & b^2 & c^2 & d^2 \\ a^4 & b^4 & c^4 & d^4 \end{vmatrix}.$$

解 输入：

```
syms a b c d;
A=[1, 1, 1, 1; a, b, c, d; a^2, b^2, c^2, d^2; a^4, b^4, c^4, d^4];
C=det(A)
```

输出：

```
C=
  b*c^2*d^4-b*d^2*c^4-b^2*c*d^4+b^2*d*c^4+b^4*c*d^2-b^4*d*c^2
  -a*c^2*d^4+a*d^2*c^4+a*b^2*d^4-a*b^2*c^4-a*b^4*d^2+a*b^4*c^2
  +a^2*c*d^4-a^2*d*c^4-a^2*b*d^4+a^2*b*c^4+a^2*b^4*d-a^2*b^4*c
  -a^4*c*d^2+a^4*d*c^2+a^4*b*d^2-a^4*b*c^2-a^4*b^2*d+a^4*b^2*c
factor(C)              % 将上式因式分解
```

输出：

```
ans=
   -(c-a)*(-a+b)*(b-c)*(d-a)*(d-c)*(d-b)*(d+c+a+b)
```

2. 矩阵的基本运算

在 MATLAB 中，矩阵的基本运算的命令：

$\boldsymbol{A}+\boldsymbol{B}$	矩阵 $\boldsymbol{A}$ 和 $\boldsymbol{B}$ 相加
$\mu*\boldsymbol{A}$	常数 μ 和矩阵 $\boldsymbol{A}$ 相乘
$\boldsymbol{M}'$	矩阵 $\boldsymbol{M}$ 的转置
$\boldsymbol{A}*\boldsymbol{B}$	矩阵 $\boldsymbol{A}$ 和 $\boldsymbol{B}$ 相乘

例 3 已知 $\boldsymbol{A}=\begin{pmatrix}1 & 1 & 1\\1 & 1 & -1\\1 & -1 & 1\end{pmatrix}$，$\boldsymbol{B}=\begin{pmatrix}1 & 2 & 3\\-1 & -2 & 4\\0 & 5 & 1\end{pmatrix}$，求 $3\boldsymbol{AB}-2\boldsymbol{A}$ 和 $\boldsymbol{A}^{\mathrm{T}}\boldsymbol{B}$.

解 输入：

```
A=[1, 1, 1; 1, 1, -1; 1, -1, 1];
B=[1, 2, 3; -1, -2, 4; 0, 5, 1];
3*A*B-2*A
```

输出：

```
ans=
      –2    13    22
      –2   –17    20
       4    29    –2
```

输入：

```
M= A′
```

输出：

```
M=
    1   1   1
    1   1  -1
    1  -1   1
```

输入：

```
P=M*B
```

输出：

```
P=
   0   5   8
   0  -5   6
   2   9   0
```

3. 求逆矩阵

在 MATLAB 中，求逆矩阵的命令：

$$\text{inv}(\boldsymbol{A})$$

例 4 求方阵 $\boldsymbol{A}=\begin{pmatrix}3 & -2 & 0 & -1\\0 & 2 & 2 & 1\\1 & -2 & -3 & -2\\0 & 1 & 2 & 1\end{pmatrix}$的逆矩阵.

解 输入：

```
A=[3, -2, 0, -1; 0, 2, 2, 1; 1, -2, -3, -2; 0, 1, 2, 1];
inv(A)
```

输出：

```
ans=
     1    1   -2   -4
     0    1    0   -1
    -1   -1    3    6
     2    1   -6  -10
```

4. 求矩阵的秩

在 MATLAB 中，求矩阵 $\boldsymbol{A}$ 的秩的命令：

$$\text{rank}(\boldsymbol{A})$$

例 5 求矩阵 $\boldsymbol{A}=\begin{pmatrix}3 & 2 & -1 & -3 & -2\\2 & -1 & 3 & 1 & -3\\7 & 0 & 5 & -1 & -8\end{pmatrix}$的秩.

解 输入：

```
A=[3, 2, -1, -3, -2; 2, -1, 3, 1, -3; 7, 0, 5, -1, -8];
rank(A)
```

输出：

```
ans=
     2
```

8.2 线性方程组的求解

8.2.1 实验目的

掌握线性方程组的基础解系及通解的 MATLAB 命令.

8.2.2 内容与步骤

1. 求齐次线性方程组的基础解系和通解

求 $\boldsymbol{AX}=\boldsymbol{0}$ 的基础解系，可使用 MATLAB 命令：

null(***A***, 'r')　　　　　　% ***A*** 为系数矩阵

例 6 求方程组 $\begin{cases} x_1 - x_2 \quad x_3 + x_4 - 0, \\ x_1 - x_2 + x_3 - 3x_4 = 0, \\ x_1 - x_2 - 2x_3 + 3x_4 = 0 \end{cases}$ 的基础解系.

解 输入：

```
A=[1, -1, -1, 1; 1, -1, 1, -3; 1, -1, -2, 3];
null(A, 'r')
```

输出：

```
ans=
     1   1
     1   0
     0   2
     0   1
```

例 7 求方程组 $\begin{cases} 3x_1 + 4x_2 - 5x_3 + 7x_4 = 0, \\ 2x_1 - 3x_2 + 3x_3 - 2x_4 = 0, \\ 4x_1 + 11x_2 - 13x_3 + 16x_4 = 0, \\ 7x_1 - 2x_2 + x_3 + 3x_4 = 0 \end{cases}$ 的基础解系.

解 输入：

```
A=[3, 4, -5, 7; 2, -3, 3, -2; 4, 11, -13, 16; 7, -2, 1, 3];
format rat                    % 将计算结果以有理数形式显示
null(A, 'r')
```

输出：

```
ans=
      3/17    -13/17
     19/17    -20/17
       1         0
       0         1
```

例 8 求方程组$\begin{cases} x_1+x_2+2x_3-x_4=0, \\ 2x_1+x_2+x_3-x_4=0, \\ 2x_1+2x_2+x_3+2x_4=0 \end{cases}$的基础解系并给出通解.

解 输入：

```
A=[1, 1, 2, -1; 2, 1, 1, -1; 2, 2, 1, 2];
format rat
null(A, 'r')
```

输出：

```
ans=
     4/3
     -3
     4/3
      1
```

通解为$\boldsymbol{X}=k\begin{pmatrix} 4/3 \\ -3 \\ 4/3 \\ 1 \end{pmatrix}$（$k$ 为任意实数）.

2. 非齐次线性方程组的求解

（1）若非齐次线性方程组 $\boldsymbol{AX}=\boldsymbol{b}$ 有唯一解，可使用 MATLAB 命令：

$$\boldsymbol{X}=\boldsymbol{A}\backslash\mathrm{b} \text{ 或 } \boldsymbol{X}=\mathrm{inv}(\boldsymbol{A})*\boldsymbol{b}$$

（2）若非齐次线性方程组 $\boldsymbol{AX}=\boldsymbol{b}$ 有无穷多解，求特解可使用 MATLAB 命令：

$$\mathrm{pinv}(\boldsymbol{A})*\boldsymbol{b}$$

例 9 求解方程组 $\begin{cases} \dfrac{1}{2}x_1 + \dfrac{1}{3}x_2 + x_3 = 1, \\ x_1 + \dfrac{5}{3}x_2 + 3x_3 = 3, \\ 2x_1 + \dfrac{4}{3}x_2 + 5x_3 = 2. \end{cases}$

解 输入：

```
A=[1/2, 1/3, 1; 1, 5/3, 3; 2, 4/3, 5];
b=[1; 3; 2];
B=[A, b];
rank(A)
```

输出：

```
ans=
    3
```

输入：

```
rank(B)
```

输出：

```
ans=
    3
```

% 由于 $R(\boldsymbol{A}) = R(\boldsymbol{B}) = 3 = n$，故方程组有唯一解

输入：

```
format rat
x=inv(A)*b                % 或 x=A\b
```

输出：

```
ans=
     4
     3
    –2
```

例 10 求解方程组 $\begin{cases} x_1 + 2x_2 + 3x_3 + x_4 = 5, \\ 2x_1 + 4x_2 - x_4 = -3, \\ -x_1 - 2x_2 + 3x_3 + 2x_4 = 8, \\ x_1 + 2x_2 - 9x_3 - 5x_4 = -21. \end{cases}$

解 输入：

```
A=[1, 2, 3, 1; 2, 4, 0, -1; -1, -2, 3, 2; 1, 2, -9, -5];
```

```
b=[5; -3; 8; -21];
B=[A, b];
rank(A)
```

输出：

```
ans=
      2
```

输入：

```
rank(B)
```

输出：

```
ans=
      2
```

% 由于 $R(\boldsymbol{A})=R(\boldsymbol{B})=2<4=n$，故方程组有无穷多解

% 对应齐次线性方程组的基础解系为

输入：

```
format rat
null(A, 'r')
```

输出：

```
ans=
     -2    1/2
      1      0
      0   -1/2
      0      1
```

% 特解为

输入：

```
pinv(A)*b
```

输出：

```
ans=
      -8/39
     -16/39
      22/13
      37/39
```

得通解为 $\boldsymbol{X}=k_1\begin{pmatrix}-2\\1\\0\\0\end{pmatrix}+k_2\begin{pmatrix}1/2\\0\\-1/2\\1\end{pmatrix}+\begin{pmatrix}-8/39\\-16/39\\22/13\\37/39\end{pmatrix}$（$k_1, k_2$ 为任意实数）.

例 11 求解方程组 $\begin{cases}5x_1-x_2+2x_3+x_4=7,\\2x_1+x_2+4x_3-2x_4=1,\\x_1-3x_2-6x_3+5x_4=0.\end{cases}$

解 输入：

```
A=[5, -1, 2, 1; 2, 1, 4, -2; 1, -3, -6, 5];
b=[7; 1; 0];
B=[A, b];
rank(A)
```

输出：

```
ans=
    2
```

输入：

```
rank(B)
```

输出：

```
ans=
    3
```

由于 $R(\boldsymbol{A})\neq R(\boldsymbol{B})$，故方程组无解.

例 12 求方程组 $\begin{cases}x_1+3x_2+5x_3=1,\\2x_1+x_2+3x_3=1\end{cases}$ 的特解和通解.

解 % 特解为

输入：

```
A=[1, 3, 5; 2, 1, 3];
b=[1;1];
format rat
pinv(A)*b
```

输出：

```
ans=
      4/15
     -1/30
      1/6
```

```
% 对应齐次线性方程组的基础解系为
```
输入：
```
null(A, 'r')
```
输出：
```
ans=
    -4/5
    -7/5
     1
```
所以，通解为 $\boldsymbol{X}=\begin{pmatrix}4/15\\-1/30\\1/6\end{pmatrix}+k\begin{pmatrix}-4/5\\-7/5\\1\end{pmatrix}$（$k$ 为任意实数）.

8.3 施密特正交化和二次型的标准化

8.3.1 实验目的

掌握线性无关向量组正交规范化的 MATLAB 命令，掌握实对称矩阵对角化的 MATLAB 命令.

8.3.2 内容与步骤

1. 线性无关向量组的正交规范化

（1）将向量 $\boldsymbol{a}$ 单位化，使用 MATLAB 命令：

$\boldsymbol{a}$/norm($\boldsymbol{a}$)　% norm($\boldsymbol{a}$)表示计算向量 $\boldsymbol{a}$ 的范数

（2）将向量组 $\boldsymbol{A}=[\boldsymbol{\alpha}_1, \boldsymbol{\alpha}_2, \cdots, \boldsymbol{\alpha}_n]$ 正交规范化，使用 MATLAB 命令：

orth($\boldsymbol{A}$)

（3）用施密特正交化方法将向量组 $\boldsymbol{A}=[\boldsymbol{\alpha}_1, \boldsymbol{\alpha}_2, \cdots, \boldsymbol{\alpha}_n]$ 正交化，使用 MATLAB 命令：

gschmidt($\boldsymbol{A}$)

例 13　将向量 $\boldsymbol{a}=(1, 1, -1)$ 单位化.

解　输入：
```
a=[1, 1, -1];
a/norm(a)
```

输出：

```
ans=
       0.5774
       0.5774
      -0.5774
```

例 14　将向量组 $\boldsymbol{\alpha}_1=(1,\ -1,\ 0),\boldsymbol{\alpha}_2=(0,\ -2,\ 1),\boldsymbol{\alpha}_3=(1,\ 0,\ -1)$ 正交规范化.

解　输入：

```
A = [1 0 1;-1 -2 0; 0 1 -1];
orth(A)
```

输出：

```
ans=
  -18436/153633      -817/1009      1177/2049
   1698/1883          228/1489       517/1279
   -468/1127          558/985        610/857
```

例 15　将向量组 $\boldsymbol{\alpha}_1=(1,\ 1,\ -1),\boldsymbol{\alpha}_2=(3,\ -1,\ 1),\boldsymbol{\alpha}_3=(-1,\ 4,\ 1)$ 用施密特正交化方法正交化.

解　% 构建脚本文件

```
function[V]=gschmidt(A)
[row, col]=size(A);
V=zeros(row, col);
V(:, 1)=A(:, 1);
for j=2:col
    for i=1:j-1
      q(:, i)=((V(:, i)'*A(:, j))/(V(:, i)'*V(:, i)));
          r(:, j)=q(:, i)*V(:, i);
          A(:, j)=A(:, j)- r(:, j);
    end
    V(:, j)=A(:, j);
end
```

输入：

```
A=[1, 3, -1; 1, -1, 4; -1, 1, 1];
format rat
[V]=gschmidt(A)
```

输出：

V=

1	8/3	0
1	–4/3	5/2
–1	4/3	5/2

例 16 已知$\boldsymbol{\alpha}_1=(3,\ 1,\ 2)$，求一组非零向量$\boldsymbol{\alpha}_2$，$\boldsymbol{\alpha}_3$，使$\boldsymbol{\alpha}_1$，$\boldsymbol{\alpha}_2$，$\boldsymbol{\alpha}_3$两两正交.

解 先求$\boldsymbol{\alpha}_1\boldsymbol{X}=3x_1+x_2+2x_3=0$的基础解系.

输入：

```
format rat
A=null([3, 1, 2], 'r')
```

输出：

A=

–1 / 3	–2 / 3
1	0
0	1

输入：

```
[V]=gschmidt(A)
```

输出：

V=

–1 / 3	–3 / 5
1	–1 / 5
0	1

2. 实对称矩阵的对角化与二次型的标准形

将实对称矩阵 $\boldsymbol{A}$ 对角化的 MATLAB 命令：

[P, lambda]=eig($\boldsymbol{A}$)　　　% P 为正交矩阵，lambda 为特征值对角阵

例 17 设$\boldsymbol{A}=\begin{pmatrix}4&2&2\\2&4&2\\2&2&4\end{pmatrix}$，求一正交矩阵 $\boldsymbol{P}$，使 $\boldsymbol{P}^{-1}\boldsymbol{AP}$ 为对角矩阵.

解 输入：

```
A=[4, 2, 2; 2, 4, 2; 2, 2, 4];
[P, lambda]=eig(A)
```

输出：

P=

0.4082	0.7071	0.5774
0.4082	–0.7071	0.5774
–0.8165	0	0.5774

lambda=

2.0000	0	0
0	2.0000	0
0	0	8.0000

例 18 化二次型 $f = 2x_1x_2 + 2x_1x_3 + 2x_2x_3 - x_4^2$ 为标准形.

解 二次型的矩阵为

$$\boldsymbol{A} = \begin{pmatrix} 0 & 1 & 1 & 0 \\ 1 & 0 & 1 & 0 \\ 1 & 1 & 0 & 0 \\ 0 & 0 & 0 & -1 \end{pmatrix},$$

输入：

```
A=[0, 1, 1, 0; 1, 0, 1, 0; 1, 1, 0, 0; 0, 0, 0, -1];
[P, lambda]=eig(A)
```

输出：

P=

–0.7152	0.3938	0	0.5774
0.0166	–0.8163	0	0.5774
0.6987	0.4225	0	0.5774
0	0	1.0000	0

lambda=

–1.0000	0	0	0
0	–1.0000	0	0
0	0	–1.0000	0
0	0	0	2.0000

因此，正交变换为 $x = Py$，标准形为

$$f = -y_1^2 - y_2^2 - y_3^2 + 2y_4^2 .$$

附录　习题、同步测试题提示及参考答案

习题 1

1．（1）0；（2）4；（3）5；（4）3；（5）$\dfrac{n(n-1)}{2}$；（6）$n(n-1)$.

2．（1）-4；（2）$3abc-a^3-b^3-c^3$；

（3）$(a-b)(b-c)(c-a)$；（4）$-2(x^3+y^3)$.

3．$-a_{11}a_{23}a_{32}a_{44}$，$a_{11}a_{23}a_{34}a_{42}$.

4．（1）0；（2）160；（3）$4abcdef$；（4）$abcd+ab+cd+ad+1$.

5．略.

6．（1）$A_{11}=-6$，$A_{12}=A_{13}=A_{14}=0$；

$A_{21}=-12$，$A_{22}=6$，$A_{23}=A_{24}=0$；

$A_{31}=15$，$A_{32}=-6$，$A_{33}=-3$，$A_{34}=0$；

$A_{41}=7$，$A_{42}=0$，$A_{43}=1$，$A_{44}=-2$.

（2）$A_{11}=7$，$A_{12}=-12$，$A_{13}=3$;；

$A_{21}=6$，$A_{22}=4$，$A_{23}=-1$

$A_{31}=-5$，$A_{32}=5$，$A_{33}=5$.

7．4.

8．（1）$x_1=\dfrac{9}{4}$，$x_2=-3$，$x_3=\dfrac{13}{4}$；

（2）$x_1=1$，$x_2=2$，$x_3=3$，$x_4=-1$.

9．方程组仅有零解.

10．$\lambda=0$，2，3.

同步测试题 1

一、1．奇.　2．正.　3．$\dfrac{n!}{2}$.　4．24.　5．-4.

6．-6.　7．12.　8．-15.　9．0.　10．6.

二、1．C.　2．D.　3．D.　4．C.　5．C.

6．B.　7．D.　8．C.　9．A.　10．A.

三、1．$(-1)^{(n-1)}n!$.　2．x^2y^2.　3．x^3.

4．$x_1=x_2=\cdots=x_{n-1}=0$，$x_n=2$.　5．$\lambda=1$或$\mu=0$.

习题 2

1.（1）$\begin{pmatrix}1&7&-7\\1&1&-1\\4&2&-2\end{pmatrix}$；（2）$\begin{pmatrix}0&2&-5\\-2&0&-1\\5&1&0\end{pmatrix}$；（3）$\begin{pmatrix}6&4&-1\\4&2&3\\-1&3&4\end{pmatrix}$.

2.（1）$\begin{pmatrix}a_1b_1&a_1b_2&a_1b_3\\a_2b_1&a_2b_2&a_2b_3\\a_3b_1&a_3b_2&a_3b_3\end{pmatrix}$；（2）$\begin{pmatrix}6&-7&8\\20&-5&-6\end{pmatrix}$；（3）$\begin{pmatrix}1&n\\0&1\end{pmatrix}$；

（4）$a_{11}x_1^2+a_{22}x_2^2+a_{33}x_3^2+2a_{12}x_1x_2+2a_{13}x_1x_3+2a_{23}x_2x_3$；

（5）$\begin{pmatrix}1&2&5&2\\0&1&2&-4\\0&0&-4&3\\0&0&0&-9\end{pmatrix}$.

3．略.

4.（1）取 $\boldsymbol{A}=\begin{pmatrix}1&1\\-1&-1\end{pmatrix}\neq\boldsymbol{O}$， $\boldsymbol{A}^2=\boldsymbol{O}$；

（2）取 $\boldsymbol{A}=\begin{pmatrix}1&0\\0&0\end{pmatrix}$，有 $\boldsymbol{A}\neq\boldsymbol{O}$，$\boldsymbol{A}\neq\boldsymbol{E}$， $\boldsymbol{A}^2=\boldsymbol{A}$；

（3）取 $\boldsymbol{A}=\begin{pmatrix}1&0\\0&0\end{pmatrix}$， $\boldsymbol{X}=\begin{pmatrix}1&0\\0&0\end{pmatrix}$， $\boldsymbol{Y}=\begin{pmatrix}1&0\\0&1\end{pmatrix}$，有 $\boldsymbol{X}\neq\boldsymbol{Y}$， $\boldsymbol{AX}=\boldsymbol{AY}$.

5． $\boldsymbol{A}^k=\begin{pmatrix}1&0\\k\lambda&1\end{pmatrix}$.

6.（1）$\begin{pmatrix}5&-2\\-2&1\end{pmatrix}$；（2）$\begin{pmatrix}\cos\theta&\sin\theta\\-\sin\theta&\cos\theta\end{pmatrix}$；

（3）$\begin{pmatrix}7/25&6/25&-1/5\\-12/25&4/25&1/5\\3/25&-1/25&1/5\end{pmatrix}$；（4）$\begin{pmatrix}1&2&-5/2&-7/6\\0&-1&1&0\\0&0&1/2&-1/6\\0&0&0&1/3\end{pmatrix}$.

7． $\boldsymbol{A}=\boldsymbol{A}^3(\boldsymbol{A}^2)^{-1}=\begin{pmatrix}1&-1&1\\1&0&1\\-1&1&2\end{pmatrix}$.

8. $\boldsymbol{A}=\boldsymbol{B}(\boldsymbol{B}-\boldsymbol{E})^{-1}=\begin{pmatrix}1 & 1/2 & 0\\ -1/2 & 1 & 0\\ 0 & 0 & 2\end{pmatrix}$.

9.（1）$\begin{pmatrix}7/6 & 2/3 & -3/2\\ -1 & -1 & 2\\ -1/2 & 0 & 1/2\end{pmatrix}$；（2）$\begin{pmatrix}1 & 1 & -2 & -4\\ 0 & 1 & 0 & -1\\ -1 & -1 & 3 & 6\\ 2 & 1 & -6 & -10\end{pmatrix}$.

10.（1）$\boldsymbol{X}=\begin{pmatrix}0 & 1 & 2\\ 1 & 2 & 3\\ 2 & 1 & 0\end{pmatrix}$；（2）$\boldsymbol{X}=\begin{pmatrix}-2 & 2 & 1\\ -8/3 & 5 & -2/3\end{pmatrix}$；

（3）$\boldsymbol{X}=\begin{pmatrix}1 & 1\\ 1/4 & 0\end{pmatrix}$；（4）$\boldsymbol{X}=\begin{pmatrix}2 & -1 & 0\\ 1 & 3 & -4\\ 1 & 0 & -2\end{pmatrix}$.

11. 略.

12. $\boldsymbol{A}^{-1}=\dfrac{1}{2}(\boldsymbol{A}-\boldsymbol{E})$，$(\boldsymbol{A}+2\boldsymbol{E})^{-1}=\dfrac{1}{4}(3\boldsymbol{E}-\boldsymbol{A})$.

13. $\dfrac{1}{3}\begin{pmatrix}1+2^{13} & 4+2^{13}\\ -1-2^{11} & -4-2^{11}\end{pmatrix}=\begin{pmatrix}2731 & 2732\\ -683 & -684\end{pmatrix}$.

14. $|\boldsymbol{A}|=3$，$\boldsymbol{A}^{-1}=\begin{pmatrix}-2 & 1 & 0 & 0\\ 3 & -1 & 0 & 0\\ 0 & 0 & 1/3 & -2/3\\ 0 & 0 & 0 & -1\end{pmatrix}$.

15. $\begin{pmatrix}\boldsymbol{O} & \boldsymbol{B}^{-1}\\ \boldsymbol{A}^{-1} & \boldsymbol{O}\end{pmatrix}$.

16.（1）2，$\begin{vmatrix}3 & 1\\ 1 & -1\end{vmatrix}\neq 0$；（2）3，$\begin{vmatrix}3 & 2 & -1\\ 2 & -1 & -3\\ 7 & 0 & -8\end{vmatrix}\neq 0$；

（3）3，$\begin{vmatrix}2 & 1 & 7\\ 2 & -3 & -5\\ 1 & 0 & 0\end{vmatrix}\neq 0$.

同步测试题 2

1．-24，9，$\dfrac{1}{24}$．　2．$-\dfrac{1}{2}$，2．　3．$\boldsymbol{E}$．　4．$\begin{pmatrix}1&0&2\\0&2&-2\\0&0&2\end{pmatrix}$．　5．$-2$．

6．0．　7．$\boldsymbol{O}$．　8．n．　9．1．　10．2．

二、1．C．　2．C．　3．C．　4．B．　5．D．

6．B．　7．C．　8．D．　9．C．　10．B．

三、1．（1）$\begin{pmatrix}1&-4&6\\-17&-17&3\\9&-18&16\end{pmatrix}$；　（2）$\begin{pmatrix}9&4&6\\-15&-15&9\\-3&26&-13\end{pmatrix}$；

（3）$\begin{pmatrix}5&6&17\\-5&1&-3\\5&11&22\end{pmatrix}$．

2．（1）$\dfrac{1}{4}\begin{pmatrix}1&1&1&1\\1&1&-1&-1\\1&-1&1&-1\\1&-1&-1&1\end{pmatrix}$；　（2）$\begin{pmatrix}\cos\theta&-\sin\theta&0\\\sin\theta&\cos\theta&0\\0&0&1\end{pmatrix}$；

（3）$\begin{pmatrix}0&0&0&1\\0&0&1&0\\0&1&0&0\\1&0&0&0\end{pmatrix}$；　（4）$\begin{pmatrix}1&-2&0&0\\-2&5&0&0\\0&0&1/3&2/3\\0&0&-1/3&1/3\end{pmatrix}$．

3．$\begin{pmatrix}5&-2&-1\\-2&2&0\\-1&0&1\end{pmatrix}$．

4．当$k\neq0$时，矩阵$\boldsymbol{A}$可逆，且$\boldsymbol{A}^{-1}=\begin{pmatrix}1&0&0\\0&1/k&0\\-1&1/k&1\end{pmatrix}$．

5．$\begin{pmatrix}-2&0&1\\0&-1&0\\0&0&-2\end{pmatrix}$．

6．$\boldsymbol{A}^{11}=\begin{pmatrix}1/2&\sqrt{3}/2\\-\sqrt{3}/2&1/2\end{pmatrix}$．

7. $\boldsymbol{P}=\begin{pmatrix} 2/7 & 1/7 & 0 \\ -1/7 & 3/7 & 0 \\ -1 & 2 & 1 \end{pmatrix}$；不唯一.

习题 3

1. $\boldsymbol{\alpha}_1-\boldsymbol{\alpha}_2=(1,0,-1)^{\mathrm{T}}$，$3\boldsymbol{\alpha}_1+2\boldsymbol{\alpha}_2-\boldsymbol{\alpha}_3=(0,1,2)^{\mathrm{T}}$.

2. $\boldsymbol{\alpha}=(1,2,3,4)^{\mathrm{T}}$.

3. $\boldsymbol{\beta}=-11\boldsymbol{\alpha}_1+14\boldsymbol{\alpha}_2+9\boldsymbol{\alpha}_3$.

4. 当$a=-1$或$a=2$时.

5. 略.　　6. 略.　　7. 略.

8.（1）$k=3$；（2）当$a=0$或 3 时，向量组的秩为 3. 当$a=0$时，$\boldsymbol{\alpha}_1,\boldsymbol{\alpha}_2,\boldsymbol{\alpha}_4$为极大无关组，$\boldsymbol{\alpha}_3=-\boldsymbol{\alpha}_1+\boldsymbol{\alpha}_2$，$\boldsymbol{\alpha}_5=\boldsymbol{\alpha}_1+\boldsymbol{\alpha}_2$；当$a=3$时，$\boldsymbol{\alpha}_1,\boldsymbol{\alpha}_2,\boldsymbol{\alpha}_3$为极大无关组且$\boldsymbol{\alpha}_4=\boldsymbol{\alpha}_1+2\boldsymbol{\alpha}_2$，$\boldsymbol{\alpha}_5=\boldsymbol{\alpha}_1+\boldsymbol{\alpha}_2$.

9.（1）第 1、2、3 列；（2）第 1、2、3 列.

10.（1）$\boldsymbol{\alpha}_1,\boldsymbol{\alpha}_2$；（2）$\boldsymbol{\alpha}_1,\boldsymbol{\alpha}_2$.

11. 略.　　12. 略.

13. V_1是，V_2不是.

14. 略.　　15. 略.　　16. 略.

同步测试题 3

一、1. $-\dfrac{5}{13}$.　　2. 任意实数.　　3. $(-7/3,-5/3,-4,-6)$.　　4. -8.

5. 3.　　6. 3.　　7. 1.　　8. 7.　　9. 相关.　　10. $a=2b$.

二、1. C.　　2. A.　　3. D.　　4. C.　　5. B.

6. C.　　7. B.　　8. A.　　9. B.　　10. D.

三、1.（1）$a=-1$，$b\neq 0$时，$\boldsymbol{\beta}$不能表示为$\boldsymbol{\alpha}_1,\boldsymbol{\alpha}_2,\boldsymbol{\alpha}_3,\boldsymbol{\alpha}_4$的线性组合；

（2）$a\neq -1$时，$\boldsymbol{\beta}=\dfrac{-2b}{a+1}\boldsymbol{\alpha}_1+\dfrac{a+b+1}{a+1}\boldsymbol{\alpha}_2+\dfrac{b}{a+1}\boldsymbol{\alpha}_3+0\cdot\boldsymbol{\alpha}_4$.

2. $t\neq -2$，3 时，$\boldsymbol{\alpha}_1,\boldsymbol{\alpha}_2,\boldsymbol{\alpha}_3$线性无关；$t=-2$，3 时，$\boldsymbol{\alpha}_1,\boldsymbol{\alpha}_2,\boldsymbol{\alpha}_3$线性相关.

3. $abc=1$.

4. $x=-1$.

5.（1）3；（2）$\boldsymbol{\alpha}_1,\boldsymbol{\alpha}_2,\boldsymbol{\alpha}_3$为一个极大无关组，且

$$\boldsymbol{\alpha}_4=\frac{2}{3}\boldsymbol{\alpha}_1+\frac{1}{3}\boldsymbol{\alpha}_2+\boldsymbol{\alpha}_3,\boldsymbol{\alpha}_5=-\frac{1}{3}\boldsymbol{\alpha}_1+\frac{1}{3}\boldsymbol{\alpha}_2+0\cdot\boldsymbol{\alpha}_3.$$

习题 4

1.（1）$\begin{pmatrix} x_1 \\ x_2 \\ x_3 \\ x_4 \end{pmatrix} = k_1 \begin{pmatrix} 0 \\ 1 \\ 0 \\ 4 \end{pmatrix} + k_2 \begin{pmatrix} -16 \\ 3 \\ 4 \\ 0 \end{pmatrix}$ （$k_1, k_2 \in \mathbf{R}$）；

（2）$\begin{pmatrix} x_1 \\ x_2 \\ x_3 \\ x_4 \end{pmatrix} = k_1 \begin{pmatrix} 1 \\ 7 \\ 0 \\ 19 \end{pmatrix} + k_2 \begin{pmatrix} -2 \\ -14 \\ 19 \\ 0 \end{pmatrix}$ （$k_1, k_2 \in \mathbf{R}$）；

（3）$\begin{pmatrix} x_1 \\ x_2 \\ x_3 \\ x_4 \end{pmatrix} = k \begin{pmatrix} 0 \\ -2 \\ 1 \\ 0 \end{pmatrix}$ （$k \in \mathbf{R}$）；

（4）$\begin{pmatrix} x_1 \\ x_2 \\ x_3 \\ x_4 \end{pmatrix} = k \begin{pmatrix} 1 \\ 1 \\ 0 \\ 0 \end{pmatrix}$ （$k \in \mathbf{R}$）；

（5）$\begin{pmatrix} x_1 \\ x_2 \\ x_3 \\ x_4 \\ x_5 \end{pmatrix} = k_1 \begin{pmatrix} 0 \\ 1 \\ 1 \\ 0 \\ 0 \end{pmatrix} + k_2 \begin{pmatrix} 0 \\ 1 \\ 0 \\ 1 \\ 0 \end{pmatrix} + k_3 \begin{pmatrix} 1 \\ -5 \\ 0 \\ 0 \\ 3 \end{pmatrix}$ （$k_1, k_2, k_3 \in \mathbf{R}$）；

（6）$\begin{pmatrix} x_1 \\ x_2 \\ x_3 \\ x_4 \\ x_5 \end{pmatrix} = k_1 \begin{pmatrix} -2 \\ 1 \\ 1 \\ 0 \\ 0 \end{pmatrix} + k_2 \begin{pmatrix} -6 \\ 5 \\ 0 \\ 0 \\ 1 \end{pmatrix}$ （$k_1, k_2 \in \mathbf{R}$）.

2.（1）$\boldsymbol{x} = \begin{pmatrix} x_1 \\ x_2 \\ x_3 \\ x_4 \end{pmatrix} = k \begin{pmatrix} -1 \\ 1 \\ 1 \\ 0 \end{pmatrix} + \begin{pmatrix} -8 \\ 13 \\ 0 \\ 2 \end{pmatrix}$ （$k \in \mathbf{R}$），$\boldsymbol{\xi} = \begin{pmatrix} -1 \\ 1 \\ 1 \\ 0 \end{pmatrix}$；

（2）$\boldsymbol{x}=\begin{pmatrix}x_1\\x_2\\x_3\\x_4\end{pmatrix}=k_1\begin{pmatrix}-9\\1\\7\\0\end{pmatrix}+k_2\begin{pmatrix}-4\\0\\7/2\\1\end{pmatrix}+\begin{pmatrix}-17\\0\\14\\0\end{pmatrix}$ （$k_1,k_2\in\mathbf{R}$），

$\boldsymbol{\xi}_1=\begin{pmatrix}-9\\1\\7\\0\end{pmatrix},\boldsymbol{\xi}_2=\begin{pmatrix}-4\\0\\7/2\\1\end{pmatrix}$；

（3）无解；

（4）$\boldsymbol{x}=\begin{pmatrix}x_1\\x_2\\x_3\\x_4\end{pmatrix}=k_1\begin{pmatrix}-1\\2\\1\\0\end{pmatrix}+k_2\begin{pmatrix}1\\-1\\0\\1\end{pmatrix}+\begin{pmatrix}-3\\-2\\0\\0\end{pmatrix}$ （$k_1,k_2,k_3\in\mathbf{R}$），

$\boldsymbol{\xi}_1=\begin{pmatrix}-1\\2\\1\\0\end{pmatrix},\boldsymbol{\xi}_2=\begin{pmatrix}1\\-1\\0\\1\end{pmatrix}$；

（5）$\boldsymbol{x}=\begin{pmatrix}x_1\\x_2\\x_3\\x_4\\x_5\end{pmatrix}=k_1\begin{pmatrix}1\\-2\\1\\0\\0\end{pmatrix}+k_2\begin{pmatrix}1\\-2\\0\\1\\0\end{pmatrix}+k_3\begin{pmatrix}5\\-6\\0\\0\\1\end{pmatrix}+\begin{pmatrix}-16\\23\\0\\0\\0\end{pmatrix}$ （$k_1,k_2,k_3\in\mathbf{R}$），

$\boldsymbol{\xi}_1=\begin{pmatrix}1\\-2\\1\\0\\0\end{pmatrix},\boldsymbol{\xi}_2=\begin{pmatrix}1\\-2\\0\\1\\0\end{pmatrix},\boldsymbol{\xi}_3=\begin{pmatrix}5\\-6\\0\\0\\1\end{pmatrix}$；

（6）$\boldsymbol{x}=\begin{pmatrix}x_1\\x_2\\x_3\\x_4\\x_5\end{pmatrix}=k_1\begin{pmatrix}-1\\1\\0\\0\\0\end{pmatrix}+k_2\begin{pmatrix}0\\0\\-1\\1\\0\end{pmatrix}+k_3\begin{pmatrix}3/2\\0\\-5/2\\0\\1\end{pmatrix}+\begin{pmatrix}0\\0\\1\\0\\0\end{pmatrix}$ （$k_1,k_2,k_3\in\mathbf{R}$），

$$\boldsymbol{\xi}_1=\begin{pmatrix}-1\\1\\0\\0\\0\end{pmatrix},\boldsymbol{\xi}_2=\begin{pmatrix}0\\0\\-1\\1\\0\end{pmatrix},\boldsymbol{\xi}_3=\begin{pmatrix}3/2\\0\\-5/2\\0\\1\end{pmatrix}.$$

3. $\begin{cases}x_1-2x_2+x_3=0,\\2x_1-3x_2+x_4=0.\end{cases}$

4. $\lambda=1$时有解，$\begin{pmatrix}x_1\\x_2\\x_3\end{pmatrix}=k\begin{pmatrix}1\\1\\1\end{pmatrix}+\begin{pmatrix}1\\0\\0\end{pmatrix}$；$\lambda=-2$时有解，$\begin{pmatrix}x_1\\x_2\\x_3\end{pmatrix}=k\begin{pmatrix}1\\1\\1\end{pmatrix}+\begin{pmatrix}2\\2\\0\end{pmatrix}$.

5. $\lambda\neq1$且$\lambda\neq10$时有唯一解；$\lambda=10$时无解；$\lambda=1$时有无穷多解，解为

$$\begin{pmatrix}x_1\\x_2\\x_3\end{pmatrix}=k_1\begin{pmatrix}-2\\1\\0\end{pmatrix}+k_2\begin{pmatrix}2\\0\\1\end{pmatrix}+\begin{pmatrix}1\\0\\0\end{pmatrix}\quad（k_1,k_2\in\mathbf{R}）.$$

6.（1）$a\neq1$时，有唯一解；（2）$a=1$，$b\neq1$时，无解；（3）$a=1$，$b=-1$时，有无穷多解，通解为

$$\begin{pmatrix}x_1\\x_2\\x_3\\x_4\end{pmatrix}=k_1\begin{pmatrix}1\\-2\\1\\0\end{pmatrix}+k_2\begin{pmatrix}1\\-2\\0\\1\end{pmatrix}+\begin{pmatrix}-1\\1\\0\\0\end{pmatrix}\quad（k_1,k_2\in\mathbf{R}）.$$

7. $\boldsymbol{x}=k\begin{pmatrix}3\\4\\5\\6\end{pmatrix}+\begin{pmatrix}2\\3\\4\\5\end{pmatrix}$ （$k\in\mathbf{R}$）.

8. 略. 9. 略. 10. 略.

同步测试题 4

一、1. $n-k$；n. 2. $k\neq\dfrac{3}{5}$. 3. n个线性无关的n维向量.

4. $k(1,1,1)^{\mathrm{T}}$，k为任意常数. 5. 只有零解.

6. $\boldsymbol{b}=k_1\begin{pmatrix}1\\0\\2\end{pmatrix}+k_2\begin{pmatrix}2\\1\\-1\end{pmatrix}+k_3\begin{pmatrix}3\\2\\1\end{pmatrix}$ （$k_1,k_2,k_3\in\mathbf{R}$）.

7. -2. 8. 1. 9. $\neq 0$. 10. $a_1+a_3=a_2+a_4$.

二、1. C. 2. D. 3. D. 4. D. 5. C.

6. A. 7. A. 8. A. 9. A. 10. B.

三、1. $\lambda=3$，$\boldsymbol{x}=k_1\begin{pmatrix}2\\1\\0\\0\end{pmatrix}+k_2\begin{pmatrix}2\\0\\-5\\7\end{pmatrix}+\begin{pmatrix}6/7\\0\\-1/7\\0\end{pmatrix}$ （$k_1,k_2\in\mathbf{R}$）；

2. $\lambda\neq-2$ 且 $\lambda\neq1$ 时，有唯一解；$\lambda=-2$ 时，无解；$\lambda=1$ 时，有无穷多解，

$\boldsymbol{x}=k_1\begin{pmatrix}-1\\1\\0\end{pmatrix}+k_2\begin{pmatrix}-1\\0\\1\end{pmatrix}+\begin{pmatrix}-2\\0\\0\end{pmatrix}$ （$k_1,k_2\in\mathbf{R}$）；

3. $t=1$，$\boldsymbol{x}=k_1\begin{pmatrix}1\\-1\\1\\0\end{pmatrix}+k_2\begin{pmatrix}0\\-1\\0\\1\end{pmatrix}$ （$k_1,k_2\in\mathbf{R}$）；

4.（1）$\lambda\neq0$ 且 $\lambda\neq-3$；（2）$\lambda=0$；（3）$\lambda=-3$.

5. $\boldsymbol{x}=k\begin{pmatrix}0\\-1\\1\\1\end{pmatrix}+\begin{pmatrix}1/2\\1/2\\0\\1\end{pmatrix}$ （$k\in\mathbf{R}$）.

6.（1）$\lambda=1$；（2）$|\boldsymbol{B}|=0$.

7. $\boldsymbol{B}=\begin{pmatrix}-1&-2&0\\1&0&0\\0&1&0\end{pmatrix}$.

习题 5

1.（1）$\lambda_1=2$，$k_1\begin{pmatrix}-1\\1\end{pmatrix}$ （$k_1\neq0$）；$\lambda_2=3$，$k_2\begin{pmatrix}-1\\2\end{pmatrix}$ （$k_2\neq0$）；

（2）$\lambda_1=-1$，$k_1\begin{pmatrix}1\\-1\\0\end{pmatrix}$ （$k_1\neq0$）；$\lambda_2=9$，$k_2\begin{pmatrix}1\\1\\2\end{pmatrix}$ （$k_2\neq0$）；

$\lambda_3=0$，$k_3\begin{pmatrix}1\\1\\-1\end{pmatrix}$（$k_3\neq 0$）；

（3）$\lambda_1=2$，$k_1\begin{pmatrix}1\\0\\0\end{pmatrix}$（$k_1\neq 0$）；

$\lambda_2=\lambda_3=3$，$k_2\begin{pmatrix}0\\1\\0\end{pmatrix}+k_3\begin{pmatrix}-2\\0\\1\end{pmatrix}$（$k_2$，$k_3$不全为零）；

（4）$\lambda_1=\lambda_2=\lambda_3=-1$，$k_1\begin{pmatrix}1\\1\\-1\end{pmatrix}$（$k_1\neq 0$）；

（5）$\lambda_1=\lambda_2=1$，$k_1\begin{pmatrix}0\\1\\0\end{pmatrix}+k_2\begin{pmatrix}1\\0\\1\end{pmatrix}$（$k_1$，$k_2$不全为零）；

$\lambda_3=-1$，$k_3\begin{pmatrix}1\\0\\-1\end{pmatrix}$（$k_3\neq 0$）；

（6）$\lambda_1=\lambda_2=1$，$k_1\begin{pmatrix}0\\1\\1\\0\end{pmatrix}+k_2\begin{pmatrix}1\\0\\0\\1\end{pmatrix}$（$k_1$，$k_2$不全为零）；

$\lambda_3=\lambda_4=-1$，$k_3\begin{pmatrix}0\\-1\\1\\0\end{pmatrix}+k_4\begin{pmatrix}-1\\0\\0\\1\end{pmatrix}$（$k_3$，$k_4$不全为零）.

2．λ^2，$\lambda^2+5\lambda-3$．

3．$2-\dfrac{1}{\lambda}$，$\dfrac{4}{\lambda^2}+1$．

4．提示：$\boldsymbol{Ax}=\lambda\boldsymbol{x}$，$\boldsymbol{A}^2\boldsymbol{x}=\boldsymbol{A}(\boldsymbol{Ax})=\boldsymbol{A}(\lambda\boldsymbol{x})=\lambda(\boldsymbol{Ax})=\lambda^2\boldsymbol{x}$，于是$\lambda\boldsymbol{x}=\lambda^2\boldsymbol{x}$，$(\lambda-\lambda^2)\boldsymbol{x}=\boldsymbol{0}$，而$\boldsymbol{x}\neq\boldsymbol{0}$，所以$\lambda-\lambda^2=0$，$\lambda=0$或$\lambda=1$．

5．18．

6．25.

7．由 $\boldsymbol{E}-\boldsymbol{A}$，$\boldsymbol{E}+\boldsymbol{A}$，$3\boldsymbol{E}-\boldsymbol{A}$ 不可逆，得 $|\boldsymbol{A}-\boldsymbol{E}|=|\boldsymbol{A}+\boldsymbol{E}|=|\boldsymbol{A}-3\boldsymbol{E}|=0$，知 $\boldsymbol{A}$ 的特征值为1，-1，3，从而 $\boldsymbol{A}$ 可以对角化，即其相似于对角矩阵.

8．$\boldsymbol{A}=\boldsymbol{P}\begin{pmatrix}1 & & \\ & 0 & \\ & & -1\end{pmatrix}\boldsymbol{P}^{-1}=\begin{pmatrix}1 & 0 & 0\\ 2 & 0 & 0\\ 6 & -1 & -1\end{pmatrix}$，$\boldsymbol{A}^5=\boldsymbol{A}$.

9．略.

10．$\boldsymbol{A}^{100}=\begin{pmatrix}1 & 0 & 0\\ 0 & 5^{100} & 0\\ 0 & 0 & 5^{100}\end{pmatrix}$.

11．（1）$a=-3$，$b=0$，$\lambda=-1$；　（2）不能.

提示：设 $\boldsymbol{p}$ 所对应的特征值为 λ，则有 $\boldsymbol{A}\boldsymbol{p}=\lambda\boldsymbol{p}$，利用向量的相等即可.

12．$x=3$.

提示：由 $|\boldsymbol{A}-\lambda\boldsymbol{E}|=0$，知 $\boldsymbol{A}$ 的特征值为 $\lambda_1=\lambda_2=1$，$\lambda_3=6$，根据方阵可对角化的充要条件，方阵 $\boldsymbol{A}=\begin{pmatrix}2 & 0 & 1\\ 3 & 1 & x\\ 4 & 0 & 5\end{pmatrix}$ 可对角化等价于 $R(\boldsymbol{A}-\boldsymbol{E})=1$.

13．（1）$\xi_1=\begin{pmatrix}1\\1\\1\end{pmatrix},\xi_2=\begin{pmatrix}-1\\0\\1\end{pmatrix},\xi_3=\begin{pmatrix}1/3\\-2/3\\1/3\end{pmatrix}$；

（2）$\xi_1=\begin{pmatrix}1\\0\\-1\\1\end{pmatrix},\xi_2=\frac{1}{3}\begin{pmatrix}1\\-3\\2\\1\end{pmatrix},\xi_3=\frac{1}{5}\begin{pmatrix}-1\\3\\3\\4\end{pmatrix}$.

14．$(2/3,-2/3,1/3)^{\mathrm{T}}$ 或 $(-2/3,2/3,-1/3)^{\mathrm{T}}$.

15．（1）不是；　（2）是；　（3）不是.

16．略.

17．提示：先求与 $\xi_1=\begin{pmatrix}1\\1\\1\end{pmatrix}$ 正交的特征向量，即满足 $(1\quad 1\quad 1)\begin{pmatrix}x_1\\x_2\\x_3\end{pmatrix}=0$，解得 ξ_2,ξ_3．将 ξ_1 单位化得 $\boldsymbol{p}_1$，将 ξ_2,ξ_3 单位正交化得 $\boldsymbol{p}_2,\boldsymbol{p}_3$.

令 $\boldsymbol{P}=(\boldsymbol{p}_1,\boldsymbol{p}_2,\boldsymbol{p}_3)=\begin{pmatrix}1/\sqrt{3} & 1/\sqrt{2} & 1/\sqrt{6}\\ 1/\sqrt{3} & -1/\sqrt{2} & 1/\sqrt{6}\\ 1/\sqrt{3} & 0 & -2/\sqrt{6}\end{pmatrix}$，则 $\boldsymbol{P}^{-1}\boldsymbol{A}\boldsymbol{P}=\begin{pmatrix}6 & & \\ & 3 & \\ & & 3\end{pmatrix}$，于是

$\boldsymbol{A}=\boldsymbol{P}\begin{pmatrix}6 & & \\ & 3 & \\ & & 3\end{pmatrix}\boldsymbol{P}^{-1}=\begin{pmatrix}4 & 1 & 1\\ 1 & 4 & 1\\ 1 & 1 & 4\end{pmatrix}$.

18．$x=4$，$y=5$，$\boldsymbol{P}=\begin{pmatrix}1/\sqrt{2} & 2/3 & 1/3\sqrt{2}\\ 0 & 1/3 & -4/3\sqrt{2}\\ -1/\sqrt{2} & 2/3 & 1/3\sqrt{2}\end{pmatrix}$.

提示：解法 1：$\boldsymbol{A}=\begin{pmatrix}1 & -2 & -4\\ -2 & x & -2\\ -4 & -2 & 1\end{pmatrix}$与$\boldsymbol{\Lambda}=\begin{pmatrix}5 & & \\ & -4 & \\ & & y\end{pmatrix}$相似，则$|\boldsymbol{A}-\lambda\boldsymbol{E}|=$ $|\boldsymbol{\Lambda}-\lambda\boldsymbol{E}|=(5-\lambda)(-4-\lambda)(y-\lambda)$，比较等式两边$\lambda$的同次幂的系数，即得$x$，$y$.

解法 2：$\boldsymbol{A}=\begin{pmatrix}1 & -2 & -4\\ -2 & x & -2\\ -4 & -2 & 1\end{pmatrix}$与$\boldsymbol{\Lambda}=\begin{pmatrix}5 & & \\ & -4 & \\ & & y\end{pmatrix}$相似，则$|\boldsymbol{A}|=|\boldsymbol{\Lambda}|$，$\lambda_1+\lambda_2+\lambda_3=\sum_{i=1}^{3}a_{ii}=1+x+1=5-4+y$，解方程组$\begin{cases}|\boldsymbol{A}|=|\boldsymbol{\Lambda}|,\\ 1+x+1=5-4+y,\end{cases}$ 即得x，y.

19.（1）$\boldsymbol{P}=\begin{pmatrix}1 & 2 & 2\\ 2 & 1 & -2\\ 2 & -2 & 1\end{pmatrix}$，$\boldsymbol{P}^{-1}\boldsymbol{A}\boldsymbol{P}=\begin{pmatrix}-2 & & \\ & 1 & \\ & & 4\end{pmatrix}$；

（2）$\boldsymbol{P}=\begin{pmatrix}1/3 & 0 & 4/3\sqrt{2}\\ 2/3 & 1/\sqrt{2} & -1/3\sqrt{2}\\ -2/3 & 1/\sqrt{2} & 1/3\sqrt{2}\end{pmatrix}$，$\boldsymbol{P}^{-1}\boldsymbol{A}\boldsymbol{P}=\begin{pmatrix}10 & & \\ & 1 & \\ & & 1\end{pmatrix}$；

（3）$\boldsymbol{P}=\begin{pmatrix}-1/\sqrt{2} & 1/\sqrt{6} & 1/\sqrt{2} & -1/\sqrt{6}\\ 1/\sqrt{2} & 1/\sqrt{6} & 1/\sqrt{2} & 1/\sqrt{6}\\ 0 & 2/\sqrt{6} & 0 & -2/\sqrt{6}\\ 0 & 2/\sqrt{6} & 0 & 2/\sqrt{6}\end{pmatrix}$，$\boldsymbol{P}^{-1}\boldsymbol{A}\boldsymbol{P}=\begin{pmatrix}2 & & & \\ & 2 & & \\ & & 4 & \\ & & & 4\end{pmatrix}$.

20．$-2\begin{pmatrix}1 & 1\\ 1 & 1\end{pmatrix}$.

21. $2\begin{pmatrix}1 & 1 & -2\\1 & 1 & -2\\-2 & -2 & 4\end{pmatrix}$.

同步测试题 5

一、1. 0.　2. $\frac{1}{2}$.　3. $2,2,-2$.　4. 0，1.　5. -3.

二、1. D.　2. C.　3. B.　4. D.　5. A.

6. C.　7. B.　8. D.　9. C.　10. C.

三、1. $\lambda_1=\lambda_2=\lambda_3=-1$，$k(-1,-1,1)^{\mathrm{T}}$（$k\neq 0$），$\boldsymbol{A}$ 不相似于对角矩阵.

2. $\boldsymbol{\xi}_1=\left(1/\sqrt{15},1/\sqrt{15},2/\sqrt{15},3/\sqrt{15}\right)^{\mathrm{T}}$，

$\boldsymbol{\xi}_2=\left(-2/\sqrt{39},1/\sqrt{39},5/\sqrt{39},-3/\sqrt{39}\right)^{\mathrm{T}}$.

3. $\begin{pmatrix}0 & -2/\sqrt{6} & 1/\sqrt{3}\\1/\sqrt{2} & 1/\sqrt{6} & 1/\sqrt{3}\\-1/\sqrt{2} & 1/\sqrt{6} & 1/\sqrt{3}\end{pmatrix}$，$\begin{pmatrix}0 & & \\ & 0 & \\ & & 3\end{pmatrix}$.

4. $\begin{pmatrix}-13 & 6\\-30 & 14\end{pmatrix}$.

5. 正交矩阵的行（列）向量是单位向量，故得 $\boldsymbol{A}=\begin{pmatrix}a_{11} & a_{12} & 0\\a_{21} & a_{22} & 0\\0 & 0 & -1\end{pmatrix}$，且 $\boldsymbol{A}^{-1}=\boldsymbol{A}^{\mathrm{T}}$. 由 $\boldsymbol{Ax}=\boldsymbol{b}$ 两边左乘 $\boldsymbol{A}^{-1}$，得 $\boldsymbol{x}=\boldsymbol{A}^{-1}\boldsymbol{b}=\boldsymbol{A}^{\mathrm{T}}\boldsymbol{b}=(0,0-1)^{\mathrm{T}}$.

6. $\boldsymbol{P}=\begin{pmatrix}1 & 1 & -1\\1 & 0 & 1\\0 & 1 & 1\end{pmatrix}$，$a^2(a-3)$.

7. $a=2$，$b=1$，$\lambda=1$ 或 $a=2$，$b=-2$，$\lambda=4$.

四、1. 设 $\boldsymbol{x}$ 为 $\boldsymbol{A}$ 的对应于特征值 $\lambda=2$ 的特征向量，则有 $\boldsymbol{A}^2\boldsymbol{x}=\lambda^2\boldsymbol{x}$，于是有 $\boldsymbol{Bx}=(\boldsymbol{A}^2-\boldsymbol{A}+\boldsymbol{E})\boldsymbol{x}=\boldsymbol{A}^2\boldsymbol{x}-\boldsymbol{Ax}+2\boldsymbol{x}=\lambda^2\boldsymbol{x}-\lambda\boldsymbol{x}+2\boldsymbol{x}=(\lambda^2-\lambda+2)\boldsymbol{x}=4\boldsymbol{x}$，所以 $\boldsymbol{B}$ 有一个特征值为 4，对应的特征向量为 $\boldsymbol{x}$.

2. 由已知条件，存在可逆矩阵 $\boldsymbol{P}$，使 $\boldsymbol{P}^{-1}\boldsymbol{AP}=\boldsymbol{B}$，故

$$\boldsymbol{B}^2=(\boldsymbol{P}^{-1}\boldsymbol{AP})(\boldsymbol{P}^{-1}\boldsymbol{AP})=\boldsymbol{P}^{-1}\boldsymbol{A}^2\boldsymbol{P}=\boldsymbol{P}^{-1}\boldsymbol{EP}=\boldsymbol{E}$$

3.（1）证明 $\boldsymbol{C}^2=\boldsymbol{C}$；（2）利用 $\boldsymbol{B}=\boldsymbol{BC}$ 和 $\boldsymbol{BA}=\boldsymbol{E}-\boldsymbol{C}$.

4．利用$|\boldsymbol{A}+\boldsymbol{E}|=|\boldsymbol{A}+\boldsymbol{A}\boldsymbol{A}^{\mathrm{T}}|=|\boldsymbol{A}||\boldsymbol{E}+\boldsymbol{A}^{\mathrm{T}}|=|\boldsymbol{A}||\boldsymbol{A}+\boldsymbol{E}|=-|\boldsymbol{A}+\boldsymbol{E}|$，知$|\boldsymbol{A}+\boldsymbol{E}|=0$．

5．由 $R(\boldsymbol{A})+R(\boldsymbol{B})<n$ ，知 $\boldsymbol{A}$，$\boldsymbol{B}$ 都不可逆．利用 $|\boldsymbol{A}|=|\boldsymbol{A}+0\boldsymbol{E}|=|\boldsymbol{B}|=|\boldsymbol{B}+0\boldsymbol{E}|=0$，知 $\boldsymbol{A}$，$\boldsymbol{B}$ 有公共的特征值 0.

又 $R(\boldsymbol{A})+R(\boldsymbol{B})<n$，知 $R\begin{pmatrix}\boldsymbol{A}\\ \boldsymbol{B}\end{pmatrix}<n$，从而方程组$\begin{pmatrix}\boldsymbol{A}\\ \boldsymbol{B}\end{pmatrix}\boldsymbol{x}=\boldsymbol{0}$必有非零解，这非零解即为 $\boldsymbol{A}$，$\boldsymbol{B}$ 的对应于特征值 0 的公共特征向量.

习题 6

1．（1）$f=(x,y,z)\begin{pmatrix}1&2&1\\2&4&2\\1&2&1\end{pmatrix}\begin{pmatrix}x\\y\\z\end{pmatrix}$；

（2）$f=(x,y,z)\begin{pmatrix}1&-1&-2\\-1&1&-2\\-2&-2&-7\end{pmatrix}\begin{pmatrix}x\\y\\z\end{pmatrix}$；

（3）$f=(x_1,x_2,x_3,x_4)\begin{pmatrix}1&0&0&0\\0&2&3&-1/2\\0&3&3&5\\0&-1/2&5&-1\end{pmatrix}\begin{pmatrix}x_1\\x_2\\x_3\\x_4\end{pmatrix}$.

2．（1）$\begin{pmatrix}2&2\\2&1\end{pmatrix}$；

（2）$\begin{pmatrix}1&3&5\\3&5&7\\5&7&9\end{pmatrix}$.

3．（1）$\begin{pmatrix}x_1\\x_2\\x_3\end{pmatrix}=\begin{pmatrix}1&0&0\\0&1/\sqrt{2}&1/\sqrt{2}\\0&1/\sqrt{2}&1/\sqrt{2}\end{pmatrix}\begin{pmatrix}y_1\\y_2\\y_3\end{pmatrix}$，$f=2y_1^2+5y_2^2+y_3^2, f=z_1^2+z_2^2+z_3^2$；

（2）$\begin{pmatrix}x_1\\x_2\\x_3\\x_4\end{pmatrix}=\begin{pmatrix}1/2&1/2&1/\sqrt{2}&0\\-1/2&1/2&0&1/\sqrt{2}\\-1/2&-1/2&1/\sqrt{2}&0\\1/2&-1/2&0&1/\sqrt{2}\end{pmatrix}\begin{pmatrix}y_1\\y_2\\y_3\\y_4\end{pmatrix}$，$f=-y_1^2+3y_2^2+y_3^2+y_4^2$，

$f=z_1^2+z_2^2+z_3^2-z_4^2$.

4. $\begin{pmatrix} x \\ y \\ z \end{pmatrix} = \begin{pmatrix} 4/3\sqrt{2} & 1/3 & 0 \\ -1/3\sqrt{2} & 2/3 & 1/\sqrt{2} \\ 1/3\sqrt{2} & -2/3 & 1/\sqrt{2} \end{pmatrix} \begin{pmatrix} u \\ v \\ w \end{pmatrix}$, $2u^2 + 11v^2 = 1$.

5.（1）$f(\boldsymbol{C}\boldsymbol{y}) = y_1^2 - y_2^2 + y_3^2$，$\boldsymbol{C} = \begin{pmatrix} 1 & -5/\sqrt{2} & 2 \\ 0 & 1/\sqrt{2} & 0 \\ 0 & 1/\sqrt{2} & 1 \end{pmatrix}$（$|\boldsymbol{C}| = 1/\sqrt{2}$）；

（2）$f(\boldsymbol{C}\boldsymbol{y}) = y_1^2 + y_2^2 - y_3^2$，$\boldsymbol{C} = \begin{pmatrix} 1 & -1 & 1 \\ 0 & 0 & 1 \\ 0 & 1 & -1 \end{pmatrix}$（$|\boldsymbol{C}| = -1$）；

（3）$f(\boldsymbol{C}\boldsymbol{y}) = y_1^2 + y_2^2 + y_3^2$，$\boldsymbol{C} = \dfrac{1}{\sqrt{2}} \begin{pmatrix} 1 & -1 & -1 \\ 0 & 2 & 2 \\ 0 & 0 & 1 \end{pmatrix}$（$|\boldsymbol{C}| = 1/\sqrt{2}$）.

6.（1）正定；（2）负定；（3）正定.

7. $-\dfrac{4}{5} < a < 0$.

8.（1）否；（2）否；（3）是.

9. $(\boldsymbol{A}+\boldsymbol{B})^{\mathrm{T}} = \boldsymbol{A}^{\mathrm{T}} + \boldsymbol{B}^{\mathrm{T}} = \boldsymbol{A}+\boldsymbol{B}$，故 $\boldsymbol{A}+\boldsymbol{B}$ 为对称矩阵，又对任意 $\boldsymbol{x} \neq \boldsymbol{0}$，总有 $\boldsymbol{x}^{\mathrm{T}}(\boldsymbol{A}+\boldsymbol{B})\boldsymbol{x} = \boldsymbol{x}^{\mathrm{T}}\boldsymbol{A}\boldsymbol{x} + \boldsymbol{x}^{\mathrm{T}}\boldsymbol{B}\boldsymbol{x} > 0$，故 $\boldsymbol{A}+\boldsymbol{B}$ 为正定矩阵.

10.（1）必要性：若 $\boldsymbol{A}$ 正定，则存在可逆矩阵 $\boldsymbol{C}$，使 $\boldsymbol{C}^{\mathrm{T}}\boldsymbol{A}\boldsymbol{C} = \boldsymbol{E}$，故 $\boldsymbol{A} = (\boldsymbol{C}^{\mathrm{T}})^{-1}\boldsymbol{E}\boldsymbol{C}^{-1} = (\boldsymbol{C}^{\mathrm{T}})^{-1}\boldsymbol{C}^{-1}$，令 $\boldsymbol{C}^{-1} = \boldsymbol{U}$，则 $\boldsymbol{U}$ 可逆，且 $\boldsymbol{A} = \boldsymbol{U}^{\mathrm{T}}\boldsymbol{U}$，即 $\boldsymbol{A}$ 与单位矩阵合同.

（2）充分性：若存在可逆矩阵 $\boldsymbol{U}$，使 $\boldsymbol{A} = \boldsymbol{U}^{\mathrm{T}}\boldsymbol{U}$，则 $\boldsymbol{A}^{\mathrm{T}} = (\boldsymbol{U}^{\mathrm{T}}\boldsymbol{U})^{\mathrm{T}} = \boldsymbol{U}^{\mathrm{T}}\boldsymbol{U} = \boldsymbol{A}$，故 $\boldsymbol{A}$ 为实对称矩阵；

又对任意 n 维非零列向量 $\boldsymbol{x}$，由 $\boldsymbol{U}$ 可逆知 $\boldsymbol{U}\boldsymbol{x} \neq \boldsymbol{0}$，且

$$\boldsymbol{x}^{\mathrm{T}}\boldsymbol{A}\boldsymbol{x} = \boldsymbol{x}^{\mathrm{T}}(\boldsymbol{U}^{\mathrm{T}}\boldsymbol{U})\boldsymbol{x} = (\boldsymbol{x}^{\mathrm{T}}\boldsymbol{U}^{\mathrm{T}})(\boldsymbol{U}\boldsymbol{x}) = (\boldsymbol{U}\boldsymbol{x})^{\mathrm{T}}(\boldsymbol{U}\boldsymbol{x}) = \|\boldsymbol{U}\boldsymbol{x}\|^2 > 0,$$

故二次型 $\boldsymbol{x}^{\mathrm{T}}\boldsymbol{A}\boldsymbol{x}$ 正定，从而 $\boldsymbol{A}$ 正定.

同步测试题 6

一、

1. $\begin{pmatrix} 1 & -2 & -1/2 \\ -2 & -2 & 2 \\ -1/2 & 2 & 3 \end{pmatrix}$. 2. $\begin{pmatrix} x_1 \\ x_2 \\ x_3 \end{pmatrix} = \begin{pmatrix} 1 & 1 & -2 \\ 1 & -1 & 0 \\ 0 & 0 & 1 \end{pmatrix} \begin{pmatrix} y_1 \\ y_2 \\ y_3 \end{pmatrix}$.

3．3．　4．$y_1^2+3y_2^2$．　5．$-y_1^2+2y_2^2$．

二、1．C．　2．D．　3．C．　4．A．　5．B．

6．D．　7．B．　8．C．　9．C．　10．C．

三、

1．$\begin{pmatrix}x_1\\x_2\\x_3\end{pmatrix}=\begin{pmatrix}1/\sqrt{2} & 1/\sqrt{6} & 1/\sqrt{3}\\-1/\sqrt{2} & 1/\sqrt{6} & 1/\sqrt{3}\\0 & -2/\sqrt{6} & 1/\sqrt{3}\end{pmatrix}\begin{pmatrix}y_1\\y_2\\y_3\end{pmatrix}$，$-y_1^2+y_2^2+4y_3^2$．

2．$\begin{pmatrix}x_1\\x_2\\x_3\end{pmatrix}=\begin{pmatrix}1 & -2 & -1/3\\0 & 1 & -1/3\\0 & 0 & 1\end{pmatrix}\begin{pmatrix}y_1\\y_2\\y_3\end{pmatrix}$，$y_1^2-3y_2^2+\dfrac{4}{3}y_3^2$．

3．$t>\dfrac{6}{11}$．

4．f 正定．

5．（1）二次型的矩阵 $\boldsymbol{A}=\begin{pmatrix}a & 0 & b\\0 & 2 & 0\\b & 0 & -2\end{pmatrix}$，利用矩阵的特征值之和等于矩阵主对角线上元素的和，得 $a+2-2=1$，$a=1$；利用矩阵的特征值之积等于矩阵的行列式的值，而 $|\boldsymbol{A}|=2(-2a-b^2)$，所以 $2(-2a-b^2)=-12$，又 $b>0$，得 $b=2$．

（2）求出矩阵 $\boldsymbol{A}=\begin{pmatrix}1 & 0 & 2\\0 & 2 & 0\\2 & 0 & -2\end{pmatrix}$ 的特征值为 $\lambda_1=\lambda_2=2$，$\lambda_3=-3$，因此二次型的一个标准形为 $2y_1^2+2y_2^2-3y_3^2$．

求出相应的特征向量，再把特征向量组单位正交化得单位正交向量组 $\boldsymbol{\zeta}_1$，$\boldsymbol{\zeta}_2$，$\boldsymbol{\zeta}_3$，则所求的正交矩阵为

$$\boldsymbol{P}=\begin{pmatrix}2/\sqrt{5} & 0 & 1/\sqrt{5}\\0 & 1 & 0\\1/\sqrt{5} & 0 & -2/\sqrt{5}\end{pmatrix}.$$

习题 7

1．各个线性空间的一个基可以取为：

（1）$\boldsymbol{\alpha}_1=\begin{pmatrix}1 & 0\\0 & 0\end{pmatrix},\boldsymbol{\alpha}_2=\begin{pmatrix}0 & 1\\0 & 0\end{pmatrix},\boldsymbol{\alpha}_3=\begin{pmatrix}0 & 0\\1 & 0\end{pmatrix},\boldsymbol{\alpha}_4=\begin{pmatrix}0 & 0\\0 & 1\end{pmatrix}$；

（2）$\boldsymbol{\alpha}_1=\begin{pmatrix}1&0\\0&-1\end{pmatrix},\boldsymbol{\alpha}_2=\begin{pmatrix}0&1\\0&0\end{pmatrix},\boldsymbol{\alpha}_3=\begin{pmatrix}0&0\\1&0\end{pmatrix}$；

（3）$\boldsymbol{\alpha}_1=\begin{pmatrix}1&0\\0&0\end{pmatrix},\boldsymbol{\alpha}_2=\begin{pmatrix}0&0\\0&1\end{pmatrix},\boldsymbol{\alpha}_3=\begin{pmatrix}0&1\\1&0\end{pmatrix}$.

2．略.

3．（1）是；（2）否；（3）是；（4）否；（5）否.

4．否.

5．$(33,-82,154)^{\mathrm{T}}$.

6．设 $\boldsymbol{\alpha}$ 在 $\boldsymbol{\alpha}_1,\boldsymbol{\alpha}_2,\boldsymbol{\alpha}_3$ 下的坐标为 $(x_1,x_2,x_3)^{\mathrm{T}}$，在 $\boldsymbol{\beta}_1,\boldsymbol{\beta}_2,\boldsymbol{\beta}_3$ 下的坐标为 $(x_1',x_2',x_3')^{\mathrm{T}}$，有

$$\begin{pmatrix}x_1'\\x_2'\\x_3'\end{pmatrix}=\begin{pmatrix}13&19&181/4\\-9&13&-63/2\\7&10&99/4\end{pmatrix}\begin{pmatrix}x_1\\x_2\\x_3\end{pmatrix}\quad\text{或}\quad\begin{pmatrix}x_1\\x_2\\x_3\end{pmatrix}=\begin{pmatrix}-27&-71&-41\\9&20&9\\4&12&8\end{pmatrix}\begin{pmatrix}x_1'\\x_2'\\x_3'\end{pmatrix}.$$

7．（1）$\boldsymbol{P}=\begin{pmatrix}2&0&5&6\\1&3&3&6\\-1&1&2&1\\1&0&1&3\end{pmatrix}$；（2）$\begin{pmatrix}x_1'\\x_2'\\x_3'\\x_4'\end{pmatrix}=\dfrac{1}{27}\begin{pmatrix}12&9&-27&-33\\1&12&-9&-23\\9&0&0&-18\\-7&-3&9&26\end{pmatrix}\begin{pmatrix}x_1\\x_2\\x_3\\x_4\end{pmatrix}$；

（3）$k(1,1,1,-1)^{\mathrm{T}}$.

8．（1）$\begin{pmatrix}0&0&0&\cdots&0&1\\1&0&0&\cdots&0&0\\0&1&0&\cdots&0&0\\\vdots&\vdots&\vdots&&\vdots&\vdots\\0&0&0&\cdots&1&0\end{pmatrix}$；（2）$(a_n,a_1,\cdots,a_{n-1})^{\mathrm{T}}$.

9．（1）关于 y 轴对称；（2）投影到 y 轴；（3）关于直线 $y=x$ 对称；

（4）顺时针方向旋转 90°.

10．略.

11．（1）否；（2）是；（3）是；（4）否.

12．$\begin{pmatrix}1&0&0\\2&1&0\\0&1&1\end{pmatrix}$.

13．$\begin{pmatrix}1&0&0\\1&1&0\\1&2&1\end{pmatrix}$.

14．（1）$\begin{pmatrix} a_{33} & a_{32} & a_{31} \\ a_{23} & a_{22} & a_{21} \\ a_{13} & a_{12} & a_{11} \end{pmatrix}$；（2）$\begin{pmatrix} a_{11} & ka_{12} & a_{13} \\ a_{21}/k & a_{22} & a_{23}/k \\ a_{31} & ka_{32} & a_{33} \end{pmatrix}$；

（3）$\begin{pmatrix} a_{11}+a_{12} & a_{12} & a_{13} \\ a_{21}+a_{22}-a_{11}-a_{12} & a_{22}-a_{12} & a_{23}-a_{13} \\ a_{31}+a_{32} & a_{32} & a_{33} \end{pmatrix}$．

15．$\begin{pmatrix} -1 & 1 & -2 \\ 2 & 2 & 0 \\ 3 & 0 & 2 \end{pmatrix}$．

16．令 $\boldsymbol{A}=\begin{pmatrix} 2 & 1 \\ 3 & 4 \end{pmatrix}$，则 $\boldsymbol{A}(\boldsymbol{\alpha}_1,\boldsymbol{\alpha}_2)=(\boldsymbol{\alpha}_1,\boldsymbol{\alpha}_2)\begin{pmatrix} 2 & 1 \\ 3 & 4 \end{pmatrix}$，又由于 $\begin{pmatrix} 3 \\ 4 \end{pmatrix}=3\begin{pmatrix} 1 \\ 2 \end{pmatrix}-2\begin{pmatrix} 0 \\ 1 \end{pmatrix}$，即 $\boldsymbol{\alpha}=\begin{pmatrix} 3 \\ 4 \end{pmatrix}$ 在 $\boldsymbol{\alpha}_1,\boldsymbol{\alpha}$ 下的坐标为 $\begin{pmatrix} 3 \\ -2 \end{pmatrix}$，因此 $\boldsymbol{A}\begin{pmatrix} 3 \\ 4 \end{pmatrix}=\begin{pmatrix} 2 & 1 \\ 3 & 4 \end{pmatrix}\begin{pmatrix} 3 \\ -2 \end{pmatrix}=\begin{pmatrix} 4 \\ 1 \end{pmatrix}$．

同步测试题 7

1．$(1,1,-1)^{\mathrm{T}}$．

2．（1）过渡矩阵 $\boldsymbol{A}=\begin{pmatrix} 1 & 1 & 1 \\ 0 & 1 & 1 \\ 0 & 0 & 1 \end{pmatrix}$；（2）$\boldsymbol{\beta}_1=\begin{pmatrix} 1 \\ 0 \\ 0 \end{pmatrix},\boldsymbol{\beta}_2=\begin{pmatrix} 2 \\ 1 \\ 0 \end{pmatrix},\boldsymbol{\beta}_3=\begin{pmatrix} 2 \\ 2 \\ 1 \end{pmatrix}$．

3．（1）过渡矩阵 $\boldsymbol{P}=\begin{pmatrix} 2 & 0 & 5 & 6 \\ 1 & 3 & 3 & 6 \\ -1 & 1 & 2 & 1 \\ 1 & 0 & 1 & 3 \end{pmatrix}$；

（2）在基Ⅰ下的坐标为 $(4,0,2,-1)^{\mathrm{T}}$，在基Ⅱ下的坐标为 $\boldsymbol{P}^{-1}(4,0,2,-1)^{\mathrm{T}}=(1,1/3,2,-4/3)^{\mathrm{T}}$，其中 $\boldsymbol{P}^{-1}=\dfrac{1}{27}\begin{pmatrix} 12 & 9 & -27 & -33 \\ 1 & 12 & -9 & -23 \\ 9 & 0 & 0 & -18 \\ -7 & -3 & 9 & 26 \end{pmatrix}$．

4．（1）证明对任意向量 $\boldsymbol{\alpha},\boldsymbol{\beta}$, $\boldsymbol{A}(\boldsymbol{\alpha}+\boldsymbol{\beta})=\boldsymbol{A}(\boldsymbol{\alpha})+\boldsymbol{A}(\boldsymbol{\beta})$, $\boldsymbol{A}(k\boldsymbol{\alpha})=k\boldsymbol{A}(\boldsymbol{\alpha})$；

（2）$\begin{pmatrix} 2 & -1 & 0 \\ 1 & 1 & 0 \\ 1 & 0 & 0 \end{pmatrix}$．

5．（1）过渡矩阵 $\boldsymbol{P}=\begin{pmatrix}2&1&1\\1&1&1\\3&2&1\end{pmatrix}$，$\boldsymbol{P}^{-1}=\begin{pmatrix}1&-1&0\\-2&1&1\\1&1&-1\end{pmatrix}$，

故 $\boldsymbol{\gamma}=4\boldsymbol{\alpha}_1-5\boldsymbol{\alpha}_2-\boldsymbol{\alpha}_3$ 在基 $\boldsymbol{\beta}_1,\boldsymbol{\beta}_2,\boldsymbol{\beta}_3$ 下的坐标为

$$\boldsymbol{P}^{-1}\begin{pmatrix}4\\-5\\-1\end{pmatrix}=\begin{pmatrix}9\\-14\\0\end{pmatrix};$$

（2）$\boldsymbol{A}$ 在基 $\boldsymbol{\beta}_1,\boldsymbol{\beta}_2,\boldsymbol{\beta}_3$ 下的矩阵 $\boldsymbol{P}^{-1}\boldsymbol{A}\boldsymbol{P}=\begin{pmatrix}1&0&4\\18&14&2\\-18&-12&-3\end{pmatrix}$.

6．$(\boldsymbol{\beta}_1,\boldsymbol{\beta}_2,\cdots,\boldsymbol{\beta}_n)=(\boldsymbol{\alpha}_1,\boldsymbol{\alpha}_2,\cdots,\boldsymbol{\alpha}_n)\begin{pmatrix}1&0&\cdots&0&0\\1&1&\cdots&0&0\\\vdots&\vdots&&\vdots&\vdots\\1&1&\cdots&1&0\\1&1&\cdots&1&1\end{pmatrix}$.

7．只需证明对 M_n 上的任意矩阵 $\boldsymbol{A}$，$\boldsymbol{B}$，有

$$\mathcal{A}(\boldsymbol{A}+\boldsymbol{B})=\mathcal{A}(\boldsymbol{A})+\mathcal{A}(\boldsymbol{B}),\quad \mathcal{A}(k\boldsymbol{A})=k\mathcal{A}(\boldsymbol{A}).$$

参 考 文 献

[1] 同济大学数学科学学院．工程数学：线性代数[M]．7 版．北京：高等教育出版社，2023．

[2] 同济大学数学科学学院．线性代数学习辅导与习题全解[M]．北京：高等教育出版社，2023．

[3] 刘建亚，吴臻．线性代数[M]．4 版．北京：高等教育出版社，2024．

[4] 牛莉．线性代数[M]．长春：吉林大学出版社，2005．

[5] 牛少彰，刘吉佑．线性代数[M]．2 版．北京：北京邮电大学出版社，2004．

[6] 齐民友．线性代数[M]．北京：高等教育出版社，2003．

[7] 张万琴，陈荣江，陈付贵．线性代数[M]．北京：机械工业出版社，2003．